rororo studium

Herausgegeben von Ernesto Grassi
Universität München

WISSENSCHAFTLICHER BEIRAT:

Erhard Denninger, Frankfurt/Main / Erwin Grochla, Köln / Franz-Xaver Kaufmann, Bielefeld / Erich Kosiol, Berlin / Karl Kroeschell, Göttingen / Joachim Matthes, Bielefeld / Helmut Schnelle, Berlin / Dieter Wunderlich, Berlin

rororo studium ist eine systematisch konzipierte wissenschaftliche Arbeitsbibliothek, die nach Inhalt und Aufbau die Vermittlung von theoretischer Grundlegung und Handlungsbezug des Wissens im Rahmen interdisziplinärer Koordination anstrebt. Die Reihe orientiert sich an den didaktischen Ansprüchen, der Sachlogik und dem kritischen Selbstverständnis der einzelnen Wissenschaften. Die innere Gliederung der Studienkomplexe in EINFÜHRENDE GRUNDRISSE, SCHWERPUNKTANALYSEN *und* PRAXISBEZOGENE EINZELDARSTELLUNGEN *geht nicht vom überlieferten Fächerkanon aus, sondern zielt auf eine problemorientierte Zusammenfassung der Grundlagen und Ergebnisse derjenigen Wissenschaften, die wegen ihrer gesellschaftlichen Bedeutung didaktischen Vorrang haben. Kooperation und thematische Abstimmung der mitarbeitenden Wissenschaftler gewährleisten die Verknüpfung zwischen den einzelnen Bänden und den verschiedenen Studienkomplexen.*

E. G.

Linguistik

SEBASTIAN UND HERMA C. GOEPPERT

Sprache und Psychoanalyse

ROWOHLT

Herausgeberassistent: Eginhard Hora
Redaktion: Ursula Einbeck
Ragni M. Gschwend / Frank Schwerin
München

Veröffentlicht im Rowohlt Taschenbuch Verlag GmbH,
Reinbek bei Hamburg, Juli 1973
© Rowohlt Taschenbuch Verlag GmbH, Reinbek bei Hamburg 1973
Alle Rechte vorbehalten
Umschlagentwurf Werner Rebhuhn
Satz Aldus (Linofilm-Super-Quick)
Gesamtherstellung Clausen & Bosse, Leck/Schleswig
Printed in Germany
ISBN 3 499 21040 1

INHALTSVERZEICHNIS

1. EINLEITUNG UND PROBLEMSTELLUNG   11

2. SPRACHTHEORIEN IN DER PSYCHOANALYSE   19
2.1. FREUDS ‹SPRACHAPPARAT› ALS VORLÄUFER
DES ‹PSYCHISCHEN APPARATS›   19
2.2. DENKEN, SYMBOL, VERBALISIEREN   31
2.2.1. Sprache und Denken   31
2.2.2. Zur Sprache des Schizophrenen in der psychoanalytischen
Situation. Die double-bind-Theorie   42
2.3. EMPATHIE UND META-KOMMUNIKATION IM PSYCHOANALYTISCHEN
GESCHEHEN   56
2.4. SPRACHE, ENTWICKLUNG, MILIEU   75
2.4.1. Wygotskis Konzept der inneren Sprache und der Primärprozeß   75
2.4.2. Exkurs: Die Bedeutung schichtenspezifischen Sprachverhaltens
für die Psychoanalyse   81
2.5. SPRECHEN UND HANDELN   90
2.6. JACQUES LACAN   100
2.6.1. Lacans neuer Ansatz   100
2.6.2. Lacans Rezeption des Strukturalismus, insbesondere der strukturellen Linguistik   102
2.6.3. Das Imaginäre und das Symbolische   112
2.6.4. Exkurs: Vergleich des L-Schemas mit dem ‹semiotischen Quadrat› von A. J. Greimas   116
2.6.5. Psychoanalyse als Wissenschaft vom Unbewußten: ‹Das Unbewußte ist die Rede des Anderen›   121
2.6.6. Zusammenfassende Bemerkungen   125

3. DIE BEDEUTUNG DER SPRACHE ALS REDE IM
PSYCHOANALYTISCHEN PROZESS   127
3.1. SPRECHEN UND SCHWEIGEN IM ANALYTISCH-THERAPEUTISCHEN
GESPRÄCH   127
3.2. ZUR ROLLE AUSSERVERBALER AUSDRUCKSMITTEL IN DER PSYCHO-
THERAPEUTISCHEN KOMMUNIKATIONSSITUATION   134
3.3. MERKMALE DER REDE DES PATIENTEN   138
3.3.1. Die spontanen Redefehler   138
3.3.1.1. ‹Versprechen› bei Meringer und Freud   138
3.3.1.2. Fehlerlinguistik   144
3.3.1.3. G. Mahls ‹Speech Disturbance Ratio› (SDR)   150
3.3.1.4. Kategorienschema relevanter Redestörungen   151
3.3.1.5. Redefehler und Neurosen   152

3.3.2. ‹Normfehler› und die Schwierigkeiten bei der Verbalisierung 156
3.3.2.1. Der Begriff der Verbalisierung 156
3.3.2.2. Neologismen – Verstöße gegen die Sprachnorm 159
3.3.2.3. Metaphern und Metonymien 161
3.3.2.4. Unterschiede in der Verbalisierung 163
3.4. MERKMALE DES DIALOGS ZWISCHEN THERAPEUT UND PATIENT 168
3.4.1. Die psychoanalytische Situation als Kommunikationssituation 168
3.4.1.1. Die Redekonstellation 168
3.4.1.2. Der Text 172
3.4.2. Sprachliche Bedingungen des Dialogs zwischen Analytiker und
Patient 177
3.4.2.1. Personen, Raum und Zeit der Sprechsituation 177
3.4.2.2. Illokutive Aspekte von Äußerungen 180
3.4.2.3. Sprechhandlungen 183
3.4.2.4. Redeerwähnung 184
3.4.2.5. Redekommentierung 185
3.4.3. Das Material 187
3.4.3.1. Probleme der Redeaufzeichnung 187
3.4.3.2. Sieben verschriftete therapeutische Dialoge 189
3.4.3.2.1. Dialog K. – T. (K) 189
3.4.3.2.2. Dialog L. – T. (L) 193
3.4.3.2.3. Dialog S. – T. (S) 201
3.4.3.2.4. Dialog R. – T. (R) 205
3.4.3.2.5. Dialog Sch. – T. (Sch) 207
3.4.3.2.6. Dialog H. – T. (H) 210
3.4.3.2.7. Dialog W. – T. (W) 214
3.4.4. Auswertung der Textexemplare 224
3.4.4.1. Dialog K. – T. (K) 224
3.4.4.1.1. Linguistische Auswertung 224
3.4.4.1.2. Psychoanalytischer Kommentar 227
3.4.4.2. Dialog L. – T. (L) 228
3.4.4.2.1. Linguistische Auswertung 228
3.4.4.2.2. Psychoanalytischer Kommentar 230
3.4.4.3. Dialog S. – T. (S) 231
3.4.4.3.1. Linguistische Auswertung 231
3.4.4.3.2. Psychoanalytischer Kommentar 232
3.4.4.4. Dialog R. – T. (R) 233
3.4.4.4.1. Linguistische Auswertung 233
3.4.4.4.2. Psychoanalytischer Kommentar 234
3.4.4.5. Dialog Sch. – T. (Sch) 235
3.4.4.5.1. Linguistische Auswertung 235
3.4.4.5.2. Psychoanalytischer Kommentar 236
3.4.4.6. Dialog H. – T. (H) 237
3.4.4.6.1. Linguistische Auswertung 237

3.4.4.6.2. Psychoanalytischer Kommentar 239
3.4.4.7. Dialog W. – T. (W) 240
3.4.4.7.1. Linguistische Auswertung 240
3.4.4.7.2. Psychoanalytischer Kommentar 242

4. ABSCHLIESSENDE ÜBERLEGUNGEN 244

ÜBER DIE VERFASSER 247

BIBLIOGRAPHIE 248

PERSONEN- UND SACHREGISTER 261

ΞΕΝΟΣ. Οὐκοῦν ἐπείπερ λόγος ἀληθὴς ἦν καὶ ψευδής, τούτων δ'ἐφάνη διάνοια μὲν αὐτῆς πρὸς ἑαυτὴν ψυχῆς διάλογος, δόξα δὲ διανοίας ἀποτελεύτησις, «φαίνεται» δὲ ὃ λέγομεν σύμμειξις αἰσθήσεως καὶ δόξης, ἀνάγκη δὴ καὶ τούτων τῷ λόγῳ συγγενῶν ὄντων ψευδῆ αὐτῶν ἔνια καὶ ἐνίοτε εἶναι.

PLATON, Sophistes 264 a 8 – b 3

1. EINLEITUNG UND PROBLEMSTELLUNG

Die Sprache bzw. das Wort als Mittel zur Bezeichnung von Gegenständen und Sachverhalten, als Name, als Träger der Bedeutung abstrakter Inhalte verschiedenen kognitiven, emotionalen und triebhaften Gehalts (Denken, Urteilen; Gefühle, Wünsche; sexuelle Spannungen) hat in Psychoanalyse und Psychotherapie schon immer eine gewichtige Rolle gespielt. Ist doch die Rede des Patienten und des Arztes dasjenige Medium, durch das die Therapie vorwiegend in Gang gebracht wird und in dem sie sich entfaltet und vollendet.

Die Sprache als sozial bedingte Verhaltens- und Kommunikationsform wird im psychotherapeutischen Geschehen, einer speziell vereinbarten kommunikativen Beziehung zwischen Arzt und Patient, zu einem besonderen Sprachspiel[1] mit Regeln, Gesetzmäßigkeiten und Übereinkünften, die zum Teil vorgegeben sind, zum Teil neu bestimmt und bisweilen hinterfragt werden können. Das Sprachspiel, das in jeder Redekonstellation an bestimmte psychosoziale Voraussetzungen und Bedingungen geknüpft ist,[2] wird in der psy-

---

1 Den Terminus ‹Sprachspiel› gebrauchen wir gemäß der These von L. WITTGENSTEIN (1960, S. 7, 43, 421, 432)*, nach der die Bedeutung eines Wortes sich nicht so sehr nach dem Gegenstand richtet, für den das Wort steht, sondern nach seinem Gebrauch und seiner Verwendung in der Umgangssprache. Sprachspiele stehen also einerseits in einem Handlungs-, Wirkungs- und Funktionszusammenhang, eingebettet in soziale Kontexte wie ‹Umgebungen›, ‹Situationen›, ‹Gepflogenheiten›, ‹Institutionen› (a. a. O., S. 337), andererseits gehorchen sie den Wohlgeformtheits- und Adäquatheitsbedingungen der Sprache (vgl. LENK, 1967, S. 476; WUNDERLICH, 1971, S. 153). Auch wenn WITTGENSTEIN bei seiner Definition der Sprachspiele sich am Wortgebrauch bzw. der Sprachverwendung orientierte, ließ er dennoch, wie SPECHT (1963, S. 79) überzeugend dargestellt hat, eine Bestimmung des bezeichneten Gegenstandes zu, d. h. es bestand für ihn die Möglichkeit «ontologischer Aussagen über die in einem Sprachspiel vorkommenden Gegenstände». Gerade der Doppelaspekt der sprachlichen Kommunikation, welcher einmal in der Gebundenheit an die Sprachregeln im sozialen und biologischen Kontext, zum anderen in der Freiheit beim Entwurf des sprachlichen Handelns liegt, kommt in dem Begriff ‹Sprachspiel› unseres Erachtens besonders gut zum Ausdruck.

* In den Fußnoten wird – wie im Text – auf die relevante Literatur lediglich durch Name des Autors und Erscheinungsjahr verwiesen.
Für ausführliche Titelangaben vgl. die Bibliographie unten S. 248 ff.

2 Unter die psychosozialen Voraussetzungen zählen wir einerseits die biologisch bedingte individuelle Disposition (Begabung) des Menschen, worunter z. B. seine Lern- und Sozialisationsfähigkeit, die Kreativität, das Handlungs- und Vorstellungsvermögen, das Gedächtnis, die Emotions- und Sprachfähigkeit zu rechnen sind, andererseits die soziokulturell erworbenen Erfahrungen und Normen (die Verhaltensstruktur), die sich durch Begriffe der soziologischen Rollentheorie (Rollenstruktur, Position, Status) und durch die Ausbildung von Techniken, Erkenntnissen, Raum-Zeit-Orientiertheit usw. erklären lassen (vgl. DREITZEL, 1968). Weiterhin ist hier eine allgemeine Verhaltensmotiviertheit des einzelnen zu nennen, durch die das Zusammenwirken von Disposition und aktuellen Erfahrungen ermöglicht wird.

choanalytischen und psychotherapeutischen Kommunikationssituation im Übertragungs-Gegenübertragungskontext der Interaktion zwischen Arzt und Patient aktualisiert.

Das psychoanalytische Sprachspiel zeichnet sich z. B. besonders dadurch aus, daß in ihm die Rede, die zwischen Analytiker und Analysand ausgetauscht wird, durch unbewußte Prozesse gelenkt und von empathischen Verstehensvorgängen begleitet wird. In den Zusammenhang einer Äußerung treten nun neben die üblichen Bestimmungsmerkmale, die durch Zeit und Ort, Situation, Identität des Sprechenden, Gegenstände, Sachverhalte oder Personen, auf die Bezug genommen wird, gegeben sind, jene für den psychoanalytischen Prozeß entscheidenden Merkmale von Übertragung-Gegenübertragung, Widerstand, Verdrängung, Identifikation, Introjektion, Projektion, Regression usw., deren determinierende Kraft durch unbewußte Motive gegeben ist.

Die psychoanalytische und psychotherapeutische Interaktion zwischen Arzt und Patient stellt sich also als spezielle Kommunikationssituation dar, in deren Kontext von Übertragung und Gegenübertragung unbewußte Inhalte (Wünsche, Phantasien, Traumbilder) auf das therapeutische Geschehen einwirken und immer dann eine für die Kommunikationssituation konstitutive Funktion gewinnen, wenn sie in metakommunikativem Sinne genutzt werden können.[3] Hieraus entwickelt sich mit dem Fortschreiten des therapeutischen Prozesses eine von intensiven Affekten begleitete und von empathischen Verstehensvorgängen getragene Arzt-Patient-Beziehung, in der die Redekonstellation einen intimen Charakter gewinnt.[4]

---

3 Metakommunikativ wäre z. B. das Verhalten des Analytikers zu nennen, wenn er während einer psychoanalytischen Sitzung unbewußte Kontaktwünsche des Patienten empathisch wahrnimmt und als Mitteilung des Patienten an ihn versteht, sodann mit dem Patienten in geeigneter Weise über diese Form der Kommunikation spricht, während sich gleichzeitig beide (Patient und Arzt) noch in der Kommunikationssituation befinden. Ein Beispiel soll dies erläutern: Ein Patient bekommt während der Analysenstunde Magenschmerzen. Er krümmt sich auf der Couch und legt beide Hände auf den Bauch. Dann fällt ihm ein, seine Magenschmerzen rührten daher, daß er am Morgen noch nichts gegessen habe. Eine metakommunikative Einstellung in dieser Situation zeigt der Analytiker dann, wenn er etwa mit dem Patienten über folgende Punkte spricht und dadurch eine Problematisierung der psychoanalytischen Kommunikationssituation anstrebt: a) das Auftreten der Magenschmerzen gerade in der analytischen Stunde; b) den Umstand, daß die Schmerzen durch Nahrungsaufnahme beseitigt werden können; c) den Wunsch, vom Analytiker (als Interpretation der Übertragung) gefüttert zu werden, und damit verbunden d) den Versuch, mit dem Analytiker in eine engere Beziehung zu kommen, als sie in der momentanen Situation verwirklicht ist; e) das Verstehen des Wunsches, oral befriedigt zu werden, seine Einordnung in den lebensgeschichtlichen Zusammenhang und die Thematisierung seiner Mitteilungsfunktion (Sehnsucht nach Geborgenheit, Sattwerden, Verwöhnung usw.).

4 Der Begriff ‹intim› meint einmal den Inhalt des Gesprächs, zum anderen auch

Mit der Veränderung der Arzt-Patient-Beziehung, welche sich am Fortgang des Übertragungs-Gegenübertragungsgeschehens zeigt, verändert sich auch die Kommunikationssituation, insbesondere die Art und Weise, wie Arzt und Patient mit- und zueinander sprechen oder aneinander vorbeireden.[5] Der psychoanalytische Prozeß läßt sich also als eine therapeutische Beziehung bezeichnen, in der Arzt und Patient kommunikativ aufeinander eingestellt sind, wobei unbewußte Vorgänge im Kontext von Übertragung und Gegenübertragung bestimmend auf Ebene und Charakter der Kommunikationssituation einwirken. Den freien Einfällen, Phantasien und Traumberichten des Patienten stehen Deutungen und Interpretationen des Analytikers gegenüber, die aus dem jeweiligen Verstehenszusammenhang heraus gegeben werden.[6]

---

die Atmosphäre der Beziehung zwischen Arzt und Patient.

5 Wir haben schon einmal den Versuch unternommen, die im analytischen Geschehen auftretenden Übertragungs-Gegenübertragungsdimensionen mit bestimmten Ebenen der Kommunikationssituation zwischen Analytiker und Analysand zu verbinden. Dabei bedienten wir uns der auf VON DER GABELENTZ (1891) und DE SAUSSURE (1916) zurückgehenden Dreiteilung der Sprache, nach der man *in* der ‹parole› (ausgetauschten Rede), *mit* der ‹langue› (einer bestimmten Sprache, z. B. der Muttersprache) und *kraft* der ‹faculté de langage› (des Sprachvermögens) sprachlich sich verständigt (S. GOEPPERT, 1973a, S. 45, 48, 51 f). Wir können so z. B. die Ebene der ‹Grundstörung›, also den Übertragungs-Gegenübertragungskontext in der Zweipersonenbeziehung, der Kommunikationssituation auf der Ebene der ‹langue› zuordnen, wobei wir besonders betonen wollen, daß hier die ‹Sprache›, in der sich Analytiker und Analysand verständigen, nicht oder nicht mehr feststeht, sondern erst über empathische Verstehensvorgänge kommunikativ gefunden, gesichert und abgegrenzt wird (vgl. BALINT, 1957/58; 1961/62, S. 261). Auf der Ebene der Dreipersonenbeziehung (Ödipuskomplex) reden Analytiker und Analysand in der ‹parole› miteinander. Hier liegt die ‹Sprache› der Sprecher weitgehend fest und wird prinzipiell nicht durch eine bestimmte Redesituation verändert, während sich der Redestil jedoch *situativ* verändert. Wir können schließlich der Kommunikationssituation auf der Ebene der ‹faculté de langage› diejenige Übertragungs-Gegenübertragungsbeziehung zwischen Analytiker und Analysand gegenüberstellen, die durch das Eingehen auf das psychoanalytische Behandlungsangebot gegeben ist (Beginn des therapeutischen Arbeitsbündnisses (GREENSON, 1965)). Dazu GREENSON (1967, S. 46; dt. 1973, S. 59): «Das Arbeitsbündnis, gebildet aus dem vernünftigen Ichanteil des Patienten und dem analysierenden Ich des Analytikers, ist die relativ unneurotische, rationale Beziehung, die es dem Patienten ermöglicht, in der analytischen Situation sinnvoll (zielstrebig) zu arbeiten.» Wir diskutieren hier nicht weiter das Problem der sogenannten übertragungsfreien Beziehung, die GREENSON mit dem Zustandekommen des psychoanalytischen Arbeitsbündnisses zusammenbringt (GREENSON, WEXLER, 1969, S. 210; vgl. auch S. GOEPPERT, 1973a, S. 44).

6 Es werden zumeist folgende Verstehensebenen im psychoanalytischen Geschehen unterschieden, die hier lediglich aufgeführt und nicht problematisiert werden (vgl. 2.3.): Das Verstehen des Analytikers richtet sich zuallererst auf die sprachlichen Mitteilungen des Patienten (*semantisch-syntaktisches Verstehen*). Sodann richtet sich sein Verstehen auf die Person, deren psychophysisches Verhalten nacherlebt

In Verbindung mit dem Verstehen zwischen Analytiker und Analysand manifestiert sich die Rolle der Sprache im psychoanalytischen Geschehen und entfaltet verschiedene für die psychoanalytische Kommunikationssituation bedeutsame Funktionen, die wir hier im einzelnen kurz anführen und beschreiben wollen:

a) Sprechen als Möglichkeit, Affekte abzureagieren (‹Ventilfunktion› der Sprache, der eine ‹kathartische› Wirkung in der Therapie zukommt);[7]
b) Sprechen als Verbalisieren (vgl. 3.3.2.1.), das ist die Fähigkeit, Denkinhalte auf die Ebene der Sprache zu heben und sie dort logisch-semantisch-syntaktisch zu gliedern (Trennung von Unbewußtem, Vorbewußtem und Bewußtem);
c) Sprechen als Widerstand in der Analyse und Abwehr unbewußter Inhalte. Darunter fallen z. B.: sogenannte ‹Fließband›-Assoziationen des Patienten als Ausdruck einer zusammenhanglosen Geschwätzigkeit (vgl. FERENCZI, 1913/1915, S. 26; JAPPE, 1971, S. 15), das sprachliche ‹Agieren› im Gegensatz zum Reflektieren und ‹Durcharbeiten›, das Verleugnen von Gefühlen durch besonders abstrakte, formalistische Ausdrucksweise u. a. m.;
d) Sprechen als Zuwendung, Bestätigung und Verführung im Gegensatz zum Schweigen als Ablehnung und Bedrohung (Sprache im Kontext narzißtischer Beziehungen (vgl. 2.3. und 3.1.);
e) Sich-Versprechen als unmittelbare Manifestation unbewußter Vorgänge (vgl. 3.3.1.1.);

---

wird (*psychologisches Verstehen*). Ferner bezieht es sich auf die Interaktion bzw. die Kommunikationssituation (*szenisches und kommunikatives Verstehen*). Schließlich werden unbewußte Prozesse unmittelbar wahrgenommen und verstanden (*empathisches Verstehen*) (vgl. 2.3.). – Das psychoanalytische Geschehen setzt im Gegensatz zum klassischen psychiatrischen Umgang mit Kranken einen teilnehmenden Beobachter voraus, «denn der distanzierte Beobachter ist nicht nur seinen Patienten, er ist auch sich selbst gegenüber distanziert. Er kennt sein eigenes Unbewußtes genauso wenig wie das seiner Patienten» (STIERLIN, 1959/60, S. 744; vgl. auch 1958).

7 In der ‹Selbstdarstellung› nennt FREUD (1925 b, G. W. XIV, S. 46), der eigentlich nie seine humanistische Bildung verleugnet hat, BREUER als den Namensgeber des kathartischen Verfahrens (Katharsis = Reinigung, Sühne in der griechischen Tragödie): «Die Reaktion des Geschädigten auf das Trauma hat eigentlich nur dann eine völlig ‹kathartische› Wirkung, wenn sie eine adäquate Reaktion ist, wie die Rache. Aber in der Sprache findet der Mensch ein Surrogat für die Tat, mit dessen Hilfe der Affekt nahezu ebenso ‹abreagiert› werden kann» (FREUD, 1895, G. W. I, S. 87). Interessant in diesem Zusammenhang ist aber besonders, daß FREUD (1905, G. W. V, S. 151) diesen Vorgang zunächst neurophysiologisch und nicht psychologisch erklärt hat: «Wir waren zur Auffassung gelangt, daß die hysterischen Symptome Dauerwirkungen von psychischen Traumen sind, deren zugehörige Affektgröße durch besondere Bedingungen von bewußter Bearbeitung abgedrängt worden ist und sich darum einen abnormen Weg in die Körperinnervation gebahnt hat. Die Termini ‹eingeklemmter Affekt›, ‹Konversion› und ‹Abreagieren› fassen das Kennzeichnende dieser Anschauung zusammen.»

14

f) Reden als kreativer Prozeß, aus dem Sprachneubildungen sowie originelle Redewendungen hervorgehen («meine Gefühle durchfurien mich»);

g) Sprechen als Handeln (Interagieren im Hic et Nunc der psychoanalytischen Kommunikationssituation im Gegensatz zum ‹Agieren› nach dem Gesetz des ‹Wiederholungszwangs›; vgl. 2.5. und 3.4.2.3.);

h) Sprechen als Umgang mit Worten wie mit Objekten (Worte gewinnen Dingcharakter mit zuweilen magischer Wirkung; vgl. 2.2.2.).

Diesen Katalog könnten wir sicherlich noch erweitern, da Sprechen an und für sich ebenso wie das Schweigen im psychoanalytischen Geschehen nicht anders als die «Komplikation der Motive, die Häufung und Zusammensetzung seelischer Regungen» (FREUD, 1905 b, G. W. V, S. 220) mehrfach begründet, d. h. überdeterminiert ist. Doch ging es uns hier lediglich um eine beschreibende Darstellung bestimmter Aspekte, die bei der Betrachtung der Sprache im Laufe des psychoanalytischen Prozesses an Bedeutung gewinnen können.[8]

In unserer Arbeit soll die Rolle der Sprache im psychoanalytischen Prozeß im wesentlichen unter zwei Gesichtspunkten untersucht werden: einmal an den Besonderheiten der Rede des Patienten, zum anderen an den Merkmalen des Dialogs zwischen Analytiker und Analysand.

Die Analyse von Merkmalen der Rede des Patienten (Metaphern, Metonymien, Neologismen, Redefehlern (vgl. 3.3.)) stellt dabei eine andere via regia[9] zum Unbewußten dar, um die sich insbesondere JACQUES LACAN bemüht hat, der das Unbewußte als Struktur einer besonderen Form der Rede analysiert hat (vgl. 2.6.1.).

Obwohl sich die Psychoanalyse schon immer implizit mit sprachanalytischen Problemen beschäftigt hat (Worte im Traum, Traumsymbolik, Versprechen, Fehlleistungen, Wortwitze, Wortverdrehungen usw.), existiert bis heute keine umfassende Darstellung der durch unbewußte Prozesse gestalteten Rede des neurotischen Patienten.[10] Zwar finden sich in der psychoanalytischen Literatur allenthalben globale Bemerkungen über das Sprachverhalten

---

8 Vgl. hierzu 3.1.

9 Vgl. dazu: «Die Traumdeutung aber ist die Via regia zur Kenntnis des Unbewußten im Seelenleben» (FREUD, 1900, G. W. II/III, S. 613).

10 Wir verweisen insbesondere auf die Arbeiten von V. H. ROSEN (1961, 1967, 1969 a und b), der auch einige Konzepte der Sprachwissenschaft auf ihre Brauchbarkeit für die Psychoanalyse geprüft hat (langue – parole; Kombination – Selektion). Auch wir wollen keine systematische Darstellung des Redeverhaltens unserer Patienten geben. Eine solche Darstellung wäre zwar in diagnostischer Hinsicht hilfreich und vorteilhaft, da dann möglicherweise ein bestimmtes Redeverhalten mit der Art der neurotischen Erkrankung in Verbindung gebracht werden könnte. Doch läge diesem Ansatz ein Objektdenken zugrunde, dem wir uns nicht verpflichtet fühlen, zumal die Rede des Patienten in der psychoanalytischen Situation als therapeutischer Interaktion schon formal nicht monologisch, sondern dialogisch (im Wechsel zur Rede des Therapeuten) funktioniert.

bestimmter neurotischer Patienten (z. B. die Schachtelsätze der Zwangsneu-rotiker),[11] die aber über eine allgemeine Charakterisierung des jeweiligen Sprachstils des Patienten nicht hinausgehen und sich zumeist schon aus der neurotischen Symptomatik selbst herleiten (ängstliche Spannung – Stocken der Rede; Verleugnung – konventionelles Reden; Affektabwehr – Darstel-lung abstrakter Gedankeninhalte in der Rede).

Der zweite Gesichtspunkt unserer Untersuchung betrifft den Dialog zwi-schen Analytiker und Analysand. Die vorliegende Arbeit stellt den Versuch dar, die Redesituation zwischen Patient und Arzt zu analysieren und zu struk-turieren, weniger mit dem Ziel, die für das analytische Geschehen am besten geeignete Dialogform zu finden, als vielmehr, ein Instrumentarium zu erar-beiten, mit dessen Hilfe kommunikative Vorgänge in der Analyse bzw. Thera-pie genauer wahrgenommen und verstanden werden können.

Kürzlich ist von LORENZER (1970a, b; 1971, 1973) ein bemerkenswerter Versuch unternommen worden, ausgehend von einer Kritik des psychoanaly-tischen Symbolbegriffs, über die Darstellung der im therapeutischen Prozeß relevanten Verstehensvorgänge zu einer sprachanalytisch begründeten Me-tatheorie[12] der Psychoanalyse zu gelangen. Als Resultat seiner Arbeit sieht

---

11 FREUD ging von der Traumsprache als der «Ausdrucksweise der unbewußten Seelentätigkeit» aus und leitete daraus weiter ab: «Aber das Unbewußte spricht mehr als nur einen Dialekt. Unter den veränderten psychologischen Bedingungen, welche die einzelnen Formen von Neurose charakterisieren und voneinander scheiden, erge-ben sich auch konstante Abänderungen des Ausdruckes für unbewußte seelische Regungen. Während die Gebärdensprache der Hysterie im ganzen mit der Bilder-sprache des Traumes, der Visionen usw. zusammentrifft, ergeben sich besondere idio-matische Ausbildungen für die Gedankensprache der Zwangsneurose und der Para-phrenien (Dementia praecox und Paranoia), die wir in einer Reihe von Fällen bereits verstehen und aufeinander beziehen können. Was z. B. eine Hysterika durch Erbre-chen darstellt, das wird sich beim Zwangskranken durch peinliche Schutzmaßregeln gegen Infektion äußern und den Paraphreniker zur Klage oder zum Verdacht, daß er vergiftet wurde, veranlassen. Was hier so verschiedenen Ausdruck findet, ist der ins Unbewußte verdrängte Wunsch nach Schwängerung, respektive die Abwehr der erkrankten Person gegen denselben» (FREUD, 1913, G. W. VIII, S. 405).

Das Sprachverhalten und im weiteren Sinne das kommunikative Verhalten der Patienten wurden von FREUD also unter das Prinzip der Verdrängung ins dynamisch Unbewußte gestellt und nach diesem auch interpretiert, ohne in diesem Zusammen-hang auf konkrete sprachliche Merkmale in bestimmten Äußerungen einzugehen. Vgl. auch die Darstellung der außerverbalen und paralinguistischen Kommunika-tionsphänomene bei Patienten mit Angst- und Konversionshysterie, die DOSUŽKOV (1968) als «Wortlose Kommunikation» innerhalb des Bezugsrahmens der psychoana-lytischen Ich-Psychologie beschreibt.

12 Das metatheoretische Vorgehen wird von LORENZER (1970, S. 14) als ein Zurückverwandeln der sprachanalytischen Fachsprache in die Umgangssprache be-schrieben, und es soll gelten: «die Metatheorie erwächst aus dem Sprachspiel selbst». Diese Auffassung steht jedoch im Gegensatz zur wissenschaftstheoretischen Erklä-

LORENZER die Grundthese an, «daß es in der Psychoanalyse um eine Sprachveränderung geht», um eine Rekonstruktion der durch neurotische Abwehrvorgänge, vorab durch Verdrängung, privatsprachlich eingeengten («desymbolisierten») Rede des Patienten. Das «aufgespaltene Sprachspiel» des Patienten wird durch die Therapie «komplettiert» und auf diese Weise «das aus der Kommunikation Ausgeschlossene wieder in den Zusammenhang der Sprachgemeinschaft» eingeholt (LORENZER, 1970 b, S. 15 f, 168 f, 194).[13] LORENZERS sprachanalytisch orientierte therapeutische Intentionen nähern sich unseres Erachtens einer ‹kompensatorischen Spracherziehung›[14] in der Analyse, in der die neurotische Sprachverschiebung zurechtgerückt werden soll,[15] auch wenn LORENZER selbst die Psychoanalyse keinesfalls als Anpas-

---

rung einer metatheoretischen Einstellung, deren eine gewisse Genauigkeit anstrebende Definitionen sich gerade von der alltäglich, ohne Ansprüche auf wissenschaftliche Widerspruchsfreiheit, gesprochenen Umgangssprache abheben sollen. Eine derartige Forderung liegt aber auch der Metapsychologie der Psychoanalyse zugrunde. Vorschläge, wie z. B. eine Metatheorie der psychoanalytischen Metapsychologie entwickelt werden könnte, hat HABERMAS (1970, S. 96; vgl. auch 1971 a u. b) gemacht, indem er versucht, Ansätze zur Theorie der kommunikativen Kompetenz auf «Formen der Intersubjektivität von Sprache und auf die Entstehung ihrer Deformationen» auszudehnen. Dabei weist er (1970, S. 96) zugleich auf das «szientistische Selbstmißverständnis» von FREUDS Metapsychologie hin, das dem sprachanalytischen Vorgehen in der Psychoanalyse stillschweigend zugrunde liegt und dadurch einen Vorbegriff (zugleich ein Vorurteil) «von der Struktur unverzerrter umgangssprachlicher Kommunikation» schafft (a. a. O., S. 87).

13 Der therapeutischen Potenz des Analytikers und der Wirkung der Sprache scheint LORENZER (1970 b, S. 15) einiges zuzutrauen und auch zuzumuten, wenn er emphatisch formuliert: «Wenn von Sprache die Rede ist, geht es einzig darum, herauszuarbeiten, was der Psychoanalytiker innerhalb der psychoanalytischen Therapie mit der Sprache macht.»

14 In der Sprachdidaktik versteht man unter einem (sprach-)kompensatorischen Unterricht ein Lehrverhalten, das sich zum Ziel setzt, ein von dem sogenannten elaborierten Sprachstil abweichendes Sprachverhalten des Kindes an diese Norm anzupassen. Ausgangspunkt der kompensatorischen Spracherziehungsprogramme, deren Mängel und fragwürdige Eignung zur emanzipatorischen Erziehung in der letzten Zeit klar formuliert werden konnten (vgl. BERNSTEIN, 1970; GUTT, SALFFNER, 1972; EHLICH et al., 1971), waren die Untersuchungen zu schichtenspezifischem Sprachverhalten (vgl. BERNSTEIN, 1959; OEVERMANN, 1969) (vgl. 2.4.2.).

15 «Die Sprachverschiebung ist zurechtgerückt. Die Privatsprache ist aufgelöst, die Sprache des Patienten ist mit der allgemeinen Sprache zur Deckung gebracht» (LORENZER, 1970 b, S. 102). Die Charakterisierung der von LORENZER vorgeschlagenen Sprachanalyse im psychotherapeutischen Prozeß als eines in die Nähe kompensatorischen Spracherziehungsstils rückenden analytischen Verhaltens trifft unseres Erachtens auch dann noch zu, wenn LORENZER (1973, S. 96, 101, passim) neuerdings «Sprache und Interaktionsformen» in Beziehung zueinander setzt und die psychoanalytische Therapie als «praktische Änderung der Interaktionsfiguren» ansieht, so

sungstheorie verstanden wissen will (a. a. O., S. 197), sondern als Mittel zur «Freiheit der Reflexion des Individuums, das zugleich seinen Platz im Felde seiner sozialen Interaktion einnehmen und begreifen will» (a. a. O., S. 207).

Wir haben deshalb, um bei unserer Sprachanalyse im psychotherapeutischen Geschehen theoretischen und praktischen Inkonsequenzen und Widersprüchen, wie den bei LORENZER festgestellten (vgl. 2.3. u. 2.5.), zu entgehen, uns bemüht, linguistische Fragestellungen und Befunde nicht von vornherein mit metapsychologischen Hypothesen und Strukturierungsversuchen zu vermengen. Zuvor jedoch werden wir uns mit einigen zentralen Problemen der psychoanalytischen Sprachauffassung beschäftigen, soweit sie den Beitrag der Psychoanalyse zu einer allgemeinen Theorie des Sprachvermögens («langage») deutlich machen.

---

daß die «zur Interaktionsform gehörenden Sprachsymbole» wieder in den Bereich der Allgemeinsprache gebracht werden können.

2. SPRACHTHEORIEN IN DER PSYCHOANALYSE

«Wem es Freude bereitet, die einzelnen psychoanalytischen Begriffe in ihrer Diskrepanz zu dem, was sie an Beobachtungen und Auslegungen von Phänomenen meinen, aufzuweisen, dem liegt ein weites leeres Feld vor Augen, das einer ‹Ausfüllung› mit gescheiten und scharfsinnigen Sätzen wartet — er mag ‹Freud-Philologie› treiben. Wem es aber um die Sache geht, d. h. um die menschliche Wirklichkeit, der wird sich bei der unzulänglichen Begriffsbildung Freuds — die um so leichter wiegt, als er niemals die Ambition hatte, als ‹Logiker› und ‹Erkenntnistheoretiker› zu gelten — nicht lange aufhalten, sondern sogleich versuchen, der Sache, die Freud freigelegt hat, ein begriffliches Medium zu schaffen, in welchem sie sich adäquat aussprechen kann.»

(H. Kunz, Die existentielle Bedeutung der Psychoanalyse in ihrer Konsequenz für deren Kritik, 1930, S. 668)

2.1. Freuds «Sprachapparat» als Vorläufer des «psychischen Apparats»

Freuds Vorstellungen vom Aufbau und von der Funktionsweise des sogenannten Sprachapparats sowie des psychischen Apparats gehen auf seine vor-psychoanalytische Studie ‹Zur Auffassung der Aphasien› zurück, in der er sich kritisch auseinandersetzt mit den im 19. Jahrhundert existierenden Theorien über die Entstehung der Aphasien einerseits und der Beschreibung ihrer klinisch auftretenden Formen nach vorwiegend auf die Lokalisation einzelner zerebraler Funktionen im Gehirn beschränkten Gesichtspunkten andererseits[1] (vgl. Marx, 1966, 1967; Stengel, 1954, 1954/55, 1957a und

---

1 In der Inhaltsangabe seiner wissenschaftlichen Arbeiten gibt Freud (1897, G. W. I, S. 472 f) eine Zusammenfassung seiner Aphasiemonographie: Er stellt seine Kritik an Broca und Wernicke so dar, daß er zur Erklärung der verschiedenen Formen der Leitungsaphasie «anstatt der topischen *funktionelle* [Hervorhebung v. Verf.] Momente» herangezogen habe: «Die als subcortical und transcortical bezeichneten Formen sind nicht durch besondere Lokalisation der Läsion zu erklären, sondern durch Zustände verminderter Leistungsfähigkeit in den Sprachapparaten» (a. a. O., S. 472). Das Sprachgebiet der Rinde sei als ein zusammenhängender Rindenbezirk betrachtet worden, «innerhalb dessen alle der Sprachfunktion dienenden Übertragungen und Verknüpfungen vor sich gehen» (a. a. O.). Im Zusammenhang mit dieser Kritik weist Freud darauf hin, daß es die Natur des abgehandelten Gegenstandes erfordert habe, mehr auf «die Abgrenzung zwischen der physiologischen und der psychologischen Betrachtungsweise» (a. a. O.) einzugehen. Die Zurückweisung der Meynert-Wernickeschen Konzepte über die Lokalisation von «Vorstellungen in nervösen Elementen» und die Kritik an der Meynertschen Darstellung von «einer Abbildung des Körpers in der Großhirnrinde» seien «auf Grund zweier Tatsachen der Gehirnanatomie erfolgt, nämlich 1. daß die ins Rückenmark eintretenden Fasermassen durch die eingeschalteten grauen Substanzen eine stetige Reduktion nach oben

19

b). Im Anschluß an J. H. Jackson (1868, 1879), auf den er sich in der Aphasie-monographie mehrfach ausdrücklich beruft (Freud, 1891, S. 12, 57, 63, 89 f, 102)², beschreibt Freud den Sprachapparat gemäß der Konzeption eines «psychophysischen Parallelismus» (Stengel, 1957 b, S. 200), weist dabei jedoch immer wieder darauf hin, daß bei einer Darstellung des Aufbaus des Sprachapparats «die psychologische und die anatomische Seite des Gegen-standes möglichst voneinander» zu trennen seien (Freud, a. a. O., S. 75 ; vgl. auch S. 57, 83). Diese Forderung Freuds richtet sich vor allem gegen Wer-nicke, dessen Überlegungen zur Entstehung der Aphasien zwar ein rein

---

hin erfahren, und 2. daß es keine direkten Bahnen von der Körperperipherie zur Hirn-rinde gibt» (a. a. O.). So kann Freud zeigen, «daß eine eigentliche lückenlose Abbil-dung des Körpers nur im spinalen Grau stattfindet (Projektion), während in der Hirn-rinde die Körperperipherie nur in minder detaillierter Sonderung durch ausgewählte und nach Funktionen angeordnete Fasern vertreten ist» (a. a. O., S. 473).

2 Vgl. dazu die aufschlußreiche Stelle in der Aphasiemonographie, aus der deut-lich wird, daß Freud schon hier psychische Vorgänge nicht *kausal*, sondern *funktional* mit den physiologischen verknüpft: «Die Kette der physiologischen Vorgänge im Nervensystem steht ja wahrscheinlich nicht im Verhältnis der Kausalität zu den psy-chischen Vorgängen. Die physiologischen Vorgänge hören nicht auf, sobald die psy-chischen begonnen haben, vielmehr geht die physiologische Kette weiter, nur daß jedem Glied derselben (oder einzelnen Gliedern) von einem gewissen Moment an ein psychisches Phänomen entspricht. Das Psychische ist somit ein Parallelvorgang des Physiologischen («a dependent concomitant») » (Freud, 1891, S. 56 f). Darunter setzt Freud als Anmerkung: «Hughlings Jackson hat aufs schärfste vor einer solchen Ver-wechslung des Physischen mit dem Psychischen beim Sprachvorgang gewarnt: (. . .)» (a. a. O., S. 57). Im Zusammenhang mit dem Problem der «Topik der seelischen Akte» schreibt Freud dann 1915 (G. W. X, S. 273): «Diese Frage kann abstrus erscheinen, muß aber aufgeworfen werden, wenn wir uns von der psychischen Topik, der psychi-schen Tiefendimension, eine bestimmtere Idee bilden wollen. Sie ist schwierig, weil sie über das rein Psychologische hinausgeht und die Beziehungen des seelischen Apparates zur Anatomie streift. Wir wissen, daß solche Beziehungen im Gröbsten exi-stieren. Es ist ein unerschütterliches Resultat der Forschung, daß die seelische Tätig-keit an die Funktion des Gehirns gebunden ist wie an kein anderes Organ. Ein Stück weiter – es ist nicht bekannt, wie weit – führt die Entdeckung von der Ungleichwertig-keit der Gehirnteile und deren Sonderbeziehung zu bestimmten Körperteilen und geistigen Tätigkeiten. Aber alle Versuche, von da aus eine Lokalisation der seelischen Vorgänge zu erraten, alle Bemühungen, die Vorstellungen in Nervenzellen aufge-speichert zu denken und die Erregungen auf Nervenfasern wandern zu lassen, sind gründlich gescheitert. Dasselbe Schicksal würde einer Lehre bevorstehen, die etwa den anatomischen Ort des Systems Bw, der bewußten Seelentätigkeit, in der Hirn-rinde erkennen und die unbewußten Vorgänge in die subkortikalen Hirnpartien ver-setzen wollte. Es klafft hier eine Lücke, deren Ausfüllung derzeit nicht möglich ist, auch nicht zu den Aufgaben der Psychologie gehört. Unsere psychische Topik hat vor-läufig nichts mit der Anatomie zu tun; sie bezieht sich auf Regionen des seelischen Apparats, wo immer sie im Körper gelegen sein mögen, und nicht auf anatomische Örtlichkeiten» (vgl. dazu Hartmann, 1927, bes. Kap 1).

naturwissenschaftliches, nämlich ein nach dem sensorimotorischen Reflexbogen konstruiertes, neuroanatomisches Modell zugrunde lag,[3] in das er jedoch psychologische Konzepte über das Sprachvermögen[4] (Nachahmungstheorie der Sprache) (vgl. WERNICKE, 1874, S. 33 und 69) einbaute, um neuroanatomische sowie neurophysiologische Daten des Modells in einen verständlichen Zusammenhang zu bringen (vgl. FREUD, 1891, S. 19, 56 ff).

WERNICKES Erklärungen des Sprachvermögens jedoch, die er auf das Modell des sensorimotorischen Reflexbogens gründete, konnten damals noch nicht auf neuroanatomische und neurophysiologische Daten zurückgeführt werden, da diese zu jener Zeit noch nicht ausgereicht hätten, diejenigen Mechanismen darzustellen, durch die ein Verständnis der biologischen Grundlage des Sprachvermögens möglich gewesen wäre (vgl. LENNEBERG, 1964, 1967). Um dieser Schwierigkeit zu begegnen, mußte WERNICKE sich psychologischer Erläuterungen bedienen, um seine neuroanatomischen und neurophysiologischen Vorstellungen zu untermauern (vgl. S. GOEPPERT, 1973 b).[5]

---

3 Das Sprachmodell WERNICKES besteht aus Hirnzentren, die durch Assoziationsbündel verbunden sind, zwischen denen sich sogenannte funktionelle Lücken befinden. Das eine Zentrum enthält alle Wortklangbilder, das andere alle Wortbewegungsbilder.

4 Vgl. dazu aus der Aphasiemonographie: «Gegenüber der Neigung früherer medizinischer Epochen, ganze Seelenvermögen, wie sie der Sprachgebrauch der Psychologie abgrenzt, an bestimmte Bezirke des Gehirns zu lokalisieren, mußte es als großer Fortschritt erscheinen, wenn Wernicke erklärte, daß man nur die einfachsten psychischen Elemente, die einzelnen Sinnesvorstellungen lokalisieren dürfe, und zwar an die zentrale Endigung des peripherischen Nerven, der den Eindruck empfangen hat. Im Grunde aber begeht man nicht denselben prinzipiellen Fehler, ob man nun einen komplizierten Begriff, eine ganze Seelentätigkeit oder ob man ein psychisches Element zu lokalisieren versucht? Ist es gerechtfertigt, eine Nervenfaser, die über die ganze Strecke ihres Verlaufes bloß ein physiologisches Gebilde und physiologischen Modifikationen unterworfen war, mit ihrem Ende ins Psychische einzutauchen und dieses Ende mit einer Vorstellung oder einem Erinnerungsbild auszustatten? Wenn der ‹Wille›, die ‹Intelligenz› u. dgl. als psychologische Kunstworte erkannt sind, denen in der physiologischen Welt sehr komplizierte Verhältnisse entsprechen, weiß man von der ‹einfachen Sinnesvorstellung› denn mit größerer Bestimmtheit, daß sie etwas Anderes als ein solches Kunstwort ist?» (FREUD, 1891, S. 56).

5 Zu einer ähnlichen Auffassung gelangt MARX, der FREUDS Verdienst hervorhebt, die Vermischung psychologischer und physiologischer Gedankengänge in den Modellen der Aphasietheorien des 19. Jahrhunderts erkannt zu haben. WERNICKE «had constructed an anatomical model on the basis of a psychological concept of language. Language psychology was translated into neurophysiology and neuroanatomy. The greatest significance of Freud's criticism lies here. He had touched the weakest spot of all the aphasia theories. Freud pointed out that what Wernicke, and we may add most others, had proposed were not models of neuroanatomy or neurophysiology of language. Their conclusions were not based on anatomical or physiological data or mechanisms which would lead to an understanding of the biological basis

In der Aphasiemonographie geht es FREUD sodann darum, verschiedene Formen der Sprachstörungen anhand genauer klinischer Beobachtungen im Einklang mit dem bestehenden Sprachmodell WERNICKES darzustellen und gegebenenfalls entweder das falsche Modell richtigzustellen oder die klinischen Beobachtungsweisen zu verfeinern. So führt ihn das Studium pathologischer Sprachzustände zur Darstellung des Modells eines nicht nur *statisch* auf die Lokalisation bestimmter Sprachstörungen ausgerichteten, sondern auch regelrecht *funktionierenden* Sprachapparats. FREUD überträgt zum einen das Modell des Sprachapparats gleichsam auf organische Verhältnisse, um aus der Beobachtung pathologischer Veränderungen dessen Aufbau und Funktion verfeinert darstellen zu können, zum anderen betrachtet er die Sprachentwicklung beim Kind (FREUD, 1891, S. 75 ff), um von hier aus schrittweise das Modell des Sprachapparats aufzubauen.

Für den biologisch orientierten FREUD ist das Studium der individuellen Entwicklung sowie der pathologischen Veränderungen, welche «uns ja immer den Dienst geleistet (haben), durch Isolierung und Übertreibung Verhältnisse kenntlich zu machen, die in der Normalität verdeckt geblieben wären» (1932, G. W. XV, S. 129), eine unerläßliche Voraussetzung zur Erlangung einer genauen Kenntnis des Sprachapparates und später des psychischen Apparates (vgl. FREUD, 1938, G. W. XVII, S. 67).

Das folgende Zitat aus ‹Jenseits des Lustprinzips› zeigt, wie sehr Freud seine späteren metapsychologischen Gedanken immer wieder in die Nähe von Vorstellungen und Modellen aus der Neuroanatomie und Neurophysiologie gebracht hat: «Die psychoanalytische Spekulation knüpft an den bei der Untersuchung unbewußter Vorgänge empfangenen Eindruck an, daß das Bewußtsein nicht der allgemeinste Charakter der seelischen Vorgänge, sondern nur eine besondere Funktion derselben sein könne. In metapsychologischer Ausdrucksweise behauptet sie, das Bewußtsein sei die Leistung eines

---

of language. These ‹anatomical› und ‹physiological› explanations were a cryptopsychology» (MARX, 1967, S. 823).

Wenn sich FREUD mit einer beinahe selbstverständlichen Zurückhaltung ‘in der Aphasiemonographie gescheut hat, psychologische Termini zur Erklärung physiologischer Sachverhalte zu verwenden, so hat er doch später umgekehrt allzugern Begriffe und Vergleiche aus der Naturwissenschaft und Technik gebraucht, um selbst die differenziertesten psychologischen Vorgänge darzustellen (vgl. z. B. FREUD, 1900, G. W. II/III, S. 541, und 1912a, G. W. VIII, S. 381 f). – In der ‹Notiz über den ‚Wunderblock'›, in der FREUD die Schreibtafel oder das Blatt Papier als «gleichsam ein materialisiertes Stück des Erinnerungsapparates» (1925 c, G. W. XIV, S. 3) ansieht, vergleicht er ein kleines Gerät, den sogenannten Wunderblock, «eine in einen Papierrand gefaßte Tafel aus dunkelbräunlicher Harz- oder Wachsmasse, über welche ein dünnes, durchscheinendes Blatt gelegt ist», mit dem Bau des Wahrnehmungsapparates (a. a. O., S. 5). Hier zeigt sich vor allem das Bedürfnis FREUDS, das Ganze nach Art des Anatomen zu zergliedern und die einzelnen Teile nach einem ideal funktionierenden Modell wieder aufzubauen.

22

besonderen Systems, das sie Bw benennt. Da das Bewußtsein im wesentlichen Wahrnehmungen von Erregungen liefert, die aus der Außenwelt kommen, und Empfindungen von Lust und Unlust, die nur aus dem Innern des seelischen Apparates stammen können, kann dem System W-Bw eine räumliche Stellung zugewiesen werden. Es muß an der Grenze von außen und innen liegen, der Außenwelt zugekehrt sein und die anderen psychischen Systeme umhüllen. Wir bemerken dann, daß wir mit diesen Annahmen nichts Neues gewagt, sondern uns der lokalisierenden Hirnanatomie angeschlossen haben, welche den ‹Sitz› des Bewußtseins in die Hirnrinde, in die äußerste, umhüllende Schicht des Zentralorgans verlegt. Die Hirnanatomie braucht sich keine Gedanken darüber zu machen, warum — anatomisch gesprochen — das Bewußtsein gerade an der Oberfläche des Gehirns untergebracht ist, anstatt wohlverwahrt irgendwo im innersten Innern desselben zu hausen. Vielleicht bringen wir es in der Ableitung einer solchen Lage für unser System W-Bw weiter» (FREUD, 1920, G. W. XIII, S. 23 f).

FREUD gelangt über die Diskussion des Modells von WERNICKE einerseits und von MEYNERT andererseits, dessen Gedanken, daß «die Hirnrinde durch die Äußerlichkeit ihrer Lagerung zum Umfassen, zum Aufnehmen der gesamten Sinneseindrücke geeignet» sei (FREUD, 1891, S. 47),[6] er aufgreift, zur Darstellung der eigenen Vorstellungen vom Aufbau des Sprachapparats, wobei er sich gegen die Auffassung wendet, daß 1. der Sprachapparat aus gesonderten Zentren bestehe, 2. zwischen den Zentren funktionsfreie Rindengebiete anzutreffen seien, 3. in den Zentren Vorstellungen als Erinnerungsbilder gespeichert lägen und 4. die Assoziationen durch weiße Fasermassen unterhalb der Rinde besorgt würden. Danach beschreibt er den zentralen Sprachapparat als ein zusammenhängendes Rindengebiet im Gehirn, «welches den Raum zwischen den Endstätten des nervus opticus, acusticus und der motorischen Hirn- und Extremitätennerven in der linken Hemisphäre einnimmt» (a. a. O., S. 68 f).

Sodann sucht er nun seinerseits, wie vor ihm WERNICKE und LICHTHEIM, nach den Voraussetzungen «für die Erklärung der Sprachstörungen auf Grund eines solchen Aufbaues des Sprachapparates» (FREUD, a. a. O., S. 74). Er hält sich, im Gegensatz zu WERNICKE, nicht mehr an die elementarsten Hirnfunktionen, die einzelnen Sinnesvorstellungen, sondern benutzt eine komplexe Vorstellung, das «Wort»,[7] als Grundlage für seine Darstellung des

---

6 Diese Wiedergabe MEYNERTScher Gedankengänge über die Hirnrinde ähnelt auffallend der Beschreibung des Ichs, die FREUD in ‹Der Mann Moses und die monotheistische Religion› (1937, G. W. XVI, S. 203) gegeben hat: «Wir sondern jetzt in unserem Seelenleben, das wir als einen aus mehreren Instanzen, Bezirken, Provinzen zusammengesetzten Apparat auffassen, eine Region, die wir das eigentliche Ich heißen, von einer anderen, die wir das Es nennen. Das Es ist das ältere, *das Ich hat sich aus ihm wie eine Rindenschicht durch den Einfluß der Außenwelt entwickelt*» (Hervorhebung v. Verf.).

7 «Das Wort ist also eine komplexe, aus den angeführten Bildern bestehende Vor-

Sprachapparates, in das er ein psychologisches Schema der Wortvorstellung einfügt: «Die Wortvorstellung erscheint als ein abgeschlossener Vorstellungskomplex, die Objektvorstellung dagegen als ein offener. Die Wortvorstellung ist nicht von allen ihren Bestandteilen, sondern bloß vom Klangbild her mit der Objektvorstellung verknüpft. Unter den Objektassoziationen sind es die visuellen, welche das Objekt in ähnlicher Weise vertreten, wie das Klangbild das Wort vertritt» (a. a. O., S. 79).[8]

Dieses Schema dürfen wir aber nicht als ein «psychologisches Modell der

---

stellung oder, anders ausgedrückt, dem Wort entspricht ein verwickelter Assoziationsvorgang, den die aufgeführten Elemente visueller, akustischer und kinästhetischer Herkunft miteinander eingehen. Das Wort erlangt aber seine Bedeutung durch die Verknüpfung mit der ‹Objektvorstellung›, wenigstens wenn wir unsere Betrachtung auf Substantiva beschränken. Die Objektvorstellung selbst ist wiederum ein Assoziationskomplex aus den verschiedenartigsten visuellen, akustischen, taktilen, kinästhetischen und anderen Vorstellungen. Wir entnehmen der Philosophie, daß die Objektvorstellung außerdem nichts Anderes enthält, daß der Anschein eines ‹Dinges›, für dessen verschiedene ‹Eigenschaften› jene Sinneseindrücke sprechen, nur dadurch zu Stande kommt, daß wir bei der Aufzählung der Sinneseindrücke, die wir von einem Gegenstande erhalten haben, noch die Möglichkeit einer großen Reihe neuer Eindrücke in derselben Assoziationskette hinzu nehmen. Die Objektvorstellung erscheint uns also nicht als eine abgeschlossene, kaum als eine abschließbare, während die Wortvorstellung uns als etwas Abgeschlossenes, wenngleich der Erweiterung Fähiges erscheint. Die Behauptung, die wir auf Grund der Pathologie der Sprachstörungen nun aufstellen müssen, geht dahin, daß die Wortvorstellung mit ihrem sensiblen Ende (vermittelst der Klangbilder) an die Objektvorstellung geknüpft ist» (FREUD, 1891, S. 79 f).

Diese Stelle zeigt gleichzeitig, daß FREUD kein prinzipieller Gegner der Lokalisationslehre gewesen ist. Im Gegensatz zu WERNICKE beachtet er aber «the fundamental distinction between localization of *symptoms* and localization of *functions*» (RIESE, 1958, S. 292). – Die Störung der Assoziation von Wort- und Objektvorstellung beschreibt FREUD (1891, S. 80) als asymbolische Aphasie (vgl. EDELHEIT, 1969, S. 392).

8 Im Anschluß an FREUDS Ausführungen über den offenen Komplex der Objektvorstellung hat LOCH – der eine wechselseitige Entsprechung annimmt «zwischen dem ‹Ding› bzw. der damit verbundenen Dingvorstellung als Korrelat oder Träger derjenigen Ereignisse, die das Befriedigungserlebnis herbeiführen, also dem, was Ding- bzw. Sachvorstellung genannt wird einerseits, und dem, was diesem auf der Seite des (sich gründenden) Subjektes gegenübersteht, dem ‹Kern des Ich› (= bleibender Bestandteil der ‹Besetzungen›) andererseits» (LOCH, 1971, S. 886) – die interessante Überlegung angestellt, «daß wir wohl immer einen Überschuß an ‹Binnenbesetzungen› haben werden, d. h. an solchen Besetzungen, denen keine Information von draußen entspricht, womit der ‹Kern des Ich› niemals völlig begriffen werden kann. Zu dieser Auffassung der Ding- bzw. ‹Objekt›vorstellungen gehört, daß sie gleichsam nicht abgeschlossen, nicht abschließbar sind, wohingegen das Wort, das ja später im Zuge des Sprechenlernens diese Erfahrungen vertritt, etwas vergleichsweise Geschlossenes darstellt» (a. a. O., S. 887).

Funktionsweise des Sprachapparates» ansehen, wie von G. Jappe (1971, S. 71) angenommen wird, sondern als Erweiterung und Modifikation des neurologisch-neuropathologischen Modells des Sprachapparates von Wernicke und Meynert, denn das psychologische Schema der Wortvorstellung wird von Freud selbst nicht mit dem Modell des Sprachapparates gleichgesetzt, sondern als Ergänzung in dieses eingeordnet und dabei nicht isoliert von der organischen Funktionsweise des Assoziations-Sprachapparates verstanden. Inwieweit das Wort als psychologische Einheit anzusehen sei, diskutiert Freud nämlich nicht auf der Ebene einer psychologischen Betrachtung, wohl aber im Zusammenhang mit Befunden aus der klinischen Neuropathologie.

Die Zusammensetzung der Wortvorstellung aus dem Klangbild, dem visuellen Buchstabenbild, dem Sprachbewegungsbild und dem Schreibbewegungsbild versucht Freud (a. a. O., S. 75) im folgenden genauer darzustellen, indem er «auf den wahrscheinlichen Assoziationsvorgang bei den einzelnen Sprachverrichtungen» eingeht. Im psychologischen Schema der Wortvorstellung ist also die Wortvorstellung aus dem Klangbild, dem Lesebild, dem Schriftbild und dem Bewegungsbild zusammengesetzt. Die Wortvorstellung wird als abgeschlossener Vorstellungskomplex angesehen; das Wort erlange «seine Bedeutung» erst «durch die Verknüpfung mit der Objektvorstellung». Die Objektvorstellung stelle sich hingegen als offener «Assoziationskomplex aus den verschiedenartigsten visuellen, akustischen, taktilen, kinästhetischen und anderen Vorstellungen» dar. Schließlich werden Wortvorstellung und Objektvorstellung im Sprachapparat assoziativ miteinander verknüpft: «Die Behauptung, die wir auf Grund der Pathologie der Sprachstörungen nun aufstellen müssen, geht dahin, daß die Wortvorstellung mit ihrem sensiblen Ende (vermittelst der Klangbilder) an die Objektvorstellung geknüpft ist» (a. a. O., S. 80).

Dieses in der Aphasiemonographie erstmals auftretende Schema der Wort- und Objektvorstellung hat Freud dann 1915 in der Gegenüberstellung von Wort- und Sachvorstellung theoretisch ausgeweitet und zur Unterscheidung unbewußter, vorbewußter und bewußter Prozesse verwandt (vgl. 2.2.1.) sowie zu seiner Konzeption der Sprachveränderungen bei der Schizophrenie herangezogen (vgl. 2.2.2.).

Sodann hat Freud aus der von den Assoziationsabläufen im Gehirn abgeleiteten Tatsache, «daß die Wortvorstellung lediglich vom Klangbild her mit der Objektvorstellung verknüpft» sei, während auf der Seite der Objektassoziationen die visuellen Elemente «das Objekt in ähnlicher Weise vertreten, wie das Klangbild das Wort vertritt» (a. a. O., S. 79), der akustischen[9] Seite

---

9 Bei der schematischen Darstellung des psychischen Apparats gemäß den drei seelischen Bereichen Es, Ich und Über-Ich macht Freud das akustische Zentrum zeichnerisch deutlich und fügt hinzu, «daß das Ich eine ‹Hörkappe› trägt, nach dem Zeugnis der Gehirnanatomie nur auf einer Seite» (1923 b, G. W. XIII, S. 252). Später rückt das Über-Ich an diese Stelle (1933, G. W. XV, S. 85), worauf besonders Isa-

des Sprachapparats eine hervorragende Bedeutung zugesprochen: «Die assoziative Tätigkeit des akustischen Elementes steht im Mittelpunkt der gesamten Sprachfunktion. (...) Das Wortverständnis bei peripherischer Anregung haben wir uns wahrscheinlich nicht als bloße Fortleitung von den akustischen Elementen zu denen der Objektassoziationen zu denken; vielmehr dürfte beim verständnisvollen Anhören einer Rede von den akustischen Elementen aus gleichzeitig die Verbalassoziationstätigkeit angeregt werden, so daß wir das Gehörte innerlich in gewissem Maße nachsprechen und dann das Verständnis gleichzeitig auf unsere Sprachinnervationsgefühle stützen. Ein höherer Grad von Aufmerksamkeit beim Zuhören wird mit einer erheblicheren Übertragung[10] des Gehörten auf die motorische Sprachbahn einhergehen» (a. a. O., S. 92f). Die *Aufmerksamkeit*[11] beim Zuhören und die *Übertragung* des Gehörten auf die motorische Sprachbahn, die in der Aphasiemonographie

---

KOWER hingewiesen hat, der in der Gehörsphäre (auditory sphere) die biologische Grundlage für die Entwicklung des Über-Ichs sieht (ISAKOWER, 1939 und 1954; vgl. auch JAPPE, 1971, S. 82f). Vgl. auch EDELHEIT, 1969, S. 390ff und SHAPIRO, 1970, S. 407; in beiden Arbeiten geht es um den Vergleich linguistischer Konzepte mit psychoanalytischen Vorstellungen vom Aufbau und der Funktionsweise des psychischen Apparats. Ansätze in dieser Richtung finden sich ebenfalls bei LAFFAL (1964, 1967).

10 In der Aphasiemonographie wird der Begriff Übertragung im allgemeinen in einem strikt neurophysiologischen Sinne, nämlich als Impulsübertragung von einer Nervenbahn auf die andere, gebraucht (z. B. als «Übertragung auf die Sprachbahn»; vgl. (FREUD, a. a. O., S. 84, 64). An einer Stelle bezeichnet FREUD mit ‹Übertragung› die (für ihn unzulässige) unmittelbare Verbindung psychologischer Konzepte mit physiologischen Daten: «In der Psychologie ist die einfache Vorstellung für uns etwas Elementares, das wir von seinen Verbindungen mit anderen Vorstellungen scharf unterscheiden können. Wir kommen so zur Annahme, daß auch deren physiologisches Korrelat, die Modifikation, die von der erregten, im Zentrum endigenden Nervenfaser ausgeht, etwas Einfaches ist, was sich an einen Punkt lokalisieren läßt. Eine solche Übertragung ist natürlich vollkommen unberechtigt; die Eigenschaften dieser Modifikation müssen für sich und unabhängig von ihrem psychologischen Gegenstück bestimmt werden» (a. a. O., S. 57). Hier ist unseres Erachtens der Begriff ‹Übertragung› jedoch nicht als terminus technicus gebraucht, also weder in einem neurophysiologischen noch in einem vor-psychoanalytischen Sinne, sondern als einfache Bezeichnung des beschriebenen Sachverhalts.

11 In der ‹Traumdeutung› wird die Aufmerksamkeit mit besonderen Besetzungsvorgängen (Überbesetzung) im psychischen Apparat verbunden und ihr die Rolle zuerkannt, eine Umverteilung der psychischen Energie einzuleiten (ökonomischer Gesichtspunkt des psychischen Apparats) (vgl. 2.2.1.): «Die Denkvorgänge sind nämlich an sich qualitätslos bis auf die sie begleitenden Lust- und Unlusterregungen, die ja als mögliche Störung des Denkens in Schranken gehalten werden sollen. Um ihnen eine Qualität zu verleihen, werden sie beim Menschen mit den Worterinnerungen assoziiert, deren Qualitätsreste genügen, um die Aufmerksamkeit des Bewußtseins auf sich zu ziehen und von ihm aus dem Denken eine neue mobile Besetzung zuzuwenden» (FREUD, 1900, G. W. II/III, S. 622 und 608; vgl. auch HOLT, 1962).

26

im Zuge der Darstellung assoziativ-funktionierender Sprachvorgänge verknüpft werden, spielen einerseits eine fundamentale Rolle bei der Entwicklung des Konzepts vom seelischen Apparat, andererseits läßt sich von hier aus der Begriff der Übertragung bis hin zu seiner eigentlichen psychoanalytischen Bedeutung verfolgen (vgl. 2.3.).[12]

In der ‹Traumdeutung› schildert FREUD (1900, G. W. II/III, S. 543) sodann sein Modell des psychischen Apparats, das er sich analog dem Modell des Sprachapparats wie einen «Reflexapparat» aufgebaut denkt, denn «der Reflexvorgang bleibt das Vorbild auch aller psychischen Leistung». Hier argumentiert FREUD ähnlich wie in der Aphasiemonographie, jedoch von genau der umgekehrten Position aus: «Die Idee, die uns so zur Verfügung gestellt wird, ist die einer *psychischen Lokalität*. Wir wollen ganz beiseite lassen, daß der seelische Apparat, um den es sich hier handelt, uns auch als anatomisches Präparat bekannt ist, und wollen der Versuchung sorgfältig aus dem Wege gehen, die psychische Lokalität etwa anatomisch zu bestimmen. Wir bleiben auf psychologischem Boden und gedenken nur der Aufforderung zu folgen, daß wir uns das Instrument, welches den Seelenleistungen dient, vorstellen wie etwa ein zusammengesetztes Mikroskop, einen photographischen Apparat u. dgl. Die psychische Lokalität entspricht dann einem Orte innerhalb eines Apparats, an dem eine der Vorstufen des Bildes zustande kommt» (a. a. O., S. 541).

Die Frage der Lokalisation psychischer Vorgänge beschäftigt FREUD auch weiterhin. Noch 1938 nimmt er an, daß «das Seelenleben die Funktion eines Apparates ist, dem wir räumliche Ausdehnung und Zusammensetzung aus mehreren Stücken zuschreiben» (1938, G. W. XVII, S. 67). Ferner führt er aus: «Die älteste dieser psychischen Provinzen oder Instanzen nennen wir das Es; sein Inhalt ist alles, was ererbt, bei Geburt mitgebracht, konstitutionell festgelegt ist, vor allem also die aus der Körperorganisation stammenden Triebe, die hier einen ersten uns in seinen Formen unbekannten psychischen Ausdruck finden. Unter dem Einfluß der uns umgebenden realen Außenwelt hat ein Teil des Es eine besondere Entwicklung erfahren. Ursprünglich als Rin-

---

12 Die Entwicklung des Übertragungsbegriffs bei FREUD kann schematisch dargestellt werden: 1. Übertragung der Assoziationsvorgänge entlang den Sprachbahnen im Sprachapparat. Wird diese Übertragung etwa durch ein Hindernis in der «Assoziationsleitung zu den Objektassoziationen» gestört, so sammelt sich die Erregung auf der motorischen Sprachbahn. Es entsteht das Symptom der Echolalie (vgl. FREUD, 1891, S. 93 f). – 2. Übertragung (intrapsychisch) der Vorstellung im psychischen Apparat, und zwar vom Unbewußten über das Vorbewußte zum Bewußten: «Die Übertragung kann die Vorstellung aus dem Vorbewußten, welche somit zu einer unverdient großen Intensität gelangt, unverändert lassen, oder ihr selbst eine Modifikation durch den Inhalt der übertragenden Vorstellung aufdrängen» (FREUD, 1900, G. W. II/III, S. 568). – 3. Übertragung (interpsychisch) von unbewußten Regungen (Gefühlen, Triebwünschen und Phantasien) auf den Arzt in der therapeutischen Situation (vgl. FREUD, 1895, G. W. I, S. 310; 1910b, G. W. VIII, S. 54).

denschicht mit den Organen zur Reizaufnahme und den Einrichtungen zum Reizschutz ausgestattet, hat sich eine besondere Organisation hergestellt, die von nun an zwischen Es und Außenwelt vermittelt. Diesem Bezirk unseres Seelenlebens lassen wir den Namen des Ichs» (a. a. O., S. 67 f).

Mit dem Modell des psychischen Apparates versucht also FREUD, die Psychoanalyse als Wissenschaft den Naturwissenschaften gleichzustellen: «Unsere Annahme eines räumlich ausgedehnten, zweckmäßig zusammengesetzten, durch die Bedürfnisse des Lebens entwickelten psychischen Apparates, der nur an einer bestimmten Stelle unter gewissen Bedingungen den Phänomenen des Bewußtseins Entstehung gibt, hat uns in den Stand gesetzt, die Psychologie auf einer ähnlichen Grundlage aufzurichten wie jede andere Naturwissenschaft, z. B. wie die Physik. Hier wie dort besteht die Aufgabe darin, hinter den unserer Wahrnehmung direkt gegebenen Eigenschaften (Qualitäten) des Forschungsobjektes anderes aufzudecken, was von der besonderen Aufnahmsfähigkeit unserer Sinnesorgane unabhängiger und dem vermuteten realen Sachverhalt besser angenähert ist» (FREUD, 1938, G. W. XVII, S. 126). Das psychoanalytische Verfahren wird mit dem Vorgehen des experimentierenden Physikers verglichen: «Wir haben die technischen Mittel gefunden, um die Lücken unserer Bewußtseinsphänomene auszufüllen, deren wir uns also bedienen wie die Physiker des Experiments. Wir erschließen auf diesem Wege eine Anzahl von Vorgängen, die an und für sich ‹unerkennbar› sind, schalten sie in die uns bewußten ein und wenn wir z. B. sagen, hier hat eine unbewußte Erinnerung eingegriffen, so heißt das eben: Hier ist etwas für uns ganz Unfaßbares vorgefallen, was aber, wenn es uns zum Bewußtsein gekommen wäre, nur so und so hätte beschrieben werden können» (a. a. O., S. 127).

FREUDS Versuche, seine psychoanalytischen Erfahrungen mit Patienten naturwissenschaftlich einzuordnen, beruhen nach HABERMAS (1968, S. 301) auf einem szientistischen Selbstmißverständnis der Metapsychologie,[13] so daß er «in der Tat eine neue Humanwissenschaft begründet, aber in ihr stets eine Naturwissenschaft gesehen hat». Ferner führt HABERMAS aus, daß gerade

---

13 Vgl. dazu KUNZ (1930, S. 668): «Diese Unangemessenheit der mechanistischen und rationalistischen (d. h. die Phänomene rational umdeutenden) Begriffsbildung stellt offensichtlich die logische und erkenntnistheoretische Auswirkung jenes fundamentalen Selbstmißverständnisses dar, dem Freud als Erbe des ‹naturwissenschaftlichen Zeitalters› erlag.» FÜRSTENAU (1972, S. 445) gibt im Anschluß an KUNZ eine interessante Erklärung der Motive, die «zur Wahl und zur Treue gegenüber diesem unangemessenen Typus von Theorie geführt haben (. . .). Freud und seine ersten Schüler hätten dies physiologische Theoriemodell, das sie mit der Medizin ihrer Zeit verband, unbewußt gewählt, um sich zu schützen: Sie hätten gefürchtet, die Wahl einer angemesseneren Darstellungsform für das so sehr Neue und Befremdliche, das sie entdeckt und erfahren haben, hätte sie den Affekten der Gesellschaft, besonders der Ärzte, noch mehr ausgesetzt.»

28

das Selbstverständnis der Psychoanalyse als einer Naturwissenschaft [14] «das Modell der technischen Verwertung wissenschaftlicher Informationen» nahelege, vor allem dann, wenn «die Analyse nur scheinbar als eine Deutung von Texten» auftrete, tatsächlich aber «zu einer technischen Verfügbarmachung des seelischen Apparates» führe (a. a. O., S. 301 f). Da der analytische Prozeß jedoch «kein gesteuerter Naturprozeß, sondern, auf der Ebene der umgangssprachlichen Intersubjektivität zwischen Arzt und Patient, eine Bewegung der Selbstreflexion ist» (a. a. O., S. 306), wird auch «die Zuordnung von mentalistischen Ausdrücken (wie Trieb, Erregung, Unlust, Lust, Wunsch) zu physikalischen Vorgängen (wie Energiemenge, Energiespannung und -entladung und, als Systemeigenschaft, die Tendenz zum Abströmen der Energie)» problematisch, da von hier aus «die Kategorien des Bewußten und des Unbewußten, die zunächst aus der Kommunikation zwischen Arzt und Patient gewonnen sind», aus dem Bezugsrahmen der Interaktion zwischen Arzt und Patient gelöst und in ein «Energieverteilungsmodell» eingebaut werden (a. a. O., S. 304). FREUD verfalle nun, da er von einem szientistischen Selbstverständnis der Psychoanalyse als Erfahrungswissenschaft ausgehe, dem Objektivismus der zeitgenössischen positivistischen Denkweise und verlasse so die Ebene der Selbstreflexion als Grundlage der Kommunikation zwischen Arzt und Patient, in der einmal die «Übertragungssituation als Bedingung möglicher Erkenntnis» begriffen wird, zum anderen sich im metapsychologischen Vorgehen sowohl «die Logik der Deutung in der analytischen Gesprächssituation» als auch der Zusammenhang «zwischen Sprachdeformation und Verhaltenspathologie» entfaltet (a. a. O., S. 308, 310, 311).

Das psychoanalytische Geschehen wird dagegen von HABERMAS als hermeneutisches Verfahren geschildert, in welchem die Sprachanalyse, die ihrerseits eine Theorie der Umgangssprache voraussetzt, [15] als Tiefenhermeneutik

---

14 Über psychoanalytische Kategorien in Verbindung mit terminologischen Fragen der Psychoanalyse sagt HABERMAS: «Kategorien wie Spannung, Abfuhr, Erregung und Hemmung bezogen sich auf die Energieverteilung im Nervensystem und auf die nach der Mechanik fester Körper vorgestellten Bewegungsabläufe der Neuronen. Dieses physikalistische Programm hat Freud zugunsten eines im engeren Sinne psychologischen Ansatzes fallenlassen. Dieser wiederum behält die neurophysiologische Sprache bei, macht aber deren Grundprädikate einer stillschweigend mentalistischen Uminterpretation zugänglich. Die Energie wird zur Triebenergie, über deren körperliches Substrat keine Aussagen gemacht werden können. Hemmung und Abfuhr der Energievorräte, und die Mechanismen ihrer Verteilung, sollen nach dem Muster eines räumlich ausgedehnten Systems arbeiten, aber auf eine Lokalisierung wird fortan verzichtet» (HABERMAS, 1968, S. 303; vgl. STENGEL, 1957 b, S. 197).

15 Die Metapsychologie «setzt dabei eine Theorie der Umgangssprache voraus, deren Aufgabe es ist, die intersubjektive Geltung von Symbolen und die sprachliche Vermittlung von Interaktionen auf der Grundlage reziproker Anerkennung ebenso zu klären wie die sozialisierende Eingewöhnung in die Grammatik von Sprachspielen

das durch Verdrängungsprozesse deformierte Sprachspiel des Individuums (vgl. LORENZER, 1970a) rekonstruiert. HABERMAS setzt hier das System der Umgangssprache[16] als Maßstab für die Beurteilung der Kommunikation im allgemeinen und der Kommunikation zwischen Arzt und Patient in der psychoanalytischen Situation im besonderen. Von derselben Voraussetzung geht auch LORENZER aus[17] (1970b, S. 157, passim). Nun stellt einerseits jedoch die Umgangssprache ein Bezugssystem dar, dessen Merkmale schwer zu bestimmen sind und dessen Definition in mancher Hinsicht im persönlichen Ermessen des einzelnen liegt, bedingt durch sein eigenes, ihm selbst als normal geltendes Sprachverhalten, andererseits müßte eine Theorie der Umgangssprache, die jedoch bis heute nur in Ansätzen existiert, ihre unter Umständen sehr verschiedenen Ausformungen in bestimmten Redekonstellationen (vgl. 3.4.1.1.) berücksichtigen. Im ganzen bildet die Umgangssprache daher als Grundlage für das sprachanalytische Vorgehen im psychoanalytischen Prozeß ein Bezugssystem, das für die konkrete therapeutische Gesprächssituation zu allgemein ist.

Auch LORENZER grenzt hier seine Position gegenüber HABERMAS ab, indem er der Meinung ist, daß durch die therapeutische Sprachanalyse zwar «exkommunizierte» Sprachinhalte wieder in die Umgangssprache zurückgeholt werden, dabei die Selbstreflexion jedoch nicht als Voraussetzung, sondern als Resultat der Analyse gilt (LORENZER, 1973, S. 136–143).

Auch wir stellen unsere Sprachanalyse in den Dienst der Klärung von Inter-

---

als Individuierungsvorgang begreiflich zu machen. Da die Struktur der Sprache, dieser Theorie zufolge, Sprache und Lebenspraxis gleichermaßen bestimmt, sind auch die Handlungsmotive als sprachlich interpretierte Bedürfnisse begriffen, so daß Motivationen nicht hinterrücks drängende Antriebe, sondern subjektiv leitende, symbolisch vermittelte und zugleich reziprok verschränkte Intentionen darstellen» (HABERMAS, 1968, S. 311).

16 HABERMAS (1971a, S. 109ff) gibt die sogenannten dialog-konstituierenden Universalien (vgl. 3.4.1.2. und 3.4.2.) an als Bedingungen für die menschliche Kommunikation überhaupt. Diesen Systematisierungsvorschlag für Sprechakte nennt EHLICH (1972, S. 122) «einen an sich bestehenden, für den Menschen, anthropologisch, festzumachenden Apparat» und führt weiter aus: «Dieser Apparat wird bei Habermas extrapoliert zu einem Universalienkonstrukt, das – als Universales, das heißt jeder konkreten Kommunikation schon Vorausliegendes, als Bedingungen, die die menschliche Kommunikation erst möglich machen – eine normative Qualität im Sinn einer Gesellschaftstheorie gewinnt, die postulatorisch an die faktische Kommunikation herangetragen werden kann und ihr als Utopie gegenübertritt.» Ähnliches gilt auch für das Modell des psychischen Apparats, aufgeteilt nach den Instanzen Es, Ich, Über-Ich, insofern mit ihm kategorial operiert wird, so daß er als Bedingung für die psychoanalytische Interaktion gilt und an ihm (seinem Aufbau und seiner Wirkweise) konkrete therapeutische Situationen gemessen werden.

17 LORENZER (1973, S. 95) gebraucht den Terminus ‹Allgemeinsprache›: «Ganz offensichtlich ist die Basis, von der die Verständigungsarbeit des Analytikers ausgeht, die Allgemeinsprache, die Analytiker und Patient teilen.»

aktionsprozessen, wobei sie im therapeutischen Geschehen im Kontext der Übertragungs-Gegenübertragungsbeziehung[18] von Analytiker und Analysand im Hic et Nunc der Kommunikationssituation einsetzt. Dabei sind wir jedoch der Auffassung, daß der Übertragungs-Gegenübertragungskontext nur in Verbindung mit der Kommunikationssituation selbst zwischen Analytiker und Analysand verstanden werden kann, auf die nun die Sprachanalyse explizit bezogen ist, indem sie diejenigen sprachlichen Elemente berücksichtigt, durch die eine bestimmte Gesprächssituation in Verbindung mit dem jeweiligen Übertragungs-Gegenübertragungskontext erst hergestellt wird (vgl. 3.4.2.) und nicht, wie bei LORENZER (1973, S. 108), von einzelnen Lexemen (privatsprachlichen Symbolen) in der Rede des Patienten ausgeht, die als ungewöhnlich, unsinnig oder unverständlich erscheinen und daher als Ausdruck desymbolisierter Interaktionsformen interpretiert werden.

2.2. DENKEN, SYMBOL, VERBALISIEREN

2.2.1. Sprache und Denken

Sprechen und Denken sowie Sprechen und Handeln stehen in der psychoanalytischen Theorie in einer besonderen Beziehung zueinander. Während jedoch das Handeln von vornherein einen interpersonalen Bezug hat und sich auf die Interaktion von Analytiker und Analysand richtet, bleibt das Denken mit intrapsychischen Prozessen verbunden, bei denen Triebvorgänge und Affekte motivierend wirken (vgl. 2.5.).

Wir wollen hier einen kurzen Überblick über die psychoanalytischen Anschauungen des Verhältnisses von Denken und Sprechen geben.

Dem Sprechen und seiner Beziehung zum Denken ist schon in frühen For-

---

18 Die Übertragung als Interpretation der Gegenwart des Patienten gemäß den Begriffen (den metapsychologischen Konzepten), die auf seine Vergangenheit bezogen sind (FENICHEL, 1945, S. 29), steht einerseits in Verbindung mit der Strukturtheorie vom Aufbau des psychischen Apparats, hat aber andererseits im psychoanalytischen Geschehen einen unmittelbaren Einfluß auf die Kommunikation unbewußter Vorgänge. FREUD drückt diesen Sachverhalt so aus: «Wir machen uns nun klar, daß das Kranksein des Analysierten nicht mit dem Beginne seiner Analyse aufhören kann, daß wir seine Krankheit nicht als eine historische Angelegenheit, sondern als eine aktuelle Macht zu behandeln haben. Stück für Stück dieses Krankseins wird nun in den Horizont und in den Wirkungsbereich der Kur gerückt, und während der Kranke es als etwas Reales und Aktuelles erlebt, haben wir daran die therapeutische Arbeit zu leisten, die zum guten Teile in der Zurückführung auf die Vergangenheit besteht» (1914c, G. W. X, S. 131). Vgl. dazu WAELDER (1956, S. 367): FREUD «understood that this emotional involvement was in itself a communication, or could be treated as such, since the patient in the transference demonstrated his basic infantile phantasies, though by repetitive action rather than by detached narrative.»

mulierungen der psychoanalytischen Theorie große Bedeutung zugemessen worden. FREUD schreibt 1895 im ‹Entwurf einer Psychologie›: «Ziel und Ende aller Denkvorgänge ist also die Herbeiführung eines *Identitätszustandes*, die Überführung einer von außen stammenden Besetzungsquantität in ein vom Ich aus besetztes Neuron» (1895, zit. n. 1950, S. 416f). FREUD unterteilt dann den Denkvorgang und unterscheidet, je nach der Qualität der Besetzung, das erkennende oder urteilende von einem reproduzierenden Denken, bei dem die Identität mit einer psychischen Besetzung, dem eigenen Erleben, gesucht wird (a. a. O., S. 417). In der ‹Traumdeutung› (1900, G. W. II/III, S. 607) wird ferner der Primärvorgang vom Sekundärvorgang getrennt: «Der Primärvorgang strebt nach Abfuhr der Erregung, um mit der so gesammelten Erregungsgröße eine *Wahrnehmungsidentität* herzustellen; der Sekundärvorgang hat diese Absicht verlassen und an ihrer Statt die andere aufgenommen, eine *Denkidentität* zu erzielen. Das ganze Denken ist nur ein Umweg von der als Zielvorstellung genommenen Befriedigungserinnerung bis zur identischen Besetzung derselben Erinnerung, die auf dem Wege über die motorischen Erfahrungen wieder erreicht werden soll.» In diesem Zusammenhang interessiert FREUD nicht nur die durch den Denkvorgang zu erreichende «Herbeiführung eines Identitätszustandes» einer Wahrnehmung oder eines bestimmten Denkinhalts, sondern auch die Frage, wie derartige Denkvorgänge im Gedächtnis gespeichert und damit bewußt werden können. FREUD (a. a. O., S. 598) ist nämlich der Meinung, «daß die kompliziertesten Denkleistungen ohne Mittun des Bewußtseins möglich sind», und er schreibt «einer bestimmten psychischen Funktion, nämlich der Aufmerksamkeit»[19] (a. a. O.), die Rolle zu, Denkvorgänge bewußt werden zu lassen.

Im ‹Entwurf einer Psychologie› faßt FREUD gleichsam in einer biologischen Rechtfertigung die psychische Situation des Denkvorgangs folgendermaßen zusammen:

«Im Ich herrscht die Begierdespannung, in deren Folge die Vorstellung des geliebten Objektes (die Wunsch-Vorstellung) besetzt wird. Biologische Erfahrung hat gelehrt, daß diese Vorstellung nicht so stark besetzt werden darf, um mit einer Wahrnehmung verwechselt werden zu können, und daß man die Abfuhr aufschieben muß, bis von der Vorstellung her die Qualitätszeichen auftreten, als Beweis, daß die Vorstellung jetzt real, eine Wahrnehmungsbesetzung ist. Kommt eine Wahrnehmung an, die mit der Vorstellung identisch oder ähnlich ist, so findet sie ihre Neurone durch den Wunsch *vorbesetzt*, d. h. entweder schon alle besetzt oder einen Teil davon, soweit eben die Übereinstimmung geht. Die Differenz zwischen der Vorstellung und der ankommenden Wahrnehmung gibt dann den Anlaß zum *Denkvorgang* [Hervorhebung v. Verf.], der sein Ende erreicht, wenn die überschüssigen Wahrnehmungsbesetzungen auf einem gefundenen Wege in Vorstellungsbesetzungen überführt sind;

---

19 Vgl. die biologische Erklärung der Wirkung der psychischen Aufmerksamkeit im ‹Entwurf einer Psychologie› (1895, zit. n. 1950, S. 439f).

dann ist *Identität* erreicht. Die *Aufmerksamkeit* besteht dann darin, die psychische Situation des Erwartungszustandes auch für solche Wahrnehmungen herzustellen, die nicht mit Wunschbesetzungen teilweise zusammenfallen» (1895, zit. n. 1950, S. 440).[20]

Ähnlich wie bei der Darstellung des Sprachapparats in ‹Zur Auffassung der Aphasien› (1891) entwickelt FREUD nun seine Vorstellung des Entstehens von bewußtem und beobachtendem Denken, nach der die Sprachassoziation in der Verknüpfung bestimmter Neuronen mit solchen Neuronen besteht, «welche den Klangvorstellungen dienen und selbst die engste Assoziation mit motorischen Sprachbildern haben. Diese Assoziationen (...) sind geschlossen (wenig an Zahl) und ausschließlich. Vom Klangbild gelangt die Erregung jedenfalls zum Wortbild, von diesem zur Abfuhr. Sind also die Erinnerungsbilder derart, daß ein Teilstrom von ihnen zu den Klangbildern und motorischen Wortbildern gehen kann, so ist die Besetzung der Erinnerungsbilder mit Abfuhrnachrichten begleitet, welche Qualitätszeichen, damit auch Bewußtseinszeichen der Erinnerung sind. Wenn nun das Ich diese Wortbilder vorbesetzt wie früher die Wahrnehmungs-Abfuhrbilder, so hat es den Mechanismus geschaffen, der die Psi-Besetzung[21] auf die im Quantitätsablauf auftauchenden Erinnerungen lenkt» (1895, zit. n. 1950, S. 443 f). In der ‹Traumdeutung› ist dieser Vorgang, was die psychische Seite anbelangt, etwas genauer beschrieben: «Die Denkvorgänge sind nämlich an sich qualitätslos bis auf die sie begleitenden Lust- und Unlusterregungen, die ja als mögliche Störung des Denkens in Schranken gehalten werden sollen. Um ihnen eine Qualität zu verleihen, werden sie beim Menschen mit den Worterinnerungen assoziiert, deren Qualitätsreste genügen, um die Aufmerksamkeit des Bewußtseins auf sich zu ziehen und von ihm aus dem Denken eine neue mobile Besetzung zuzuwenden» (1900, G. W. II/III, S. 622).[22]

Schließlich hat FREUD immer wieder das Verhältnis von Denken und Sprache im Hinblick auf die Unterscheidung von Unbewußtem und Bewußtem beschäftigt. So führt er in ‹Das Unbewußte› (1915) aus:

---

20 FREUD versucht hier, genauer als in der ‹Traumdeutung›, in der er ausführt, daß eine Wahrnehmungsidentität auf die Wiederholung einer Wahrnehmung gerichtet ist, Denken und darauf folgende Realitätsprüfung aus der Erregung abzuleiten, welcher auf die Mutterbrust wartende Säugling ausgesetzt ist.

21 Als Unterscheidung der zwei Neuronensysteme Φ und Ψ gibt FREUD an: «Das System Φ sei jene Gruppe von Neuronen, zu der die Außenreize gelangen, das System Ψ enthielte die Neuronen, welche die endogenen Erregungen aufnehmen» (1895, zit. n. 1950, S. 388).

22 Im ‹Entwurf einer Psychologie› sind es die «Sprachabfuhrzeichen», die die Denkvorgänge einmal den Wahrnehmungsvorgängen gleichstellen, zum anderen ihnen «Realität» (Bewußtsein) und Gedächtnis ermöglichen (1895, zit. n. 1950, S. 444).

«Was wir die bewußte Objektvorstellung heißen durften, zerlegt sich uns jetzt in die Wortvorstellung und in die Sachvorstellung, die in der Besetzung, wenn nicht der direkten Sacherinnerungsbilder, doch entfernterer und von ihnen abgeleiteter Erinnerungsspuren besteht. (...) ... die bewußte Vorstellung umfaßt die Sachvorstellung plus der zugehörigen Wortvorstellung, die unbewußte ist die Sachvorstellung allein. Das System Ubw enthält die Sachbesetzung der Objekte, die ersten und eigentlichen Objektbesetzungen; das System Vbw entsteht, indem diese Sachvorstellung durch die Verknüpfung mit den ihr entsprechenden Wortvorstellungen überbesetzt wird. Solche Überbesetzungen, können wir vermuten, sind es, welche eine höhere psychische Organisation herbeiführen und die Ablösung des Primärvorganges durch den im Vbw herrschenden Sekundärvorgang ermöglichen» (1915, G.W. X, S. 300).

Mehrmals weist FREUD in diesem Zusammenhang darauf hin, daß Empfindungen, ohne an Wortvorstellungen gebunden zu sein, unmittelbar bewußt werden können.[23] Die Wortvorstellung sieht er aber als Vermittler zwischen inneren und unbewußten Denkvorgängen und den unmittelbar bewußt werdenden Wahrnehmungen an.[24] FREUD schreibt einerseits schon im ‹Entwurf einer Psychologie› dem «Denken mit Besetzung der Denkrealitätszeichen oder Sprachzeichen (...) die höchste, sicherste Form des erkennenden Denkvorganges» (1895, zit. n. 1950, S. 453) zu, andererseits weist er auf den dem Modell des neurophysiologisch begriffenen Sprachapparats entnommenen Sachverhalt hin, daß «von vornherein die Aufmerksamkeit den Denkabfuhrzeichen, den Sprachzeichen zugewendet ist», und stellt sich so den bewußten Denkvorgang in Verbindung mit einer leisen motorischen Verausgabung vor (a. a. O., S. 446).[25] Im ‹Abriß der Psychoanalyse› (1938) greift FREUD noch

---

23 «(...) die Unterscheidung von Bw und Vbw hat für die Empfindungen keinen Sinn, das Vorbewußte fällt hier aus, Empfindungen sind entweder bewußt oder unbewußt. Auch wenn sie an Wortvorstellungen gebunden werden, danken sie nicht diesen ihr Bewußtwerden, sondern sie werden es direkt» (1915, G. W. XIII, S. 250). Eine ähnliche Unterscheidung zwischen den Empfindungen und den Denkvorgängen findet sich an anderer Stelle: «Alle Empfindungen, die durch Wahrnehmung von Schmerz-, Getast-, Gehör- oder Gesichtsreizungen entstehen, sind am ehesten bewußt. Die Denkvorgänge und was ihnen im Es analog sein mag, sind an sich unbewußt und erwerben sich den Zugang zum Bewußtsein durch Verknüpfung mit Erinnerungsresten von Wahrnehmungen des Gesichts und Gehörs auf dem Wege der Sprachfunktion» (1937, G. W. XVI, S. 204).

24 «Die Rolle der Wortvorstellung wird nun vollends klar. Durch ihre Vermittlung werden die inneren Denkvorgänge zu Wahrnehmungen gemacht. Es ist, als sollte der Satz erwiesen werden: Alles Wissen stammt aus der äußeren Wahrnehmung. Bei einer Überbesetzung des Denkens werden die Gedanken wirklich – wie von außen – wahrgenommen und darum für wahr gehalten» (1923 b, G. W. XIII, S. 250); vgl. dazu die Formulierung in der Sprache der Neurophysiologie im ‹Entwurf einer Psychologie›: «(...) die Sprachabfuhrzeichen (...) stellen die Denkvorgänge den Wahrnehmungsvorgängen gleich» (1895, zit. n. 1950, S. 444).

25 Diese Vorstellung weitet FREUD 1911 aus, wobei er das Denken nach dem Prinzip der Verteilung der psychischen Energie beurteilt: «Die notwendig gewordene

einmal die Beziehung von Sprache und Denken in Verbindung mit der Gegenüberstellung von Bewußtseinsfähigem und Unbewußtem auf. Hier relativiert er auch seine in ‹Das Unbewußte› (1915) getroffene apodiktische Unterscheidung, nach der unbewußte Sachvorstellungen lediglich durch den psychischen Prozeß der Verknüpfung an Worterinnerungsreste (= sprachliche Zeichen = Wortvorstellungen) bewußt werden können:[26]

«Das Bewußtwerden ist vor allem geknüpft an die Wahrnehmungen, die unsere Sinnesorgane von der Außenwelt gewinnen. Es ist also für die topische Betrachtung ein Phänomen, das sich in der äußersten Rindenschicht des Ichs zuträgt. Wir erhalten allerdings auch bewußte Nachrichten aus dem Körperinnern, die Gefühle, die sogar unser Seelenleben gebieterischer beeinflussen als die äußeren Wahrnehmungen, und unter gewissen Umständen liefern auch die Sinnesorgane Gefühle, Schmerzempfindungen, außer ihren spezifischen Wahrnehmungen. (. . .) Bewußte Vorgänge an der Peripherie des Ichs, alle anderen im Ich unbewußt, das wäre der einfachste Sachverhalt, den wir anzunehmen hätten. So mag es sich auch wirklich bei den Tieren verhalten, beim Menschen kommt eine Komplikation hinzu, durch welche auch innere Vorgänge im Ich die Qualität des Bewußtseins erwerben können. Dies ist das Werk der Sprachfunktion, die Inhalte des Ichs mit Erinnerungsresten der visuellen, besonders aber akustischen Wahrnehmungen in feste Verbindung bringt. Von da ab kann die wahrnehmende Peripherie der Rindenschicht in weit größerem Umfang auch von innen her erregt werden, innere Vorgänge wie Vorstellungsabläufe und Denkvorgänge können bewußt werden (. . .). Das Innere des Ichs, das vor allem die Denkvorgänge umfaßt, hat die Qualität des Vorbewußten. Diese ist für das Ich charakteristisch, kommt ihm allein zu. Es wäre aber nicht richtig, *die Verbindung mit den Erinnerungsresten der Sprache zur Bedingung für den vorbewußten Zustand zu machen* [Hervorhebung v. Verf.], dieser ist vielmehr unabhängig davon, wenngleich die Sprachbedingungen einen sicheren Schluß auf die vorbewußte Natur des Vorganges gestatten. Der vorbewußte Zustand, einerseits durch seinen Zugang zum Bewußtsein, andererseits durch seine Verknüpfung mit den Sprachresten ausgezeichnet, ist

---

Aufhaltung der motorischen Abfuhr (des Handelns) wurde durch den Denkprozeß besorgt, welcher sich aus dem Vorstellen heraus bildete. Das Denken wurde mit Eigenschaften ausgestattet, welche dem seelischen Apparat das Ertragen der erhöhten Reizspannung während des Aufschubs der Abfuhr ermöglichten. Es ist im wesentlichen ein Probehandeln mit Verschiebung kleiner Besetzungsquantitäten, unter geringer Verausgabung (Abfuhr) derselben. Dazu war eine Überführung der frei verschiebbaren Besetzungen in gebundene erforderlich, und eine solche wurde mittels einer Niveauerhöhung des ganzen Besetzungsvorganges erreicht. Das Denken war wahrscheinlich ursprünglich unbewußt, insoweit es sich über das bloße Vorstellen erhob und sich den Relationen der Objekteindrücke zuwendete, und erhielt weitere für das Bewußtsein wahrnehmbare Qualitäten erst durch die Bindung an die Wortreste» (1911a, G. W. VIII, S. 233 f).

26 Das Konzept von Wortvorstellung und Sachvorstellung und dessen Einordnung in das sogenannte topographische Modell (Unterscheidung der Instanz unbewußt von der Instanz bewußt im psychischen Apparat) sowie die daraus abgeleitete Theorie der schizophrenen Sprachstörung sind wiederholt kritisiert worden. Vgl. ARLOW und BRENNER (1964); JAPPE (1971); ATKIN (1969, zit. n. 1972).

35

doch etwas Besonderes, dessen Natur durch diese beiden Charaktere nicht erschöpft ist. Der Beweis hierfür ist, daß große Anteile des Ichs, vor allem des Über-Ichs, dem man den Charakter des Vorbewußten nicht bestreiten kann, doch zumeist unbewußt im phänomenologischen Sinne bleiben» (1938, G. W. XVII, S. 83 ff).

In der Nachfolge von FREUD geht BALKÁNYI (1964, S. 65 ff) bei ihrem Versuch, die Verbalisierung gegenüber Sprechen und Denken metapsychologisch einzuordnen, von FREUDS Konzept der Wort- und Sachvorstellung aus, bestimmt aber die Sprachfunktion als ein eindeutig vorbewußtes Phänomen und weist dann auf die besondere Beziehung zwischen Verbalisierung und Sekundärprozeß hin (vgl. auch JAPPE, 1971, S. 24, 88 f; EDELHEIT, 1970, dt. 1972, S. 89).

In einer weiteren Arbeit beschäftigt sich BALKÁNYI (1968) ferner mit dem Zusammenhang zwischen der Entwicklung des Über-Ichs, dem Sprechvermögen und dem Denken. Sie stellt sich (nach EDELHEIT, 1970, dt. 1972, S. 89) vor, daß «aus dem mütterlichen Milieu introjizierte linguistische Regeln einen Vorläufer des Über-Ichs darstellen». (Vgl. BALKÁNYI, 1968.)[27]

RAPAPORT faßt schließlich FREUDS Vorstellungen über Denken und Sprechen zusammen und stellt sie in Verbindung mit seinen eigenen Strukturierungsversuchen dar, die psychoanalytische Theorie nach metapsychologischen Gesichtspunkten zu ordnen:

«Genetically the thought process is conceived of as arising in the form of hallucinatory images and ideas of drive objects, or hallucinatory wish-fulfilments, and to develop into a process of détour on the way toward gratification. Genetically, therefore, we distinguish primary and secondary processes. The former strive for full immediate

---

27 Vgl. in diesem Zusammenhang auch die Kritik von JAPPE (1971, S. 89) an der Argumentations- und Darstellungsweise BALKÁNYIS, der eine Vermischung der verschiedenen Ebenen in ihrer metapsychologischen Betrachtung der Verbalisierung vorgeworfen wird. Darüber hinaus läßt sich an den Arbeiten von BALKÁNYI feststellen, daß sie zwar häufig linguistische Termini gebraucht, diese aber rasch aus dem Kontext der sprachwissenschaftlichen Verwendung entfernt, um sie mit metapsychologischen Konzepten in Verbindung zu bringen. JAPPE faßt ihre Kritik an BALKÁNYI folgendermaßen zusammen: «Das Problematische einer Situation, als deren Paradigma wir die Arbeit von Charlotte Balkányi darstellten, ergibt sich daraus, daß das Verhältnis von Sprache und Bewußtsein einerseits ein zentrales Thema der Psychoanalyse ist und gerade in jüngster Zeit als solches gewürdigt zu werden beginnt, daß dieses Verhältnis andererseits aber von Freud in einer Terminologie formuliert ist, die aus einer in der Psychologie weitgehend überwundenen Denkweise stammt» (JAPPE, 1971, S. 90). Einerseits fordert JAPPE nun die Zusammenarbeit von Sprachwissenschaft und Psychoanalyse, um zu relevanten Aussagen über Sprache und ihre Bedeutung für die Psychoanalyse zu gelangen, andererseits räumt sie ein, daß derjenige, der solches wage, mit «derselben Sicherheit (. . .) auf dem Gebiet der Sprachwissenschaft operieren können» müßte, wie FREUD es offenbar auf dem Gebiet der Neurophysiologie getan hat, einer Wissenschaft, der die Konzeption von Wort- und Objektvorstellung und ihre Einordnung in den psychischen Apparat entstammen (JAPPE, 1971, S. 95).

discharge of tensions, operate with mobile cathexes, and stand under the regulation of the pleasure principle. On the basis of the equivalence of all ideas which are representations of the same drive the primary process employs condensation, displacement and other mechanisms, in pursuing its aims of tension discharge. The secondary process operates with small amounts of bound cathexes, and allows no discharge before experimental action with these small amounts has proved that the action is likely to decrease tension; it assumes equivalences not in terms of representations of the same drive, but in terms of reality relations and meaning, being regulated by the reality principle.

Topographically thought processes may be either unconscious (primary processes), or preconscious and conscious (secondary processes). This parallelism of unconscious and primary, on the one hand, and preconscious-conscious and secondary on the other, is somewhat arbitrary, since the ego may use primary processes too for its purposes as in wit, inspiration, etc., by hypercathecting them. (. . .)

Structurally the emergence and development of thought processes is one aspect of the emergence and development of the ego, and thought processes are integral parts of ego-processes. They are an outstanding aspect and instrument of reality testing subserving the reality principle. The interesting and important problems of the role of thought processes in the synthetic and differentiation processes of the ego have not been discussed. (. . .)

Economically we have traced the development of cathectic (energy) distributions. We have followed the development from mobile to bound cathexes and clarified the concepts of countercathexes, hypercathexes, attention cathexes, and delibidinized or sublimated energies. We have attempted to show how the development of systems of control of cathexes by systems of energies of a higher cathectic level though of lesser intensity comes about. (. . .)

Finally, we have shown that from the biological point of view thinking is experimental action with small amounts of energy. Thinking explores the possible pathways of action to find the one of least resistance, least danger, and greatest directness, while preserving almost intact the energy necessary for motor action» (RAPAPÓRT, 1950, S. 167 f).

Ausgehend von der psychoanalytischen Hypothese, daß der «thought process is motivated by the instinctual drives» (RAPAPORT, 1950, S. 161), können wir im Anschluß an FREUD mit RAPAPORT zwei Modelle der Denktätigkeit, ein primäres und ein sekundäres, aufstellen.

1. Die Triebspannung erreicht die Schwellenintensität, und es erfolgt bei Abwesenheit des befriedigenden Objektes (z. B. der Mutterbrust) die halluzinatorische Wunscherfüllung, das ist die Vorstellung früherer Befriedigungserlebnisse (vgl. FREUD, 1900, G. W. II/III, S. 555 ff).
2. Der Trieb oder die Triebabkömmlinge erreichen die Schwellenintensität. Es erfolgt ein im Ich lokalisierter strukturalisierter Aufschub, der das Denken als eine Art Probehandeln mit geringem Energieaufwand in Gang setzt, um die Aktion zu planen, in einen Handlungszusammenhang einzuordnen und ihre Wirkung zu antizipieren (vgl. FREUD, a. a. O., S. 571 ff und RAPAPORT, 1960, dt. 1962, S. 28, 33 f).

Während FREUD und RAPAPORT die Denkvorgänge in Verbindung mit dem

37

psychischen Apparat und den aus seiner Funktionsweise abgeleiteten metapsychologischen Modellen beschreiben, stellt BION, der auf die Arbeiten von MELANIE KLEIN zurückgreift, das Denken in enger Beziehung zur Entwicklung der ersten Objektbeziehungen dar. Der Objektverlust (z. B. die Abwesenheit der Mutterbrust) ermöglicht die Entstehung eines Gedankens, der zunächst an die Stelle des abwesenden befriedigenden Objektes (die Mutterbrust) rückt. Bleibt das befriedigende Objekt länger abwesend und wird die Frustration immer stärker, so ist das Kind gezwungen, statt dessen mit seinen Gedanken umzugehen:

«When the pre-conception is brought into contact with a realization that approximates to it, the mental outcome is a conception. Put in another way, the pre-conception (the inborn expectation of a breast, the a priori knowledge of a breast, the ‹empty thought›) when the infant is brought in contact with the breast itself, mates with awareness of the realization and is synchronous with the development of a conception. This model will serve for the theory that every junction of a pre-conception with its realization produces a conception. Conceptions therefore will be expected to be constantly conjoined with an emotional experience of satisfaction» (BION, 1962, S. 306 f).

Nach dieser Theorie stehen die Bildung eines Gedankens sowie das Umgehenkönnen mit Gedanken und im weiteren Sinne das Denkvermögen in engem Zusammenhang mit der über die psychischen Prozesse von Projektion, projektiver Identifikation und Re-Introjektion richtig vermittelten Erfahrung mit dem ersten Objekt, nämlich der Mutterbrust (BION, 1963, S. 26 ff; vgl. auch LOCH, 1969, zit. n. 1972 a, S. 85). Die Konstituierung von Gedanken wie auch ihr Ausdruck in Sprache ist also an Frustrationen, Objektverlust (Auflösung der Dualunion) und an das Gefühl von Unwohlsein gebunden. So muß demnach in der Zweipersonenbeziehung ein richtiges Verhältnis zwischen der Frustrierung (dem Wartenlassen des Säuglings) und der Verwöhnung (der sofortigen Triebbefriedigung) bestehen, «damit die entstehende Spannung gerade das Ausmaß erhält, das die Aktualisierung der symbolbildenden Funktion erlaubt» (LOCH, a. a. O., S. 86).

Wir haben bisher gesehen, wie Denken und Sprechen einerseits aus der Funktionsweise des psychischen Apparats erklärt werden und wie zur Darstellung ihrer Entstehung andererseits das Modell der frühen Objektbeziehung herangezogen werden kann. Denken und Sprechen sind auf diese Weise einmal aus der Struktur der Ich-Funktion heraus ableitbar, wobei eine Wechselwirkung zwischen Denken und Sprechen und der Ausbildung der Ich-Funktionen besteht, da sowohl die Entwicklung der Ich-Struktur sich vornehmlich über Denken und Sprechen vermittelt, als auch letztlich biologisch begründete Ich-Dispositionen Denkvorgänge und im weiteren Sinne die Sprachfähigkeit erst ermöglichen. Zum anderen kann die Entwicklung von Denken als ein von vornherein intersubjektiv verankerter Prozeß angesehen werden, der mit der frühen Objektbeziehung zwischen Mutter und Kind einsetzt.

Eine weitere Möglichkeit, das Verhältnis von Denken und Sprechen zu erörtern, gibt uns die psychoanalytische Symbollehre, auf die wir hier aber nicht im einzelnen eingehen werden.[28]

Selbstverständlich ist der psychoanalytische Symbolbegriff einerseits mit dem Konzept des Unbewußten, andererseits mit der Unterscheidung von Primär- und Sekundärprozeß verbunden.[29] Symbolbildungen werden entweder in den Primärprozeß neben die Mechanismen von Verschiebung und Verdichtung eingereiht, oder sie werden als Produkte der Ich-Funktion angesehen, wobei sie im Sekundärprozeß nach logischen Gesetzen gebildet werden und den Regeln der Sprache gehorchen.

FREUD hat wiederholt die Symbolik als eine archaische Form der Sprache aufgefaßt und in ihr nicht nur ein Phänomen des Traumes gesehen (vgl. 1916/17, G. W. XI, S. 150–172), «sondern ein Thema unseres archaischen Denkens, ‹unserer Grundsprache›», die den «Mythus und das religiöse Ritual nicht minder als den Traum» (1925a, 1910a, G. W. I, S. 569) beherrscht. In dem Aufsatz von 1910 ‹Über den Gegensinn der Urworte› (G. W. VIII, S. 214, 221) vergleicht er die «Eigentümlichkeiten der Traumarbeit» (auffälliges Verhalten gegen die Kategorie von Gegensatz und Widerspruch, kein Neinsagen) mit der von K. ABEL vorgelegten Interpretation der ägyptischen Sprache und findet seine Auffassung «vom regressiven, archaischen Charakter des Gedankenausdrucks im Traume» bestätigt. FREUD kann hieraus die These ableiten, daß ähnlich wie im Traum «die ältesten menschlichen Sprachen (...) ganz allgemein kontradiktorische Gegensätze durch das nämliche Wort zum Ausdruck» bringen, wie z. B. im Lateinischen ‹sacer› = heilig, verflucht; ‹altus› = hoch, tief (1900, G. W. II/III, S. 674). Im Gegensatz dazu hat der französische Sprachwissenschaftler E. BENVENISTE darauf hingewiesen, daß man gegensätzliche Bedeutungen für solche Wörter nur annehmen kann, wenn man sie an der eigenen Sprache und deren System mißt. Wenn die lexikali-

---

28 Vgl. den Überblick von LORENZER (1970a); hier findet sich weitere Literatur. LORENZER gibt eine «Synopsis von psychoanalytischer Theorie und Symbolverständnis»: «unbewußte Inhalte werden vom Unbewußten mehr oder minder ‹freigegeben›, um dann vom erkennenden Ich aufgenommen und verarbeitet zu werden; das Symbol ist Produkt eines Erkenntnisvorganges, bei dem eine ‹innere Wahrnehmung› die schlecht zugänglichen Wahrnehmungsmaterialien aufnimmt» (S. 65).

29 «Primordiale Symbole sind offenbar von Körperteilen und Körperfunktionen hergeleitet, besonders von den Funktionen der erogenen Zonen. Wir bringen sie mit dem Primärprozeß zusammen und sehen ihr spontanes Auftreten in Träumen, Phantasien und Symptomen. Sie sind konkret, nicht-willkürlich und erstaunlich beschränkt in Form und Inhalt (obgleich im Detail unendlich variabel). Begriffliche Symbole scheinen hingegen Manifestationen des sekundärprozeßhaften Denkens zu sein. Sie sind abstrakt, willkürlich, vielgestaltig in der Form und besitzen ein unendliches Potential als Bedeutungsträger. Sie verändern sich unter sozialem Druck, werden aber nicht wie primordiale Symbole spontan (und in immer gleicher Weise) gebildet» (EDELHEIT, 1968, zit. n. ATKIN, 1969, dt. 1972, S. 105).

schen Inhalte des Deutschen, z. B. von ‹hoch› und ‹tief›, einen Gegensatz bilden, so müssen doch diese Inhalte keineswegs in allen Sprachen unterschieden werden. In der Tat unterscheiden die Sprachen sich in der Art und Weise, wie sie Inhalte unterteilen. Während also etwa das Deutsche Höhe und Tiefe vom Standpunkt des Menschen (der auf der Erde steht) mißt,

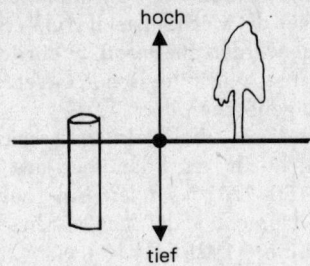

meint lat. ‹altus› immer die Richtung und Entfernung von unten nach oben;

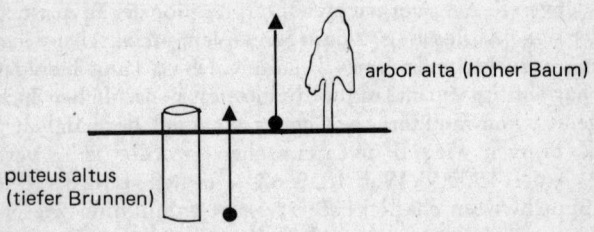

die Situation des Sprechers sowie der Kontext sorgen dafür, daß es zu Mißverständnissen nicht kommt.

Auch der ‹Gegensinn› von lat. ‹sacer› kommt erst dadurch zustande, daß es nicht in allen Kontexten mit dem deutschen Lexem ‹heilig› übersetzt werden kann, weil ‹heilig› eben gerade eine andere lexematische Struktur, also andere Inhaltsmerkmale, aufweist. ‹Sacer› ist nämlich etwas, was einer Gottheit gehört, ihr geweiht (im Gegensatz zu ‹profanus›) und daher für gewöhnliche Menschen tabu ist. Diese einheitliche Bedeutung von ‹sacer› wird für uns jedoch nur mehr verständlich auf dem Hintergrund der römischen Religion und einer anderen Kultur als der unsrigen, für die eben die Gottheit sowohl als wohltuend als auch als unheilbringend galt (BENVENISTE, 1956a, zit. n. 1966, S. 81).[30]

---

30 Ein weiteres Mißverständnis, zu dem das linguistische Faktum der unterschiedlichen Struktur lexematischer Inhalte Anlaß gegeben hat, ist die SAPIR-WHORF-Hypothese, auch sprachliches Relativitätsprinzip genannt, wonach die Verschieden-

An seine Kritik der Vorstellungen von ABEL und FREUD schließt BENVENISTE einen Vergleich des Symbolbegriffs in der Sprachwissenschaft und Psychoanalyse an. Aus der Sicht der Sprachwissenschaft sei die Sprache zwar als «langage» ein Vermögen, Symbole zu bilden; wenn dieses sich jedoch in einer bestimmten Sprache («langue») verwirkliche, dann handele es sich dabei um ein erlerntes Zeichensystem, das, im Gegensatz etwa zur Symbolik des Traumes, gerade nicht durch unbewußte Vorgänge determiniert und somit auch nicht universell gültig sei. Auf der Ebene der «langue» gebe es eine eindeutige Zuordnung von signifiant und signifié, während in der Symbolik des Unbewußten eine Vielzahl von signifiants einem einzigen signifié, der verdrängt werden müsse, gegenüberständen.

Für BENVENISTE befindet sich also die Symbolik des Unbewußten nicht auf der Ebene eines bestimmten Sprachsystems («langue»), sondern sowohl darunter als auch darüber:

«Dans l'aire où cette symbolique inconsciente se révèle, on pourrait dire qu'elle est à la fois infra- et supra-linguistique. Infra-linguistique, elle a sa source dans une région plus profonde que celle où l'éducation installe le mécanisme linguistique. Elle utilise des signes qui ne se décomposent pas et qui comportent de nombreuses variantes individuelles, susceptibles elles-mêmes de s'accroître par recours au domaine commun de la culture ou à l'expérience personnelle. Elle est supra-linguistique du fait qu'elle utilise des signes extrêmement condensés, qui, dans le langage organisé, correspondraient plutôt à de grandes unités du discours qu'à des unités minimales» (BENVENISTE, a. a. O., S. 86).

Die Berührungspunkte von Linguistik und Psychoanalyse liegen daher entweder auf der Ebene einer allgemeinen Theorie des Sprachvermögens («langage») oder auf der Ebene der konkreten Redesituation («parole»), die BENVENISTE im übrigen als das eigentliche Betätigungsfeld der psychoanalytischen Sprachanalyse anerkennt. Keinesfalls lassen sich jedoch psychoanalytische Gedankengänge auf der Ebene eines bestimmten Sprachsystems («langue») verwirklichen, wie das die psychoanalytische Symbollehre immer wieder anzunehmen versucht (vgl. LORENZER, 1970a und b).

---

heit der Sprachen verschiedene Kulturen und Weltanschauungen bedinge. V. H. ROSEN hat allerdings versucht, das linguistische Relativitätsprinzip psychoanalytisch zu verifizieren. Er führt aus, «daß das Ich wesentlich eine vorbewußte psychische Struktur ist und zum Teil durch die Sprachentwicklung bestimmt wird. Daher könne das Studium des Vorbewußten eher als das des Unbewußten relevante Daten für die Theorie des sprachlichen Relativismus liefern. Wahrscheinlich ist das sprachlich determinierte vorbewußte Ich das psychoanalytische Analogon zur Sprache in der Sapir-Whorf-Hypothese» (zit. n. EDELHEIT, 1970, dt. 1972, S. 89).

2.2.2. Zur Sprache des Schizophrenen in der psychoanalytischen Situation. Die double-bind-Theorie

Die psychoanalytische Therapie läßt sich als Kommunikation zwischen Arzt und Patient beschreiben, in die unbewußte Vorgänge als ‹geheime Motive›[31] intervenierend eingreifen. Diese Motive müssen von Arzt und Patient wahrgenommen, verstanden und in der Kommunikationssituation im Kontext von Übertragung und Gegenübertragung deutlich gemacht werden. Das psychoanalytische Geschehen entsteht somit in und aus der zwischenmenschlichen Beziehung und wird zu einer seelischen Therapie für die großen Übertragungsneurosen (z. B. Hysterie, Angsthysterie, Phobie, Zwangsneurose),[32] in denen der Patient diejenigen zwischenmenschlichen Konstellationen im Umgang mit dem Arzt wiederholt, die mit der Entstehung und dem Ausbruch seiner Erkrankung zu tun haben. Hier liegen auch die Grenzen der psychoanalytischen Methode,[33] welche zum Gelingen der Therapie Möglichkeiten der

---

31 FREUD macht die «Relation der Intensitäten verschiedener Vorstellungen», welche aus psychologischen Gründen allein nicht erklärt werden können, für die «Existenz verborgener, unbewußter Motive» verantwortlich und folgert daraus: «Wir dürfen also solche geheime Motive überall dort vermuten, wo ein solcher Sprung im Zusammenhange, eine Überschreitung des Maßes normal berechtigter Motivierung nachzuweisen ist» (1895, G. W. I, S. 298).

32 In der Behandlung ‹überträgt› der Neurose-Kranke seine Wünsche, Phantasien und Ängste, die ursprünglich seinen frühen Beziehungspersonen (Vater, Mutter) galten, auf die Person des Arztes. Dort sind sie in der Kommunikationssituation zwischen Arzt und Patient der Analyse zugänglich. FREUD hat die «Übertragungsneurosen» von den «narzißtischen Psychoneurosen», den sogenannten Psychosen der klassischen Psychiatrie, unterschieden, um die besondere, primär-narzißtische Libidoverteilung (von den äußeren Objekten auf die eigene Person) bei den Psychosen zu charakterisieren (vgl. 1914b, G. W. X, S. 152, und 1924, G. W. XIII, S. 390). Vgl. auch BOYER (1967), der eine ausgezeichnete Zusammenfassung von FREUDS Ansichten über die Entstehung schizophrener Erkrankungen gibt.

33 FREUD nennt einen ganzen Katalog von Bedingungen, die ein Patient erfüllen muß, um für eine psychoanalytische Behandlung geeignet zu sein: a) gewisser Bildungsgrad, b) verläßlicher Charakter, c) Leidensdruck und Eigenmotivation für die Behandlung, d) Erziehbarkeit. Des weiteren führt er als Kontra-Indikationen für diese Therapie auf: a) Alter über 50 (da bei diesen Personen «einerseits die Plastizität der seelischen Vorgänge zu fehlen pflegt, auf welche die Therapie rechnet – alte Leute sind nicht mehr erziehbar – und (...) anderseits das Material, welches durchzuarbeiten ist, die Behandlungsdauer ins Unabsehbare verlängert»), b) Psychosen, «Zustände von Verworrenheit und tiefgreifender (...) Verstimmung» (1904, G. W. V, S. 21 f). Was die Psychosen anbelangt, so hält FREUD es schon 1904 «für durchaus nicht ausgeschlossen, daß man bei geeigneter Abänderung des Verfahrens sich über diese Gegenindikation hinaussetzen und so eine Psychotherapie der Psychosen in Angriff nehmen könne» (a. a. O., S. 21). Im übrigen sind auch die anderen von FREUD angegebenen Kriterien für die Auswahl von Patienten zur psychotherapeutischen Behandlung heute nicht mehr unbedingt entscheidend, da einerseits die Technik des psycho-

sprachlichen Verständigung und im weiteren Sinne der Kommunikation überhaupt in einem mehr oder minder festen und zeitlich begrenzten Arrangement voraussetzt.

Stellen wir nun die Aufgabe des Psychoanalytikers, mit seinem Patienten eine möglichst gute Kommunikation zustande zu bringen, dem Problem gegenüber, wie es gelingen kann, mit psychotisch erkrankten Patienten zu kommunizieren, so zeigt sich sogleich die Schwierigkeit, daß der Psychotiker in der therapeutischen Interaktion Ausdrucksmittel anders verwendet, ungebräuchliche hinzunimmt und dabei offenbar nicht unmittelbar die Verständigung sucht.

FREUD war im Hinblick auf die psychoanalytische Behandlung von Psychotikern, insbesondere von Schizophrenen, bis zuletzt kritisch eingestellt.[34] Er schreibt 1938: «Soll das Ich des Kranken ein wertvoller Bundesgenosse bei unserer gemeinsamen Arbeit sein, so muß es sich trotz aller Bedrängnis durch die ihm feindlichen Mächte ein gewisses Maß von Zusammenhalt, ein Stück Einsicht für die Anforderungen der Wirklichkeit bewahrt haben. Aber das ist vom Ich des Psychotikers nicht zu erwarten, dieses kann einen solchen Vertrag nicht einhalten, ja kaum ihn eingehen. Es wird sehr bald unsere Person und die Hilfe, die wir ihm anbieten, zu den Anteilen der Außenwelt geworfen haben, die ihm nichts mehr bedeuten. Somit erkennen wir, daß wir darauf verzichten müssen, unseren Heilungsplan beim Psychotiker zu versuchen. Vielleicht für immer verzichten, vielleicht nur zeitweilig, bis wir einen anderen, für ihn tauglicheren Plan gefunden haben» (1938, G. W. XVII, S. 98 f). Zwar konstatiert FREUD zur Kennzeichnung der Psychosen: «Was wir für die Krankheitsproduktion halten, die Wahnbildung, ist in Wirklichkeit der Heilungsversuch, die Rekonstruktion», bleibt aber dabei, daß «der eigentliche Verdrängungsvorgang (. . .) in einer Ablösung der Libido von vorher geliebten Personen und Dingen» (1911 c, G. W. VIII, S. 308) besteht, und sieht den

---

analytischen Verfahrens flexibler und andererseits die psychoanalytische Theorie umfassender geworden ist. (Vgl. dazu FÜRSTENAU (1972), der das psychoanalytische Behandlungsverfahren mit anderen Formen der Psychotherapie hinsichtlich Arrangement, Aspekt der Behandlung, Art des Behandlungsangebots gegenüber dem Patienten usw. vergleicht. Vgl. auch PARIN (1958/59).)

34 Diese kritische Einstellung gegenüber der Therapie psychotisch gewordener Patienten ist mit FREUDS Theorie über die Psychosen verbunden, die sich mehrfach gewandelt hat, jedoch im Kern gerade immer die veränderte Beziehung des Patienten zu anderen Menschen und seiner Umwelt hervorhebt, welche dazu führe, daß der Schizophrene äußere Objekte nicht wieder besetzen könne und daher in der Analyse übertragungsunfähig bleibe (in dem Sinne nämlich, wie FREUD Übertragungsreaktionen beurteilt: als Reaktionen des Patienten auf Konflikte und Traumata auf der Ebene der ödipalen Beziehung (Dreipersonenbeziehung)). Heute wissen wir, daß psychotische Patienten zu einer ganz intensiven Übertragung fähig sind, jedoch nur auf der Ebene der präödipalen d. h. der Zweipersonenbeziehung, welche der frühen Dualunion zwischen Mutter und Kind entspricht (vgl. SEARLES, 1963).

Realitätsverlust bei den Psychosen als Kriterium zur Unterscheidung von den Neurosen an.[35]

Eine weitere Eigentümlichkeit des psychotisch gewordenen Patienten stellt seine Sprache dar,[36] die FREUD ausführlich diskutiert, wobei er sich auf sein aus den Vorstellungen vom Aufbau des Sprachapparats abgeleitetes Konzept der Sachvorstellung und Wortvorstellung bezieht. Zuerst gibt er eine Beschreibung der schizophrenen Rede: «Die Ausdrucksweise wird oft Gegenstand einer besonderen Sorgfalt, sie wird ‹gewählt›, ‹geziert›. Die Sätze erfahren eine besondere Desorganisation des Aufbaues, durch welche sie uns unverständlich werden, so daß wir die Äußerungen der Kranken für unsinnig halten. Im Inhalt dieser Äußerungen wird oft eine Beziehung zu Körperorganen oder Körperinnervationen in den Vordergrund gerückt» (1913, G. W. X, S. 295 f).

Sodann hebt FREUD den Umstand hervor, daß die schizophrene Sprache zur Bildung von Metaphern und Metonymien neigt, die oftmals ganz realistisch eingesetzt werden und beim Kranken eine hypochondrische Funktion gewinnen, welche gleichsam seine Organsprache darstellt.[37] Ferner beschreibt er die Ähnlichkeit zur Traumarbeit, bei der bisweilen auch die Worte wie Dinge behandelt werden:[38] «Bei der Schizophrenie werden die *Worte* demselben

---

35 «die Neurose sei der Erfolg eines Konfliktes zwischen dem Ich und seinem Es, die Psychose aber der analoge Ausgang einer solchen Störung in den Beziehungen zwischen Ich und Außenwelt» (1924, G. W. XIII, S. 388).

36 Eine eingehende Beschreibung von Redemerkmalen psychotisch Erkrankter und ihre Darstellung auf dem Hintergrund der klassischen Psychiatrie findet sich bei SPOERRI (1964). NAVRATIL (1966, bes. S. 43–63) stellt die psychotische Sprachveränderung in einem Katalog von Merkmalen dar. Vgl. auch ZEH (1965, S. 447 ff), der den «psychotischen Bedeutungswandel» dem «organischen Sprachverfall» (Sprachabbau z. B. der Aphasiker, Zerebralsklerotiker usf.) gegenüberstellt.

37 «Fragen wir uns, was der schizophrenen Ersatzbildung und dem Symptom den befremdlichen Charakter verleiht, so erfassen wir endlich, daß es das Überwiegen der Wortbeziehung über die Sachbeziehung ist. Zwischen dem Ausdrücken eines Mitessers und einer Ejakulation aus dem Penis besteht eine recht geringe Sachähnlichkeit, eine noch geringere zwischen den unzähligen seichten Hauptporen und der Vagina; aber im ersten Falle spritzt beide Male etwas heraus, und für den zweiten gilt wörtlich der zynische Satz: Loch ist Loch. Die Gleichheit des sprachlichen Ausdruckes, nicht die Ähnlichkeit der bezeichneten Dinge, hat den Ersatz vorgeschrieben. Wo die beiden – Wort und Ding – sich nicht decken, weicht die schizophrene Ersatzbildung von der bei den Übertragungsneurosen ab» (1913, G. W. X, S. 299 f).

38 In ‹Metapsychologische Ergänzung zur Traumlehre› (1916, G. W. X, S. 419) geht FREUD auf den Unterschied zwischen der Traumarbeit und der Schizophrenie ein: «Bei letzterer werden die Worte selbst, in denen der vorbewußte Gedanke ausgedrückt war, Gegenstand der Bearbeitung durch den Primärvorgang; im Traume sind es nicht die Worte, sondern die Sachvorstellungen, auf welche die Worte zurückgeführt wurden. Der Traum kennt eine topische Regression, die Schizophrenie nicht; beim Traume ist der Verkehr zwischen (vbw) Wortbesetzungen und (ubw) Sachbesetzungen frei; für die Schizophrenie bleibt charakteristisch, daß er abgesperrt ist.»

Prozeß unterworfen, der aus den latenten Traumgedanken die Traumbilder macht, den wir den *psychischen Primärvorgang* geheißen haben. Sie werden verdichtet und übertragen einander ihre Besetzungen restlos durch Verschiebung; der Prozeß kann so weit gehen, daß ein einziges, durch mehrfache Beziehungen dazu geeignetes Wort die Vertretung einer ganzen Gedankenkette übernimmt» (1913, G. W. X, S. 297f).

Schließlich kommt FREUD zu dem Schluß, «daß bei der Schizophrenie die Objektbesetzungen aufgegeben werden», während «die Besetzung der Wortvorstellungen der Objekte» beibehalten wird (a. a. O., S. 300).[39] FREUD wundert sich darüber, daß der Besetzungsrückzug nicht gerade umgekehrt verläuft (Aufgabe der Besetzung der Wortvorstellung, Beibehaltung der Besetzung der Objektvorstellung), kann sich den Sachverhalt dann aber so erklären, «daß die Besetzung der Wortvorstellung nicht zum Verdrängungsakt gehört, sondern den ersten der Herstellungs- oder Heilungsversuche darstellt, welche das klinische Bild der Schizophrenie so auffällig beherrschen» (a. a. O., S. 302).[40]

Diese Annahme Freuds wird unseres Erachtens durch die im folgenden dargestellte linguistische Untersuchung eines Schizophrenen-Textes, die durch TRUPHÈME et al. vorgelegt worden ist, bestätigt. Die Verfasser haben sich an dem Text die von JAKOBSON unterschiedenen sprachlichen Operationen der

---

Dennoch finden sich für FREUD zwischen dem Traum und seiner primärprozeßhaften Symbolik und den archaischen Ausdrucksweisen des Schizophrenen immer wieder Entsprechungen, die ihn auf das Problem der ‹Grundsprache› als der Sprache des Unbewußten stoßen (vgl. 1910a, G. W. VIII; 1911c, G. W. VIII, S. 255, 261; 1925a, G. W. I, S. 569).

39 Wir wollen hier nicht auf die Problematik der Konzeption von Sach- und Wort-Vorstellung eingehen, die ihren Ursprung dem neurophysiologischen Modell des Sprachapparates (1891, 1900) verdankt (vgl. S. GOEPPERT, 1973b) und in der Folge zur Erklärung mannigfacher metapsychologischer Zusammenhänge herhalten mußte (vgl. dazu JAPPE, 1971, S. 67–90).

40 FREUD fährt an dieser Stelle weiter fort: «Diese Bemühungen wollen die verlorenen Objekte wieder gewinnen, und es mag wohl sein, daß sie in dieser Absicht den Weg zum Objekt über den Wortanteil desselben einschlagen, wobei sie sich aber dann mit den Worten an Stelle der Dinge begnügen müssen. Unsere seelische Tätigkeit bewegt sich ja ganz allgemein in zwei entgegengesetzten Verlaufsrichtungen, entweder von den Trieben her durch das System Ubw zur bewußten Denkarbeit, oder auf Anregung von außen durch das System des Bw und Vbw bis zu den ubw Besetzungen des Ichs und der Objekte. Dieser zweite Weg muß trotz der vorgefallenen Verdrängung passierbar bleiben und steht den Bemühungen der Neurose, ihre Objekte wieder zu gewinnen, ein Stück weit offen. Wenn wir abstrakt denken, sind wir in Gefahr, die Beziehungen der Worte zu den unbewußten Sachvorstellungen zu vernachlässigen, und es ist nicht zu leugnen, daß unser Philosophieren dann eine unerwünschte Ähnlichkeit in Ausdruck und Inhalt mit der Arbeitsweise der Schizophrenen gewinnt. Anderseits kann man von der Denkweise der Schizophrenen die Charakteristik versuchen, sie behandeln konkrete Dinge, als ob sie abstrakte wären» (a. a. O., S. 302f; vgl. auch LOCH, 1963/64, S. 537).

Kombination und der Selektion angesehen und dabei festgestellt, daß hier von den Auswahlmöglichkeiten der Wörter auf der paradigmatischen Achse nicht jeweils nur eine gewählt wird, sondern immer gleich mehrere Möglichkeiten zusammen auf der syntagmatischen Achse kombiniert werden. Z. B.:

«Je dis
Jarre pleine d'huile
jatte cancer
jarre où jatte où plateau
Où ventouse ou canope où
amphore où verseau où
cul de jatte . . .»
(TRUPHÈME et al., 1968, S. 18).

Der Zusammenhang zwischen diesen assoziativen Termini ist verschiedenster Art und reicht von lautlicher und morphologischer Ähnlichkeit bis hin zu Metaphern, Metonymien und Synonymien. Die Wortart wird dabei immer beibehalten. Außerdem erweisen sich die Assoziationen als genauestens konstruiert gemäß den lautlichen, morphologischen oder semantischen Eigenschaften der Lexeme, ohne Rücksicht auf den Kontext. Der Text gleitet gleichsam von einem signifiant zum anderen, ohne daß dabei der Sinn der Äußerung je klar würde. Die Verfasser ziehen daraus den Schluß, daß der Schizophrene die signifiants wie Objekte behandele und daß er sich gleichsam aus seinen Assoziationen eine Sprache bilde, mit der er über diese «signifiants-objets» sprechen könne (TRUPHÈME et al., 1968, S. 40).

Die, wie wir nun gesehen haben, auf verschiedene Weise veränderte Sprache des Schizophrenen hat nun überhaupt seine Möglichkeiten zur Kommunikation grundlegend gewandelt. Dennoch hat sich inzwischen gezeigt, daß es prinzipiell möglich ist, eine tragfähige Arzt-Patient-Beziehung mit schizophrenen Kranken herzustellen. Wenn dies nicht realisierbar ist, dann liegt der Grund dafür weniger in der ‹Psychopathologie des Patienten› als in den Schwierigkeiten, die der Analytiker auf Grund seiner Persönlichkeitsstruktur im Umgang mit dem Patienten hat (vgl. FROMM-REICHMANN, 1957, S. 90; LOCH, 1965, S. 45).[41]

Die Schwierigkeiten, im psychoanalytischen Geschehen mit dem Schi-

---

41 Tatsächlich gibt es ‹iatrogene Grenzen› der psychoanalytischen Therapie, die prinzipiell mit dem Verstehen der Interaktion zwischen Analytiker und Analysand zu tun haben: 1. ich kann den Patienten ja nur verstehen, «wenn mein eigenes Erleben die entsprechenden Erfahrungen gemacht hat oder zumindest bereit ist, sie im hic et nunc zu vollziehen» (LOCH, 1965, S. 42; vgl. dazu: «Wir haben, seitdem eine größere Anzahl von Personen die Psychoanalyse üben und ihre Erfahrungen untereinander austauschen, bemerkt, daß jeder Psychoanalytiker nur so weit kommt, als seine eigenen Komplexe und inneren Widerstände es gestatten (. . .)» (FREUD, 1911 b, G. W. VIII, S. 108).). 2. das Instrument der Behandlung ist der Arzt selbst mit seiner Gegenübertragung, ohne die nicht analysiert werden kann.

46

zophrenen zu kommunizieren, liegen also einmal darin, daß der Schizophrene alle Kommunikationsmittel, insbesondere die Sprache, in ungebräuchlicher Weise einsetzt und eine Verständigung zumeist nicht auf dem Wege von Rede und Gegenrede, auf der Grundlage von Argumentationen und nach dem Verlauf von freien Einfällen, denen Deutungen und Interpretationen folgen, erreicht wird, sondern sensu strictiori durch die Interaktion selbst erfolgen muß, in der das Sprechen als Handeln (‹Agieren›) eine überragende Rolle einnimmt (vgl. 2.5.)[42] und dazu dient, über die Mechanismen von Projektion, projektiver Identifikation und Re-Introjektion[43] zu einem Aufbau von Objektbeziehungen[44] zu kommen und die Entwicklung identifikatorischer Prozesse in der Zweipersonenbeziehung in Gang zu bringen.

Zum anderen liegt für den Analytiker die Schwierigkeit zur Kommunika-

---

42 Vgl. dazu BION, der die Ansicht vertritt, daß der Schizophrene die Sprache als Handlung in dem Sinne verwendet, in dem eine Aufsplitterung der Übertragung erfolgen kann: «Language is employed by the schizophrenic in three ways; as a mode of action, as a method of communication, and as a mode of thought. He will show a preference for action on occasions when other patients would realize that what was required was thought; (. . .) the first of these uses is in the service of projective identification. In this the patient uses words as things or as split-off parts of himself which he pushes forcibly into the analyst. (. . .) Language is again employed as a mode of action for the splitting of his object. This obtrudes when the analyst becomes identified with internal persecutors» (BION, 1954, S. 113).

43 Unter dem Begriff «projektive Identifikation» (M. KLEIN, 1946, dt. 1962, S. 109 bzw. 1972, S. 108) wird 1. die Übertragung (Projektion) von Ich-Kernen (GLOVER, 1943) als abgespaltener Teile des Ichs und 2. die darauf folgende Identifikation mit diesen externalisierten Ich-Kernen verstanden (Beispiele bei KLEIN, a. a. O.).

44 H. F. SEARLES (1963 und 1965, S. 654 ff) spricht in diesem Zusammenhang von einem «relationship building» in der therapeutischen symbiotischen Beziehung, deren Ziel es ist, «zu einer ersten stabilen Identifikation, zu einer ‹Ur-Identifikation›, zu kommen, die die Unabhängigkeit von den bedürfnisbefriedigenden Objekten ein für allemal garantiert. Sie kann erst gelingen, wenn ein Ich-Kern permanentes bedürfnisbefriedigendes Objekt für das Es geworden ist. Das kann aber (. . .) nur geschehen, wenn die vom primären seelischen Aktionszentrum zum primären Objekt ausgesandten Besetzungen haltbaren Charakter bekommen. Letzteres wird dann der Fall sein, wenn nicht von woandersher jene Besetzungen unterminiert werden» (LOCH, 1961/62, S. 715; vgl. auch 1965/66, S. 20, und 1968, S. 273: «Die Ur-Identifikation bildet sich nach dem Modus der ‹primären› Identifikation. Besonders charakteristisch ist dabei die vollständige Inkorporation (Synonym ‹Internalisierung›) des Objekts, genauer gesagt die Inkorporation aller um das Objekt zentrierten und mit ihm im Erlebniszusammenhang stehenden emotionalen, volitiven und primitiv cognitiven Vorgänge, wobei man sagen kann, daß ‹die Oralität das Modell› für diese wie überhaupt für ‹alle Inkorporationen› abgibt. Primäre Identifikation ist demgemäß ‹die früheste Äußerung einer Gefühlsbindung› und also ‹anaklitischer Natur› wie alle auf positiver libidinöser Zuwendung beruhenden Identifizierungen, oder — und dies ist entscheidend vom Aspekt der diese frühe Phase charakterisierenden Triebe her gesehen — sie ist das Korrelat der ‹primitiven oralen . . . Objektbesetzung›, womit zugleich ihr potentiell ambivalenter Charakter festgelegt ist.»).

tion mit dem Schizophrenen im psychoanalytischen Geschehen darin, daß ihm, zur ordnenden Strukturierung der erhöhten (chaotischen) Empfänglichkeit des Schizophrenen für unbewußte Vorgänge im Analytiker, einzig und allein seine Fähigkeit zur Ausbildung derjenigen Gegenübertragungselemente zur Seite steht, mit der er wahnhafte Übertragungen des Patienten zu akzeptieren vermag und es so erträgt, daß dieser

a) ihn als Träger bestimmter z. B. aggressiver Eigenschaften von sich selbst (Projektion) ansieht,

b) sich danach mit diesen im Analytiker wahrgenommenen Eigenschaften wieder identifiziert (projektive Identifikation), um schließlich

c) die vorher externalisierten Eigenschaften in sich zurückzunehmen (Re-Introjektion).

In dieser Situation, in der der Patient «die unbewußten Prozesse im Therapeuten als Facetten seiner eigenen Persönlichkeit erleben oder sie in Form von Halluzinationen wahrnehmen oder sie in zwanghaften Akten, die er selbst unverständlich findet», agieren kann (SEARLES, 1958/59, S. 325), gewinnt dessen Gegenübertragung die Funktion eines Bezugsrahmens sowohl für die therapeutische Interaktion als auch für die Kommunikationssituation zwischen ihm und dem Patienten. Wenn der Analytiker also eine Gegenübertragung auf die vom Patienten produzierten Ängste, Verfolgungsideen, Verschmelzungs- bzw. Tötungsphantasien entwickelt, meistert und dem Patienten schließlich als stabile und gleichzeitig sympathische Beziehungsperson erscheint, dann kommt über Identifikationsvorgänge in der symbiotischen Dualunion diejenige Ebene von Übertragung-Gegenübertragung affektiver Beziehungen zum Tragen, auf der Kommunikationsphänomene zwischen Patient und Arzt oftmals in einem sogenannten «double-bind»-Zusammenhang stehen.[45]

BATESON et al. gehen von der Hypothese aus, daß die schizophrene Erkrankung im wesentlichen ein Ergebnis der Interaktion in der Familie sei. Das Kind, das in einer in sich widersprüchlichen («paradoxen»)[46] kommunikativen Beziehung zu seiner Mutter stehe, habe später Schwierigkeiten, (a) «den Botschaften (messages), die (es) von anderen empfange, den richtigen Kommu-

---

45 LOCH (1961/62, S. 706 f) stellt die double-bind-Kommunikation in der Analyse als Wiederholung der «Zwickmühlensituation» dar, in der sich sein Patient als Kind zwischen den «zueinander in kontradiktorischen Gegensätzen stehenden Anforderungen» von seiten des Vaters und der Mutter befand. — STIERLIN (1959/60, S. 844 f) beschreibt die double-bind-Situation als eine «Beziehungsfalle», etwa, «wenn eine Mutter ihren schizophrenen Sohn zunächst auffordert, einen gefühlshaften Liebesbeweis zu zeigen, ihn dann jedoch aus der eigenen, nicht eingestandenen Angst vor solcher Gefühlshaftigkeit schilt, er solle sich doch mehr zusammennehmen. Was immer der Sohn auch tut, er bleibt im Unrecht und empfindet Schuld darüber.»

46 WATZLAWICK et al. (1969, S. 178–212) ordnen die double-bind-Situation ein unter die Rubrik der pragmatischen Paradoxien (paradoxe Handlungsaufforderungen und paradoxe Voraussagen).

nikationsmodus (communicational mode) zuzuordnen, (b) jenen Botschaften, die (es selbst) verbal oder averbal (äußere), den richtigen Kommunikationsmodus zuzuordnen, (c) seinen eigenen Gedanken, Empfindungen und Wahrnehmungen den richtigen Kommunikationsmodus zuzuordnen» (BATESON et al., 1956, S. 252, dt. 1969, S. 14). Die Unfähigkeit zur Unterscheidung eines bestimmten Kommunikationsmodus entstehe nicht «nach einem besonderen traumatischen Erlebnis in der Krankheitsgeschichte der Kindheit (...), sondern vielmehr nach charakteristischen Grundmustern solcher Erlebnisfolgen» (a. a. O., S. 16). Die Verfasser führen aus: «Die Spezifizität, nach der wir suchen, muß auf einer abstrakten bzw. formalen Ebene liegen. Die Abfolgen müssen dadurch gekennzeichnet sein, daß der Patient durch sie die Geistesverfassung erwirbt, die in der Kommunikation des Schizophrenen exemplifiziert wird. Das heißt, er muß in einem Universum leben, in dem die Abfolge der Ereignisse dergestalt ist, daß seine unkonventionellen Kommunikationsgewohnheiten in gewissem Sinne angemessen sind. Die von uns angebotene Hypothese lautet, daß Abfolgen dieser Art in der Außenwelterfahrung des Patienten für die inneren Konflikte in der Bestimmung logischer Typen verantwortlich sind. Für solche unauflösbaren Erlebnisfolgen benutzen wir den Ausdruck double bind» (a. a. O.,).[47]

Eine genauere, auf die stattfindende Kommunikation bezogene Bestimmung der in der double-bind-Situation auftretenden Kommunikationsakte geben EHLICH und MARTENS (1972), die versucht haben, die Kategorien der Sprechhandlungstheorie[48] für die Erklärung der sich im einzelnen manife-

---

47 WATZLAWICK et al. (1969, S. 196) geben eine übersichtliche Darstellung der Bestandteile der double-bind-Situation. «1. Zwei oder mehrere Personen stehen zueinander in einer engen Beziehung, die für einen oder auch alle von ihnen einen hohen Grad von physischer und/oder psychischer Lebenswichtigkeit hat. Derartige Situationen ergeben sich u. a. in Familien (besonders zwischen Eltern und Kindern), in Krankheit, Gefangenschaft, materieller Abhängigkeit, Freundschaft, Liebe, Treue zu einem Glauben, einer Sache oder einer Ideologie, in durch gesellschaftliche Normen oder Traditionen bedingten Lagen, der psychotherapeutischen Situation usw. 2. In diesem Kontext wird eine Mitteilung gegeben, die a) etwas aussagt, b) etwas über ihre eigene Aussage aussagt und c) so zusammengesetzt ist, daß diese beiden Aussagen einander negieren bzw. unvereinbar sind. Wenn also die Mitteilung eine Handlungsaufforderung ist, so wird sie durch Befolgung mißachtet und durch Mißachtung befolgt; (...) 3. Der Empfänger dieser Mitteilung kann der durch sie hergestellten Beziehungsstruktur nicht dadurch entgehen, daß er entweder über sie metakommuniziert (sie kommentiert) oder sich aus der Beziehung zurückzieht. Obwohl also die Mitteilung logisch sinnlos ist, ist sie eine pragmatische Realität: Man kann nicht *nicht* auf sie reagieren, andererseits aber kann man sich ihr gegenüber auch nicht in einer angebrachten (nichtparadoxen) Weise verhalten, denn die Mitteilung selbst ist paradox.»

48 «Äußerung von Wörtern in einer bestimmten Konstruktion, Proposition (Bezugnahme auf Sachverhalte) und Illokution (Interpretation der kommunikativen Bedeutung; Interpretation, als was die in der Äußerung zum Ausdruck kommende

stierenden Kommunikationsphänomene heranzuziehen. Dabei wird deutlich, daß in einer double-bind-Kommunikation ein und derselbe propositionale Gehalt zwei einander widersprechende illokutive Charakterisierungen erhält. So z. B., wenn der propositionale Gehalt ‹das Kommen des Kindes zur Mutter› (Kind — Kommen — zur Mutter) von der Mutter auf der illokutiven Ebene zuerst als Aufforderung qualifiziert wird: «Komm auf meinen Schoß», sie dann aber, ebenfalls auf der illokutiven Ebene, durch ein paralinguistisches Mittel (Intonation) oder ein außerverbales Mittel (abweisende Geste, Gesichtsausdruck, der Ekel anzeigt) denselben propositionalen Gehalt als Verbot qualifiziert. Der Widerspruch, der die double-bind-Kommunikation auszeichnet, liegt demnach nicht, wie BATESON meint, auf der Ebene der Kommunikation oder Metakommunikation und nicht, wie WATZLAWICK annimmt, auf der Ebene von analoger gegenüber digitaler Kommunikation, sondern «der Widerspruch liegt auf der illokutiven Ebene. Er besteht darin, daß zwei miteinander unvereinbare illokutive Qualifizierungen oder Charakterisierungen gleichzeitig mit dem Anspruch aufrechterhalten werden, gültig zu sein, das heißt in das Handeln des Kommunikationspartners einzugreifen» (EHLICH, MARTENS, a. a. O., S. 391). Die ‹normale› Reaktion auf eine solche Art der Kommunikation ist die Thematisierung des Widerspruchs, der Abbruch der Kommunikation oder die Entscheidung für *eine* der widersprüchlichen Handlungsanweisungen. Diese Möglichkeiten hat jedoch das Kind, etwa in unserem Beispiel, nicht, da sie einem Verbot unterliegen und entsprechende Sanktionen zur Folge haben würden. Es ist also der double-bind-Situation ausgeliefert; die ständige Wiederholung dieser Erfahrung kann dann dazu führen, daß die double-bind-Situation als selbstverständlich hingenommen wird und die eigene Kommunikationsweise sich danach richtet, als Ausdruck für die Unmöglichkeit einer adäquaten Handlungsweise überhaupt.[49]

Welchen Stellenwert hat nun aber die double-bind-Situation in der psychoanalytischen Interaktion?

BATESON et al. (a. a. O., S. 263, dt. S. 39) führen aus, daß double-bind-Situationen 1. durch das psychotherapeutische Arrangement selbst geschaf-

---

Proposition vom Sprecher gemeint und vom Hörer zu verstehen ist, als Frage z. B. oder als Behauptung, als Drohung oder als Rat usw.): diese drei Bestandteile machen eine Sprechhandlung aus. Die Sprechhandlung umfaßt also zugleich einen Äußerungsakt, einen propositionalen Akt und einen illokutiven Akt» (EHLICH, MARTENS, 1972, S. 384 f). (Vgl. 3.4.2.2.)

49 EHLICH und MARTENS (a. a. O., S. 402) weisen insbesondere darauf hin, daß es in den psychiatrischen Krankenhäusern, in denen schizophren Erkrankte untergebracht sind, kaum Voraussetzungen und Möglichkeiten gibt, die beschriebene double-bind-Kommunikationsstörung von Schizophrenen in einen sinnvollen therapeutischen Zusammenhang zu stellen, um eine Situation zu schaffen, die es erlaubt, «sinnvolle Kommunikationssituationen zu erleben, in denen Sprechen und Handeln adäquat verwendet werden können».

50

fen werden (Liegen auf der Couch, freies Assoziieren, zeitliche Begrenzung, Pünktlichkeit, Honorar) (vgl. JACKSON, HALEY, 1963, S. 364 ff):[50]

«a) (. . .) In these early sessions, the analyst wishes to encourage the patient to open up as much as possible and express what is on his mind. Therefore the analyst tends to be warm, encouraging and responsive. He defines the relationship as a benevolently helping one for a person in distress. When treatment begins, the analyst suddenly becomes a silent, unresponsive man, and the patient may see him as cold and distant. Although the patient will inevitably feel deprived of the warm responsiveness he first experienced, he cannot easily get angry at the analyst for his unresponsiveness because he knows it is part of the method to help him; (. . .).

b) When the patient comes to the analyst, he expects an expert who will help him by taking charge and telling him what to do — as experts are supposed to. The analyst responds by putting the patient in charge: he indicates that he will not tell the patient what to do or how to do it. (. . .) He emphasizes that he will not direct the patient.

c) While indicating that he will not tell the patient what to do and putting the patient in charge, the analyst takes charge by directing the patient to lie down, to free associate (which is a direction about how to talk) and what sort of material is acceptable (which the patient learns from the response of the analyst even if it is only uh-huh or silence). The analyst will also not let the patient direct him what to say, and may be silent even if the patient demands that he talk. Therefore, in a non-directive setting at one level, the analyst at another level directs the crucial behavior in the situation: who is to speak, what is to be said, and how it is to be said. (. . .)

---

50 JACKSON und HALEY (a. a. O., S. 364) geben die von STONE aufgeführten Punkte wieder, die als Bedingungen der psychoanalytischen Behandlung gelten: «1) Exclusive reliance during the hour on free association. 2) Regularity of time, frequency, and duration of visits in a clearly defined financial agreement. 3) Three to five Appointments per week. 4) Recumbent position. 5) Confinement of activity of the therapist to interpretation, purely informative intervention, or occasional questions. 6) Emotional passivity and neutrality with abstention from gratification of the patient's transference wishes. 7) Abstention from advice, direct intervention, or participation in the patient's day to day life. 8) No immediate emphasis on curing symptoms» (vgl. STONE, 1951). Sie beschreiben dann weiter die Situation des Patienten, der einerseits durch die psychoanalytische Grundregel, zu sagen, was ihm einfällt, gezwungen wird, seine ‹erwachsenen› Formen der Kommunikation zu verlassen, andererseits, wenn er darauf nicht eingeht, vom Analytiker die Deutung seines Widerstands gegen die Therapie bekommt: «In this situation, the patient cannot possibly manifest the easy exchange of adult conversation and is forced to attempt an interchange more reminiscent of earlier learned tactics when he was small and others were large. In fact, to respond in a rational and mature way, the patient would have to refuse to follow the analyst's directions to lie down and free associate. Indeed, should the patient behave in an ‹adult› way, it would be said that the treatment was going badly; for example, the concept of resistance is employed when the patient does not follow the analyst's directives» (JACKSON, HALEY, a. a. O., S. 365). Von hier aus zählen sie schließlich die double- bind-Konstellationen in der psychoanalytischen Situation auf, die offenbar «implicit in a therapeutic setting which was designed without the deliberate intention of imposing paradox» gegeben sind (a. a. O., S. 367).

51

d) The patient comes to the analyst for help in getting over his symptomatic behavior, and the analyst indicates that they will not deal with the symptomatic behavior, thereby indicating that he will change the patient but not by dealing with what he came to change. Yet typically when the patient free associates and deals with other matters, the analyst will use an interpretation to relate these other matters to the symptomatic behavior.

e) Not only is the patient unable to use his symptomatic behavior to manipulate the analyst because the analyst directs him to other matters, but the patient also cannot use improvement or getting worse in a manipulative way. The analyst does not respond to threats open or implied. In fact, the patient is faced with a paradoxical response no matter what he says in this direction. If he states he is getting worse, he is advised that this is a necessary part of treatment and affords the opportunity to better study his problem. If he improves and says he is feeling fine, the analyst indicates that he is resisting treatment by escaping into health. (. . .)

f) The general framework of analysis is one of benevolent help. Within that framework the patient is put through a rather distressing ordeal. The patient is required to talk with as little censorship as possible about all his problems and all the unsavory aspects of his life. If he does not wish to discuss something that reflects too badly upon him, this is defined as resistance. It is not a pleasant experience to undergo psychoanalysis either emotionally or financially, and insofar as it is a punishing experience the patient faces a paradox: he is undergoing a punishing experience within a framework of benevolent help. If he refuses to accept the punishing experience, perhaps by resisting, he is further punished by being labeled as the kind of person who eschews help.

g) Another paradox resides in the question whether the analytic relationship is compulsory or voluntary. Typically the patient is excessively concerned in his personal life with the question whether his intimates associate with him because they want to or because they must, just as he is uncertain whether he is with them because he is ill or because he wishes to be. In psychoanalysis, the patient is told that his relationship is voluntary and his improvement depends upon his willingness to cooperate and attend sessions. Yet if the patient is late or misses a session, the analyst objects and so indicates that the relationship is compulsory. (. . .) For example, if he is late he is resisting and if he complains about finances he is actually resenting what he pays the analyst.

h) Finally, the patient is in a situation where he cannot behave in an adult way, and when he does not the analyst points out to him that his childlike behavior is evidence of a point of view carried over from childhood. Although the analyst has other purposes in interpreting the transference, from the point of view of the formal structure of the psychoanalytic situation the patient is responding appropriately only to find that his response is labeled as inappropriate and irrational» (JACKSON, HALEY, a. a. O., S. 367 f).[51]

---

51 WATZLAWICK et al. (a. a. O., S. 228–230) fassen unseres Erachtens die von JACKSON und HALEY gegebene Darstellung der double-bind-Situation im Übertragungskontext des psychoanalytischen Geschehens mit einer zu einseitigen Akzentuierung der negativen Rolle des Analytikers zusammen, ohne genügend die Übertragungssituation in der therapeutischen Interaktion zu berücksichtigen, wie das JACKSON und HALEY in ihrer Arbeit ausgewogen und dem tatsächlichen psychoanalytischen Geschehen gegenüber angemessen getan haben. Noch weiter entfernt von der

52

2. durch den Therapeuten herbeigeführt werden:

«Dr. Frieda Fromm-Reichmann behandelte eine junge Frau, die seit ihrem siebten Lebensjahr eine eigene hochkomplizierte Religion aufgebaut hatte, angefüllt mit mächtigen Göttern. Sie war völlig schizophren und voller Scheu, in eine therapeutische Situation einzutreten. Am Anfang der Behandlung sagte sie: ‹Gott R. sagt, ich soll nicht mit Ihnen reden.› Dr. Fromm-Reichmann antwortete: ‹Schauen Sie, wir wollen etwas auf Band nehmen. Für mich existiert Gott R. nicht, und die ganze Welt von Ihnen existiert nicht. Für Sie existiert sie, und es liegt mir fern zu denken, daß ich sie Ihnen wegnehmen kann, ich habe keine Ahnung, was sie bedeutet. So bin ich bereit, mit Ihnen auf der Grundlage dieser Welt zu reden, wenn Sie sich nur klarmachen, daß ich das so tue, daß wir uns darüber einig sind, daß sie für mich nicht existiert. Gehen Sie nun zu Gott R. und sagen Sie ihm, wir haben uns zu unterhalten und er soll Ihnen die Erlaubnis dazu geben. Sie müssen ihm außerdem sagen, daß ich Arzt bin und Sie von sieben bis sechzehn — also neun Jahre — in seinem Königreich gelebt haben und er Ihnen nicht geholfen hat. So muß er mir jetzt erlauben, den Versuch zu machen und zu sehen, ob Sie und ich dieses Werk vollbringen können. Sagen Sie ihm, ich bin Arzt, und daß ich dies versuchen will.›» (BATESON et al., 1956, S. 263, dt. 1969, S. 41).[52]

3. den Kommunikationsmöglichkeiten des schizophrenen Patienten entsprechen, die oftmals darin Experten werden (BATESON et al., 1956, S. 261, dt. 1969, S. 35).

Für das psychoanalytische Geschehen ist darüber hinaus ganz entscheidend, in welchem Kontext von Übertragung und Gegenübertragung die double-bind-Situation auftritt. So kann z. B. die Kommunikation mit einem schizophrenen Kranken formal ganz und gar die Struktur einer double-bind-Redesituation aufweisen und doch gerade dazu führen, daß der Therapeut auf diesem Wege mit dem Kranken den ersten Kontakt bekommt, d. h. dadurch sich erste Anzeichen von Übertragung (psychotische Übertragung) entwickeln können. Diese Konstellation können wir als double-bind-Situation mit vorwiegend *therapeutischer* Funktion für die psychoanalytische Interaktion bezeichnen, da hier vom Therapeuten die beim Kranken eingeübte double-bind-Kommunikationsform therapeutisch genutzt wird.

Die zweite Möglichkeit des Entstehens einer double-bind-Situation finden wir auf der Ebene der sogenannten Grundstörung (vgl. 2.3.), zu der es auf Grund einer Krise in der Schicht der Zweipersonenbeziehung (Dualunion)

---

ursprünglichen Auffassung des double bind in der psychoanalytischen Übertragungssituation bei JACKSON und HALEY hat sich die Darstellung bei MICHEL im ‹Kursbuch› 29 (1972, S. 58–61) (der übrigens lediglich WATZLAWICK et al. zitiert), nach der der Analysand geradezu in ein «System», ein «Seelenbad» hineingezogen wird, das «oft alle Merkmale einer double-bind-Situation» trägt.

52 BATESON et al. (S. 264, dt. S. 41) interpretieren die Situation als «therapeutisches double-bind»: «Äußert die Patientin Zweifel an ihrem Glauben an ihren Gott, so stimmt sie Dr. Fromm-Reichmann zu und gesteht ihre positive Einstellung zur Therapie ein. Besteht sie darauf, daß Gott R. real ist, so muß sie ihm sagen, daß Dr. Fromm-Reichmann ‹mächtiger› ist als er — und damit ebenfalls ihre Verstrickung mit der Therapeutin zugeben.»

gekommen ist. Im Kontext einer vorwiegend anaklitisch-diatrophischen Übertragungs-Gegenübertragungsbeziehung werden in der Kommunikation vermehrt außerverbale und paralinguistische Ausdrucksmittel eingesetzt.[52a] In dieser Beziehung sind Therapeut und Patient empathisch aufeinander eingestellt, und das Gelingen der Kommunikation auf dieser zumeist nicht verbalen Ebene konstituiert die therapeutische Beziehung. Das Nicht-Gelingen einer Kommunikation zwischen Arzt und Patient geht von der Situation aus, in der der Therapeut versucht, dem Patienten mitzuteilen, daß er ihn in seinen Ängsten und Phantasien verstehen kann und sich mit ihm auf diese einstellen möchte, aber in seinem Bemühen vom Patienten nicht oder anders verstanden wird. Diese Konstellation wollen wir die double-bind-Situation mit *dyskommunikativer* Funktion für die psychoanalytische Interaktion nennen, da mit dem Auftreten einer double-bind-Situation die Kommunikation zwischen Analytiker und Analysand gestört ist. Die Voraussetzungen zur dyskommunikativen double-bind-Situation liegen hier vor allem im Analytiker und dessen mangelnder Fähigkeit zur empathischen Einfühlung in den Patienten (vgl. 2.3.).

Schließlich entsteht auf der therapeutischen Ebene der Ödipalität (Dreipersonenbeziehung) im Kontext der neurotischen Übertragungs-Gegenübertragungsbeziehung eine double-bind-Situation, die sich aus den Konflikten im Hic et Nunc der therapeutischen Interaktion bildet. Auf dieser Ebene, auf der das psychoanalytische Arbeitsbündnis zum Tragen kommt, gewinnt die double-bind-Situation eine *metakommunikative* Funktion für den psychoanalytischen Prozeß, vor allem dann, wenn die psychoanalytische Situation von Analytiker *und* Analysand auch dazu genutzt wird, double-bind-Kommunikationen wahrzunehmen und, bezogen auf die Kommunikationssituation selbst, zu reflektieren.[53] Diesen im psychoanalytischen Prozeß jedoch lediglich auf der Ebene der Ödipalität gültigen Ansatz verfolgen unseres Erachtens auch JACKSON und HALEY (1963, S. 370):

«We suggest that an important causal factor is the paradoxical situation imposed upon the patient in psychoanalysis which forces him to change his ways. From this point of view, the notion of self understanding has two purposes: it provides a subject for patient and analyst to talk about; a modus operandi for dealing with each other. It also provides the two people with an explanation of why change has occured after it happens. In other words, the emphasis upon insight and self understanding can be seen both as tactic und a rationalization. The fact that psychoanalysis could not be conducted without an emphasis upon understanding does not mean that self understanding

---

52a Vgl. hierzu NOY (1969, S. 173), der die double-bind-Kommunikation in Verbindung bringt mit gestörten Rückkopplungsmechanismen zwischen Elementen des Primär- und des Sekundärprozesses.

53 Hierbei werden sicher die Analysen von Sprechhandlungen und im weiteren Sinne von Kommunikationshandlungen von Nutzen sein (vgl. EHLICH, MARTENS, 1972).

is causal to change: paradoxical factors in this peculiar relationship appear equally important as a cause of change.»[54]

Wir wollen nun in einem Schema die im psychoanalytischen Geschehen auftretenden double-bind-Situationen sowie ihre Funktionen für die psychoanalytische Interaktion im Zusammenhang mit der jeweiligen Übertragungs-Gegenübertragungsdimension auf der entsprechenden Kommunikationsebene darstellen:

Ebene der Kommunikation	psychotische Übertragung-Gegenübertragung (Teilnahme am Wahnsystem des Patienten)	anaklitisch-diatrophische Übertragung-Gegenübertragung (Beziehung in der Grundstörung)	neurotische Übertragung-Gegenübertragung (ödipale Konfliktsituation)
	double-bind-Situation	double-bind-Situation	double-bind-Situation
Primäre Kommunikation	↓ therapeutische Funktion zur Konstitution der Kommunikation überhaupt		
Kommunikation auf der Ebene der Zweipersonenbeziehung (Dualunion)		↓ dyskommunikative Funktion: Zerstörung der Kommunikation in der symbiotischen Beziehung	
Kommunikation auf der Ebene der Dreipersonenbeziehung (Ödipalität)			↓ metakommunikative Funktion im Kontext von Konflikten im Hic et Nunc der Interaktion

Wir fassen also, im Gegensatz zu WATZLAWICK, die double-bind-Situation in der Analyse nicht als notwendige Folge des therapeutischen Verhaltens eines auf das metapsychologische Bezugssystem eingeschworenen Psychoanalytikers auf, welcher das klassische Set-up in unfreiwilliger Weise dazu benützt, um den Patienten zu einer in sich widersprüchlichen Kommunikationsweise zu veranlassen, sondern stellen double-bind-Konstellationen als

---

54 Die Untersuchung der double-bind-Situation im psychoanalytischen Geschehen war für JACKSON und HALEY (a. a. O., S. 370 f) gleichzeitig die Schwenkung «from a focus on the individual to an interpersonal orientation».

Beispiele widersprüchlicher Sprechhandlungen (im weiteren Sinne von Kommunikationshandlungen, wobei außerverbale und paralinguistische Ausdrucksmittel eingeschlossen sind) in das Kommunikationsgeschehen zwischen Analytiker und Analysand, nach dessen Verlauf und Bestimmung im jeweiligen Übertragungs-Gegenübertragungskontext die double-bind-Situation nun einen besonderen Stellenwert für die Analyse erhält.

2.3. EMPATHIE UND META-KOMMUNIKATION IM PSYCHOANALYTISCHEN GESCHEHEN

Der Psychoanalytiker kann sich in der therapeutischen Interaktion mit seinem Patienten «letztlich nur auf sich selbst als Instrument» (FÜRSTENAU, 1972, S. 441) stützen.[55] Die im Laufe einer spezifischen Ausbildung (Lehranalyse, Theorieseminare, Fallbesprechungen, Behandlung von Patienten unter Supervision) erworbene und geübte Fähigkeit zur Introspektion, Empathie (Einfühlung), Intuition[56] und Reflexion geht, allgemein gesprochen, vom *Verstehen* all jener Sachverhalte und Vorgänge aus, die die psychoanalytische Behandlungssituation auszeichnen. Wenn M. BALINT davon spricht, daß es die «Pflicht» des psychotherapierenden Arztes sei, seinen Kranken zu verstehen (BALINT, 1964, zit. n. LOCH, 1970, in: 1972 b, S. 295), und dabei sowohl die sprachlichen und außersprachlichen Mitteilungen auf dem Hintergrund psychosozialer Verhaltensmuster als auch den besonderen Kontext der therapeutischen Interaktion (unbewußter Widerstand, Übertragung, Gegenübertragung) ins Auge faßt, so greift er einerseits auf die traditionellen Anschauungen der Psychiatrie, Geschichtsphilosophie und Gesellschaftstheorie zurück, nach denen sich das «Verstehen eines Satzes» vom «Verstehen einer Persönlichkeit» (LIPPS,[3]1909, S. 231), das «Erfassen eines irrealen Sinngebildes» vom «Erfassen realen seelischen Seins» (RICKERT, 1921, S. 429), die Evidenz des «rationalen» von der Evidenz des «einfühlend nacherlebenden» Verstehens (WEBER, 1921, S. 2; vgl. auch SIMMEL, 1921, S. 38; DILTHEY, 1924), das logische und das psychologische Verstehen (BINSWANGER, 1922, S. 247 ff, und 1926, S. 70) unterscheidet;[57] andererseits wirft er das spezifisch

---

55 BALINT (1964, dt. 1965, S. 15, passim) geht bei seinem Versuch, den praktischen Arzt für psychotherapeutische Aufgaben zu gewinnen, geradezu von der Droge ‹Arzt› aus, deren Formen, Nebenwirkungen usw. er in «einer Pharmakologie des Arztes» beschreibt.

56 Mit dem Begriff Intuition bezeichnen wir das kreative Wahrnehmen seelischer Vorgänge, im Gegensatz zu der einer positivistischen Einstellung verpflichteten Auffassung FREUDS, der Intuition und Divination zusammenfaßt und als «Erfüllungen von Wunschregungen» zu den Illusionen rechnet (1933, G. W. XV, S. 171 ff).

57 Nach JASPERS ([5]1948, S. 255) läßt sich das psychologische Verstehen noch weiter in ein statisches und ein genetisches unterteilen: «Ersteres erfaßt die einzelnen seelischen Qualitäten und Zustände, wie sie erlebt sind (Phänomenologie), letzteres

psychoanalytische Problem des Wahrnehmens und Verstehens unbewußter Kommunikationsvorgänge zwischen Analytiker und Analysand auf.

H. HARTMANN hat schon 1927 das Unbewußte als Schranke für das logische und psychologische Verstehen angesehen[58] und ihm in dieser Hinsicht dieselbe Funktion zugeschrieben wie etwa dem Einwirken eines organischen Hirnprozesses:

«... das Verstehen (im Sinne eines Nacherlebens realen psychischen Geschehens) findet seine notwendige Grenze an zwei Tatsachenkreisen: am *unbewußten* Seelenleben und an jenen Vorgängen, welche wir als ‹*somatischen Einbruch*› zusammenfassen» (1927, S. 51).

Auf Grund dieser Feststellung läßt HARTMANN (1927, S. 54) zwar die Beurteilung des Verstehens als eines Deutens von Sinnzusammenhängen noch zu (vgl. BINSWANGER, 1926, S. 72), beharrt aber darauf, daß sich die Psychoanalyse als «induktiv verfahrende, biologisch fundierte Wissenschaft vom höheren Seelenleben» (HARTMANN, 1927, S. 46) abgrenzen müsse gegenüber einer «verstehenden Psychologie», für die ausschließlich die «Evidenz ihrer Deutungen» (a. a. O., S. 57) maßgebend sei, indem sie nämlich Kausalzusammenhänge erkenne, empirisch überprüfbare Hypothesen bilde und sich im ganzen einer induktiven Kontrolle unterziehe.[59]

---

das Auseinanderhervorgehen von Seelischem aus Seelischem, wie es in Motivzusammenhängen, Kontrastwirkungen, dialektischen Umschlägen sich bewegt (verstehende Psychologie).»

58 «Die unbewußten Zwischenglieder aber wie die unbewußten Einflüsse auf bewußte Zustände und Abläufe sind nicht *erlebt* und also nicht *nacherlebbar*» (HARTMANN, 1927, S. 51).

59 HARTMANN geht es offensichtlich darum, die Psychoanalyse als Naturwissenschaft zu begründen: «Die Ansicht, das Verstehen sei die adäquate Methode zur Erfassung der Vorgänge des ‹höheren› Seelenlebens, ist, wie wir gezeigt haben, falsch. Über die *Grenzen* des Verstehens und über die *Wirklichkeit* der verständlichen Zusammenhänge kann nur die *Induktion* entscheiden — jene Methode des Beweisens, welche in den Naturwissenschaften geübt wird, und welche auch auf dem Gebiete der ‹elementaren› seelischen Vorgänge die herrschende ist. Auch für den Übergang vom einzelnen zum allgemeinen erweist sich ja die induktive Methode als unentbehrlich: der Schluß vom individuell einleuchtenden Zusammenhang auf seine mögliche allgemeine Geltung ist nur auf diesem Wege zulässig. Unsere *Kritik* des psychologischen Verstehens hat uns also eine Bestätigung der Anschauung erbracht: daß nicht nur die Begriffsbildung der Psychoanalyse die der Naturwissenschaften, sondern auch die wissenschaftliche Zielsetzung, nämlich das Erkennen von Regeln und Gesetzmäßigkeiten, hier wie dort die gleiche ist» (1927, S. 59). Die hier vorgetragene Auffassung ist unseres Erachtens vor allem historisch bedingt, da FREUD als Biologe sich naturwissenschaftlicher Terminologie und Darstellungsweise auch dort bedient hat, wo er psychologische und soziologische Zusammenhänge aufzeigt (vgl. MARX, 1967; STEN-

57

Auch für LORENZER bildet, im Anschluß an HARTMANN, «das Unbewußte generell eine Schranke des Verstehens» (1970b, S. 38), obwohl er, sich auf FREUD berufend,[60] dem Analytiker die Fähigkeit zuschreibt, im therapeutischen Geschehen durch ein «Mehr an Bewußtseinsumfang» (1970b, S. 40) die Schranke zum Unbewußten hinauszuschieben. Sowohl das logische Verstehen (Erfassen von Sinnzusammenhängen auf sprachlicher Ebene) als auch das psychologische Verstehen (Nacherleben der seelischen Wirklichkeit der Person) «vermag die Grenzen zum Unbewußten nicht zu überschreiten», da «es außerhalb der symbolischen Kommunikation geraten ist»[61] (1970b, S. 70f), beispielsweise durch einen Verdrängungsvorgang: «Die Störung des Symbolgefüges resultiert aus einer konfliktbedingten Verdrängung, die einzelne Repräsentanzen de-symbolisierend in Klischees verwandelt hat» (1970b, S. 99).[62]

Nach LORENZER (1970b, S. 115) gelangt der Analytiker über das auf «Interaktionssymbole» bezogene «szenische» Verstehen zu einem Erfassen der Lebenspraxis des Patienten und gleichzeitig zu einem Verstehen der privatsprachlichen Einengung seines Sprachspiels. Aus dem unbewußten Klischee

---

GEL, 1954). Vgl. auch FÜRSTENAU (1964, S. 30, 32, 47), der HARTMANN wegen seines Biologismus kritisiert, und HABERMAS (1968, S. 300ff), der in diesem Zusammenhang von dem szientistischen Selbstmißverständnis der Psychoanalyse spricht (vgl. 2.1.).

60 «Es ist aber nicht der therapeutische Erfolg, den wir an erster Stelle anstreben, sondern wir wollen den Patienten in den Stand setzen, seine unbewußten Wunschregungen bewußt zu erfassen. Dies erreichen wir, indem wir auf Grund der Andeutungen, die er uns macht, mit Hilfe unserer Deutekunst den unbewußten Komplex mit *unseren Worten* vor sein Bewußtsein bringen. Das Stück Ähnlichkeit zwischen dem, was er gehört hat, und dem, was er sucht, das sich selbst, trotz aller Widerstände, zum Bewußtsein durchdrängen will, setzt ihn in den Stand, das Unbewußte zu finden. Der Arzt ist ihm im Verständnisse um ein Stück voraus; er kommt auf seinen eigenen Wegen nach, bis sie sich am bezeichneten Ziel treffen» (FREUD, 1909, G. W. VII, S. 354).

61 LORENZER formuliert: «Erste These: Die fremdpsychischen Inhalte werden als Sinnzusammenhänge erfaßt. Die Erfassung geschieht im Analytiker als Erlebnis der Evidenz ‹logischen Verstehens›. Die erfaßte Wirklichkeit ist die Wirklichkeit der in der aktuellen Mitteilung präsentierten Symbole.» Und gleich anschließend: «Basis des Evidenzerlebnisses ist eine Übereinstimmung aufgrund der ‹Sprachgemeinschaft zwischen Analytiker und Analysand›» (1970b, S. 55). Hier ist unseres Erachtens völlig unklar, wie im Analytiker das logische Verstehen als Erlebnis der Evidenz auftauchen soll auf der Basis der Sprachgemeinschaft zwischen Analytiker und Analysand. Das vom Analysanden Mitgeteilte ist für den Analytiker evident oder ist es nicht. Darauf beruht ja die Evidenz des logischen Verstehens.

62 LORENZER führt aus: «Mit der Desymbolisierung im Verdrängungsmanöver wird die Geschlossenheit des Sprachspiels aufgebrochen – Sprache wird korrumpiert, der Zugang zu den Motiven wird verschüttet, die Regeln verlieren ihre Symbolqualität, als Struktur bleiben sie aber unberührt und daher virulent» (1970b, S. 168).

wird in der psychoanalytischen Beziehung wieder das bewußtseinsfähige Symbol[63] (vgl. 2.5.).

Unsere Kritik an der von LORENZER im Laufe seiner Darstellung der ‹Sprachveränderung› während der psychoanalytischen Therapie (1970b, S. 15) gegebenen Beschreibung von Verstehensvorgängen im psychoanalytischen Geschehen zielt hier vor allem darauf ab, daß LORENZER die Kommunikationssituation zwischen Analytiker und Analysand einseitig in der Weise sieht, daß lediglich der *Patient* vom Analytiker verstanden und in seiner privatsprachlich eingeengten klischeehaften Ausdrucksweise diagnostiziert wird und eine Umkehrung dieser Situation im therapeutischen Prozeß nicht einmal implizit vorgesehen ist. Wir halten diese Ausgangslage sowohl theoretisch als auch praktisch, sowohl für die psychoanalytische Theorie als auch für die Therapie, für nicht zulässig, weil

1. Verstehensprozesse während der psychoanalytischen Interaktion sich *kommunikativ* zwischen Analytiker und Analysand entwickeln und

2. alle Mitteilungen von Analysand und Analytiker im psychoanalytischen Prozeß im Hic et Nunc der Kommunikationssituation und im Kontext von Übertragung und Gegenübertragung stehen und nicht, wie LORENZER meint, beim Patienten *allein* Klischees als unbewußte Repräsentanzen im Zuge von Verdrängung «exkommuniziert, d. h. aus der Kommunikation in Sprache und Handeln ausgeschlossen» werden (LORENZER, 1970b, S. 79).[64]

---

63 «Während das unbewußte Beziehungsklischee auf passenden Geschehensreiz hin sich inszenierte mit dem Zwang zu agieren und mitzuagieren, aber ohne die Möglichkeit, bewußt zu werden, ist die Situation in den begriffenen, in ihrem Beziehungssinn verstandenen Szenen als Symbol dem Ich faßbar und verfügbar geworden. Für den Analytiker ist damit die bloße Verstrickung in die Beziehung zum Patienten verwandelt in die ‹verstehende› Teilnahme. Die Identifikation ist aus ihrer unbewußten Befangenheit im Gange dieser Veränderungen umgewandelt in eine verstehende Teilnahme an der nun begriffenen Situation» (LORENZER, 1970b, S. 189).

64 Die FREUDsche These, daß Triebbesetzungen sich an Symbolen abspielen, verleitet in der Tat zu der Gleichsetzung von: bewußter Repräsentanz = Symbol und unbewußter Repräsentanz = desymbolisierte Repräsentanz = Klischee (LORENZER, 1970b, S. 78f, 84), doch stellt dies nach unserer Auffassung eine der sprachlichen Symbolbildung in keiner Weise gerecht werdende Vereinfachung dar. Wenn nun auf dem skizzierten Wege gar eine ‹Metatheorie› der Psychoanalyse angestrebt wird, die Psychoanalyse als Analyse und Rekonstruktion einer zerstörten Sprache bestimmt, so stellt sich die Frage, ob nicht eine solche Metatheorie auf einer allgemeinen Theorie der sprachlichen Kommunikation aufbauen müßte, mit deren Hilfe Begriffe wie ‹zerstörte Sprache›, ‹Desymbolisierung›, ‹korrumpiertes Sprachspiel› erst wissenschaftlich definierbar würden (vgl. S. und H. GOEPPERT, 1973). Was normale, nicht zerstörte Sprache bzw. sprachliche Kommunikation ist, wird, wie HABERMAS (1970, S. 87f) ausgeführt hat, bei einer «tiefenhermeneutischen Sprachanalyse», wie LORENZER sie gibt, jedoch stillschweigend vorausgesetzt. Vgl. auch den Versuch RICOEURS (1970, S. 197), ausgehend von der Interpretation eines Textes, das Gegensatzpaar ‹Erklären

Die für das psychoanalytische Geschehen relevanten Verstehensvorgänge wollen wir nun, von der Kommunikationssituation zwischen Analytiker und Analysand ausgehend, in einem Schema zusammenfassen, wobei wir die sprachlichen Ebenen der Kommunikationssituation sowie den Übertragungs-Gegenübertragungskontext, in dem diese Ebenen stehen, mit berücksichtigen, und die Deutungsaktionen des Analytikers unterscheiden nach ihrer kommunikativen, extrakommunikativen (außerhalb der Kommunikationssituation stehend) und ihrer metakommunikativen Funktion.

SCHEMATISCHE DARSTELLUNG [65]

Ebene der psychoanalytischen Interaktion	Ebene der Verstehens- und Deutungsvorgänge	Ebene der Kommunikationssituation
erste Übertragungs-Gegenübertragungsebene (allgemeine Voraussetzungen für das psychoanalytische Arrangement)	———————	Kommunikationssituation auf der Ebene der ,langage' (Verständigung mit Hilfe eines Zeichensystems)
	psychologisches Verstehen	
zweite (anaklitisch-diatrophische) Übertragungs-Gegenübertragungsebene	empathisches Verstehen ——————— syntaktisch-semantisches = logisches Verstehen kommunikative Deutungsaktionen ▲ Schweigen ▼ metakommunikative Deutungsaktionen	Kommunikationssituation auf der Ebene der ,langue' (Verwendung *derjenigen* Sprache, die eine Verständigung ermöglicht — ,Muttersprache' in der narzißtischen Beziehung)
dritte (neurotische) Übertragungs-Gegenübertragungsebene	syntaktisch-semantisches = logisches Verstehen ——————— empathisches Verstehen	Kommunikationssituation auf der Ebene der ,parole' (Darstellung ödipaler Konflikte in der Rede: z. B. autoritärer Vorgesetzter — strenger Vater)

— Verstehen› (DILTHEY) in einem hermeneutischen Verfahren mit der strukturalistischen Explikation von Sinn zu verbinden.

65 Die schematische Darstellung hat die heuristische Funktion, wichtige Elemente der psychoanalytischen Redesituation einander gegenüberzustellen, um ihre

60

Die therapeutische Gesprächssituation ist im allgemeinen durch die Zweiersituation, also durch die psychoanalytische Arzt-Patient-Beziehung, repräsentiert. In dieser Gesprächssituation werden alle Mitteilungen des Patienten dadurch bestimmt, daß sie sich 1. auf die Behandlung der Krankheit beziehen und 2. in einem bestimmten Zusammenhang mit der Person des Arztes stehen. FREUD hat diesen Sachverhalt in der ‹Traumdeutung› (1900) beschrieben und zu ‹Grundpfeilern› der psychoanalytischen Technik erhoben:

«Wenn ich einem Patienten auftrage, alles Nachdenken fahren zu lassen und mir zu berichten, was immer ihm dann in den Sinn kommt, so halte ich die Voraussetzung fest, daß er die Zielvorstellung der Behandlung nicht fahren lassen kann, und halte mich für berechtigt zu folgern, daß das scheinbar Harmloseste und Willkürlichste, das er mir berichtet, im Zusammenhang mit seinem Krankheitszustand steht. Eine andere Zielvorstellung, von der dem Patienten nichts ahnt, ist die meiner Person. Die volle Würdigung sowie der eingehende Nachweis der beiden Aufklärungen gehört demnach in die Darstellung der psychoanalytischen Technik als therapeutische Methode» (1900, G. W. II/III, S. 537).

Das Verstehen des Analytikers richtet sich also darauf, daß der Patient immer von seiner Krankheit und zugleich immer von seinem Verhältnis zum Therapeuten spricht, auch eben da, wo der manifeste, d. h. verbalisierte Inhalt des Mitgeteilten diese beiden Aspekte in seiner Thematik nicht berücksichtigt:

«Der Patient spricht von seiner Krankheit, d. h. er zeigt, wie er mit seiner Krankheit umgeht, fertiggeworden ist, wie sich im Gewebe seines Handelns – das ist seiner Objektbeziehung –, seines Phantasierens, seiner Symptome usw. diese Krankheit darstellt. (. . .) Der Patient spricht vom Arzt, d. h. alle seine Darbietungen sind im Sinne der Übertragung zugleich Stimulationen, Reize für den Arzt, in der – unbewußten – Erwartung hervorgebracht, daß dieser Partner ebenso reagieren wird, wie es bisher die entscheidenden (ihn prägenden) Beziehungspersonen getan haben» (LOCH, 1965, S. 39).

---

möglichen Verbindungen und Entsprechungen aufzeigen zu können. So herrschen · z. B. einerseits auf der Ebene der anaklitisch-diastrophischen Übertragungs-Gegenübertragungsdimension narzißtische Beziehungsformen vor, bei denen die Sprache (langue) selbst zu einem narzißtischen Objekt geworden ist, andererseits kommt der Sprache auf der Ebene der neurotischen Übertragungs-Gegenübertragungsdimension der Charakter der Rede (parole) über ödipale Konflikte zu. Wir haben die hypothetische, schwer bestimmbare erste Übertragungs-Gegenübertragungsdimension mit aufgeführt und mit dem Sprachvermögen (langage) als der Voraussetzung, sich kommunikativ zu verhalten, verglichen (vgl. S. GOEPPERT, 1973 a, S. 48). Vgl. auch die Gegenüberstellung der SAUSSUREschen Unterscheidung von faculté de langage, langue und parole mit der in der Theorie der generativen Grammatik üblichen Unterscheidung von Lernfähigkeit, Kompetenz und Performanz (WUNDERLICH, 1969, S. 267).

Den Gegenstand der Psychoanalyse und somit auch des psychoanalytischen Gesprächs zwischen Analytiker und Analysand stellen die unbewußten psychischen Vorgänge dar, deren Wahrnehmung durch das Bewußtsein von FREUD mit der Wahrnehmung der Außenwelt durch die Sinnesorgane verglichen wird (1915, G. W. X, S. 270).[66] FREUD schreibt in der ‹Traumdeutung› (1900, G. W. II/III, S. 615 f):

«Das Unbewußte ist der größere Kreis, der den kleineren des Bewußten in sich einschließt; alles Bewußte hat eine unbewußte Vorstufe, während das Unbewußte auf dieser Stufe stehenbleiben und doch den vollen Wert einer psychischen Leistung beanspruchen kann. Das Unbewußte ist das eigentlich reale Psychische, uns nach seiner inneren Natur so unbekannt wie das Reale der Außenwelt, und uns durch die Daten des Bewußtseins ebenso unvollständig gegeben wie die Außenwelt durch die Angaben unserer Sinnesorgane.»

Wie werden aber diese unbewußten Prozesse, die in jeder analytischen Therapie eine so überragende Rolle spielen, wahrgenommen und für den Fortgang der Analyse nutzbar gemacht?

In den ‹Vorlesungen zur Einführung in die Psychoanalyse› bestimmt FREUD die Wirkungsweise der psychoanalytischen Therapie folgendermaßen: «Unsere Therapie wirkt dadurch, daß sie Unbewußtes in Bewußtes verwandelt, und wirkt nur, insoweit sie in die Lage kommt, diese Verwandlung durchzusetzen» (1917, G. W. XI, S. 290). FREUD spricht davon, daß das Unbewußte eines Menschen mit Umgehung des Bewußtseins auf das Unbewußte eines anderen reagieren könne (1915, G. W. X, S. 293), und er ist der Ansicht, daß der «analysierende Arzt sich dabei am zweckmäßigsten verhalte, wenn er sich selbst bei gleichschwebender Aufmerksamkeit seiner eigenen unbewußten Geistestätigkeit überlasse, Nachdenken und Bildung bewußter Erwartungen möglichst vermeide, nichts von dem Gehörten sich besonders im Gedächtnis fixieren wolle, und solcher Art das Unbewußte des Patienten mit seinem eigenen Unbewußten auffange» (1923 a, G. W. XIII, S. 215). Als Gegenstück zur psychoanalytischen Grundregel für den Patienten gibt FREUD in ‹Ratschläge

---

66 FREUD vergleicht die psychoanalytische Annahme der unbewußten Seelentätigkeit in bezug auf das Bewußtsein mit KANTS Kritik an der Wahrnehmungslehre des englischen Empiriokritizismus, insbesondere des Sensualismus (vgl. LOCKE: Nihil est in intellectu, quod non prius fuerit in sensu): «Wie Kant uns gewarnt hat, die subjektive Bedingtheit unserer Wahrnehmung nicht zu übersehen und unsere Wahrnehmung nicht für identisch mit dem unerkennbaren Wahrgenommenen zu halten, so mahnt die Psychoanalyse, die Bewußtseinswahrnehmung nicht an die Stelle des unbewußten psychischen Vorganges zu setzen, welcher ihr Objekt ist. Wie das Physische, so braucht auch das Psychische nicht in Wirklichkeit so zu sein, wie es uns erscheint» (FREUD, 1915, G. W. X, S. 270). Vgl. auch: «. . . so muß man wohl sagen, daß die *psychische Realität* eine besondere Existenzform ist, welche mit der *materiellen Realität* nicht verwechselt werden soll» (1900, G. W. II/III, S. 625).

62

für den Arzt bei der psychoanalytischen Behandlung› (1912 a, G. W. VIII, S. 378) diese Empfehlung: «Man halte alle bewußten Einwirkungen von seiner Merkfähigkeit ferne und überlasse sich völlig seinem ‹unbewußten Gedächtnisse›, oder rein technisch ausgedrückt: man höre zu und kümmere sich nicht darum, ob man sich etwas merke.»

Diese Bemerkungen FREUDS haben erst einige Jahrzehnte später in den Vorstellungen und Theorien über die Verwendung der Gegenübertragung einerseits (BALINT, 1950; HEIMANN, 1950, 1957/58; LOCH, 1965/66) und über das Zustandekommen der Empathie andererseits ihren Niederschlag gefunden (GREENSON, 1960 und 1966; KOHUT, 1959; SCHAFER, 1959).

Für FREUD besteht die Einfühlung einmal darin, die eigene unverständlich gewordene Kindheit dadurch wieder zu verstehen, daß wir als Erwachsene uns in das kindliche Seelenleben einfühlen (1913, G. W. VIII, S. 419), steht dann weiter im Zusammenhang mit dem Vergleich der wechselnden Besetzungen beim Witz (1905 c, G. W. VI, S. 222, 224, 229, 258), wird ferner mit dem Problem der Identifizierung zusammengebracht, wobei sie (die Einfühlung) «den größten Anteil an unserem Verständnis für das Ichfremde anderer Personen» hat (1921, G. W. XIII, S. 119). Und schließlich findet sich als Anmerkung bei der Betrachtung der Wechselbeziehung zwischen Objekt und Ich der Satz: «Von der Identifizierung führt ein Weg über die Nachahmung zur Einfühlung, d. h. zum Verständnis des Mechanismus, durch den uns überhaupt eine Stellungnahme zu einem anderen Seelenleben ermöglicht wird» (a. a. O., S. 121).

Heute wird das Verhältnis von Einfühlung und Empathie in der psychoanalytischen Forschung folgendermaßen bestimmt: Als Voraussetzung für den Prozeß der Einfühlung, der den Analytiker zum empathischen Verstehen befähigt, nennt LOCH im Anschluß an R. FLIESS die Versuchs-Identifikationen, denen Projektionen (und projektive Identifikationen), eigene Erlebniszustände (Gefühle, Ängste) sowie Introjektionen vorausgehen müssen.[67] Sodann grenzt LOCH von der Empathie den Begriff der Compathie und den der Sympathie ab:

«Im Unterschied zur Empathie, die das Verstehen fremdseelischer Verhaltensweisen nicht behindert, indem sie die Urteilsfunktion intakt läßt, bedeutet ‹Compathie› eine so starke affektive Identifikation, daß die Einsicht in die identifikatorische Grundlage des Phänomens verlorengeht. Einen oberflächlichen Grad der affektiven Identifikation mit Betonung der Gefühle des Mitleids, der Besorgnis und der zielgehemmten Zuneigung stellt die ‹Sympathie› dar. Sie führt zwar nicht zur Verwischung der interindividuellen Grenzen wie die Compathie, beeinträchtigt aber durch die sie unterhal-

---

67 FLIESS (1942, S. 213 f) bezeichnet als Empathie die Versuchs-Identifikation (trial identification) und beschreibt den Prozeß wie folgt: «a person who uses empathy on an object introjects this object transiently, and projects the introject again into the object».

tenden eigenen Befriedigungen die kritische Stellungnahme und versperrt so den Zugang zu einem möglichen therapeutischen Ansatz» (LOCH, 1968, S. 281).

Wir können also sagen, daß die Empathie diejenige Eigenschaft des Psychoanalytikers ist, durch die er in den Stand gesetzt wird, vorübergehende Versuchsidentifikationen zu vollziehen. Dadurch wird gleichzeitig der Beurteilung des psychoanalytischen Geschehens nach dem topischen Gesichtspunkt, der durch die Formel ausgedrückt ist, der Analytiker solle Unbewußtes bewußt machen, eine dynamisch-ökonomische Auffassung zur Seite gestellt. Nach diesem Konzept wird das Psychische «als ein fortwährendes Ringen zwischen nach Abfuhr suchenden Tendenzen und abwehrenden oder siegenden Kräften des Ichs, zwischen den Besetzungen der Triebe und den Gegenbesetzungen des Ichs» (FENICHEL, 1935, S. 79) begriffen und die Analyse als ein Verfahren geschildert, das mit Widerständen im Patienten gegen die Analyse arbeitet und die Übertragung des Patienten von bestimmten Erfahrungen und Erinnerungen auf den Analytiker als Hilfsmittel zur Wahrnehmung und Steuerung des psychoanalytischen Prozesses benutzt.[68] So verstanden, führt das empathische Verstehen in der psychoanalytischen Situation unmittelbar zu einem dynamisch wirksamen Wissen von der Interaktion zwischen Analytiker und Analysand.

Im Gegensatz zur einfachen Identifizierung (etwa des Kindes mit seiner Mutter), deren Ziel in der Überwindung von Angst, Schuld oder Objektverlust besteht, stellt die Empathie in erster Linie ein vorbewußtes Phänomen dar, das dem Verständnis vorwiegend nichtverbaler (das sind im engeren Sinne außerverbale und paralinguistische Kommunikationsweisen) Mitteilungen dient. Mit der Empathie als eines die Grenzen unseres rationalen Verstehens jenseits verbaler Mitteilungen transzendierenden Elements hat sich vor allem RALPH R. GREENSON beschäftigt (1959 und 1966). Er charakterisiert folgendermaßen den empathisch eingestellten Analytiker:

«He listens consciously, intellectually, and detachedly, and at the same time from the inside as a participant. This kind of listening requires that the analyst have the capacity to shift from participant to observer, from introspection to empathy, from intuition to problem—solving thinking, from a more involved to a more detached position. It is necessary for him to oscillate, make transitions and blendings of these different positions» (GREENSON, 1966, S. 11).

---

68 In ‹Zur Geschichte der psychoanalytischen Bewegung› hatte FREUD gefordert, daß die Psychoanalyse sich die «Tatsache der Übertragung und die des Widerstandes (. . .) zum Ausgangspunkt ihrer Arbeit» nehmen müsse (1914a, G. W. X, S. 54). In einem Brief an GRODDECK vom 5. 7. 1917 schreibt FREUD: «Wer erkennt, daß Übertragung und Widerstand die Drehpunkte der Behandlung sind, der gehört nun einmal rettungslos zum wilden Heer» (1960, S. 332).

In der analytischen Situation wird der Analytiker gleichsam zu einem teilnehmenden Beobachter (participant observer), der in der Wahrnehmung und Beobachtung eigener seelischer Zustände und der des Analysanden hin- und herwechselt. Hier wird die Empathie als eine spezifisch psychoanalytische Fertigkeit (skill) angesehen, auf deren Grundlage kontrollierte und leicht wieder rückgängig zu machende Regressionen im analytischen Prozeß erfolgen können. Die Möglichkeit des Analytikers, sich versuchsweise mit dem Patienten zu identifizieren, verknüpft sich mit seiner Fähigkeit, kurzfristig in der Weise zu regredieren, daß er mit dem Patienten in eine immer enger werdende Beziehung, bis hin zur Symbiose, kommen kann.[69] Diese «Regression im Dienste des Ich» («regression in the service of the ego» (Kris, 1953, S. 177)) hat in der Psychoanalyse seit E. Kris, der die Entstehung kreativer Prozesse untersucht hat, eine große Rolle gespielt (vgl. Kris, 1953, S. 26 ff, 312).[70]

---

69 «empathy means to share, to experience partially and temporarily the emotions of another person»; und weiter unten: «The essential mechanism in empathy is a partial and temporary identification with the patient. In order to accomplish this it is necessary to regress from the position of detached, intellectual observer to a more primitive kind of relationship in which the analyst becomes one with the person he is listening to. It requires the capacity for controlled and reversible regressions» (Greenson, 1966, S. 11).

70 Dieser Konzeption liegt vor allem die Vorstellung von flexiblen und durchlässigen Ich-Grenzen zugrunde: «aesthetic, religious, and empathic experience may all be conceptualized as creative expansions of ego boundaries with id, superego, and external world. They may all be associated with some temporary fusion and loss of differentiation which has been variously labelled according to whether it has occured during aesthetic, religious, or empathic experience, but has been almost invariably traced to separation anxiety and the attempt to restore the mother child symbiotic bond» (Rose, 1964, S. 76). Rapaport (1954, S. 363 f) faßt die Thesen von Kris zusammen, nach denen die vom Ich kontrollierte Regression integrative Leistungen auf künstlerischen Gebieten ermöglicht: «(1) The artist's ‹repressions› are more flexible than those of other people. Artists have easier access to ‹id-material› and also are able to subject this material to an ego-synthesis. (2) Art developed from magic action into a form of communication. In psychotic artists, art regresses from communication to magical action. (3) Artistic invention or inspiration is a temporary ‹regression in the service of the ego›, that is, an ego-controlled regression, after which the material which has become available to the artist, and which abides by the rules of the primary process, is subjected to synthetic elaboration by the secondary process. (4) Artistic creativity is fundamentally a passive (regressive) inspirational process; but it also implies active elaboration of the passively attained material. (5) The concepts of ‹bound energies›, ‹neutralized energies›, and sublimations, are not synonymous, and all three are necessary for the conceptual representation of creative activity and of the audience's reaction to its product.» Vgl. 2.6.2. Über die Beziehung künstlerischer Prozesse zu den seelischen Vorgängen, die gemäß dem psychoanalytischen Konzept von Primär- und Sekundärprozeß ablaufen, siehe auch die zum Teil kontroverse Darstellung von Arieti (1967, Noy (1969), Roland (1972).

65

Konkret gesprochen, kommt die Empathie während des analytischen Prozesses immer dann ins Spiel, wenn der Analysand sich verlassen, verloren, kindlich vernachlässigt fühlt. Gelingt dem Analytiker während einer solchen Situation das empathische Eingehen auf den Patienten, so ist der verlorene Kontakt wiederhergestellt und die verlorengegangene Verständigung mit dem Patienten neu ermöglicht.[71] Dieses Bemühen, in der Analyse den verlorengegangenen Kontakt zu dem Patienten mittels empathischer Verständigung wiederherzustellen, kann mit den Versuchen des Depressiven verglichen werden, das verlorengegangene Liebesobjekt wiederzufinden.[72] Hier erfolgt jedoch, im Gegensatz zur empathischen Versuchs-Identifikation mit dem realen Gegenüber in einer realen Situation, eine «narzißtische Identifizierung» mit dem verlorenen, aufgegebenen und entwerteten Liebesobjekt in der Weise, daß «der Schatten des Objekts (. . .) auf das Ich» fällt, welches dann vom Über-Ich wie das verlassene Objekt beurteilt wird (vgl. FREUD, 1917, G. W. X, S. 435 u. 437).

Für GREENSON ist die Fähigkeit, sich empathisch auf den Patienten einzustellen, mit einer gewollten, kurzfristigen und teilweisen Aufgabe der eigenen Identität verbunden (vgl. GREENSON, 1966, S. 16), obwohl offenbar gleichzeitig für ihn klar ist, daß der Analytiker dabei nicht seine Identität verlieren darf. Für uns stellt sich dieser Sachverhalt anders dar, da wir mit der Fähigkeit des Analytikers zur Empathie und dem Vermögen, durch passagere Identifikationen mit seinem Patienten auch dann zu kommunizieren, wenn eine Verständigung anders nicht möglich ist, eine festumrissene, dauerhafte Identität des Analytikers verbinden. Ohne diese Voraussetzung ist unseres Erachtens ein kontrolliertes Oszillieren zwischen seelischen Subjekt- und Objekt-Zuständen nicht möglich. Darüber hinaus schließen wir uns aber der Auffassung von GREENSON an, daß die empathische Verständigung mit dem Patienten im Kontext der Mutter-Beziehung steht und durch sie die Ebene der Übertra-

---

71 «Empathy is most likely to come into play when the analyst feels lost or out of touch. Empathy becomes a means of regaining contact with the un-understood patient. It resembles other identificatory processes which occur when one is attempting to re-establish contact with a lost love object. One must be able to do this again and again and yet retain the ability to return to the detached and uninvolved position of analyzer. This is one of the important antithetical, bipolar demands of psychoanalytic practice» (GREENSON, 1966, S. 12). In diesem Zusammenhang verweisen wir auf M. BALINT (1952, S. 214 ff), der sich mit dem «Neubeginn» in der Analyse besonders intensiv beschäftigt hat, vor allem im Hinblick auf das depressive Stadium in der Analyse.

72 Während bei der Trauer und der Melancholie der Teil des Ichs, der das Selbst repräsentiert, nach «vollzogener narzißtischer Identifikation identisch ist mit dem in der Außenwelt verlorengegangenen und durch die (. . .) Triebumsetzungen entwerteten Liebesobjekt» (LOCH, 1967 b, S. 762), finden die empathischen Identifikationsvorgänge in der realen Interaktionsbeziehung zwischen Analytiker und Analysand statt, zeigen sich vorübergehend und werden gemessen am Bezugsrahmen der Übertragungs-Gegenübertragungsbeziehung zwischen Arzt und Patient.

66

gung-Gegenübertragung determiniert ist.[73, 74]

Mutter und Kind sind in ihren Triebansprüchen aufeinander bezogen (Hungrigsein – Nähren, Angst – Beruhigung, Hilflosigkeit – Zuneigung, Hingebung – Zärtlichkeit). Die gegenseitige Abhängigkeit von Mutter und Kind kann ausgeglichen und befriedigend sein und so zu einem «homöostatischen Gleichgewicht» der Mutter-Kind-Situation führen (MAHLER, 1954, S. 65: «kind of homeostasis equilibrium of the mother-child unit»). In der symbiotischen Dualunion zwischen Mutter und Kind herrscht dann die «primäre Liebe» (vgl. BALINT, 1937), ein Ereignis, das außerhalb der Regionen steht, «wo zwischen Objekt und Subjekt unterschieden wird» (LOCH, 1966 b, S. 890). Wird diese frühe Zweipersonenbeziehung, die durch die primäre Liebe als einer «harmonische(n) Beziehung zu einer undifferenzierten Umwelt» (BALINT, 1961, in: 1966, S. 160) geprägt ist, durch das Auftauchen von störenden Objekten unterbrochen, so bieten sich dem Kind zur Abwehr der hieraus resultierenden Ängste zwei Wege: entweder es schafft sich eine oknophile Welt, eine Welt absolut zuverlässiger Objekte, die dem Haltsuchenden eine feste Stütze gewähren, oder es sucht sich die philobatische Welt der freundlichen Weiten, in der die Objekte, sofern sie hinderlich und lästig sind, umgangen werden können.[75]

---

73 «Empathy (. . .) is a special kind of non verbal, preverbal closeness which has a feminine cast; it comes from one's motherliness, and men (and women too) must have made peace with their motherliness in order to be willing to empathize» (GREENSON, 1966, S. 16; vgl. DERS., 1950, S. 18 ff, und S. GOEPPERT, 1973 a, S. 48, 51, 53).

74 Der empathischen Fähigkeit des Analytikers zur Einfühlung in die (triebbedingten) Motivationen und Erlebnisweisen seines Patienten entspricht auf der Stufe der Mutter-Kind-Beziehung von seiten der Mutter die seelische Einstellung der «instinktiven Mutterschaft» und der «primären Mütterlichkeit» (primary maternal preoccupation) und auf seiten des Kindes eine erhöhte empathische Sensitivität (vgl. WINNICOTT, 1960/61, S. 395; LOCH, 1965, S. 41, und 1966, S. 888; OLDEN, 1953 und 1958).

75 Diese beiden Grundtypen von Menschen beschreibt M. BALINT 1959 in seinem Buch ‹Thrills and Regression›, das 1960 in deutscher Sprache unter dem Titel ‹Angstlust und Regression› (Nachdruck rororo studium Bd. 21, 1972) erschienen ist. In der Besprechung dieses Buches von BALINT führt LOCH aus: «Ausgehend von den Erlebnissen der Menschen auf dem Jahrmarkt, insbesondere von ihren Gefühlen in schwindligen Situationen, wie z. B. bei Karussellfahrten, wird festgestellt, daß hier generell zwei Erlebnisweisen zu unterscheiden sind: die eine Gruppe der Jahrmarktbesucher ist fasziniert und begeistert, die andere uninteressiert oder von lähmender Angst befallen. Die Mitglieder der ersten Gruppe nennt BALINT ‹Philobaten›, denn ihr hervorstechendstes Merkmal ist die Fähigkeit, den verläßlichen Kontakt mit der Erde gelassen aufgeben und sich frei in ‹freundlichen Weiten› bewegen zu können. Die Angehörigen der zweiten Gruppe sind die ‹Oknophilen›, denn sie klammern sich ängstlich an die feste, wohlgegründete Erde, an Dinge, Ideen und Personen. Derartige Typen sind offenbar an eine bestimmte Art der Objektbeziehung fixiert. Allerdings enthüllt uns eine genauere Betrachtung auch bei den philobatischen Persönlichkeiten Charakterzüge, die aus der frühesten

Die primitive Zweierbeziehung, in der das Zueinanderpassen von Objekt und Subjekt Gefühle des ruhigen, stillen Wohlbefindens erzeugt, ist äußerst störanfällig, sei es durch das Hinzutreten eines Dritten, sei es durch das mangelnde Zueinanderpassen (lack of fit) von Mutter und Kind (vgl. BALINT, 1957/58, S. 328 ff). In der Dualunion auftretende Krisen werden normalerweise durch die primäre Empathie des Kindes mit der Mutter gelöst. Aus dieser primären Empathie erwächst die primäre Identität des Kindes mit der Mutter. Primär besagt hier, daß die kindlichen Formen von Empathie und Identität als Vorläufer für die Fähigkeit des Erwachsenen zur Empathie einerseits und zur Bildung des Selbst andererseits angesehen werden (vgl. KOHUT, 1966, S. 582).

Die Empathie beginnt also bei der nicht-verbalen, im Haut- und Tastgefühl wurzelnden, mit Gesten und Gebärden verbundenen und mit dem in der Rede liegenden Tonfall der Mutter-Kind-Beziehung. KOHUT beschreibt die primäre Empathie mit der Mutter, die gerade daher rührt, «daß in unserer frühesten seelischen Organisation die Gefühle, Handlungen und das Verhalten der Mutter in unserem Selbst enthalten waren» (KOHUT, 1966, S. 579).[76] Wenn wir also unsere innere Welt, das sind vornehmlich Gedanken, Gefühle, Wünsche und Phantasien, die wir im Gegensatz zur äußeren Welt nicht mit den Sinnen erfassen können, «durch Introspektion in uns selbst und durch Empathie, d. h. durch Sicheinfühlen in die Introspektion anderer» (KOHUT, 1959, dt. 1971, S. 832) erschließen, so ist für diese innere Wahrnehmung das Selbst als Bezugsrahmen genauso wichtig wie der Bezugsrahmen der Realität für die äußere Wahrnehmung (vgl. SPIEGEL, 1959, dt. 1961/62, S. 223). Zwar findet

---

Objektbeziehung stammen. Insbesondere gilt das für die aggressive Seite ihres Verhaltens, wie auch für ihre Meinung, daß diese ihre Objekte sich in ihrer vollkommenen Verfügungsgewalt befänden. Den Raum erlebt der Philobat wie eine ‹Substanz›, die keinen Widerstand leistet. Vielleicht können wir sagen, der Philobat lebe eine Regression zu einer ursprünglichen Phantasie, welche sich ungefähr durch folgende Worte kennzeichnen läßt: ‹Vollständige ungestörte Harmonie und Sicherheit durch höchst intime Vermischung mit der Umwelt, die noch keine festen Objekte kennt, wie die Luft oder die Milch›» (LOCH, 1966b, S. 889).

76 KOHUT (1966, S. 579) weist besonders auf den narzißtischen Ursprung der Empathie hin, die vor allem zur Konstitution des Selbst in der primären Identifikation mit der Mutter dient: die «erste Wahrnehmung der Manifestation von Gefühlen, Wünschen und Gedanken eines anderen Menschen ereignete sich im Rahmen einer narzißtischen Konzeption der Welt; die Fähigkeit zur Empathie gehört daher zu der ursprünglichen Ausstattung der menschlichen Seele und bleibt bis zu einem gewissen Grade mit den Primärprozessen verbunden». Für KOHUT dienen empathische Vorgänge wie auch die Primärprozesse dazu, neue Erfahrungen in das allmählich wachsende Selbst zu assimilieren und zu integrieren, um das Gefühl der Identität und Kontinuität zu garantieren. Primärprozesse repräsentieren so Erfahrungen gleichermaßen wie Gefühle, Ideen, Erinnerungen und Phantasien, entwickeln sich dann parallel zu den Sekundärprozessen und sind später keineswegs völlig aus den bewußten Denkprozessen eliminiert (vgl. dazu vor allem auch NOY, 1969, S. 155 ff).

im analytischen Prozeß beim empathischen Verstehen eine Oszillation zwischen narzißtischer und Objekt-Besetzung statt, was einer Identifikation mit dem Ich des Patienten einerseits und einer komplementären Identifikation mit den externalisierten Beziehungspersonen andererseits gleichkommt (vgl. RACKER, 1957, S. 311 f),[77] doch steht diese Fertigkeit des Analytikers gerade im Dienste seiner introspektiven und empathischen Beobachtungsmethode, durch die er imstande ist, die freien Assoziationen des Analysanden in einer Widerstands- und Übertragungsanalyse zu verstehen, zu ordnen und für den Verlauf der Analyse zu nutzen. Dies ist aber nur möglich, wenn die Ichgrenzen des empathisch verstehenden Analytikers «intakt aus dem Spiel der introjektiven und projektiven Prozesse hervorgehen», welche in der Interaktion zwischen Analytiker und Analysand eine bedeutsame Rolle spielen (vgl. SCHAFER, 1959, S. 349). Die klare, fest umrissene Identität des Analytikers stellt somit nach unserer Auffassung die Bedingung der Möglichkeit für eine empathische Kommunikation im analytischen Prozeß dar.[78] Diesen Sachverhalt

---

77 Im Anschluß an H. DEUTSCH unterscheidet H. RACKER eine konkordante von einer komplementären Identifikation: «The concordant identification is based on introjection and projection, or, in other terms, on the resonance of the exterior in the interior, on recognition of what belongs to another as one's own («this part of you is I») and on the equation of what is one's own with what belongs to another («this part of me is you»).

The complementary identifications are produced by the fact that the patient treats the analyst as an internal (projected) object, and in consequence the analyst feels treated as such; that is, he identifies himself with this object» (RACKER, 1957, S. 312).

RACKER verbindet den Begriff der komplementären Identifikation mit dem der Gegenübertragung und den Begriff der Empathie mit dem der konkordanten Identifikation. Die Bedeutungen der Begriffe liegen jedoch eng beieinander. Bei ihrer Unterscheidung kommt es RACKER vor allem auf die Subjekt-Objekt-Relation zwischen Analytiker und Analysand an: «On the one hand we have the analyst as subject and the patient as object of knowledge, which in a certain sense annuls the «object relationship», properly speaking; and there arises in its stead the approximate union or identity between the subject's and the object's parts (experiences, impulses, defenses). The aggregate of the processes pertaining to that union might be designated, where necessary, «concordant countertransference». On the other hand we have an object relationship very like many others, a real «transference» in which the analyst «repeats» previous experiences, the patient representing internal objects of the analyst. The aggregate of these experiences, which also exist always and continually, might be termed «complementary countertransference»» (a. a. O., S. 313 f).

78 Vgl. hierzu besonders LOCH, 1965, S. 42. Der Analytiker steht in der Interaktion mit dem Analysanden in einer Kommunikation, die, wenn sie empathisch erfolgt, einerseits den Charakter einer Regression im Dienste des Ichs hat und dadurch eine sekundärprozeßhafte Bearbeitung von Elementen des Primärprozesses ermöglicht, andererseits aber unmittelbar solche Funktionen übernimmt, durch die sie ganz und gar auf den Patienten und seine augenblicklichen, nicht adäquat zu verbalisierenden Bedürfnisse eingestellt ist und auf diese Weise eine «multiple appeal» Ausrichtung bekommt (vgl. auch SCHAFER, 1959, S. 367).

beschreibt SCHAFER (1959, S. 369) treffend, wenn er das empathische Vermögen des Analytikers in Anlehnung an die siebte Stufe der «eight stages of men» von ERIKSON als schöpferische Empathie (generative empathy)[79] zeichnet, bezeichnet, die, nach dem Muster des psychoanalytischen Strukturkonzepts, die zunächst nicht-verbale Kommunikation zwischen Analytiker und Analysand allmählich «to a higher level of organization through differentiation, synthesis, and verbalization» gebracht wird.

Doch wann stellt sich eigentlich im analytischen Geschehen die Notwendigkeit ein, mit dem Patienten empathisch zu kommunizieren?

Wohl in jeder Analyse tritt der Augenblick ein, in dem sich Analytiker und Analysand nicht mehr unmittelbar sprachlich verstehen: sie sprechen offenbar nicht mehr ‹dieselbe Sprache›. In der Analyse ist gewissermaßen eine Sprachverwirrung zwischen Analytiker und Analysand eingetreten, sei es dadurch, daß der (regredierte) Patient seinen Worten einen eigenen Sinn verleiht, der von der konventionellen Bedeutung des Wortes abweicht, sei es, daß der Analytiker eine paralinguistische oder außerverbale Mitteilung[80] des Patienten mißversteht. S. FERENCZI hat dieses Stadium in der Analyse, die durch die Kommunikationsstörung zwischen Analytiker und Analysand gekennzeichnet ist, mit der ‹Sprachverwirrung zwischen den Erwachsenen und

---

79 Der Stufe der generativity gehen trust, autonomy, initiative, industry, identity und intimacy voraus (ERIKSON, 1950, S. 238 ff).

80 Als paralinguistische Sprachmerkmale beschreibt WUNDERLICH (1970, S. 14) die «Phänomene der Intonation, besonders Tonhöhen- und Lautstärkenverlauf, Sprechrhythmus, Pausengliederung, Akzentuierung», während er den außerverbalen Ausdrucksmitteln begleitende Gesten und Gebärden, die Körperhaltung, auch Geräusche, Seufzer, Tränen und im weiteren Sinne Accessoires wie Kleidung und kosmetische Aufmachung zuordnet. Obwohl das Schweigen in der Interaktion ebenfalls unter die außerverbalen Ausdrucksmittel gezählt werden kann, kommt ihm als unmittelbarem Gegenstück zum Sprechen, eben als dem Nicht-Sprechen, eine besondere Bedeutung zu (vgl. 3.1.). CREMERIUS (1969, S. 99) schreibt dem Schweigen als besonderer Kommunikationsform unter anderem den Aspekt zu, der «die frühe Kind-Mutter-Beziehung auf der Ebene der Subjekt-Objekt-Fusion kennzeichnet».

Da die paralinguistischen und außerverbalen Ausdrucksmittel nicht die Funktion haben, abstrakt-logische bzw. generalisierte Sachverhalte auszudrücken, bleiben sie kontext- und situationsgebunden und unterliegen nicht den Regeln einer diskursiven Grammatik, sondern sind nur im Sinne einer analogen Kodierung zu verstehen (vgl. WATZLAWICK et al., 1967, S. 65 ff; WUNDERLICH, 1970a, S. 15).

Die Bedeutung und Wirkung paralinguistischer Merkmale in der Analyse ist schon wiederholt beschrieben worden (GREENSON, 1950, S. 18 ff, 1966, S. 10 ff; LOEWALD, 1960; LOEWENSTEIN, 1956, S. 462, 464; RYCROFT, 1956; SHARPE, 1940, S. 155 ff; KANZER, 1961, S. 330 ff; STONE, 1961): «Intonation, tone, force, rhythm are often more important than the precise words one uses because the tone of what one says indicates the non-verbal, the preverbal relationship one has to the patient and is apt to stir up reactions derived from the early mother-child-relationship» (GREENSON, 1966, S. 12). Vgl. 3.2.

70

dem Kind› verglichen (FERENCZI, 1939, S. 511).[81] BALINT hat dann jene Beschreibung der Kommunikationsstörung zwischen Analytiker und Analysand von FERENCZI aufgegriffen und neu formuliert. Für ihn geht die analytische Arbeit auf mindestens zwei Ebenen vor sich: 1. auf der Ebene der Drei- und Mehrpersonenbeziehung. Hier bestimmt der Ödipuskomplex die Konfliktsituation; 2. auf der Ebene der Zweipersonenbeziehung, die durch die präödipale, prägenitale und präverbale Situation geprägt ist. Eine Krise dieser Schicht der Beziehung führt nach BALINT zur «Grundstörung› (basic fault).[82]

Die psychoanalytische Situation mit Patienten, die auf die Grundstörung regrediert sind, beschreibt BALINT so:

«Aber plötzlich oder schleichend ändert sich die Atmosphäre der analytischen Situation. (. . .) Diese tiefgreifende Veränderung der Atmosphäre hat verschiedene Aspekte. Im Vordergrund steht die Tatsache, daß die vom Analytiker gegebenen Deutungen nicht mehr als Deutungen vom Patienten empfunden werden. Statt dessen empfindet er sie als Angriff, Forderung, gemeine Unterstellung, unnötige Grobheit oder Beleidigung, Ungerechtigkeit oder mindestens Taktlosigkeit usw.; andererseits ist es gleicherweise möglich, daß die Deutung des Analytikers als äußerst unangenehm und unbefriedigend empfunden wird, als belebend oder einlullend oder als verführerisch, im allgemeinen als unbestreitbares Zeichen von Beachtung, Zuneigung oder Liebe. Es kommt dazu, daß gewöhnliche Worte, die bis dahin eine feststehende konventionelle ‹erwachsene› Bedeutung besaßen und ohne weiteres benützt werden konnten, plötzlich unendlich wichtig und schwerwiegend im guten oder schlechten Sinne werden. In solchen Perioden kann jede kleinste Bemerkung, jede Geste oder Bewegung des Analytikers etwas zu bedeuten haben, das weit über alles hinausgeht, was er im realistischen Sinne beabsichtigt haben könnte» (BALINT, 1957/58, S. 334).

Während die Grundstörung also durch eine «eigenartige Vagheit der Sprache» (a. a. O., S. 333) charakterisiert ist, gilt als wichtiges Kennzeichen der ödipalen Stufe, das ist die Ebene der Dreipersonenbeziehung, die Tatsache, «daß darin die Sprache der Erwachsenen ein angemessenes und tragfähiges Kommunikationsmittel ist — bekanntlich war Ödipus ja ein erwachsener

---

81 Die Sprachverwirrung bestand für FERENCZI darin, daß das Kind im Stadium der passiven Objektliebe die Sprache der Zärtlichkeit spreche, während die Erwachsenen in ihren Leidenschaften, die das Kind noch nicht verstehen kann, zu ihm reden (vgl. FERENCZI, 1939, S. 521).

82 BALINT geht es um die Beantwortung der Frage, «welche Teile des seelischen Apparates der Psychoanalyse zugänglich sind oder, anders formuliert, in welchen Bereichen der Seele der therapeutische Prozeß stattfindet» (1957/58, S. 321). Er gelangt zu einer Dreiteilung der menschlichen Seele, die hinsichtlich der Objektbeziehungen vorgenommen wird: 1. die Einpersonenbeziehung als Beziehung zu den künstlerischen Objekten (aera of creation), 2. die Ebene der Grundstörung (basic fault), die auf der primären Liebe (primary love) gründet, 3. die Ebene der Dreipersonenbeziehung (aera of the oedipal conflict), bei der Ambivalenzkonflikte gegenüber den Objekten auftreten (1957/58, S. 321 ff; engl. 1958, S. 328 ff).

Mann» (a. a. O., S. 332). Desgleichen kommt es in der Übertragungsbeziehung auf der Ebene der Grundstörung zu keinen Mitteilungen von Ärger, Wut, Verachtung oder Kritik, wie dies selbstverständlich auf der ödipalen Stufe geschieht, sondern zu einem Gefühl der Leere, Verloren- und Verlassenheit, Abgestorbenheit, Sinnlosigkeit und Resignation. Im analytischen Geschehen entspricht der beschriebenen Ebene der Grundstörung die *anaklitisch-diatrophische* Übertragungs-Gegenübertragungsebene,[83] während der Ebene der Dreipersonenbeziehung die *neurotische* Übertragungs-Gegenübertragungsebene zukommt, in der die infantilen Objektbeziehungen übertragen werden (vgl. LOCH, 1965, S. 50). Während die Sprache auf der neurotischen Übertragungs-Gegenübertragungsebene sich nach dem jeweiligen Sprachstil von Patient und Arzt richtet und durch ödipale Konfliktsituationen nicht wesentlich in der Struktur verändert wird, herrscht auf der anaklitisch-diatrophischen Übertragungs-Gegenübertragungsebene die Ausdrucksweise mit außerverbalen und paralinguistischen Kommunikationsmitteln vor, welche wir aber nicht, im Sinne einer genetischen Betrachtung, als Zeichen einer Regression auf die Sprache des Kindes ansehen wollen, entsprechend der Analogisierung zwischen den Aphasien und den Stufen der kindlichen Sprachentwicklung,[84] sondern eher funktional und operational beurteilen,

---

83 Von SPITZ wird das analytische Arrangement mit der Situation des Säuglings verglichen; seiner physischen Hilflosigkeit entspricht in der analytischen Situation die spezifische Übertragungs-Gegenübertragungsbeziehung zwischen Analytiker und Analysand, die durch das psychoanalytische Set-up (Liegen auf der Couch, freies Assoziieren nach der Grundregel) in Gang gebracht wird: «Die Gegenübertragung weist dem Analytiker eine Rolle zu, die derjenigen des Patienten entgegengesetzt ist. Der Patient ist hilflos, die Rolle des Analytikers ist die des Helfers. Daher ist der situationsmäßige Anreiz, der sich auf den Analytiker auswirkt, eben diese Hilflosigkeit des Patienten. (. . .) Wir haben festgestellt, daß der Patient durch die analytische Situation in eine ‹anaclitische› Beziehung (eine Beziehung nach dem Anlehnungstypus) versetzt wird. Entsprechend könnte man einen kennzeichnenden Begriff für die Rolle einführen, die der Analytiker in dieser Situation spielt. ‹Anaclitisch› heißt sich anlehnend; ich schlage für die Haltung des Analytikers die Bezeichnung ‹diatrophisch› vor» (SPITZ, 1956/57, S. 76f).

84 FREUD hat in seiner Aphasiemonographie in Anlehnung an JACKSON die These der funktionellen Rückbildung des hochorganisierten Sprachapparats aufgestellt, welche «früheren Zuständen in dessen funktioneller Entwicklung» entspricht (FREUD, 1891, S. 89). JAKOBSON (1941, S. 76) geht von einer «Hierarchie der sprachlichen Bestandteile aus», wonach «der sprachliche Fortschritt des Kindes sowie der Rückschritt des Aphasischen» nach denselben «Fundierungsgesetzen» (das sind Ergebnisse der vergleichenden Sprachwissenschaft, insbesondere die Lautgeschichte) erfolgt. WEPMAN und JONES (1964, S. 199) betrachten die Aphasie als regressives linguistisches Phänomen und vergleichen fünf Stadien der kindlichen Sprachentwicklung mit fünf Aphasieformen. Dagegen arbeitet ALBRIGHT (1958, S. 180) die Unterschiede der Sprache des Aphasikers von der des Kindes heraus, kontrastiert die Desintegration der Sprachprozesse in der Aphasie mit denen der wachsenden Ord-

nämlich als einen Kommunikationsmodus, der immer dann besonders gut geeignet ist, wenn es darum geht, das unmittelbare Was und Wie der Kommunikationssituation im erlebten gegenseitigen Verstehen (in der Empathie) zu realisieren. So gewinnen die außerverbalen und paralinguistischen Kommunikationsphänomene in der Analyse oft eine koinästhetische Funktion als Ausdruck des Versuchs einer körperlichen und geistigen Annäherung zwischen Analytiker und Analysand.[85] Jedoch sind es keineswegs lediglich die beschriebenen außerverbalen Kommunikationsmittel, die bei den empathischen Prozessen zwischen Analytiker und Analysand Bedeutung gewinnen, denn auch die verbalen Kommunikationsmittel beziehen sich nunmehr weniger auf einen bestimmten wahrnehmbaren oder erlebten Inhalt, den es genau zu bezeichnen und zu beschreiben gilt, sondern vielmehr auf die Kommunikationssituation selbst, d. h. auf die Frage, *wie* eine echte Verständigung erreicht werden kann. Auf diese Weise erhalten sie im Grunde eine metakommunikative Funktion,[86] da sie sich unmittelbar auf die Kommunikationssituation beziehen und innerhalb dieser im empathischen Vollzug eingesetzt werden, um die Sprache selbst auf die Tauglichkeit zu einer Verständigung zu prüfen. Wenn nämlich auf dieser Stufe der sprachlichen Verständigung die *konnota-*

---

nung in der kindlichen Sprachentwicklung und kommt schließlich zu dem Ergebnis, daß die Kindersprache grundsätzlich anders strukturiert sei als die Sprachstörungen bei den Aphasien.

85 BROCHER (1967, S. 635) unterscheidet in Anlehnung an SPITZ die koinästhetische Organisation, nach der Reizaufnahme mit Unlust, die Aufhebung von Spannung mit Lust einhergeht, von einer sich später entwickelnden diakritischen Organisation. Das koinästhetische Reizaufnahmesystem ist mit dem Primärprozeß verbunden, während die diakritische Organisation nach den Gesetzen des Sekundärvorgangs bestimmt ist.

86 WUNDERLICH grenzt die Termini metakommunikativ und extrakommunikativ voneinander ab, wobei er unter einer extrakommunikativen Einstellung diejenige Weise des sprachlichen Verhaltens versteht, bei der man über Kommunikation spricht, ohne selbst in dieser Kommunikation zu stehen (dies ist z. B. gegeben, wenn der Analytiker im Seminar über die Kommunikation mit seinem Patienten berichtet; hierbei verhält er sich jedoch gleichzeitig, wenn auch auf anderer Ebene, kommunikativ). Eine metakommunikative Einstellung liegt hingegen dann vor, wenn man über eine Kommunikation spricht und hermeneutisch reflektiert, während man zugleich in dieser Kommunikation steht (vgl. WUNDERLICH, 1970a, S. 19).

HABERMAS hat den Versuch unternommen, am Sprechakt selbst nachzuweisen, daß «Metakommunikation auf der Ebene der Intersubjektivität eine Bedingung ist, die erfüllt sein muß, wenn Kommunikation über etwas: Dinge, Ereignisse, Personen, Äußerungen bzw. Sachverhalte zustandekommen soll», (1971, S. 191 f): «Sprachliche Kommunikation ist an die Bedingung gleichzeitiger Metakommunikation gebunden: wir können uns mit Sätzen propositionalen Gehaltes über Erfahrungsgegenstände nur verständigen, wenn diese Sätze in Sprechakten auftreten, mit denen wir uns gegenseitig über den pragmatischen Sinn der Rede verständigen» (1971, S. 213).

tiven Bedeutungen[87] gegenüber den Denotationen vorherrschen, dann wird einerseits die Kommunikationssituation selbst zum relevanten Bezugsrahmen (bei den Denotationen kommt dies den bezeichneten Gegenständen zu), andererseits muß diese erst in der empathischen Interaktion hergestellt werden, insofern konnotative Bedeutungen ja nicht konventionell vorgegeben sind, sondern immer wieder situativ neu entstehen.[88]

So können wir also sagen, daß in der Empathie die Voraussetzung zur metakommunikativen Reflexion der psychoanalytischen Interaktion liegt, weil in der Kommunikationssituation zwischen Analytiker und Analysand

1. das Verstehen sich hinsichtlich konnotativer Bedeutungen erweitert,
2. die Kommunikationssituation selbst zum «Realitätsprinzip» der Interaktion erhoben wird und
3. der Übergang von konnotativer zu denotativer Sprechweise und umgekehrt fließend ist und im Kontext der anaklitisch-diatrophischen sowie der neurotischen Übertragungs-Gegenübertragungsebene steht.

Fassen wir zusammen: Das Verstehen der «dynamisch unbewußten Faktoren, die die gerade aktualisierten verbalen Mitteilungen (z. B. eines Traumes) oder Verhaltensformen (etwa einer Schamreaktion) kodeterminieren» (LOCH, 1966, S. 377), wird während der psychoanalytischen Interaktion empathisch vollzogen und kann im Kontext von Übertragung und Gegenübertragung metakommunikative Funktionen erhalten, sobald die Kommunikationssituation selbst zwischen Analytiker und Analysand zum Bezugspunkt der Behandlung geworden ist. Diese metakommunikative Reflexion kommt in der Analyse zumeist dann in Gang, wenn zwischen Analytiker und Analysand eine ‹Sprachverwirrung› eingetreten ist, d. h. zwischen beiden die Mittel zur Verständigung divergieren (z. B. sprachliche vs außersprachliche Ausdrucksmittel; Reden vs Schweigen).

---

87 In der Linguistik wird unter dem Denotat ein «konventionell festgelegter und für alle Kontexte und Situationen gültiger Inhalt einer Lautkette» verstanden (Funkkolleg Sprache, 1971, Studienbegleitbrief 1, S. 80), während das Konnotat konventionelle und individuelle Inhalte verbindet und sich so aus dem Kontext und der Sprechsituation heraus bestimmt.

Für VERÓN (1971, S. 66) beinhalten schon bestimmte konnotative Bedeutungen der Rede eine metakommunikative Funktion, z. B. wenn der Tonfall beim Gruß, der unter Umständen Familiarität ausdrücken kann, auf diese Weise den Charakter der Kommunikation beeinflußt.

88 Dennoch können konnotative Bedeutungen in der Sprechsituation allmählich eine denotative Funktion erlangen, nämlich dann, wenn ihr Inhalt, losgelöst vom Redekontext, verbindlich (‹konventionalisiert›) geworden ist.

2.4. SPRACHE, ENTWICKLUNG, MILIEU

2.4.1. Wygotskis Konzept der inneren Sprache und der Primärprozeß

Bei unseren Erörterungen über die psychoanalytische Konzeption vom Aufbau des Sprachapparats einerseits und des psychischen Apparats andererseits stießen wir auf das Problem der Beziehung zwischen Sprache und Denken. Nachdem wir die psychoanalytischen Vorstellungen über das Verhältnis zwischen Sprache und Denken vollzogen haben, wollen wir uns nun mit der Untersuchung über ‹Denken und Sprechen› des russischen Entwicklungspsychologen L. S. WYGOTSKI beschäftigen.[89]

Für WYGOTSKI sind die experimentellen Untersuchungen und die daraus abgeleiteten theoretischen Vorstellungen über das Denken und die Sprache der «Schlüssel zum Verständnis der Natur des menschlichen Bewußtseins» (1969, S. 358). Er verfolgt das Problem des Denkens und der Sprache als «Kernproblem der ganzen Psychologie des Menschen», welches dazu diene, «unmittelbar zu einer neuen psychologischen Bewußtseinstheorie» zu führen (1969, S. 4). Mit der Beantwortung der Frage nach dem Verhältnis zwischen Gedanke und Wort, der WYGOTSKI das letzte, siebente, Kapitel seines Buches widmet, werden die verschiedenen kognitiven Funktionen (Erfassen und Herstellung von Bedeutungen, Beziehungen und Sinnzusammenhängen), die einzelnen Denkakte (Vergleichen, Abstrahieren und Kombinieren von Bewußtseinsinhalten), die Denkleistungen (Urteilen und Schließen, das Bilden von Begriffen) und der Denkgehalt in sachlicher und bedeutungshafter Hinsicht (Gedanke) einmal in ihrem funktionellen und zum anderen in ihrem entwicklungsgeschichtlichen Zusammenhang mit der Sprache nach phonologischen, semantischen und syntaktischen Gesichtspunkten verglichen. WYGOTSKI geht dabei von der Wortbedeutung aus, die er nicht isoliert, etwa assoziationspsychologisch, zu erhellen sucht, sondern dadurch, daß er einmal den Gedanken, zum anderen das Motiv zu diesem Gedanken mit einbezieht: «Wenn man das, was ein anderer äußert, versteht, beruht dies nicht nur auf den Worten allein, sondern auch auf dem Gedanken des Gesprächspartners. Aber auch das Verstehen der Gedanken wäre, ohne das Denkmotiv zu begreifen, unvollkommen. Bei der Analyse einer Äußerung stoßen wir dann bis zum Kern vor, wenn wir die letzte und verborgenste Ebene des sprachlichen Denkens aufdecken: seine Motivation» (1969, S. 355).

---

89 Die russische Originalausgabe dieses Buches erschien zuerst 1934 in Moskau. Danach konnte es in Rußland erst 22 Jahre später, im Jahre 1956, wieder gedruckt werden. Die erste deutsche Fassung wurde 1964 in Ost-Berlin herausgegeben. Unter dem Titel ‹Thought and Language› erschien das Buch in einer englischen Fassung 1962 in Cambridge, Massachusetts. Nach der begründeten Ansicht von THOMAS LUCKMANN, dem Herausgeber der deutschen Lizenzausgabe von 1969 (nach der wir zitieren), wurde der russische Originaltext in der englischen Fassung nicht wortgetreu übersetzt, sondern gekürzt und stilistisch überarbeitet wiedergegeben.

Während der assoziationspsychologische Ansatz die Beziehung zwischen dem Gedanken und dem Wort als äußere Verbindung zweier Erscheinungen darstellt, faßt WYGOTSKI diese Beziehung als dynamischen Prozeß auf, als einen Weg vom Gedanken zum Wort: «Das sprachliche Denken ist ein kompliziertes dynamisches Ganzes, in dem sich die Beziehungen zwischen dem Gedanken und dem Wort als Bewegung innerhalb einer ganzen Reihe innerer Ebenen, als Übergang von einer Ebene zur anderen zu erkennen geben. (...) Im lebendigen sprachlichen Denken geht diese Bewegung den umgekehrten Weg — vom Motiv zur Gestaltung des Gedankens, zu seiner Vermittlung im inneren Wort, in den Bedeutungen der äußeren Wörter und schließlich in den Wörtern» (1969, S. 356).

Bei dieser Betrachtung steht also dem den Gedanken hervorbringenden Motiv das den Gedanken aussprechende Wort gegenüber. Dazwischen liegt das ‹innere Wort›, das den Gesetzen der ‹inneren Sprache› folgt. WYGOTSKI vergleicht nun die innere und die äußere Sprache und findet in der «egozentrischen» Kindersprache PIAGETS [90] ein Bindeglied zwischen beiden: «Die egozentrische Sprache ist eine in ihrer Funktion innere Sprache für den Sprechenden selbst, die sich nach innen zurückzieht und bereits für die Umgebung zur Hälfte unverständlich geworden ist. Es ist eine Sprache, die bereits tief im Inneren in das Verhalten des Kindes eingewachsen ist, und gleichzeitig eine noch äußere Sprache, die nicht die geringste Tendenz erkennen läßt, zum Flüstern oder zu irgendeiner anderen halb lautlosen Sprache zu werden» (WYGOTSKI, 1969, S. 93). Mit der Unterscheidung von Funktion (Anpassung an einen bestimmten Sprachgebrauch), Struktur (syntaktischer Aufbau) und Genese der Sprache [91] erreicht WYGOTSKI eine klare Trennung von (1) äußerer = sozialer, (2) egozentrischer und (3) innerer Sprache. Er stellt sein Schema der Sprachentwicklung mit den Stufen: soziale Sprache — egozentrische Sprache — innere Sprache, wobei die egozentrische Sprache die Übergangsform von der äußeren zur inneren Sprache darstellen soll, dem Schema von PIAGET gegenüber, der folgende Etappen angibt: außersprachliches autistisches Denken — egozentrische Sprache und egozentrisches Denken — sozialisierte Sprache und logisches Denken (WYGOTSKI, 1969, S. 44; vgl. auch PIAGET, 1923 und 1924).

---

90 Mit «Egozentrismus» bezeichnet PIAGET die kindliche Unfähigkeit, die eigene Position zu dezentrieren, und das egozentrische Denken wäre demzufolge «seiner Struktur nach autistisch» (PIAGET, 1924, zit. nach: 1972, S. 206). Gegen diese Auffassung wendet sich WYGOTSKI, der besonders das Autismus-Konzept von PIAGET kritisiert (vgl. dazu vor allem den Kommentar PIAGETS zu der Kritik WYGOTSKIS (PIAGET, 1962)).

91 So erhält die egozentrische und auch die innere Sprache intellektuelle Funktionen, und in struktureller Hinsicht gleicht sich die egozentrische Sprache in ihrem Aufbau der inneren Sprache an. Ferner hat die egozentrische Sprache beim Kind mit 3 Jahren ihr Maximum und mit 7 Jahren beim Eintritt des Kindes in die Schule ihr Minimum (vgl. WYGOTSKI, 1969, S. 34, 314 und 318).

Für PIAGET erfüllt also die Sprache der frühen Kindheit keine kommunikativen Funktionen. Entsprechend weise auch das kindliche Denken einen egozentrischen Charakter auf und zeige quasi halluzinatorische Züge. Für WYGOTSKI hingegen ist die kindliche Sprache von Anfang an kommunikativ. Sie dient «der Mitteilung, der Einwirkung auf die Menschen der Umgebung, sowohl von seiten der Erwachsenen als auch des Kindes» (WYGOTSKI, 1969, S. 42 f).[92]

Am Beispiel der egozentrischen Sprache, die «eine noch vokalisierte, eine Lautsprache darstellt, d. h. eine ihrer Erscheinungsform nach äußere, ihrer Funktion und ihrer Struktur nach jedoch zugleich innere Sprache» (WYGOTSKI, 1969, S. 315), kann WYGOTSKI gleichsam nach der Art eines Naturexperiments, das ihm durch die egozentrische Kindersprache gegeben war, zugleich die Merkmale der inneren Sprache untersuchen. Zunächst weist er auf die spezielle Syntax hin, deren Besonderheit «in der scheinbaren Zusammenhanglosigkeit, dem fragmentarischen Charakter und der Verkürzung der inneren Sprache im Vergleich zur äußeren» (1969, S. 328) bestehe. Sodann hebt WYGOTSKI das Vorkommen von Kurzschlüssen und Einsparungen sowie «eine Verkürzung des Satzes unter Beibehaltung des Prädikats und der dazugehörigen Wörter auf Kosten der Auslassung des Subjekts und der dazugehörigen Wörter» (1969, S. 329) hervor und unterstreicht damit den «prädikativen Charakter der Syntax der inneren Sprache» (a. a. O.).[93]

Prädikative Züge, verbunden mit einer vereinfachten Syntax, minimaler syntaktischer Gliederung, verdichteter Darstellung des Gedankens, Reduktion der Anzahl der Wörter usf. treten auch in der mündlichen Sprache in bestimmten Situationen in Erscheinung, wohingegen die geschriebene Sprache als besonders komplizierte, monologisch aufgebaute Sprachform klar zwischen Subjekt und Prädikat unterscheidet (vgl. WYGOTSKI, 1969, S. 337 ff). Dort also, wo sich ein Subjekt auf ein anderes bezieht und die Sprache

92 «Demzufolge ist die ursprüngliche Sprache des Kindes eine rein soziale; es wäre falsch, sie sozialisiert zu nennen, da ja mit diesem Wort die Vorstellung von etwas ursprünglich Nicht-Sozialem verbunden ist, das erst im Verlauf seiner Entwicklung sozial sein wird» (WYGOTSKI, 1969, S. 43). Diese Auffassung richtet sich gegen die von PIAGET, der in der Erwiderung auf die Kritik von WYGOTSKI noch darauf beharrt, daß die egozentrische Sprache des Kindes keine unmittelbaren Mitteilungsfunktionen habe (PIAGET, 1962).

93 WYGOTSKI beschreibt treffend die bisweilen merkwürdige Wirkung prädikativer Formulierungen: «Häufig geben derartige prädikative Aussagen Anlaß zu komischen Mißverständnissen und allerlei Quidproquos, weil der Hörer das ausgesagte Prädikat nicht auf das Subjekt bezieht, das der Sprechende meinte, sondern auf das seiner eigenen Gedanken. In diesen beiden Fällen entsteht der rein prädikative Charakter dort, wo das Subjekt der Aussage in den Gedanken des Gesprächspartners enthalten ist. Wenn beider Gedanken übereinstimmen und ein und dasselbe meinen, ist die Verständigung mit Hilfe der Prädikate allein vollkommen. Wenn sich das Prädikat in ihrem Gedanken auf verschiedene Subjekte bezieht, so führt das unweigerlich dazu, daß sie einander nicht verstehen» (1969, S. 330).

zum Dialog benützt wird, kann die prädikative Funktion der Sprache hervortreten, und zwar um so stärker, «je mehr die funktionelle Bedeutung der egozentrischen Sprache im Vordergrund steht» (WYGOTSKI, 1969, S. 341). Im Gegensatz dazu stellt WYGOTSKI fest: «Je stärker die spezifische intellektuelle Funktion der inneren Sprache ausgedrückt ist, um so deutlicher treten auch die Eigenarten ihrer syntaktischen Struktur hervor» (a. a. O.).

Über den syntaktischen Aspekt hinaus beschreibt WYGOTSKI noch drei weitere, semantische Eigenschaften, um die egozentrische und die innere Sprache zu kennzeichnen:

1. Die Dominanz des Wortsinns über die Wortbedeutung, wobei WYGOTSKI im Anschluß an POLAND als Sinn eines Wortes «die Gesamtheit aller psychologischen Fakten, die das Wort in unserem Bewußtsein erzeugt» (WYGOTSKI, 1969, S. 343), definiert.
2. Die Wortverschmelzung, wodurch aus einem ganzen Satz oder mehreren Einzelworten ein einziges Substantiv gebildet wird.
3. Die Verschmelzung der Sinneinheiten, die zum idiomatischen Charakter der Sprache führt, da «der Sinn des Wortes nach anderen Gesetzen vereinigt und verschmolzen wird als die Wortbedeutungen» (WYGOTSKI, 1969, S. 346).

Wir wollen nun die unterscheidenden Merkmale zwischen äußerer, innerer und egozentrischer Sprache schematisch zusammenstellen und dabei auch berücksichtigen, daß PIAGET im Gegensatz zu WYGOTSKI die egozentrische Sprache des Kindes nicht im Hinblick auf ihre Mitteilungsfunktion einschätzt, sondern unter das Primat des Lustprinzips stellt.

	äußere Sprache	innere Sprache	egozentrische Sprache
Syntaktik	voll entwickelte Syntax	unvollständige, verkürzte Syntax	
Semantik	Festlegung und Abgrenzung von Bedeutungen	Verwischung der Grenzen der Wortbedeutungen. Individuelle Symbolschöpfungen	
Pragmatik	dialogisch	monologisch	monologisch (Piaget) dialogisch (Wygotski)

Aus diesem Schema wird deutlich, daß die bisher beschriebenen Merkmale der egozentrischen und der inneren Sprache mit jenen Merkmalen zu vergleichen sind, durch welche die den Gesetzen des sogenannten Primärprozesses gehorchenden Sprachvorgänge charakterisiert werden, nämlich die Merkmale: Verkürzung, Verdichtung, Verschiebung, asyntaktische Verschmelzung, Zusammenhanglosigkeit, Symbolbildung.

Primärprozeßhafte sprachliche Vorgänge zeichnen sich in der Tat vor allem dadurch aus, daß es keine scharf umrissene Bedeutung eines Wortes gibt, hingegen Zweideutigkeit bis hin zu einer metaphorischen Gleichsetzung. So kann z. B. in den Traumgedanken ein Wort «infolge leicht herstellbarer Beziehungen die Rolle eines Knotenpunktes für mehrere Vorstellungskreise» (FREUD, 1905 b, G. W. V, S. 252) bilden. Der seelische Primärprozeß ist demnach durch Bildhaftigkeit charakterisiert. Der erste Schritt ist dabei die halluzinatorische Wunscherfüllung, die nach Abfuhr der Erregung strebt, «um mit der so gesammelten Erregungsgröße eine Wahrnehmungsidentität herzustellen» (FREUD, 1900, S. 607).[94]

Weiterhin spielt bei den Primärvorgängen der prädikative Charakter der Aussage eine besondere Rolle. Wie bei der inneren und egozentrischen Sprache fällt der Hinweis auf das Subjekt weg, da es stillschweigend beim Partner vorausgesetzt, einfach vorgestellt oder vorweggenommen wird. LOCH (1971 a, S. 392) hat darauf hingewiesen, «daß genau dieses Verhältnis für die narzißtische Beziehung zwischen Subjekt und Objekt gelten muß, falls die narzißtische Homöostase gewahrt werden soll». Über die Verbindung zwischen der inneren Sprache und dem Primärprozeß führt LOCH (S. 393) weiter aus: «Wenn aber innige Zusammenhänge zwischen der Struktur der ‹inneren Sprache› und den formalen Eigenschaften des Primärprozesses bestehen, und wenn die Struktur der ‹inneren Sprache› Konsequenz einer ‹narzißtischen Beziehung› zwischen dem Sprechenden und dem angesprochenen Partner ist, i. e. im Grenzfall beide identisch werden läßt (Aufhebung der noch labilen Trennung von Subjekt- ((Selbst-)) und Objektrepräsentanzen), dann beruhen die besonderen Gesetze des Primärprozesses nicht auf energetischen Vorgängen, sondern auf der Art der Subjekt-Objekt-Relation. Damit dürften auch Begriffe wie Desexualisierung und Desaggressivierung der psychischen Energie obsolet werden».[95] Während in der psychoanalytischen Literatur die Betrachtung und Darstellung des psychischen Primärprozesses meist unter topographisch-dynamischen und strukturgenetischen bzw. energetischen Gesichtspunkten erfolgte (vgl. NOY, 1969) und dadurch das Unbewußte vom Bewußten, das Es vom Ich, gebundene von freier psychischer Energie unter-

---

94 «Diese erste psychische Tätigkeit zielt also auf eine Wahrnehmungsidentität, nämlich auf die Wiederholung jener Wahrnehmung, welche mit der Befriedigung des Bedürfnisses verknüpft ist» (FREUD, 1900, G. W. II/III, S. 571).

95 Die kritische Klärung der Rolle der psychischen Energie beim Aufbau des Primärprozesses ist vor allem durch HOLT (1962, 1967) und NOY (1969) erfolgt.

schieden und das Lustprinzip dem Realitätsprinzip gegenübergestellt werden konnte, gewinnen heute, besonders bei stärkerer Berücksichtigung der psychoanalytischen Interaktion als Kommunikationssituation, solche Fragen an Bedeutung, welche die Rolle des Primärprozesses beim Aufbau des Selbst und dessen Repräsentanzen im Ich untersuchen und dabei die Verbindung mit dem Kommunikationszusammenhang schaffen, in dem das Subjekt zwischen äußerer Realität (Milieu, Umwelt) und Beziehungspersonen (Vater, Mutter) steht.[96] Es bleibt wesentlich festzustellen, daß, analog dem bei der egozentrischen und inneren Sprache ‹flexiblen› Subjekt, die Grenzen auf der Ebene des seelischen Primärprozesses zwischen Subjekt und Objekt fließend sind und laufend, eingebettet in einen zwischenmenschlichen Kommunikationsprozeß, verschoben, erweitert, eingeengt, festgelegt und wiederaufgehoben werden können. Steht im psychoanalytischen Geschehen auf der einen Seite für den Patienten das Problem der Identitätsfindung im Vordergrund, so findet sich auf der anderen Seite die Schwierigkeit für den Analytiker, sich empathisch in den Partner einzufühlen, die Besonderheit seiner Sprache zu verstehen und in ihrer Aussagekraft auf Lebensgeschichte und momentanen Übertragungs-Gegenübertragungskontext zu beziehen. Dieses Unterfangen setzt aber neben der Fähigkeit des Analytikers zur Empathie die Möglichkeit voraus, besondere, zum Beispiel gerade die den Primärprozeß kennzeichnenden, von der konventionellen Norm abweichenden sprachlichen Vorgänge als spezielle Kommunikationsphänomene zu erkennen, deren Ursache in der sie bestimmenden Interaktion (Subjekt-Objekt-Relation) liegt und weniger (nach der klassischen Ansicht) in der Ausprägung eines bestimmten Zustandes im Patienten, der quasi ‹objektiv› festzustellen ist (Symptom-Krankheit-Beziehung).

Diese Einschätzung des psychoanalytischen Geschehens als einer durch vorwiegend unbewußte (primärprozeßhafte) Interaktionsprozesse bestimmten Kommunikationssituation zwischen Analytiker und Analysand läßt sich mit einer hermeneutischen bzw. dialektischen Sprachauffassung[97] verbinden, in der Sprechen und Handeln (Interagieren)[98] in der Weise aufeinander

---

96 «The primary process, (. . .), has to develop in the direction of being able to deal effectively with the self and all the experiences which have to be assimilated into it. This function needs a development (. . .) of being able to include in the working through all the elements belonging to the experience, the feelings, ideas, memories, and not to be limited to the signs and symbols which represent the experience» (Noy, 1969, S. 176).

97 Im Gegensatz dazu steht die symbolistische Sprachauffassung, nach der, ausgehend von den Konzepten Cassirers, Sapirs und Whorfs, die Sprache als Symbolsystem objektive Züge aufweist, die gleichsam als Bedingung der Möglichkeit für kommunikatives Verhalten gelten.

98 Zusammenhänge zwischen Sprechen und Handeln, die zu einem Sprachbegriff führen, der Sprechen als soziales und gleichzeitig hinterfragbares Handeln begreift, versucht im Anschluß an G. H. Mead u. Maas darzustellen, der vor kurzem begonnen

bezogen sind, daß Sprechen als ein Handeln verstanden wird, «das sich Rechenschaft über seine Voraussetzungen zu geben vermag» (MAAS, 1972, S. 15). Steht doch die psychoanalytische Interaktion in einem besonderen sprachlichen Handlungszusammenhang, dessen Bedeutung sich einerseits aus dem psychoanalytischen Arrangement[99] selbst (Eröffnung der Dimension des Unbewußten) ergibt und sich andererseits in dem sich schrittweise manifestierenden Übertragungs-Gegenübertragungskontext aktualisiert.

Doch bevor wir die Frage weiterverfolgen, inwiefern im psychoanalytischen Geschehen Sprechen ein Handeln darstellt, das der psychoanalytischen Situation nicht blind unterworfen ist, sondern deren Voraussetzungen thematisieren kann, wollen wir uns in einem Exkurs mit der Relevanz schichtenspezifischen Sprachverhaltens für Psychoanalyse und Psychotherapie beschäftigen, auf die B. BERNSTEIN (1961, 1964) als erster hingewiesen hat.

2.4.2. Exkurs: Die Bedeutung schichtenspezifischen Sprachverhaltens für die Psychoanalyse

BERNSTEIN hat ab 1959 konsequent die Abhängigkeit zwischen kognitiven, affektiven und sozialen Lernprozessen beim Kind und der Ausbildung des linguistischen Kodes, das ist die «Strategie der situations- und rollenspezifischen Anwendung sprachlicher Konstruktionsmittel» (WUNDERLICH, 1970 a, S. 39) untersucht (BERNSTEIN, 1959, 1972). Dabei konstruierte er Zusammenhänge zwischen Sozialstruktur (familiäres Rollensystem, Normsetzungen innerhalb der Gesellschaft) und Sprachverhalten einerseits, zwischen Sprachverhalten und Entwicklung sowie Leistung eines Individuums andererseits:[100]

---

hat, grammatische Kategorien als symbolisch verselbständigte Handlungszusammenhänge zu untersuchen (MAAS, 1972 a u. b).

99 FREUD spricht hier geradezu von Grundpfeilern der psychoanalytischen Technik: «Von den beiden Sätzen, daß mit dem Aufgeben der bewußten Zielvorstellungen die Herrschaft über den Vorstellungsablauf an verborgene Zielvorstellungen übergeht, und daß oberflächliche Assoziationen nur ein Verschiebungsersatz sind für unterdrückte tiefer gehende, macht die Psychoanalyse bei Neurosen den ausgiebigsten Gebrauch; ja, sie erhebt die beiden Sätze zu Grundpfeilern ihrer Technik. Wenn ich einem Patienten auftrage, alles Nachdenken fahren zu lassen und mir zu berichten, was immer ihm dann in den Sinn kommt, so halte ich die Voraussetzung fest, daß er die Zielvorstellungen der Behandlung nicht fahren lassen kann, und halte mich für berechtigt zu folgern, daß das scheinbar Harmloseste und Willkürlichste, das er mir berichtet, im Zusammenhang mit seinem Krankheitszustande steht. Eine andere Zielvorstellung, von der dem Patienten nichts ahnt, ist die meiner Person. Die volle Würdigung sowie der eingehende Nachweis der beiden Aufklärungen gehört demnach in die Darstellung der psychoanalytischen Technik als therapeutische Methode» (1900, G. W. II/III, S. 536 f).

100 Das sprachliche Ausdrucksverhalten eines Menschen kann als Resultat und gleichzeitig auch als Basis für seine Sozialbeziehungen angesehen werden. Die Ver-

«So wie das Kind seine Sprache lernt, (. . .), wie es spezifische Codes lernt, die seine verbalen Akte regulieren, lernt es durch die Erfordernisse seiner Sozialstruktur. Die Erfahrung des Kindes wird transformiert durch den Lernprozeß, der erzeugt wird durch die eigenen, scheinbar freiwilligen Sprechakte. Die Sozialstruktur wird auf diese Weise das Substrat der kindlichen Erfahrung, und zwar wesentlich durch die mannigfache Auswirkung des linguistischen Prozesses. Unter diesem Gesichtspunkt wird, sobald das Kind spricht oder hört, die Sozialstruktur in ihm verstärkt und seine soziale Identität gestaltet. Die Sozialstruktur wird durch die Gestaltung seiner Sprechakte zur psychologischen Realität des Kindes» (BERNSTEIN, 1972, S. 202).

Im Bereich der Sozialstruktur gibt BERNSTEIN 2 Klassen an: die Arbeiterklasse (working class) und die Mittelschicht (middle class).[101] Entsprechend unterscheidet er im Bereich des sprachlichen Verhaltens zwischen einer öffentlichen (public language) und einer formalen (formal language) Sprache, die er ab 1961 durch die Begriffe «restringierter» (restricted code) und «elaborierter» (elaborated code) Kode genauer bestimmt[102] (BERNSTEIN, 1961; vgl. NIEPOLD, 1970, S. 12). OEVERMANN (1968) und WUNDERLICH (1970 a, S. 32 ff) haben die von BERNSTEIN vorgeschlagenen Bestimmungsmerkmale für den restringierten und elaborierten Kode kritisch gesichtet und erweitert.

Wir geben im folgenden die Aufstellung von D. WUNDERLICH wieder, die eine klare Übersicht der Unterschiede zwischen restringiertem und elaboriertem Kode ermöglicht und darüber hinaus deutlich macht, daß die Bestimmung des Kodes bisher uneinheitlich nach linguistischen, soziologischen und psychologischen Gesichtspunkten erfolgt ist.

---

mittlung beider Bereiche geschieht nicht so sehr unmittelbar (wie es in der behavioristisch orientierten Soziologie angenommen wird), etwa nach dem Stimulus-Response-Modell, sondern eher mittelbar über Internalisierungsprozesse von Sozialbeziehungen und den ihnen entsprechenden Rollen, etwa nach dem Trial-Error-Modell (vgl. MACCORMAC, 1971). Für BERNSTEIN finden diese Internalisierungsprozesse in den Auswahl- und Planungsstrategien für den Sprachgebrauch, also in den linguistischen Kodes ihren empirisch nachprüfbaren Ausdruck (vgl. NIEPOLD, 1970).

101 1968 unterteilt BERNSTEIN die Arbeiterklasse (working class) in eine untere (lower working class) und eine aufstrebende (upwardly mobile working class) Arbeiterklasse (BERNSTEIN, 1968; Angaben bei NIEPOLD, 1970, S. 12).

102 Es soll hier nur die grundlegende These BERNSTEINS aufgegriffen werden, nach der ein ursächlicher Zusammenhang zwischen Schichtzugehörigkeit, Sprachverhalten und Sozialstruktur besteht. Auf die Problematik der Klassen- bzw. Schichteneinteilung, Definition des Kode-Begriffs und der bei BERNSTEIN bisweilen zirkulären Verkürzung der Beziehung von Rolle und Sprachgebrauch kann hier nicht eingegangen werden. Wir verweisen auf die Arbeit von W. NIEPOLD (1970, S. 11 ff, S. 27; dort finden sich weitere Literaturangaben) und das Vorwort von W. LOCH und G. PRIESEMANN zu BASIL BERNSTEINS ‹Studien zur sprachlichen Sozialisation› (1972, S. 16 ff).

82

	restringiert	elaboriert
abstrakte Bestimmung des Kodes	es gibt nur wenige eingeschliffene Konstruktionspläne, daher auch nur eine beschränkte Anzahl von Alternativen	es gibt eine große Zahl von alternativen Konstruktionsplänen
abstrakte Bestimmung der linguistischen Eigenschaften des Kodes	die sprachlichen Sequenzen können in ihrem Ablauf von einem beliebig gewählten Punkt aus mit hoher Wahrscheinlichkeit vorausgesagt werden	es besteht nur eine geringe Voraussagewahrscheinlichkeit der sprachlichen Sequenzen
	die Bedeutungen der sprachlichen Ausdrücke sind in hohem Maße kollektiv standardisiert	die Bedeutungen der sprachlichen Ausdrücke sind oft an das individuelle Verständnis eines Sprechers gebunden
soziologische Charakterisierung des Kodes	(die Sozialbeziehungen innerhalb einer Gruppe unterliegen ungefragten gemeinschaftlichen Voraussetzungen), sie werden nach traditionellen Normen kontrolliert, in extremer Form handelt es sich um ritualisierte Interaktionen	die Sozialbeziehungen werden zum großen Teil nach individuellen und frei gewählten Zielen und Werten kontrolliert
	es besteht ein hoher Grad der Übereinstimmung in der Definition der sozialen Situation und damit an Solidarität	es bestehen große Unterschiede in der Einschätzung von sozialen Situationen
	die Interaktionspartner orientieren sich vorwiegend am sozialen Status des Beteiligten	die Interaktionspartner orientieren sich vorwiegend an der Person des Beteiligten
	(der restringierte Kode hat die Funktion a) Redundanzen zu vermeiden, b) die Gruppe in sich zu stabilisieren und ge-	

	gen außen abzuschließen (= Schutzfunktion))	
Situationsbezug des Kodes	die Interaktionen beziehen sich vorwiegend auf konkrete Sachverhalte, die zur Situation gehören	es können auch abstrakte Sachverhalte kommuniziert werden
	die Bedingungen einer Interaktion bleiben zum großen Teil implizit und nicht hinterfragt	die Bedingungen einer Interaktion (wie Rollenerwartungen usw.) werden häufig verbal expliziert und diskutiert
	außergewöhnliche Sachverhalte und Zustände können nur außerverbal kommuniziert werden.	auch bei ungewöhnlichen Sachverhalten überwiegt die verbale Kommunikation
	(der restringierte Kode erlaubt es nicht, komplexe Zusammenhänge situationsunabhängig, d. h. in einer abstrakten Weise, zu verbalisieren)	
Konsequenzen des Kodes für die kognitive Entwicklung und Leistung	beschränkt den Erfahrungshorizont hemmt die Eröffnung von Lernprozessen	eröffnet weiten Erfahrungshorizont und fortschreitende Lernprozesse
	erlaubt keine verbale Explizierung von individuellen Differenzen und Intentionen	erlaubt individuelle Differenzen und den verbalen Ausdruck von Intentionen
	hemmt die Abstraktionsfähigkeit und die Erkennung struktureller Zusammenhänge in der Objektwelt	erlaubt verschiedene Stufen der Abstraktion und eine differenzierte Erkennung der Objektwelt
	erlaubt nur kurzfristige Handlungsplanungen	erlaubt langfristige Handlungsplanungen
	erlaubt nur geringe Rollenflexibilität und Rol-	erlaubt große Flexibilität in der Übernahme sozia-

lendistanz	ler Rollen und die Distanz zur eigenen Rolle
	(der restringierte Kode führt zu einem dysfunktionalen Verhalten; er erlaubt nicht, die interpersonalen Beziehungen und Bedürfnisse, die Aufgaben der Problemlösung, Erkennung von sozialökonomischen Zusammenhängen usw., zu meistern)	

Zuordnung eines sozioökonomischen Status	Arbeiterklasse: nur wenige Bezugsgruppen (Familie, Nachbarschaft, Arbeitsplatz), feste Rollen, Diskussion nur über das Nötigste, Schwerpunkte liegen bei Bestätigung und Solidarität, Konformität	Mittelstand: Vielzahl von Bezugsgruppen, wechselnde Themen, Schwerpunkte liegen bei individueller Leistung, Diskussion und Selbstdarstellung
	es ist ein kleinerer Wortschatz zu vermuten, vorwiegend syntagmatische Assoziationen, weniger Pausen in der Sprechtätigkeit, relativ einfache und unkomplizierte Konstruktionspläne, wiederholte Verwendung derselben Konstruktionspläne oder Vokabeln, häufiger Gebrauch von Sprachhülsen, Redewendungen	größerer Wortschatz ist möglich, paradigmatische Assoziationen, häufige Pausen bei der Auswahl von Konstruktionsalternativen, auch kompliziertere Konstruktionspläne möglich, größere Abwechslung im Wortgebrauch und in der Satzstruktur, geringerer Gebrauch von vorgefertigten Sprachhülsen

(aus: WUNDERLICH, 1970a, S. 32–35)

Für unsere weitere Betrachtung ist wichtig, daß der restringierte Sprachgebrauch sich als in hohem Maße kontextabhängig erweist und daß sich in ihm «ein großer Anteil außerverbaler und paralinguistischer Ausdrucksformen, relativ wenige Ausdrücke, die sich verbal auf Intentionen, Motivationen, Interaktionsverlauf beziehen, viele für mündliche Rede typische Merkmale wie unvollständige Sätze, thematische Voranstellung, starker Gebrauch von Pronomina» (WUNDERLICH, 1970 a, S. 35) finden. Sodann besitzt der restringierte Sprachgebrauch, bedingt durch die redundanten Verbalisierungen, eine hohe lexikalische und syntaktische Voraussagbarkeit. Ferner bezieht er sich mehr auf konkrete wahrnehmbare Sachverhalte als auf Interaktionssituationen und deren Thematisierung. Schließlich zeichnet sich der restringierte Sprachgebrauch dadurch aus, daß er vorwiegend statusorientiert ist[103] und durch den Statusappell (z. B. der Arbeiterklasse) eine wirksame soziale Kontrolle besitzt, die eine eindeutige soziale Identität gewährleistet.

In dem Aufsatz ‹Soziale Schicht, System des Sprachgebrauchs und Psychotherapie› (1964, zit. n. 1970; vgl. NIEPOLD, 1970, S. 34 f) beschreibt BERNSTEIN, ausgehend von der Hypothese, daß der Psychotherapeut eo ipso den elaborierten Kode benutzt, die hemmenden Auswirkungen eines restringierten Sprachgebrauchs auf den Fortgang der psychotherapeutischen Behandlung. BERNSTEIN behauptet zunächst, daß «Mitglieder der unteren Arbeiterschicht nicht über die für eine psychotherapeutische Beziehung notwendige Sensibilität und Kommunikationsform verfügen, und zwar nicht kraft angeborener Intelligenzmängel, sondern auf Grund eines kulturell induzierten Systems der Sprechweise, dessen Bedeutungs- und Signifikanzumfang dem Patienten aus der unteren Arbeiterschicht in der therapeutischen Beziehung keine Orientierung ermöglicht» (1970, S. 84). Weiter legt BERNSTEIN dar, daß denjenigen Patienten, die auf Grund ihrer Sozialstruktur den restringierten Kode benutzen, in der Psychotherapie Schranken gesetzt sind, weil es ihnen nicht gelingt, differenziert über Gefühle und Wünsche zu sprechen, eine nicht eindeutige Rollenbeziehung zu ertragen und sich angemessen mit der Person des Psychotherapeuten zu beschäftigen. Die Unterschiede, die zwischen dem restringierten und dem elaborierten Kode bestehen, macht BERNSTEIN also für das Mißlingen der Kommunikation zwischen Psychotherapeut und Patient verantwortlich, der sich schließlich wegen seiner geringen Verbalisierungsfähigkeit passiv und abhängig verhalte. Bei einer erfolgreichen Therapie wird sich nach BERNSTEIN der Kode des Patienten ändern und dem elaborierten Sprachgebrauch des Therapeuten angleichen.[104] Die Schwierigkeiten einer

<hr>

103 BERNSTEIN (1968) unterscheidet zwischen dem statusorientierten Familientyp (positional family) mit geschlossenem Kommunikationssystem (closed communication system) und dem personorientierten Familientyp (person-oriented family) mit offenem Kommunikationssystem (open communication system), läßt aber einen bestimmten Sprachgebrauch nur bedingt mit dem jeweiligen Familientyp kongruieren (vgl. NIEPOLD, 1970, S. 27 ff, S. 31).

104 «Bei einer psychoanalytischen Behandlung haben die Umstände des Sprachwechsels wahrscheinlich einen Einfluß auf die Dauer. Das wird teilweise von der Notwendigkeit abhängen, daß der eine öffentliche Sprache sprechende Patient eine neue Sprache erlernen muß. In der psychoanalytischen Situation erhöht sich der Druck auf den Patienten sehr, seine Erfahrungen auf individuelle Weise sprachlich zu strukturieren und neu zu formen. Das normale Sprachsystem des Patienten und die kon-

Therapie, in der Patient und Therapeut einen verschiedenen Kode benutzen, faßt BERNSTEIN so zusammen:

«Schließlich wird der Code nicht durch den Intelligenzquotienten, sondern durch die Kultur vermittels der Familienbeziehungen hervorgebracht. Von diesem Gesichtspunkt aus bringt die psychotherapeutische Situation für das auf einen restringierten Code beschränkte Individuum eine Beziehung mit sich, in der die Signale genau entgegengesetzt zu seiner Art, Beziehungen herzustellen, sind. Denn die Statusbeziehungen sind darin mehrdeutig und geben keinen Hinweis für das Verhalten hier und jetzt. Es ist eine personenorientierte Beziehung, welche den Druck auf das Individuum erhöht, seine Erfahrung in einer verbal-individuellen Weise zu strukturieren und neu zu strukturieren. Der Patient erleidet dadurch einen Verlust an sozialer Identität, die gerade durch seinen Code begünstigt wird und wird zu – aus seiner Sicht – unerträglichen Reflektionen über seine persönliche Identität in einer sozialen Beziehung gezwungen. Mangel an Einsicht und die Abhängigkeit des Patienten tendieren dahin, dem Therapeuten eine – aus seiner Sicht – zu aktive und dominante Rolle in der Beziehung aufzudrängen. Die Abwehr des auf einen restringierten Code beschränkten Patienten gegen die durch die Therapiebeziehung geschaffene Spannung besteht hauptsächlich in einer größeren Passivität und Abhängigkeit. (...) Die Therapiebeziehung bringt so für den auf den restringierten Code beschränkten Patienten eine Änderung des Codes (...) mit sich. Wir denken, daß bei einer erfolgreichen Therapie eine Änderung des Codes des Patienten stattfindet» (1964, zit. n. 1970, S. 95 f).

Unsere Kritik an den Ausführungen BERNSTEINS kann sich hier auf wenige Punkte beschränken, da unseres Erachtens die hemmenden Wirkungen des restringierten Sprachgebrauchs auf die Psychotherapie nur dann bestehen, wenn es als Ausgangslage und Ziel des psychotherapeutischen Prozesses angesehen wird, möglichst elaboriert mit der Sprache umzugehen. Dies wäre jedoch ein falsches Verständnis des psychoanalytischen Geschehens, in dem ja die von unbewußten Vorgängen gesteuerten ‹restringierten› sowie außersprachlichen und paralinguistischen Kommunikationsweisen sich vornehmlich aus dem Hic et Nunc der therapeutischen Interaktion in einem bestimmten Übertragungs-Gegenübertragungskontext ableiten. BERNSTEIN unterschätzt einerseits die kommunikativen Funktionen eines restringierten[105] Sprachgebrauchs in einer von empathischen Verstehensprozessen begleiteten

---

ventionellen Beziehungen, die durch das System signalisiert und symbolisiert sind, sind unangemessen und – vom Standpunkt des Psychoanalytikers aus – etwas, durch das sich der Patient hindurcharbeiten muß. (...) Unter normalen Bedingungen wird dieser Prozeß des Sprachwechsels lange Zeit erfordern. Wenn der Patient eine öffentliche Sprache spricht, wird der Prozeß sehr schwierig durchzuführen sein» (BERNSTEIN, 1961, zit. n. 1970, S. 57 f).

105 Auf die Beziehung der paralinguistischen und außerverbalen Ausdrucksmittel zum Primärprozeß und ihren Einfluß auf eine narzißtische Übertragungs-Gegenübertragungsregulierung haben wir an anderer Stelle hingewiesen (S. GOEPPERT, 1973a, S. 49 f).

psychotherapeutischen Beziehung, die z. B. auf der Ebene der Grundstörung in jeder Analyse fundamentale Bedeutung gewinnen können, andererseits stellt für ihn der elaborierte Sprachgebrauch[106] das Ideal der menschlichen Kommunikation dar, in der alle Probleme verbalisiert werden und an dem er auch eine erfolgreiche psychotherapeutische Behandlung mißt. Die psychotherapeutische Behandlung würde dann darauf abzielen, eine kompensatorische Spracherziehung zu leisten, in der sich der restringierte Sprachgebrauch einseitig in Richtung auf Elaboriertheit bewegt (vgl. NIEPOLD, 1970, S. 35; BITTNER, 1969, S. 41) und dadurch implizit die im restringierten Sprachgebrauch[107] vorhandenden Möglichkeiten zur Kommunikation abwertet.

Im Bereich des psychoanalytischen Geschehens stehen ‹restringierte› Äußerungen jedoch oftmals im Zusammenhang mit primärprozeßhaften Redeweisen (Situationsabhängigkeit, Verkürzungen, privatsprachliche Symbolbildungen, Bildhaftigkeit des Ausdrucks).[108] Damit meinen wir, daß der restringierte Sprachgebrauch in der Analyse als funktionelles Symptom auftreten kann und im Kontext der Übertragungs-Gegenübertragungsbeziehung

---

106 Auch OEVERMANN (1968, S. 39) hält die elaborierte Form der verbalen Planung für besser geeignet, bestimmte Konfliktlösungen, wie sie z. B. die ödipale Situation kennzeichnen, zu gewährleisten (vgl. NIEPOLD, 1970, S. 65).

107 Vgl. dazu die Stellungnahme NIEPOLDS (1970, S. 34 f): «Bernsteins Beschreibung der hemmenden Auswirkung des restringierten Sprachgebrauchs in der Psychotherapie deutet an, daß hier die Beschränktheit im Sprachgebrauch als tendenziell psychopathologisch verstanden wird. (...); die elaboriert Sprechenden beschreibt er jedoch gleichsam als diejenigen, die einer psychotherapeutischen Behandlung nicht bedürfen.»

108 Im Gegensatz zum Sekundärvorgang, bei dem eine «Denkidentität» (FREUD, 1900, G. W. II/III, S. 607) hergestellt wird, zielt der Primärvorgang auf das Erreichen einer «Wahrnehmungsidentität» (a. a. O., S. 571). Dieser Unterschied zwischen Sekundärvorgang und Primärvorgang weist ebenfalls eine gewisse Ähnlichkeit mit der Unterscheidung von elaboriertem und restringiertem Kode auf. So läßt sich auch das Konzept der kompensatorischen Spracherziehung in dem Bemühen, den restringierten Kode eines Individuums in einen elaborierten umzuwandeln, mit dem den psychoanalytischen Vorstellungen der Ich-Anpassung folgenden Vorsatz vergleichen, in der Analyse «das Ich zu stärken, es vom Über-Ich unabhängiger zu machen, sein Wahrnehmungsfeld zu erweitern und seine Organisation auszubauen, so daß es sich neue Stücke des Es aneignen kann» (FREUD, 1933, G. W. XV, S. 86). FREUDS lakonische Forderung, «Wo Es war, soll Ich werden» (a. a. O.), schließt zwar die Umformung des Primärvorgangs zum Sekundärvorgang mit ein, aber nicht in dem Sinne, daß gleichzeitig eine Abwertung des durch den Primärvorgang bestimmten Es erfolgt; vielmehr handelt es sich um eine Integration von Mechanismen des Primärprozesses in den Sekundärprozeß (RAPAPORT, 1951, S. 844; vgl. LOCH, 1971 a, S. 387). Auf diese Weise können dann z. B. Merkmale des Primärprozesses (Verschiebung, Verdichtung, Bildhaftigkeit) sekundärprozeßhaft, wie etwa im Witz, verarbeitet werden.

Mit der Frage der Integration von Es und Ich sowie von Primär- und Sekundärprozeß hat sich auch J. LACAN intensiv beschäftigt. Vgl. 2.6.3.

steht. So ist die Sprache z. B. auf der Ebene der Grundstörung restringiert, aber nicht nur die des Patienten, sondern auch die des Analytikers, der sich in den Zustand des Patienten und seine Ebene der Kommunikation einfühlt. Aufgabe des Analytikers ist es also nicht, wie BERNSTEIN annimmt, als elaboriert Sprechender den sich restringiert äußernden Patienten durch die Therapie in seiner Fähigkeit zur Verbalisation differenzierter Gefühle und Wünsche zu unterstützen, auch nicht, den sich im restringierten Kode darstellenden Patienten etwa zu tolerieren, sondern sich vielmehr so auf ihn einzustellen, daß er den Patienten zwar hinsichtlich seiner Herkunft, seines Status und seiner Position[109] in Verbindung mit seiner neurotischen Erkrankung sieht und versteht, vor allem aber in der Lage ist, innerhalb der analytischen Situation selbst sich mit dem Patienten auf der Ebene desjenigen Sprachgebrauchs zu bewegen, auf der Patient und Analytiker eine *Kommunikation* zustande bringen.[110]

Wir wollen versuchen, in einem Schema diejenigen Entsprechungen auf-

Ebene der Interaktion	Psychischer Prozeß	Sprachgebrauch

Ebene der Zweipersonenbeziehung (Konflikte aus der Dualunion⟶Grundstörung) — Primärprozeß — restringierter Kode

Primärprozeß

Sekundärprozeß

Ebene der Dreipersonenbeziehung (Konflikte der ödipalen Situation) — Sekundärprozeß — elaborierter Kode

(die unterbrochenen Linien sollen andeuten, daß die zwei Kodes auf beiden Interaktionsebenen funktionieren)

---

109 Selbstverständlich muß ein Analytiker, um sich adäquat in seinen Patienten einfühlen zu können, dessen Probleme und Schwierigkeiten, soweit sie durch die äußeren Umstände und die gesellschaftlichen Bedingtheiten vorgegeben sind, nicht nur kennen, sondern sie entweder selbst erfahren oder sonstwie sich persönlich mit ihnen auseinandergesetzt haben.

110 Hier kann es vorkommen, daß sich (in Umkehrung der These BERNSTEINS,

zuzeigen, die wir aus dem Verlauf des psychoanalytischen Geschehens im Vergleich mit der Unterscheidung zwischen restringiertem und elaboriertem Kode für relevant halten.

Wir fassen zusammen: Der restringierte Sprachgebrauch kann in der psychoanalytischen Situation mit Elementen aus dem Primärprozeß in Verbindung gebracht werden und als Kommunikationsform auf der Ebene der Zweipersonenbeziehung (Ebene der Grundstörung) angesehen werden, bei der vor allem außersprachliche und paralinguistische sowie kontext- und situationsabhängige Merkmale typisch sind. Der elaborierte Sprachgebrauch läßt sich dem Sekundärprozeß zuordnen, bei dem abstraktes Denken und differenzierte Verbalisation vorherrschen. Diesen Sprachgebrauch sehen wir als die bei der Dreipersonenbeziehung (ödipale Situation) typische Kommunikationsform an. Entscheidend ist der Umstand, daß im analytischen Prozeß beide Ebenen durchlaufen werden und also, hypothetisch formuliert, sowohl vom Analytiker als auch vom Analysanden ‹restringiert› *und* ‹elaboriert› gesprochen wird.

Hier schließt sich die Frage an nach der Möglichkeit zur Reflexion der psychoanalytischen Interaktion (Ebene der Zweipersonenbeziehung, Ebene der ödipalen Situation) und der Kommunikationssituation zwischen Analytiker und Analysand, eine Frage, die wir im nächsten Kapitel aufgreifen wollen im Zusammenhang mit dem Problem der Meta-Kommunikation im psychoanalytischen Prozeß (vgl. 3.).

2.5. Sprechen und Handeln

Als «Grundannahmen neuerer Sprachdiskussion», die, nach Meinung von Lorenzer, außer von ihm selbst, vornehmlich von Lacan und Habermas geteilt werden, nennt Lorenzer (1973, S. 119)
1. «Aussagen über die Sprachstruktur sind auch Aussagen über die Struktur des Handelns»;
2. «menschliches Handeln ist symbolisch vermittelt, d. h. es folgt den Regeln, die auch die Sprachstruktur bestimmen.»

Die unterschiedliche Bestimmung von «Sprachstruktur» und «Struktur des Handelns» sowie von deren Zusammenhang ermöglicht in der Psychoanalyse verschiedene sprachanalytische Positionen, die wir hier umreißen wollen.

---

wonach ein Individuum, welches den elaborierten Kode benutzt, sehr wohl restringiert sprechen kann, aber ein restringiert Sprechender nicht ohne weiteres den elaborierten Kode beherrscht) die Schwierigkeit, in der Analyse restringiert zu kommunizieren, vor allem deswegen zeigt, weil mit dieser Form des Sprachgebrauchs gleichzeitig eine konkrete Form der Beziehung angesprochen ist, die in der analytischen Situation die intime Zweipersonenbeziehung darstellt.

90

Zunächst einmal ist festzuhalten, daß, entgegen der Auffassung von LORENZER, LACAN, an dem obengenannten Maßstab gemessen, nicht zur ‹neueren Sprachdiskussion› zu zählen ist. Denn bei LACAN stehen, wie wir sehen werden (vgl. 2.6.), Aussagen über Sprache nicht im Zusammenhang mit einem Handlungskonzept, es besteht keine (wie auch immer geartete) Gleichsetzung oder Gegenüberstellung von Sprache und Handeln, und es ist für ihn nicht das *Handeln*, das symbolisch vermittelt ist, sondern das menschliche *Subjekt* und seine Struktur. Entsprechend wird auch die psychoanalytische Therapie nicht als eine Interaktion angesehen, sondern als ein Gespräch (interlocution), in dem der Analytiker aus der Rede (discours) des Patienten die Unstimmigkeiten heraushört und, mit Hilfe der durch die psychoanalytische Technik bestimmten Redeweise des Analytikers, im Laufe der Analyse das Ziel erreicht wird, daß die Geschichte des Subjekts (l'histoire du sujet), deren wichtige Teile verdrängt worden waren, in seiner Wahrheit wiederhergestellt werden kann.[111] Die sprachlichen Äußerungen (parole, discours) des Patienten eignen sich zu solcher Wahrheitsfindung, weil auch das Unbewußte, also auch das der Verdrängung Anheimgefallene, die formale Struktur von Sprache (langage) besitzt, und daher in der konkreten Äußerung des Patienten nicht nur sein Bewußtsein, sondern auch sein Unbewußtes «spricht». Wir sehen die Leistung LACANS zunächst darin, daß er versucht hat, die Praxis der Psychoanalyse, nämlich das Gespräch von Therapeut und Patient, in einer entsprechenden Theorie zu verankern (vgl. 2.6.6.).

Auf der Seite der Theorie vollzieht sich dabei eine Auflösung des Subjektbegriffs, an dessen Stelle LACAN eine vierteilige Struktur setzt, die durch zwei

---

111 «C'est bien cette assomption par le sujet de son histoire, en tant qu'elle est constituée par la parole adressée à l'autre, qui fait le fond de la nouvelle méthode à quoi Freud donne le nom de psychanalyse . . .» (LACAN, 1956, in: 1966, S. 257). Es geht LACAN gerade um die *Wiederherstellung* der Geschichte des Subjekts in ihrer Kontinuität. — Hier ist LORENZER das Opfer einer allzu oberflächlichen Übersetzung geworden, die «assomption par le sujet de son histoire» als «Aufhebung seiner Geschichte durch das Subjekt» ins Deutsche überträgt (LORENZER, 1973, S. 121). Eine ‹Aufhebung› im HEGELschen Sinne ist mit dieser Übersetzung wohl kaum gemeint, denn LORENZER fährt nach dem Zitat fort: «Lebensgeschichte wird hier zum Gegenstand einer kritischen Auflösung» (1973, S. 121). Nun ist zwar ‹assomption› im heutigen Französisch nur noch der Name des Festes Mariä Himmelfahrt. Doch handelt es sich hier sicher nicht um die ‹Himmelfahrt› der Geschichte des Subjekts, die einer ‹Aufhebung› gleichkäme, sondern das Wort ist in seiner etymologischen Bedeutung gebraucht (LACAN muß streckenweise in der Tat wie HEIDEGGER gelesen werden, was ja gerade die Schwierigkeit seiner Lektüre und insbesondere seiner Übersetzung ausmacht): assomption < ad-sumere, ‹aufnehmen›, ‹annehmen›, ‹sich zu eigen machen›. LACAN meint also, daß der Kern der neuen Methode, der FREUD den Namen Psychoanalyse gab, dies sei, daß das Subjekt seine tatsächliche Geschichte, die sich im psychoanalytischen Gespräch herausbildet (die Geschichte des Subjekts entsteht durch und besteht aus den an den Anderen gerichteten Worten), sich zu eigen macht und in ihrer Wahrheit annimmt (statt sich Illusionen über sie hinzugeben).

91

Arten von Beziehungen, nämlich die präödipale und die ödipale, bestimmt ist.[112] In der «Aushöhlung des Subjekts», der «Preisgabe der Subjektivität» (LORENZER, 1973, S. 122), sieht nun LORENZER den Mangel der strukturalistischen Theorie LACANS und den Ansatzpunkt seiner Kritik. Diese Kritik lautet: «Nur im Subjektbegriff läßt sich die Dialektik von Individuum und Gesellschaft konkret denken» (1973, S. 133). «Mit der Vernichtung des Subjekts wird der Zusammenhang zur alltäglichen Tätigkeit, zur hier und heute eingespielten Wirklichkeit abgeschnitten. Der Einzelne wird aus dem aktuellen gesamtgesellschaftlichen Wirkungszusammenhang herausgelöst» (1973, S. 135). Damit werde «die Möglichkeit aufgegeben, den Gegenstand der Psychoanalyse als geschichtlich-sozialen zu deuten» (1973, S. 133).

Unserer Meinung nach verfehlt diese Kritik ihren Gegenstand, insofern sie sich auf eine andere Ebene bezieht; die Ebene, auf der man von handelnden Subjekten im gesellschaftlichen Zusammenhang sprechen kann, muß jedoch unterschieden werden von der Ebene, auf der LACAN eine doppelte Bedingtheit, also Nicht-Einheitlichkeit des Subjekts konstatiert. Selbstverständlich kann ein handelndes Subjekt nur als einheitlich gedacht werden; der Begriff der Handlung setzt ja voraus, daß das Subjekt Verantwortung trägt und seine Handlungen rechtfertigen kann (daß dies nur durch die Sprache möglich ist, ist eben der Punkt, den eine Handlungstheorie klären und erklären müßte); als Handelnder kann sich das Subjekt eben nicht darauf berufen, daß es sich nur seinen sozialen Bedingtheiten und der Situation entsprechend ‹verhalte›. Nun will aber LACAN gar keine Handlungs- bzw. Interaktionstheorie geben; seine Theorie des Subjekts besagt lediglich, daß die Entwicklung des Embryos zum erwachsenen Menschen, ganz gleich, ob ‹normal›, ‹neurotisch› oder ‹psychotisch›, durch zwei Phasen bestimmt ist, nämlich durch die präödipale Phase (stade du miroir) und die ödipale Phase. Dies ist eine strukturelle Bestimmung, deren Gültigkeit zunächst unabhängig ist von bestimmten sozialen und geschichtlichen Gegebenheiten. Diese kommen erst dann ins Spiel, wenn nach den konkreten Bedingungen gefragt wird, unter denen ein bestimmtes Individuum sich so und so entwickelt hat, wenn also jene strukturellen Beziehungen des Imaginären (präödipal) und des Symbolischen (ödipal) inhaltlich bestimmt, d. h. mit konkreten Interaktionsformen gefüllt werden müssen, etwa durch vorverbale Interaktionsformen zwischen Mutter und Kind und durch bestimmte verbale Interaktionsformen — wie in der Familie, wenn z. B. in Form von Bitten Befehle gegeben werden.

Es geht also einerseits um den strukturellen Rahmen der Sozialisation überhaupt und um die konkrete Bestimmung ihrer Formen und Inhalte unter bestimmten historisch-gesellschaftlichen Bedingungen andererseits. Die Berücksichtigung dieses zweiten Punktes ist bei LACAN (wie überhaupt im Struk-

---

112 Diese Beziehungen sind aber nicht als Interaktionen aufzufassen, sondern als Relationen im strukturalistischen Sinne, wie das L-Schema zeigt (vgl. 2.6.3. und 2.6.4.).

turalismus) nicht zu finden. Das heißt jedoch nicht, daß die Erfassung des Zusammenhangs zwischen dem einzelnen und der aktuellen gesellschaftlichen Wirklichkeit prinzipiell unmöglich gemacht ist, er ist vielmehr noch gar nicht ins Blickfeld getreten.

Nun kann man allerdings fragen, warum er nicht ins Blickfeld getreten ist. Der Grund dafür liegt (außer in dem spezifischen Erkenntnisinteresse des Strukturalismus, auf das hier nicht näher eingegangen werden soll) in der ‹idealistischen› Hermeneutik LACANS, der LORENZER (1973, S. 127) seine eigene ‹materialistische› Hermeneutik gegenüberstellt. LORENZER (1973, S. 125) stellt zu Recht fest: «Bei Lacan dient der psychoanalytische Prozeß *nicht* [wie bei LORENZER selbst – Vf.] der Rekonstruktion des Originalvorfalls, d. h. der geschichtlichen *Szenerie*, in der eine bestimmte Interaktionsform realisiert war, sondern er zielt auf die Ermittlung von Sprachfiguren als Ausdruck einer ‹verborgenen Wahrheit›». Aber für LACAN ist Wahrheit gerade nicht, wie für LORENZER, abhängig von gesellschaftlicher Praxis, sondern Wahrheit ist für ihn eine Fiktion, etwas, dem man sich lediglich asymptotisch nähern kann, und zwar, und dies ist wohl das Entscheidende, ausschließlich durch den Austausch von Rede.[113] Wahrheit ist somit gebunden an die Intersubjektivität des Dialogs: «Moi, la vérité, je parle...» (LACAN, 1966, in: 1966, S. 866).

Nachdem nunmehr klargeworden ist, daß LACANS Beitrag *nicht* in einer Verknüpfung von Sprache und Handeln liegt, wollen wir uns der zu Anfang gestellten Frage zuwenden, wie es in der neueren Sprachdiskussion, trotz der Einigung über die Notwendigkeit einer Verknüpfung von Sprache und Handeln, dadurch zu verschiedenen Positionen kommen kann, daß ‹Sprachstruktur› und ‹Handlungsstruktur› verschieden bestimmt werden.

Wir beginnen mit der Erörterung des sprachanalytischen Vorgehens in der psychotherapeutischen Situation selbst und stellen sie mit den Worten LORENZERS dar, dessen Auffassung sich zunächst mit der von HABERMAS deckt; wir werden den Punkt benennen, an dem ihre Sprachauffassungen voneinander abweichen. «Psychoanalyse ist ein Verfahren, das sich seinem Gegenstand im Medium der (Sprachlichkeit ausmachenden) Kommunikationssymbole nähert» (LORENZER, 1973, S. 92). «Ganz offensichtlich ist die Basis, von der die Verständigungsarbeit des Analytikers ausgeht, die Allgemeinsprache, die Analytiker und Patient teilen» (a. a. O., S. 95). Wir wollen hier die begriffliche und inhaltliche Problematik dieser Allgemeinsprache, auf die wir schon hingewiesen haben (vgl. 2.1.), beiseite lassen und das sprachanalytische Vorgehen LORENZERS weiter verfolgen. Auf dem Hintergrund der Allgemeinsprache wende sich nun die Aufmerksamkeit des Analytikers den «ungewöhnlichen Äußerungen», den «abweichenden Bedeutungen, die auffallen und Aufklä-

---

113 LACAN steht hier offensichtlich in der Tradition sokratisch-platonischer Dialektik, nach der Wahrheit (ἀλήθεια) nur durch die Kunst des Dialogs (διαλεκτικὴ τέχνη) gefunden werden kann.

rung fordern», zu, mit dem Ziel der «Erkundung des je privaten Bedeutungsgefüges» (a. a. O., S. 94 f), das ist einer durch Verdrängungsprozesse «desymbolisierten» Sprache. Von daher erscheint die Psychoanalyse zunächst als eine «Untersuchung der Bedeutung von Sprachsymbolen» in dem Bestreben, «privatistische Sprachfiguren in die Kommunikation hereinzuholen, und zwar so, daß die verlorengegangene Übereinstimmung wiederhergestellt wird» (a. a. O., S. 96). Wir wollen hier festhalten, daß das, was LORENZER in den Äußerungen des Patienten für aufschlußreich hält, in Übereinstimmung mit der psychoanalytischen Tradition, insbesondere auch mit LACAN, auffallende und ungewöhnliche Wendungen sind: nämlich «Sprachsymbole», deren «Bedeutung» offenbar nicht der «Allgemeinsprache» entspricht. Wenn wir uns die (bei LORENZER allerdings spärlichen) Beispiele ansehen,[114] so handelt es sich dabei etwa um Formative, deren semantische Merkmalkombination offenbar nicht der üblichen entspricht (bzw. um ein Transfermerkmal erweitert ist), z. B. «dirty old puberty», «you are a denominator». Hierbei bleibt, nach Meinung von LORENZER und auch von HABERMAS, «der grammatische Zusammenhang der öffentlichen Sprache intakt, aber Teile des semantischen Gehaltes werden privatisiert» (HABERMAS, 1968, S. 313).

Um die private Bedeutung dieser auffälligen Sprachsymbole zu finden, bedarf es eines doppelten Bestimmungsfeldes: «die Ermittlung ihrer Bedeutungen ist als Interpretation unter den Bedingungen zweier hermeneutischer Zirkel zu beschreiben: Sprachsymbole – Allgemeinsprache und Sprachsymbole – Privatsprache des Patienten» (LORENZER, 1973, S. 94). Durch diese Interpretation erweist sich die Bedeutung des privatsprachlichen Symbols als eine Interaktionsfigur; «privatistische Sprache ist Ausdruck privatisiert-isolierter Interaktionsformen» (a. a. O., S. 101).

Bevor wir uns die hier ins Spiel kommende Auffassung LORENZERS von der Interaktion und dem Zusammenhang von Sprache und Handeln näher ansehen, sollen die bisher erläuterten sprachanalytischen Schritte an einem Beispiel verdeutlicht werden, das LORENZER selbst gegeben hat. Es handelt sich um die Exemplifizierung seines sprachanalytischen Verfahrens an der FREUDschen Analyse der Pferdephobie des kleinen Hans (vgl. FREUD, 1909, G. W. VII, S. 243–377).

«Um den Weg der psychoanalytischen Therapie abrißhaft darzustellen: sie zielt darauf ab, die sprachliche Privatisierung aufzulösen, die Privatsprache zu korrigieren und mit den kommunizierten öffentlichen Bedeutungen in Übereinstimmung zu bringen. Der Analytiker versucht das mit Hilfe der Übertragung in fünf Operationsschritten (die nicht obligatorisch sind, aber regelhaften Vorgängen entsprechen):

1. Operation: Der Analytiker erkennt (um beim Beispiel Pferd – Vater zu bleiben), daß die Bedeutung Pferd nicht stimmt, er schließt das aus dem Verhalten.

---

114 LORENZER nennt in diesem Zusammenhang Beispiele von CH. BALKÁNYI (vgl. BALKÁNYI, 1968, S. 713).

94

2. Operationsschritt: Der Analytiker nimmt die Gelegenheit wahr, daß der Patient die Angst vor dem Pferd auf ihn überträgt. Er erkennt also

Analytiker = Pferd

aufgrund folgender Gleichungen:

a) Szene mit dem Analytiker = Szene mit dem Pferd in der Angstsituation
b) Ich des Patienten vor dem Analytiker = Ich vor dem Pferd.

3. Operationsschritt: Der Analytiker vermag die Lage weiter zu komplizieren, indem sich ihm bei Gelegenheit die Situation ergänzt um die weitere szenische Konstellation

Analytiker = Vater

Die Gleichung lautet nun abgekürzt so:

Analytiker = Vater
Analytiker = Pferd

Es ergibt sich also die Vermutung:

Pferd = Vater

Der 4. Operationsschritt soll dann die verlorengegangene Situation mit dem durch die Verdrängung verstümmelten ganzen Bedeutungsrahmen rekonstruieren. Die Vermutung Pferd = Vater wird dadurch eingelöst, daß die Deutung die Szene herausholt. Es wird sich dann ergeben:

Szene mit dem Pferd = Szene mit dem Vater

Damit ist klar:

Pferd = Vater

Der 5. Operationsschritt fällt dem Analytiker und dem Patienten als Schluß zu, sobald das Ich des Patienten den vollen, ungeschmälerten Zugang zur Bedeutung der Symbole ‹Vater› und ‹Pferd› gewonnen hat. Nun vermag das Ich die fehlgelaufene Symbolbildung voranzutreiben und entsprechend dem allgemeinen Sprachverhalten einzuholen. Es resultiert (bei idealtypischer Vollendung):

Pferd = Pferd
Vater = Vater
Analytiker = Analytiker

Die Sprachverschiebung ist zurechtgerückt. Die Privatsprache ist aufgelöst, die Sprache des Patienten ist mit der allgemeinen Sprache zur Deckung gebracht» (LORENZER, 1970 b, S. 100 ff).

Das ‹privatsprachliche Wortsymbol› entpuppt sich hermeneutisch als eine ‹Interaktionsfigur›. In der Beantwortung der Frage, wie sich Sprache und Interaktionsformen in Beziehung setzen lassen, weichen nun LORENZER und HABERMAS voneinander ab.

Bei HABERMAS (1971 b) verbindet in der psychoanalytischen Situation die sprachlich vermittelte Interaktion «Rede und Handeln in der Weise, daß auch die Rede den Charakter von Handlungen (Sprechakten) und von Handlungssteuerungen (Informationen) annimmt» (a. a. O., S. 213). Dabei faßt er die psychoanalytische Gesprächssituation zwischen Analytiker und Analysand als therapeutischen Diskurs auf, «der der Herstellung der Bedingungen des Diskurses durch eine methodische Förderung der Selbstreflexion[115] dient»

---

115 Unter einem Diskurs versteht HABERMAS (1971 b, S. 199) die Form der umgangssprachlichen Kommunikation, die nicht an «Zwänge der Interaktion» (z. B.

(1971 a, S. 121). Während also für HABERMAS im Mittelpunkt des psychoanalytischen Prozesses das Subjekt und seine Selbstreflexion stehen, werden nun für LORENZER die Interaktionsformen zum eigentlichen Gegenstand der Psychoanalyse.

Daß und in welcher Weise Sprache und Interaktionsformen verknüpft sind, erklärt LORENZER (1973) am Sozialisationsprozeß. Im Vordergrund stehen dabei die «konkreten Interaktionen, die bei *diesem* Kind, in *diesem* Moment der Lebensgeschichte und zu *diesem* geschichtlichen Zeitpunkt stattfanden», und als deren «Niederschlag» LORENZER die Subjektivität auffaßt (a. a. O., S. 104). Welche Rolle spielt jedoch dabei die Sprache? Die Sprache tritt hinzu als «Prädikation von *eingeübten Interaktionsformen*»: «Die Mutter spricht das Wort ‹Mama›, d. h. sie führt den Prädikator ‹Mama› ein. Das begleitende gestische Moment hat den Charakter eines Hinweises, eines ‹Zeigens auf›. Worauf die Mutter zeigt (dies ist die wesentliche These in unserem Zusammenhang), ist nun nicht ein bereits abgegrenzter Gegenstand, ist weder die Mutter selbst noch das Kind, noch sonst irgend etwas – denn eben solche Abgrenzung und Erfahrung würde jenes Bewußtsein voraussetzen, das erst die Frucht der Einführung von Sprache sein kann. Worauf die Mutter allein hinweisen kann, ist die *aktuelle Szene*, d. h. die in einer bestimmten eingeübten Form gegebene Interaktion. Die Mutter *benennt also eine Interaktionsform*, und das Kind spricht den ‹Namen› dieser Interaktionsform nach, verbindet sie mit einem *Prädikator*» (LORENZER, 1973, S. 106 f). Die «Identität von Sprachstrukturen und Handlungsstrukturen wird in der Sozialisation jedesmal erneut *hergestellt* dadurch, daß die Sprachsymbole als Prädikatoren für Interaktion *eingeführt* werden» (a. a. O., S. 107).

Hier liegt unseres Erachtens ein sprachtheoretisches Problem: Zwar wird Sprache in konkreten Interaktionen erlernt, aber die einzelnen Sprachzeichen sind keine ‹Benennungen› von Interaktionen. Die Sprache bindet zwar symbolisch Handlungszusammenhänge, etwa in ihren grammatischen Kategorien einerseits und in ihren auf die Sprechsituation bezogenen und diese erst herstellenden Ausdrücken andererseits; die Sprache ist aber *auch* symbolische Setzung und Abgrenzung von Dingen, Sachverhalten usw., und zwar vornehmlich, so können wir vereinfacht sagen, in ihrem Wortschatz, ihrem ‹Lexikon›. Sprache hat also prinzipiell zwei Dimensionen, eine Subjekt-Objekt-Dimension und eine Subjekt-Subjekt-Dimension. Nachdem in der wissenschaftlichen Beschäftigung mit der Sprache (z. B. Sprachwissenschaft, Sprachpsychologie, aber auch Sprachphilosophie) allzu lange die objektive Referenz, die Darstellungsfunktion der Sprache, absolut gesetzt worden ist, wird nun hier offenbar der Versuch gemacht, Sprache auf Interaktion zu reduzieren. Dabei wird die Gleichsetzung von Sprache und Formen der Interaktion

---

im Rollenverhalten) gebunden ist. Die methodische Förderung der Selbstreflexion geschieht durch die nach metapsychologischen Gesichtspunkten ausgerichtete psychoanalytische Therapie.

96

gerade dort vorgenommen, wo dies unseres Erachtens nicht möglich ist, nämlich an einzelnen sprachlichen Ausdrücken und deren ‹Bedeutung›, die ‹Benennungen› von Interaktionen sein sollen. Die Beziehung von Sprache und Interaktion ist vielmehr dort zu suchen, wo die Sprechakt- bzw. Sprechhandlungstheorie (sowie verschiedene Aktantentheorien) sie zu untersuchen begonnen haben.[116] Wir halten es für wahrscheinlich, daß hier, wo sich Sprache als Herstellung und symbolische Bindung von Interaktionen manifestiert, die «praktische Dialektik der Sozialisation» in der Tat ihren entscheidenden Einfluß ausübt (vgl. LORENZER, 1973, S. 109). Dies geschieht aber nicht, wie LORENZER meint, in der Weise, daß ein «Interaktionskomplex (...) an einem als ‹Konfliktsituation› auszumachenden Punkt der Lebensgeschichte seinen Prädikator verlor, d.h. desymbolisiert wurde» (a. a. O.); vielmehr ist die Art und Weise, wie ein Subjekt in konkreten Interaktionssituationen sprachlich handelt, in hohem Maße abhängig von der konkreten verbalen und nicht-verbalen Interaktion, mit der es als Kind (nicht nur einmal, sondern immer wieder) konfrontiert worden ist. Allerdings ist dies vorerst nicht viel mehr als eine, unseres Erachtens allerdings sehr fruchtbare, Forschungshypothese, in deren Zusammenhang auch unsere eigenen Sprachuntersuchungen zu sehen sind.[117]

Wenn nun die auffälligen Wortsymbole in der Rede des Patienten nicht als Benennungen von Interaktionen aufgefaßt werden können, so behält doch das in der analytischen Therapie geübte Verfahren, an bestimmten Besonderheiten in der Rede des Patienten anzusetzen, seine Berechtigung. Die Wirksamkeit dieses in der analytischen Praxis schon immer geübten ‹sprachanalytischen› Vorgehens liegt in der Tatsache begründet, daß jedes sprachliche Zeichen durch die verschiedensten, etwa lautlichen, formalen und inhaltlichen Merkmale (vgl. 2.6.2.) mit anderen sprachlichen Zeichen assoziativ verknüpft werden kann und auf diese Weise einen Sinn evoziert, den es in seinem umgangssprachlichen Gebrauch normalerweise nicht hat. So kann etwa, um

---

116 Vgl. hierzu die Ausführungen in 3.4.2.

117 Bisher ist dieser Ansatz vor allem in Verbindung mit der double-bind-Kommunikation untersucht worden (2.2.2.); vgl. dazu die exemplarische Analyse von EHLICH und MARTENS (1972). – Bei der psychoanalytischen Behandlung von schizophren erkrankten Patienten spielt der Handlungsaspekt der Sprache eine herausragende Rolle. LOCH (1965/66 b, S. 183) beschreibt diesen Sachverhalt so: «Indem die Triebe gleichsam im Rohzustand, in statu nascendi den Arzt neu besetzen, ihn zum Projektionsschirm wählen, ist dieser in einer ganz anderen Weise als bei Neurotikern einem Phänomen ausgesetzt, das in der Neurosenbehandlung als Agieren bezeichnet wird, hier aber eher den Charakter eines *Versuchshandelns* hat» [Hervorhebung v. Verf.]. Die durch Mechanismen wie die der projektiven Identifikation und Re-Introjektion ausgelösten double-bind-Situationen stehen in Verbindung mit averbalen, vom Analytiker empathisch wahrgenommenen Interaktionen und können schrittweise aus der Gegenübertragung im versuchsweise eingesetzten kommunikativen Handeln beseitigt werden.

97

das obengenannte Beispiel aufzugreifen, ein Patient das Wort ‹Nenner› («you are a denominator») in Verbindung bringen mit dem Wort ‹Kuh›, weil Kuh und Nenner gemeinsam haben, daß sie ‹unten› sind, gegenüber Zähler und Stier, die ‹oben› sind. Die umgangssprachliche Bedeutung des Wortes ‹Nenner› ist aber dabei gerade nicht ‹desymbolisiert› (wie LORENZER annimmt), sondern sie ist geradezu die Voraussetzung für die privatsprachliche Symbolbildung des Patienten. Wir brauchen auf dieses Phänomen und seine Wirkungsweise hier nicht näher einzugehen, da es unserer Meinung nach von LACAN in bisher konsequentester Weise beschrieben und in seiner Relevanz für die Psychoanalyse bestimmt worden ist (vgl. 2.6.2. und 2.6.5.).

Dieses klassische psychoanalytische Vorgehen baut auf der Setzung von Bedeutungen durch die Sprache auf, auf ihrer Subjekt-Objekt-Dimension, die zu FREUDS Zeiten im Vordergrund stand und an die sich die psychoanalytische Symbollehre geknüpft hat. Indem LORENZER die inzwischen neu ‹entdeckte› Subjekt-Subjekt-Dimension der Sprache, ihren Handlungscharakter, in jener (von ihm zu diesem Zwecke veränderten) psychoanalytischen Symbollehre[118] verankern will, füllt er neuen Wein in alte Schläuche.

Der Bedeutung, die LORENZER wie auch LACAN (2.6.4.) der sprachanalytischen Untersuchung von einzelnen Merkmalen der Rede bzw. den ‹Symbolen› des Patienten beimessen, korrespondiert ihre Einschätzung der Übertragung. Sie wird als Hilfsmittel angesehen, um die der Verdrängung unterworfenen unbewußten Vorgänge an ihrem Entstehungsort aufzufinden. LORENZER beschreibt die Entwicklung der durch Verdrängungsprozesse in unbewußte Repräsentanzen = Klischees umgewandelten Symbole und bestimmt dabei die Funktion der Übertragung als Mittel für den Analytiker, den unbewußten Komplex im Unbewußten, «dort, wo er verankert ist, aufzufinden» (FREUD, 1909, G. W. VII, S.354): «Als fixierte ‹Klischees› (d.h. als desymbolisierte Interaktionsformen in ihrer schärfsten Ausprägung) liegen sie abrufbereit und werden auf spezifische Schlüsselreize hin in Aktion gesetzt. Die Psychoanalyse hat diesen Sachverhalt unter dem Begriff des Wiederholungszwanges und ihres therapeutisch ausbeutbaren Spezialfalles, der Übertragung, rubriziert. Die Übertragung erlaubt es dem Analytiker, in die Situation des Patienten, d. h. in sein Agieren, einzudringen» (LORENZER, 1973, S.180 f; vgl. LORENZER, 1970 b, S. 101, 155).

Diese Auffassung von Übertragung, die eng im Zusammenhang mit Vorstellungen vom unbewußten Widerstand durch Abwehrmechanismen wie etwa Verdrängung, Projektion usw. gegen die therapeutische Arzt-Patient-Beziehung zu sehen ist, stellt in der Tat die klassische Einstellung zu den

---

118 LORENZER unterscheidet bewußte von unbewußten Repräsentanzen, Symbole von Klischees, und verknüpft beide genetisch: «Klischees, d. h. unbewußte Repräsentanzen, stammen von symbolischen Repräsentanzen ab, die im Sozialisationsprozeß gebildet und im Vorgang der Verdrängung ‹exkommuniziert›, d. h. aus der Kommunikation in Sprache und Handeln ausgeschlossen wurden» (1970 b, S. 79).

«Grundpfeilern» (vgl. FREUD, 1900, G. W. II/III, S. 537) der psychoanalytischen Therapie dar:

«Verfolgt man nun einen pathogenen Komplex von seiner (entweder als Symptom auffälligen oder auch ganz unscheinbaren) Vertretung im Bewußten gegen seine Wurzel im Unbewußtsein hin, so wird man bald in eine Region kommen, wo der Widerstand sich so deutlich geltend macht, daß der nächste Einfall ihm Rechnung tragen und als Kompromiß zwischen seinen Anforderungen und denen der Forschungsarbeit erscheinen muß. Hier tritt nun nach dem Zeugnisse der Erfahrung die Übertragung ein. Wenn irgend etwas aus dem Komplexstoff (dem Inhalt des Komplexes) sich dazu eignet, auf die Person des Arztes übertragen zu werden, so stellt sich diese Übertragung her, ergibt den nächsten Einfall und kündigt sich durch die Anzeichen eines Widerstandes, etwa durch eine Stockung, an. Wir schließen aus dieser Erfahrung, daß diese Übertragungsidee darum vor allen anderen Einfallsmöglichkeiten zum Bewußtsein durchgedrungen ist, weil sie auch dem Widerstande Genüge tut. Ein solcher Vorgang wiederholt sich im Verlaufe einer Analyse ungezählte Male. Immer wieder wird, wenn man sich einem pathogenen Komplexe annähert, zuerst der zur Übertragung befähigte Anteil des Komplexes ins Bewußtsein vorgeschoben und mit der größten Hartnäckigkeit verteidigt» (FREUD, 1912 b, G. W. VIII, S.369).

Der andere, für unser sprachanalytisches Vorgehen besonders wichtige Aspekt der Übertragung in der therapeutischen Situation zeigt sich darin, daß in der Interaktion zwischen Arzt und Patient der Übertragung des Patienten eine Reaktion des Analytikers, die Gegenübertragung, gegenübersteht. Übertragung und Gegenübertragung werden somit Medium und Ausdruck der therapeutischen Kommunikation. Durch das Wechselspiel von Übertragung und Gegenübertragung wird gleichzeitig der Kontext der therapeutischen Interaktion festgelegt, der sich auf verschiedenen Ebenen (Dualunion, Ödipalität) bewegen kann, je nach Ausrichtung der im psychoanalytischen Prozeß wirksamen Kommunikation unbewußten und bewußten Verhaltens von Arzt und Patient. Der Bezugsrahmen ist nunmehr *die Kommunikationssituation selbst* im Hic et Nunc des Übertragungs-Gegenübertragungsgeschehens und nicht, wie bei FREUD, auf dessen frühe Formulierungen von Übertragung LORENZER auch zurückgreift, der Ort (z. B. in der Lebensgeschichte) des mittels Übertragung auffindbaren unbewußten Konfliktes des Patienten. Dann sieht nämlich auch die sprachanalytische «Operation» (LORENZER, 1970 b, S. 101) – die mit Hilfe der Übertragung unmittelbar in die Interaktion eingreift und darauf abzielt, die «sprachliche Privatisierung» des Patienten aufzulösen, seine «Privatsprache zu korrigieren und mit den kommunizierten öffentlichen Bedeutungen in Übereinstimmung zu bringen» (a. a. O., S. 100 f) – zunächst den Patienten gemäß der Subjekt-Objekt-Dimension,[119] und erst

---

119 Bezeichnend ist in diesem Zusammenhang, daß LORENZER zur exemplarischen Darstellung seines sprachanalytischen Ansatzes den Bericht von FREUD über die ‹Analyse der Phobie eines fünfjährigen Knaben› herausgegriffen hat, eine Analyse, bei der FREUD bekanntlich nicht selbst als Therapeut fungierte, sondern lediglich

später, wenn seine «Interaktionsformen lebensgeschichtlich exakt verknüpft sind» (was durch den Raster der psychoanalytischen Symbollehre quasi extrakommunikativ geschieht), stehen sich Patient und Arzt, nun wieder dieselbe Sprache sprechend, als Subjekte auf derselben Ebene der Interaktion gegenüber.

Das von der psychoanalytischen Symbollehre ausgehende sprachanalytische Vorgehen LORENZERS ist unseres Erachtens deswegen problematisch, weil es die Normalität von therapeutischer Interaktion vorweg bestimmt und an der psychoanalytischen Auffassung von Symbolbildungen mißt. Nun gibt es gerade in der analytischen Situation Ebenen der Kommunikation[120] (z. B. Therapie der Grundstörung; vgl. 2.3.), die nicht nach dem Konzept von verdrängten unbewußten Repräsentanzen (Klischeebildung) erklärt werden können, ganz davon abgesehen, daß sich die Frage nach der privatsprachlichen Bedeutung von Sprachsymbolen erst stellen kann, wenn diese aus der Kommunikation zwischen Analytiker und Analysand als ungewöhnliche herausfallen.

Unser pragmalinguistischer Ansatz bezieht sich daher vornehmlich auf den Dialog zwischen Arzt und Patient, der im Kontext der Übertragungs-Gegenübertragungsbeziehung gesehen wird. Es geht uns dabei zunächst einmal darum, Elemente der therapeutischen Kommunikationssituation im Hic et Nunc von Übertragung und Gegenübertragung darzustellen. Als nächsten Schritt sehen wir dann die Klärung metakommunikativen Verhaltens in bezug auf die therapeutische Interaktion an (vgl. 3.4.).

2.6. JACQUES LACAN

2.6.1. Lacans neuer Ansatz

LACANS Versuch einer Neubegründung der Psychoanalyse durch eine Rückbesinnung auf Sprache und Rede als ihre Grundlagen (zugleich eine Rückkehr zu den Anfängen der Psychoanalyse, zum frühen FREUD) ist in Deutschland weitgehend unbekannt geblieben, vor allem in psychoanalytischen Kreisen.[121] Der Grund dafür mag nicht zuletzt im Stil von LACAN zu suchen sein,

---

Berater des Vaters war, der seinen Jungen selbst «analysierte» (vgl. FREUD, 1909, G. W. VII, S. 244). Von daher schon ist klar, daß LORENZER der Dimension von Übertragung und Gegenübertragung bei seinem sprachanalytischen Vorgehen, wenn überhaupt, nur geringe strukturierende Funktionen einräumt.

120 In diesem Zusammenhang sind auch bestimmte Kommunikationsweisen psychosomatisch reagierender Patienten zu nennen, bei denen mitunter die Somatisierung an die Stelle der Verbalisierung tritt.

121 G. SCHIWYS wiederholte Hinweise auf LACAN (SCHIWY, 1969, S. 71–74, und 1971, S. 101–106) sind weitgehend unbeachtet geblieben. – Neuerdings hat sich A. LORENZER (1973, S. 119–135) kritisch mit LACAN auseinandergesetzt, allerdings,

der ihm selbst in Frankreich zuweilen den Vorwurf einbringt, unlesbar zu sein (vgl. MOUNIN, 1969), zumindest aber seiner Person und seiner Lehre den Charakter des Esoterischen verliehen hat. In einer Zeit, da auch in Deutschland der Beziehung zwischen Sprache und Psychoanalyse besondere Aufmerksamkeit geschenkt wird,[122] scheint es sinnvoll, die Grundzüge jenes vornehmlich in den 50er und 60er Jahren entstandenen Werkes dem deutschen Leser zu verdolmetschen. Dabei wurden die Aufsätze seiner Schüler S. LECLAIRE,[123] J. LAPLANCHE und J.-B. PONTALIS berücksichtigt, soweit sie die eine oder andere geheimnisvolle Formulierung ihres Meisters klären, sowie die Darstellung und Würdigung LACANS durch L. ALTHUSSER und A. RIFFLET-LEMAIRE.

LACANS Werk stellt den Versuch dar, die Psychoanalyse als Wissenschaft vom Unbewußten zu bestimmen, wobei die *Sprache als die Bedingung des Unbewußten* angesehen wird. Angelpunkt der Psychoanalyse – ihr Mittel und ihr Gegenstand – ist daher für LACAN die konkrete Rede des Patienten. Das Subjekt in der Analyse befindet sich in einer Gesprächssituation, es konstituiert sich als Intersubjektivität, und in der intersubjektiven Kontinuität der Rede entsteht Schritt für Schritt die Geschichte des Subjekts. Das Unbewußte ist dabei jener Teil seiner Rede, der ihm fehlt, um die Kontinuität seiner bewußten Rede zu gewährleisten. Der Inhalt dieser fehlenden Kapitel in der Geschichte des Subjekts findet sich niedergelegt in den Unstimmigkeiten und Abbrüchen der Erzählung des Subjekts, in seinen Bildern, Erinnerungen und Träumen (vgl. LACAN, 1956, in: 1966, S. 257 ff).

Wir wollen zunächst LACAN in den Rahmen des französischen Strukturalismus, insbesondere der strukturellen Linguistik, einordnen und sehen, in welcher Weise er deren Begriffe für psychoanalytische Fragestellungen nutzbar gemacht hat. Anschließend soll dargestellt werden, wie LACAN durch den Rückgriff auf die Sprache die Psychoanalyse als Wissenschaft neu bestimmt.

---

soweit wir sehen, nur anhand des (sicherlich zentralen) Aufsatzes von 1956 (LACAN, 1956). Wir versuchen hier lediglich, eine möglichst klare Darstellung von LACANS Auffassungen zu geben, insofern sie unser Thema betreffen. Zur Diskussion des Standpunktes von LORENZER vgl. 2.5.

122 Genannt seien hier besonders die Arbeiten von G. JAPPE (1971) und A. LORENZER (1970a und b, 1971).

123 Hier sei besonders hingewiesen auf die auch ins Deutsche übersetzte Arbeit von S. LECLAIRE (1968, dt. 1972).

2.6.2. Lacans Rezeption des Strukturalismus, insbesondere der strukturellen Linguistik[124]

Was C. LÉVI-STRAUSS für die Ethnologie und R. BARTHES für die Semiologie, was M. FOUCAULT für die Geschichte und P. RICŒUR für die Philosophie, das ist J. LACAN für die Psychoanalyse. LACAN hat sich selbst als Strukturalisten bezeichnet. Er beruft sich häufig auf C. LÉVI-STRAUSS, insbesondere auf dessen Untersuchung der Verwandtschaftsstrukturen (LÉVI-STRAUSS, 1949 a). In Anlehnung an die Phonologie der Prager Schule hatte LÉVI-STRAUSS die strukturalistische Methode vor allem dadurch bestimmt, daß sie hinter dem Sichtbaren, den beobachtbaren Phänomenen, einen verborgenen Zusammenhang aufdeckt, die Struktur. So gelang es LÉVI-STRAUSS bei seiner Untersuchung der Verwandtschaftsbeziehungen in primitiven Gesellschaften, hinter dem überall beobachtbaren Phänomen des Inzestverbots und den damit verknüpften vielfältigen Regeln für die Eheschließung ein gemeinsames Prinzip zu finden, nämlich den Tausch (l'échange). Ganz gleich, auf welche Frauen der Verwandtschaft sich das Inzestverbot im einzelnen bezieht, in jedem Fall wird die Frau als Gabe betrachtet, die man gegen Frauen von außerhalb austauschen kann, wodurch Gesellschaft und Kultur erst möglich werden. LÉVI-STRAUSS sieht dabei in den Frauen, die zwischen den Familien und Stämmen ausgetauscht werden, ein Analogon zu den sprachlichen Zeichen, die die Kommunikation zwischen Individuen und Gruppen gewährleisten. In beidem manifestiert sich ‹symbolisches Denken›: die verwandte Frau ist nicht Objekt der Triebbefriedigung, sondern Tauschobjekt in einem gesellschaftlichen System. Gesellschaft ist Austausch von Zeichen und daher Sprache im weitesten Sinne. In einem Aufsatz über das Symbolische hat LÉVI-STRAUSS jenes symbolische Denken, aus dem Gesellschaft entsteht, dem FREUDschen Unbewußten gleichgesetzt (LÉVI-STRAUSS, 1949 b, dt. 1967). Die traumatisierende Wirkung der vom Patienten ins Gedächtnis zurückgerufenen Situationen ergebe sich nicht aus den Merkmalen der jeweiligen Situation, sondern daraus, «daß bestimmte Ereignisse, die in einem geeigneten psychologischen, historischen und sozialen Zusammenhang auftreten, eine affektive Kristallisierung herbeiführen können, die in der Form einer vorher bestehenden Struktur erfolgt. Im Vergleich zum Ereignis oder zur Anekdote sind diese Strukturen – oder, genauer gesagt, diese Strukturgesetze – wirklich zeitlos» (a. a. O., dt., S. 222 f). Die Gesamtheit dieser Strukturen oder Strukturgesetze bilde das sogenannte Unbewußte. «Das Unbewußte hört auf, der unnennbare Zufluchtsort der individuellen Besonderheiten zu sein, der Aufenthaltsort einer einzigartigen Geschichte, die aus jedem von uns ein unersetzliches Wesen macht. Es beschränkt sich auf einen Ausdruck, mit dem wir eine Funktion bezeichnen: die symbolische Funktion,

---

124 Eine einführende Darstellung des französischen Strukturalismus gibt G. SCHIWY (1969).

102

die zwar spezifisch menschlich ist, die sich aber bei allen Menschen nach denselben Gesetzen vollzieht» (a. a. O., S. 223). Im Gegensatz zu den im Bewußtsein des Patienten wieder auftauchenden Erinnerungen und Bildern, die, wenn auch nicht jederzeit greifbar, so doch immer vorhanden sind, sei «das Unbewußte (l'inconscient) immer leer; genauer gesagt, es ist den Bildern ebenso fremd wie der Magen den Nahrungsmitteln, die durch ihn hindurchgehen. Als Organ einer spezifischen Funktion beschränkt es sich darauf, unartikulierten Elementen, die von außen kommen — wie Antrieben, Emotionen, Vorstellungen, Erinnerungen —, Strukturgesetze aufzuerlegen, die seine Realität erschöpfen. Man könnte also sagen, daß das Unterbewußtsein (le subconscient) das individuelle Lexikon ist, in dem jeder das Vokabular seiner persönlichen Geschichte sammelt, daß aber dieses Vokabular nur insoweit Bedeutung für uns selbst und für die anderen gewinnt, als das Unbewußte es gemäß seinen Gesetzen formt und eine Rede (discours) daraus macht» (a. a. O., S. 223 f). Und er fährt fort: «Wenn wir noch hinzusetzen, daß diese Strukturen nicht nur für alle Individuen und Materien dieselben sind, auf die die Funktion Anwendung findet, sondern daß sie nicht sehr zahlreich sind, dann verstehen wir, warum die Welt des Symbolismus [sc. des Symbolischen — Verf.] in ihrem Inhalt zwar unendlich vielfältig, in ihren Gesetzen aber immer begrenzt ist. Es gibt viele Sprachen, aber nur sehr wenige phonologische Gesetze, und die gelten für alle Sprachen» (a. a. O., S. 224).

LACAN wird, wie wir sehen werden, das Unbewußte gleichfalls in Beziehung setzen zum Symbolischen, zur Gesellschaft und deren gemeinsamer Struktur, und zwar in der Weise, daß das Unbewußte durch den Primat des Symbolischen über das Imaginäre bedingt ist.

Unter den Vertretern der ‹linguistique structurale› beruft sich LACAN vor allem auf F. DE SAUSSURE, R. JAKOBSON und E. BENVENISTE. Zunächst sollen diejenigen Begriffe, die von LACAN aufgegriffen werden, kurz erläutert werden.

F. DE SAUSSURE (1916, dt. 1967) bestimmte das sprachliche Zeichen als eine zusammengesetzte Einheit, eine Einheit aus einem Lautbild (image acoustique) und einer Vorstellung (concept) bzw. einem Ausdruck (signifiant) und einem Inhalt (signifié).[125] Diesem Sachverhalt gab er folgende schematische Darstellung (1916, S. 158; dt. 1967, S. 136):

---

125 Die SAUSSUREsche Unterscheidung von ‹signifiant› und ‹signifié›, von ‹Bezeichnendem› und ‹Bezeichnetem›, entspricht in begrifflicher und terminologischer Hinsicht der Unterscheidung der Stoiker zwischen σημαῖνον und σημαινόμενον; das Zeichen als Ganzes (‹signe› bei SAUSSURE) heißt λέξις oder λόγος. Der gleiche begriffliche Unterschied, wenn auch in anderer Terminologie, findet sich dann bei AUGUSTINUS: dictio = verbum + dicibile. — Die Tradition, an die SAUSSURE hier anknüpft, beginnt mit ARISTOTELES, der an der Sprache eine materielle Seite, «das, was in der Stimme ist» τὰ ἐν τῇ φωνῇ, und eine Seite für die Inhalte des Bewußtseins (τὰ ἐν τῇ ψυχῇ παθήματα) unterscheidet (De interpretatione, 16 a 3—4). (Vgl. COSERIU, 1967, S. 108.)

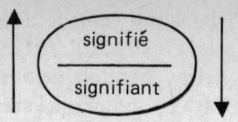

Im Zeichensystem einer Sprache kommt nun jedem dieser Zeichen ein bestimmter Wert (valeur) zu. Der Wert eines Zeichens wird bestimmt durch alle anderen Zeichen desselben Zeichensystems, von denen sich das Zeichen unterscheidet oder denen es ähnlich ist. Wie diese beiden Faktoren zur Bestimmung des Wertes nötig sind, erläutert F. DE SAUSSURE am Zeichensystem des Geldes: «So muß man zur Feststellung des Wertes von einem Fünfmarkstück wissen: 1. daß man es auswechseln kann gegen eine bestimmte Menge einer anderen Sache, z. B. Brot; 2. daß man es vergleichen kann mit einem ähnlichen Wert des gleichen Systems, z. B. einem Einmarkstück, oder mit einer Münze eines anderen Systems, z. B. einem Franc» (a. a. O., S. 137).

Was für die Bestimmung des Wertes beim Zeichen gilt, gilt auch beim signifié und beim signifiant im einzelnen. So bestimmt sich der Wert des Inhalts ‹mieten› etwa durch ‹vermieten› einerseits und ‹kaufen› andererseits; auf der Ausdrucksseite des Zeichens ist der Wert durch phonische Unterschiede bedingt, die es erlauben, beispielsweise /mieten/ von /bieten/ und /rieten/ zu unterscheiden. Auch auf der Seite des ‹signifiant› sind also nicht die Laute als solche entscheidend, sondern ihre Stellung in einem System von Oppositionen und Relationen. Die Beziehungen zwischen Zeichen (als Ganzheiten), zwischen verschiedenen Ausdrücken und zwischen verschiedenen Inhalten können nach SAUSSURE zweierlei Art sein, nämlich syntagmatischer Art (Kombination von Elementen in praesentia) und assoziativer Art (Opposition von Elementen in absentia). Auch diese Unterscheidung benutzt LACAN, jedoch bezieht er sich dabei weniger auf SAUSSURE als vielmehr auf die entsprechenden Untersuchungen von R. JAKOBSON.

R. JAKOBSON geht nicht, wie SAUSSURE, vom Zeichensystem aus, sondern von der Aktivität des Sprechens, und unterscheidet entsprechend eine Operation der *Selektion*, der Wahl eines Zeichens unter einem Paradigma von möglichen anderen, und eine Operation der *Kombination*, der Verbindung von sprachlichen Einheiten zu einer Einheit höheren Grades (z. B. Verbindung von Wörtern zum Satz). «Grundlage der Kombination ist das *Kontiguitäts*verhältnis, d. h. die Bestandteile eines Kontextes stehen miteinander in linearem Zusammenhang. Grundlage der Selektion ist die *Similarität*, d. h. zwischen substituierbaren Zeichen bestehen Beziehungen verschiedener Grade der Gleichartigkeit, die sich zwischen der Gleichwertigkeit der Synonyme und dem gemeinsamen Wesenskern der Antonyme bewegen» (JAKOBSON, 1956, dt. 1960, S. 54). Die Wirksamkeit dieser beiden Dimensionen der Sprache bzw. Operationen des Sprechers läßt sich leicht aufzeigen.

Auf die Frage: «Was fällt Ihnen zum Wort ‹mieten› ein?» gibt es zwei Typen von Antworten: einmal wird das Wort durch ein anderes ersetzt auf Grund seiner mehr oder minder großen Ähnlichkeit (‹mieten›, ‹vermieten› — ‹kaufen›; ‹Geld bezahlen›), zum anderen wird das Wort durch ein anderes ergänzt auf Grund des linearen bzw. kontextuellen Zusammenhangs (‹mieten›, ‹ein Auto mieten›; ‹mieten›, ‹umziehen›, ‹renovieren›). R. JAKOBSON sieht diese beiden Möglichkeiten am stärksten ausgeprägt in der Metapher und der Metonymie. Der Metapher (z. B. ‹Fuchs = listiger Mensch›) gründet sich auf das Similaritätsverhältnis, die Metonymie (z. B. «ein Glas trinken = den Inhalt eines Glases trinken›) auf das Kontiguitätsverhältnis.[126] Von dieser linguistischen Konzeption der Metapher und der Metonymie macht LACAN wiederholt Gebrauch.

In welcher Weise verwendet nun aber LACAN die genannten linguistischen Begriffe in der Psychoanalyse? Zunächst muß festgehalten werden, daß LACAN den Boden der klassischen Psychoanalyse nicht verlassen und nicht etwa eine ‹linguistische Psychoanalyse› geschaffen hat, er hat sich vielmehr linguistischer Terminologie bedient, um bestimmte psychoanalytische Probleme neu zu formulieren, und er ist auf diesem Wege zum Ausgangspunkt und zugleich zum eigentlichen Zentrum der FREUDschen Lehre zurückgekehrt, nämlich zu der Einsicht, daß sich das Unbewußte in der Rede des Patienten kundtut (z. B. in den sprachlichen Fehlleistungen).

F. de Saussures Sprachzeichenmodell

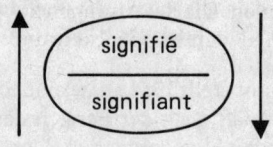

mit dem gemeint war, daß jedes sprachliche Zeichen zwei Seiten hat, nämlich eine Ausdrucksseite und eine Inhaltsseite, einen signifiant und einen signifié, wird von LACAN als Algorithmus interpretiert und folgendermaßen geschrieben:[127]

---

126 Es ergeben sich also folgende Begriffspaare:
                Paradigma   Syntagma
                Selektion   Kombination
                Similarität   Kontiguität
                Metapher   Metonymie
127 Der Umgang LACANS mit linguistischer Terminologie hat für Linguisten, die

$$\frac{S}{s}$$

Dieser Algorithmus muß nach LACAN folgendermaßen gelesen werden: «signifiant über signifié, wobei ‹über› dem Strich entspricht, der die beiden Phasen des Algorithmus trennt»[128]. Die Symbolisierung des signifiant durch S und des signifié durch s einerseits und die Vertauschung der Positionen gegenüber SAUSSURES Modell (der signifiant steht bei SAUSSURE unter dem Strich, bei LACAN jedoch über dem Strich) andererseits, beides ist kein Zufall; in der Tat geht es LACAN um die Autonomie des signifiant gegenüber dem signifié. Es sind für ihn zwei Bereiche, durch den Strich des Algorithmus $\frac{S}{s}$ streng voneinander getrennt. Daß SAUSSURE diese beiden getrennten Bereiche in der Einheit des konkreten sprachlichen Zeichens vereinigt sah, bleibt bei LACAN unberücksichtigt.

«Le signifiant», «la chaîne signifiante», das ist für LACAN die Grundlage von Sprache und Rede: die Laute oder der Buchstabe («la lettre»), ein mit Hilfe der Linguistik analysierbares strukturiertes Ganzes. Der signifié hingegen ergibt sich erst aus der Gesamtheit der «bedeutenden Kette», er ist nicht am signifiant selbst festzumachen, sondern ist gleichsam ein kontinuierlicher Fluß unter der lautlichen Kette, der «chaîne signifiante».

«D'où l'on peut dire que c'est dans la chaîne du signifiant que le sens *insiste*, mais qu'aucun des éléments de la chaîne ne *consiste* dans la signification dont il est capable au moment même. La notion d'un glissement incessant du signifié sous le signifiant s'impose donc . . .» (LACAN, 1957 b, in: 1966, S. 502).

Nur der Bereich des signifiant stellt für LACAN eine Struktur dar, und zwar in doppelter Hinsicht: einmal läßt sich der Bereich des signifiant analysieren nach letzten unterscheidenden Elementen, den Phonemen bzw. den Buchstaben, zum anderen lassen sich die Einheiten im Bereich des signifiant zu immer größeren Einheiten verknüpfen. Es ist nicht schwer, in dieser Unterscheidung von LACAN die linguistische Unterscheidung von zwei Dimensionen wiederzuerkennen, nämlich der paradigmatischen und der syntagmatischen Achse.

---

gewohnt sind, ‹mit Worten ein System zu bereiten›, zunächst etwas Schockierendes, denn was als definierter Begriff gemeint ist, ist für ihn oft genug lediglich Denkanstoß, Ausgangspunkt für Assoziationen, als seien die Begriffe nicht den Köpfen ernsthafter Linguisten entsprungen, sondern einem Patienten auf der Couch eingefallen. Unter diesen Umständen ist es einfach, LACAN sogleich wegen unwissenschaftlichen Arbeitens zu disqualifizieren. Die Lektüre LACANS erfordert daher eine kritische Einstellung gegenüber dem Mythos der positiven Wissenschaftlichkeit, was jedoch keine unkritische Haltung LACAN gegenüber zur Folge haben muß.

128 «signifiant sur signifié, le sur répondant à la barre qui en sépare les deux étapes» (LACAN, 1957 b, in: 1966, S. 497).

106

Nur ordnet LACAN diese doppelte Strukturierung lediglich dem Bereich des signifiant zu, nicht jedoch dem des signifié. Spätestens hier wird deutlich, daß in dem signifié LACANS nicht so sehr die Inhaltsseite des sprachlichen Zeichens zu sehen ist (die ja ähnlich der Ausdrucksseite nach unterscheidenden inhaltlichen Merkmalen analysierbar ist), sondern vielmehr der Sinn eines Satzes oder besser noch eines Textes. Diese Vermutung wird durch das folgende Beispiel bestätigt, mit dem LACAN seine These von der Autonomie des signifiant gegenüber dem signifié beweisen will. Der Sinn des Verses

Non! dit l'Arbre, il dit: Non! dans l'étincellement
De sa tête superbe

kann nicht aus den Ausdrücken (signifiants), die ihn bilden, abgelesen werden, er entsteht aus der Gesamtheit der chaîne signifiante durch mannigfache kontextuelle Bezüge, durch sprachliche und kulturelle Assoziationen im Kopf des Subjekts, das ihn liest.

«Mais tout ce signifiant, dira-t-on, ne peut opérer qu'à être présent dans le sujet. C'est bien à quoi je satisfais en supposant qu'il est passé à l'étage du signifié» (LACAN, a. a. O., S. 504).

Weil die chaîne signifiante dieses Verses einer bestimmten Sprache (langue) angehört, die einer Anzahl von Subjekten gemeinsam ist, wird es möglich, mit ihr etwas ganz anderes ‹bedeuten›, als was sie sozusagen buchstäblich sagt.

«Ce que cette structure de la chaîne signifiante découvre, c'est la possibilité que j'ai, justement dans la mesure où sa langue m'est commune avec d'autre sujets, c'est-à-dire où cette langue existe, de m'en servir pour signifier tout autre chose que ce qu'elle dit» (a. a. O., S. 505).

Insofern nun eine Folge von Wörtern (eine chaîne signifiante) etwas anderes bedeuten kann, als was sie wortwörtlich sagt, ist sie selbständig gegenüber der Bedeutung.

Die Autonomie des signifiant, seine Fähigkeit, mehr zu sagen, als er sagt, gründet sich vornehmlich auf seine metaphorischen und metonymischen Eigenschaften. Unter Berufung auf R. JAKOBSON bestimmt LACAN die Metapher durch die Formel «un mot pour un autre» (ein Wort für ein anderes) und die Metonymie mit der Formel «mot à mot» (Wort an Wort). Aus scheinbarem Unsinn entsteht Sinn, dank der Struktur des signifiant, die es erlaubt, ‹Baum› zu verbinden mit ‹Eiche› und ‹Platane› einerseits, mit ‹Stärke› und ‹Majestät› andererseits (LACAN, a. a. O., S. 504). Hier wird deutlich, daß auch der signifiant LACANS nicht dem signifiant SAUSSURES entspricht. Die metaphorische Bedeutung des Baumes setzt ja ein sprachliches Zeichen voraus mit dem Lautbild /baum/ und der mit ihm verknüpften Vorstellung ‹Baum›.

Die chaîne signifiante, das ist für LACAN jenes Netz von Beziehungen, das jedes sprachliche Zeichen, sowohl lautlich als auch inhaltlich, um sich schafft, wodurch es weit mehr und anderes ‹bedeuten› kann als in seinem begrifflichen Inhalt gegeben ist. Natürlich tragen alle diese zusätzlichen Bedeutungen, deren Funktion ‹Evokation› genannt werden kann,[129] zum Sinn eines Textes bei. Mit dieser besonderen Funktion des sprachlichen Zeichens hat sich die Dichtungstheorie schon immer beschäftigt, denn die Dichtung gründet sich von jeher auf die Evokationsfunktion der Sprache. E. COSERIU hat in seinen ‹Thesen zum Thema ‚Sprache und Dichtung'› die wichtigsten Relationen aufgezählt, durch die ein sprachliches Zeichen evokativ funktioniert:

«– Durch sein materielles und inhaltliches Verhältnis zu anderen einzelnen Zeichen;

– durch sein materielles und inhaltliches Verhältnis zu Reihen und Gruppen von anderen Zeichen;

– durch sein Verhältnis zu Zeichensystemen (z. B. ‹Sprache› innerhalb der historischen Sprache);

– durch sein materiell-direktes Verhältnis zur außersprachlichen Welt (direkte reproduzierende oder abbildende Funktion im weitesten Sinne);

– durch sein Verhältnis zur unmittelbaren sprachlichen und nicht-sprachlichen Erfahrung (‹Kontexte› und ‹Situationen›, die ein viel komplizierteres Gefüge darstellen, als üblicherweise angenommen wird);

– durch sein Verhältnis zu anderen ‹Texten›;

– durch sein Verhältnis zur empirischen Kenntnis der Welt und zu den verschiedenen Formen der Weltinterpretation (‹Kultur›)» (COSERIU, 1971, S. 183 ff).

Wenn LACAN sagt, daß der signifiant sich selbständig macht, daß er mehr und anderes bedeuten kann, als er wortwörtlich besagt, so dürfen wir ihn wohl so verdolmetschen, daß das konkrete sprachliche Zeichen in der Rede des Patienten ein Netz von Bezügen eröffnet, durch die ein Sinn entsteht, den der Sprecher in seiner Rede nicht bewußt intendierte. Was da spricht, würde LACAN sagen, ist nicht das bewußte Subjekt, sondern das Unbewußte: ‹Es› spricht aus ihm.

Überdenken wir noch einmal den Vergleich mit der dichterischen Sprache, der das Verständnis LACANS erleichtert hat. Zwar ist der Patient auf der Couch in der Regel kein Dichter, es erscheint LACAN jedoch sinnvoll, seiner Rede wie der eines Dichters zu lauschen. In der Tat gibt es in der Rede des Patienten wie auch in der Dichtung keine Unterscheidung von Existenz und Inexistenz, von wahr und falsch.

«Schwarze Milch der Frühe wir trinken sie abends»
(PAUL CELAN, Todesfuge)

---

129 «Car la fonction du langage n'y est pas d'informer, mais d'évoquer» (LACAN, 1956, in: 1966, S. 299).

Ob es schwarze Milch gibt oder nicht gibt und ob wir sie tatsächlich trinken, ist für das Verständnis der ‹Todesfuge› nicht relevant. Auch der Erzählung des Patienten auf der Couch (etwa, daß ihn seine Kollegen andauernd bespitzeln oder daß er als Kind von seinem Onkel verführt wurde) ist nicht mit der Unterscheidung von wahr und falsch beizukommen. Bekanntlich hatte FREUD die Einfälle seiner Patienten zunächst als Erinnerungen an real in der Kindheit Erlebtes aufgefaßt, bevor er zu der Einsicht gelangte, daß es sich fast durchweg um Phantasien des Patienten handelte und der Analytiker daher gut daran tue, den Bericht des Patienten nicht nach wahr oder falsch zu beurteilen, sondern schlechthin als gültig anzusehen.[130] Wenn einerseits die Beziehung nicht nur zwischen Psychose und Dichtung, sondern auch zwischen Neurose und Dichtung nicht ernstlich bezweifelt werden kann, andererseits der Patient auf der Couch nicht gleich ein Dichter ist und Dichtung produziert, so mag der Unterschied zwischen diesen beiden Phänomenen, die in bezug auf die Funktion der Sprache verwandt sind (Evokation), in der Art ihrer Gültigkeit zu suchen sein. In der Tat gelangt der dichterische Text zu einer Gültigkeit in und für die Gesellschaft,[131] während die Rede des Patienten lediglich für den Ana-

---

130 Vgl. FREUD, 1896 b, G. W. I, S. 440, und 1910 b, G. W. VIII, S. 55 f; an dem Unterschied zwischen Erzählung realer Vorkommnisse und Phantasie hat FREUD die Bedeutung der Übertragung in der Analyse erkannt. So unternimmt es FREUD, ausgehend von dem Grundsatz, daß «in der Welt der Neurosen die psychische Realität die maßgebende» sei (1916/17, G. W. XI, S. 383), während die materielle gering geschätzt werden könne bis hin zur «Vernachlässigung des Unterschiedes zwischen ihr und der Phantasie» (a. a. O., S. 382), schrittweise das von ihm entdeckte Phänomen der Übertragung in der Analyse zu klären. Schon in der ‹Traumdeutung› (1900, G. W. II/III, S. 190) wird ausgeführt, «daß die ältesten Kindererlebnisse nicht mehr als solche zu haben sind, sondern durch ‹Übertragungen› (alter Denk- und Empfindungsweisen auf die Gegenwart) und Träume in der Analyse ersetzt werden». Später wird dann die mit den Einfällen und Phantasien verbundene Gefühlsbeziehung des Patienten zum Arzt ‹Übertragung› genannt: «Jedesmal wenn wir einen Nervösen psychoanalytisch behandeln, tritt bei ihm das befremdende Phänomen der sogenannten *Übertragung* auf, das heißt, er wendet dem Arzte ein Ausmaß von zärtlichen, oft genug mit Feindseligkeit vermengten Regungen zu, welches in keiner realen Beziehung begründet ist und nach allen Einzelheiten seines Auftretens von den alten und unbewußt gewordenen Phantasiewünschen des Kranken abgeleitet werden muß. Jenes Stück seines Gefühlslebens, das er sich nicht mehr in die Erinnerung zurückrufen kann, erlebt der Kranke also in seinem Verhältnisse zum Arzt wieder, und erst durch solches Wiedererleben in der ‹Übertragung› wird er von der Existenz wie von der Macht dieser unbewußten sexuellen Regungen überzeugt» (1910 b, G. W. VIII, S. 54 f).
131 FREUD sah in der künstlerischen Begabung eine Möglichkeit, der Neurose zu entgehen: «Wenn die mit der Realität verfeindete Person im Besitze der uns psychologisch noch rätselhaften künstlerischen Begabung ist, kann sie ihre Phantasien anstatt in Symptome in künstlerische Schöpfungen umsetzen, so dem Schicksal der Neurose entgehen und die Beziehung zur Realität auf diesem Umwege wiedergewinnen» (1910 b, G. W. VIII, S. 53 f); vgl. auch 1917, G. W. XI, S. 387–391. So gelingt

lytiker jene evokative Funktion besitzt; der evozierte Sinn hat also hier eine ausschließlich private Gültigkeit, was zugleich heißt, daß er in der Gesellschaft normalerweise auf Unverständnis stößt, was ja gerade den Neurotiker subjektiv und objektiv krank macht. Die Aufgabe der Analyse ist es dann, den evozierten Sinn in der Rede des Patienten, dessen Urheber nicht er selbst als

---

es dem Künstler, durch seine Arbeiten, bei denen Phantasien, Tagträume und Merkmale des kindlichen Spiels eine große Rolle spielen (vgl. auch 1908, G. W. VII, S. 214–218), Anforderungen des Realitätsprinzips zu umgehen und Elemente des Primärprozesses, die dem Lustprinzip unterstehen, in künstlerischer Kreativität (Sublimierung der Triebziele) zu entfalten: «Der Künstler ist ursprünglich ein Mensch, welcher sich von der Realität abwendet, weil er sich mit dem von ihr zunächst geforderten Verzicht auf Triebbefriedigung nicht befreunden kann, und seine erotischen und ehrgeizigen Wünsche im Phantasieleben gewähren läßt. Er findet aber den Rückweg aus dieser Phantasiewelt zur Realität, indem er dank besonderer Begabungen seine Phantasien zu einer neuen Art von Wirklichkeiten gestaltet, die von den Menschen als wertvolle Abbilder der Realität zur Geltung zugelassen werden. Er wird so auf eine gewisse Weise wirklich der Held, König, Schöpfer, Liebling, der er werden wollte, ohne den gewaltigen Umweg über die wirkliche Veränderung der Außenwelt einzuschlagen. Er kann dies aber nur darum erreichen, weil die anderen Menschen die nämliche Unzufriedenheit mit dem real erforderlichen Verzicht verspüren wie er selbst, weil diese bei der Ersetzung des Lustprinzips durch das Realitätsprinzip resultierende Unzufriedenheit selbst ein Stück der Realität ist» (FREUD, 1911a, G. W. VIII, S. 236f). FREUD ist also der Ansicht, daß die Kunst den Menschen in eine «milde Narkose» versetzt (1930, G. W. XIV, S. 439) und ihm Ersatzbefriedigungen bietet, die sich gegenüber der Realität als Illusionen und Sehnsüchte erweisen, deren psychische Wirksamkeit jedoch an der Rolle, welche «die Phantasie im Seelenleben behauptet» (1930, G. W. XIV, S. 433), gemessen wird. Sehnsucht und ihre Erfüllung in der Kunst werden der Sucht mit der Befriedigung durch Rauschmittel gegenübergestellt (FREUD, a. a. O., S. 433). – Vgl. hierzu die Darstellung von O. MARQUARD, der 1. sich im Anschluß an die HEGELsche These von der Auflösung der romantischen Kunst mit drei Theorien der romantischen Ästhetik beschäftigt: a) der Theorie des Genies, b) der Theorie der Naturbestimmtheit des Genies, c) der Theorie des Unbewußten; 2. die Wiederkehr des Verdrängten zum Schlüsselbegriff der von FREUD her möglichen Theorie der Kunst macht und 3. mit dieser Verknüpfung von Natur, Genie und Unbewußtem Ästhetik und Therapeutik verbindet: «Kunst begreift sich zunehmend selber als Therapie oder Symptom oder – pharmazeutisch-toxikologisch – als die Indifferenz beider: als stimulierende oder sedative Droge und artifizielles Paradies. Genie wird zum Symptom unter Symptomen, Ästhetik zur Spezialität diagnostischer Praxis. Das vormals ästhetisch artikulierte Problem artikuliert sich – wenigstens notfalls – medizinisch» (MARQUARD, 1968, S. 387). Wenn MARQUARD aber mit der These von MARCUSE: «art is perhaps the most visible return of the repressed» (MARCUSE, 1956, S. 144) «die Geschehensfigur der Sublimierungen» verbindet und beide zum «Schlüsselbegriff der von Freud her möglichen Theorie der Kunst macht» (MARQUARD, 1968, S. 390), so verkürzt er eigentlich den bei FREUD schon sozio-kulturell angelegten psychoanalytischen Sublimierungsbegriff (vgl. FREUD, 1930, G. W. XIV, S. 457), indem er lediglich die persönlichkeitsdynamische Dimension ins Auge faßt (vgl. dazu FÜRSTENAU, 1967, S. 58 und 60).

bewußtes Subjekt ist, sondern das Unbewußte, ‹Es›, hermeneutisch zu interpretieren, also ins Bewußtsein zu heben und dem Patienten verfügbar zu machen.

Beim Dichter wie beim Neurotiker gelten Phantasien und Tagträume als «Fortsetzung und Ersatz des einstigen kindlichen Spielens» (FREUD, 1908, G. W. VII, S. 222), wobei durch die Regression auf die Stufe des kindlichen multiplen Rollenspiels einerseits die therapeutische Funktion der Konfliktbewältigung in Gang kommt, andererseits aber auch gerade im Primärprozeß Wahrnehmungs- und Erlebnismöglichkeiten erweitert werden. Im Gegensatz zu FREUD und den Analytikern der Ich-Psychologie, die dem Primärprozeß an sich keine künstlerische Bedeutung beimessen (GOMBRICH, 1967, S. 519), es sei denn im Zusammenhang mit einer «regression in the service of the ego» (KRIS, 1953, S. 177; HARTMANN, KRIS, LOEWENSTEIN, 1951; KRIS, 1953, bes. Kap. 1), fassen NOY und andere Psychoanalytiker kreative Prozesse als *Progression* auf, so daß dem Primärprozeß, in Verbindung mit der Konstitution des Selbst, narzißtische Aufgaben zugeordnet werden und ihm Funktionen «related to assimilation, synthesis and integration of new experience and memories» (NOY, 1969, S. 160) zukommen (vgl. auch GOMBRICH, 1954 und 1967; NOY, 1966, 1968, S. 642, 1969; EHRENZWEIG, 1967, S. 79, 190–192; GEDO, 1970, S. 234–238). Im Vordergrund steht dann das Problem, wie solche aus dem Primärprozeß entstehenden künstlerischen Wahrnehmungen und Erfahrungen *mitteilbar* gemacht werden können. Auf die Verhältnisse des psychoanalytischen Prozesses bezogen heißt dies, daß FREUDS These, «wo keine Verdrängung oder ein ihr analoger psychischer Vorgang rückgängig zu machen ist, da hat auch unsere Therapie nichts zu suchen» (1916/17, G. W. XI, S. 451), relativiert und seine Formeln, die das Ziel der psychoanalytischen Bemühungen ausdrücken: «Bewußtmachen des Unbewußten, Aufhebung der Verdrängungen, Ausfüllung der amnestischen Lücken» (a. a. O., S. 451 f), um den *primär kommunikativen Aspekt* unbewußter Vorgänge in der psychoanalytischen Interaktionssituation erweitert werden müssen.[132]

132 Das gleiche kann auch für den künstlerischen Bereich gelten; psychoanalytische Interpretationen nach dem Muster der Verdrängungslehre sind weitgehend inadäquat und haben oft zu grotesken Fehldeutungen von Kunstwerken geführt. Vgl. dazu beispielsweise die Hamlet-Interpretation von JONES (1951, S. 326). Zur Problematik der psychoanalytischen Literaturkritik vgl. außerdem GEISMANN (1968) und BEUTIN (1972), VON MATT (1972) und SPECTOR (1972, dt. 1973). – Die Kunstauffassung nach dem Prinzip der «Wiederkehr der verdrängten Erinnerungen» (FREUD, 1896 a, G. W. I, S. 387) schließt gleichzeitig die sublimierende Funktion der Kunst mit ein, mit deren Hilfe sie sich von den realen Verhältnissen entfernt, indem sie Gegenstände, Sachverhalte und Lebenssituationen auf die Ebene des ästhetischen Genusses hebt (dabei ist irrelevant, ob Kunst als schön, schöner Schein oder nicht mehr schön betrachtet wird). Die Einschätzung von kreativen Prozessen jedoch im Sinne der primär kommunikativen und progressiven (im Gegensatz zur regressiven, vgl. KRIS, 1953) Funktion primärprozeßhafter unbewußter Vorgänge kann die verstärkte Intention der modernen Kunst (Pop-Art, Op-Art, Conceptual-Art, Land-Art, Minimal-Art) erklären, konkrete Reali-

Bevor wir uns nun der Frage nach der Entstehung des Unbewußten und der Sprache in der Entwicklung des Subjekts zuwenden, wollen wir auf eine weitere Anleihe LACANS bei der Linguistik hinweisen, nämlich die Kategorie der Person. Die Sprache fundiert das Ich als Identität, als Selbst-Bewußtsein, als sprechendes Subjekt. LACAN kann hier auf die Untersuchungen von E. BENVENISTE zur Kategorie der Person zurückgreifen (BENVENISTE, 1956b, 1958). ‹Ich›, das ist das Individuum, das jetzt und hier spricht: «Est ‹ego› qui *dit* ‹ego›» (BENVENISTE, 1958, S. 260). Die Subjektivität ist in der Sprache begründet, in den sprachlichen Bedingungen der ‹Person›. Dazu gehört außer dem ‹ich› das ‹du› als der Angesprochene. Damit ist ein reziprokes Verhältnis zwischen Ich und Du gesetzt, denn ‹ich› werde ‹du› in der Rede dessen, der sich seinerseits als ‹ich› bezeichnet. Somit bestimmt die Sprache die Subjektivität auf der Grundlage der Intersubjektivität. Daher kann LACAN sagen, daß die Rede des Subjekts in der Analyse einen Angesprochenen mit enthält, daß also der Sprecher sich als Intersubjektivität konstituiert und daß nur in dieser Intersubjektivität des Dialogs die Geschichte des Subjekts entstehen kann, so wie deren fehlende Kapitel wiederhergestellt werden können.[133]

«Premièrement en effet, quand le sujet s'engage dans l'analyse, il accepte une position plus constituante en elle-même que toutes les consignes dont il se laisse plus ou moins leurrer: celle de l'interlocution, et nous ne voyons pas d'inconvénient à ce que cette remarque laisse l'auditeur interloqué. Car ce nous sera l'occasion d'appuyer sur ce que l'allocution du sujet y comporte un allocutaire, autrement dit que le locuteur s'y constitue comme intersubjectivité.

Secondement, c'est sur le fondement de cette interlocution, en tant qu'elle inclut la réponse de l'interlocuteur, que le sens se délivre pour nous de ce que FREUD exige comme restitution de la continuité dans les motivations du sujet. L'examen opérationnel de cet objectif nous montre en effet qu'il ne se satisfait que dans la continuité intersubjective du discours où se constitue l'histoire du sujet» (LACAN, 1956, in: 1966, S. 257 f).

2.6.3. *Das Imaginäre und das Symbolische*

Wenn die Rede des Patienten mehr und anderes bedeutet, als der Patient bewußt zu sagen vermeint, dann ist offenbar das Subjekt seiner Rede, sein Selbst (le moi, sujet de l'énonciation), nicht identisch mit dem Sprecher-Ich,

---

täten zu innovieren, Wahrnehmungs- und Erfahrungsmöglichkeiten zu erweitern und die Selbsteinschätzung hinsichtlich der Umwelt zu verändern (vgl. JUNKER, 1971, S. 49 ff). Sublimierungen stehen dann im Zusammenhang mit der Identifikation mit dem (Kunst-)Objekt einerseits und dem Ideal-Selbst andererseits.

133 Damit ist gesagt, daß die ‹Wahrheit› des Subjekts nur durch den therapeutischen Dialog gefunden werden kann; keinesfalls läßt sich aus dieser Betonung der Intersubjektivität eine LACANsche Interaktionstheorie ableiten. Vgl. 2.5.

dem bewußten Subjekt der Äußerung («je», sujet de l'énoncé). Diese ‹Spaltung› (refente) ist bedingt durch das Dazwischentreten des signifiant.[134] Der Wunsch, in der Bitte geäußert («ich bitte dich . . .»), ist nicht mehr derselbe wie der, der das Selbst, die Seele, bewegte. SCHILLERS Distichon ‹Sprache› formuliert ebendiesen Zwiespalt und wird von LACAN (1966, S. 469), wenn auch in etwas anderem Zusammenhang, zitiert:

«Warum kann der lebendige Geist dem Geist nicht erscheinen?
Spricht die Seele, so spricht, ach! schon die *Seele* nicht mehr.»

Das ‹wahre Ich›, das Selbst, kann ein anderes sein als das ‹ich› der Rede, es kann sich verbergen hinter einem ‹du› oder ‹er› oder ‹man›. Diese immer neue Spaltung des Subjekts in ein Selbst und ein Ich, die Entfremdung des Subjekts in seiner Rede, hat ihren Ursprung in jener ersten Spaltung (fente), die aus einem von Menschen geborenen Lebewesen, einem ‹in- fans›, ein männliches oder weibliches Subjekt macht.

Diese Wende findet in der ödipalen Phase statt. In ihr vollzieht sich der Übergang vom Imaginären zum Symbolischen, von der dualen un-mittelbaren Beziehung zu einer Dreierbeziehung, vermittelt durch das Gesetz des Symbolischen, dessen erste Form und Zugangsweise die Sprache ist. Der dualen Beziehung entspricht die sogenannte Phase des Spiegels (stade du miroir), der LACAN besondere Aufmerksamkeit widmet.[135] In ihr sieht das Kind den anderen, zunächst die Mutter, dann auch ein anderes Kind, ‹wie in einem Spiegel›, d. h. es sieht in ihnen sich selbst. Durch diese primäre, imaginäre Identifikation entsteht das Ich-Selbst (le moi, im Gegensatz zum Ich, le Je, das erst durch die symbolische Identifikation, durch die Vermittlung der Sprache entsteht). Ich-selbst und der andere sind eins; dies erklärt das Verhalten von Kindern zwischen 6 Monaten und $2\frac{1}{2}$ Jahren gegenüber ihren Altersgenossen: das Kind, das schlägt, sagt, es sei geschlagen worden; das Kind, das ein anderes fallen sieht, weint selbst. Wichtig ist, daß das ‹Subjekt› dieser Phase, das Selbst, auf der narzißtischen Fiktion beruht, daß der andere, den es liebt, ihm ähnlich ist, so ähnlich, daß er schließlich gar kein anderer mehr ist. Diese duale Beziehung, die sich vor allem in der Beziehung des Kindes zur Mutter ausdrückt, gehört dem Imaginären an, das Subjekt als Ich (das «ich» *sagt*)

---

134 «. . . cette refente du sujet qui s'opère de toute intervention du signifiant: nommément du sujet de l'énonciation au sujet de l'énoncé» (LACAN, 1963, in: 1966, S. 770).

135 «Die Spiegelrelation zum Andern, durch die wir zunächst der bei Freud grundlegenden Theorie des Narzißmus tatsächlich ihre dominierende Stellung in der Funktion des Ichs wiederzugeben suchten, kann die ganze Phantasmagorisierung, die in der analytischen Erfahrung an den Tag gebracht wird, nur auf ihre tatsächliche Unterordnung reduzieren, wenn sie, wie das im Schema ausgedrückt wird, zwischen dieses Diesseits des Subjekts und dieses Jenseits des Andern gestellt wird, in das die Rede sie in der Tat einfügt, sofern die Existenzen, die in ihr gründen, ihren Verbindlichkeiten vollständig preisgegeben sind» (LACAN, 1957 a, dt. 1972, S. 254). Vgl. auch seinen frühen Aufsatz ‹Le stade du miroir› (1936, in: 1966, S. 93–100).

entsteht erst durch das Hinzutreten eines Dritten, das, symbolisch vermittelnd, zwischen das Selbst und den anderen tritt und so eine Bestimmung des Ich (je) als ‹nicht-der-andere› ermöglicht.

In der ödipalen Phase entsteht also auf dem Hintergrund der dualen Struktur eine Dreierstruktur, wobei jener Zauber des Spiegelbildes — ich und der andere sind eins — nicht gänzlich verlorengeht: es entsteht das Unbewußte. Biographisch gesehen ergibt sich die Dreierstruktur durch das Hinzutreten des Vaters, der die imaginäre Dualunion stört durch seinen Anspruch gegenüber der Mutter. Für LACAN ist jedoch der Ödipus-Komplex, wie schon für LÉVI-STRAUSS, vorwiegend ein *gesellschaftliches* Phänomen. In der ödipalen Phase wird das Kind mit der Gesellschaft konfrontiert, mit den bestehenden sozialen Strukturen, vor allem den Strukturen der Verwandtschaftsbeziehungen im allgemeinen und denen der engeren Familie im besonderen. In ihnen manifestiert sich die Ordnung des Symbolischen, die formal mit der Ordnung der Sprache identisch ist. LACAN betont, daß das Gesetz des Symbolischen dem Kind eigentlich schon vor der ödipalen Phase seine Bestimmung zuweist, daß also auch die imaginäre Einheit mit dem anderen, in der das Kind zunächst lebt, schon durch das Gesetz des Symbolischen bestimmt ist, insofern sie nämlich durch die gesellschaftliche Aufgabe der ‹Mutter›, durch ‹Säuglingspflege›, insbesondere den rhythmischen Abläufen der Ernährung und Hygiene, strukturiert wird. LACAN spricht daher von einem Primat des Symbolischen über das Imaginäre, welcher es nicht erlaube, die präödipale Phase als einen glücklichen Naturzustand anzusehen, der nur von ‹vitalen› Bedürfnissen bestimmt sei (orale Phase).

Hier wird nun der entscheidende Beitrag von LACAN deutlich (von einem anderen, mit diesem zusammenhängenden Beitrag wird noch die Rede sein): seine Bestimmung des menschlichen Subjekts als eines immer und überall symbolisch Vermittelten. Unter dem Gesetz des Symbolischen spaltet sich das Subjekt und entsteht das Unbewußte; die ‹Wahrheit› des Subjekts wird verdrängt (Urverdrängung), doch sie kehrt wieder im Unbewußten.[136] Und dieses Subjekt des Unbewußten findet seine symbolische Repräsentanz in der chaîne signifiante, mit der der Patient dem Analytiker seine Geschichte

---

136 Einige Zitate LACANS sollen den Zusammenhang von Symbolischem und Unbewußtem verdeutlichen:

«Cette extériorité du symbolique par rapport à l'homme est la notion même de l'inconscient» (1966, S. 469).

«... l'Urverdrängung ... soit la réduplication du sujet que le discours provoque ...» (1966, S. 710).

«La structure du langage une fois reconnue dans l'inconscient, quelle sorte de sujet pouvons-nous lui concevoir? On peut ici tenter, dans un souci de méthode, de partir de la définition strictement linguistique du Je comme signifiant: où il n'est rien que le shifter ou indicatif qui dans le sujet de l'énoncé désigne le sujet en tant qu'il parle actuellement. C'est dire qu'il désigne le sujet de l'énonciation, mais qu'il ne le signifie pas» (1960 b, in: 1966, S. 800).

114

erzählt. Das Unbewußte hat die Struktur der Sprache eben deshalb, weil die Sprache die Bedingung des Unbewußten ist. Das Unbewußte ist eine Rede (was sollte es sonst sein?). In der chaîne signifiante sprechen sozusagen zwei Subjekte, das des ‹Wissens› und das der ‹Wahrheit› (vgl. auch LACAN, 1966, in: 1966, S. 866 ff). Der Verdoppelung des Subjekts entspricht der Doppelcharakter der chaîne signifiante, in dem das Unbewußte sich artikuliert.

«Car il suffit d'une composition minima de la batterie des signifiants pour qu'elle suffise à instituer dans la chaîne signifiante une duplicité qui recouvre sa réduplication du sujet, et c'est dans ce redoublement du sujet de la parole que l'inconscient comme tel trouve à s'articuler» (LACAN, 1960 a, in: 1966, S. 711).

Die Spaltung des Subjekts geschieht für LACAN ‹von außen›; das Unbewußte muß entstehen, weil das Symbolische, insbesondere die Sprache, dem Menschen von der Gesellschaft, der Tradition, auferlegt wird, damit er sich in der Welt der Intersubjektivität gemäß ihren Rechten und Normen verhalte.

Mit dieser Spaltung des Subjekts, ausgedrückt durch den ‹Bruchstrich› (la barre), der den signifiant vom signifié trennt ($\frac{S}{s}$), hebt LACAN das Subjekt, das Individuum, vom Thron (subversion du sujet). Er greift damit einerseits auf FREUD zurück, der dem ‹Ich› ein ‹Es› und ein ‹Über-Ich› zuordnete, andererseits geht er über FREUD hinaus, getragen vom Strukturalismus seiner Zeit, indem er die Struktur des Subjekts durch den Primat des Symbolischen begründet; Bewußtes und Unbewußtes ‹reden›, aber ihre Bezugssysteme sind verschieden, der Bereich des Imaginären einerseits, der Bereich der Gesellschaft, des Symbolischen im engeren Sinne, andererseits. LACAN hat die doppelte Struktur des Subjekts wiederholt durch das sogenannte L-Schema, auch Schema der intersubjektiven Dialektik genannt, dargestellt.[137]

Schéma L:

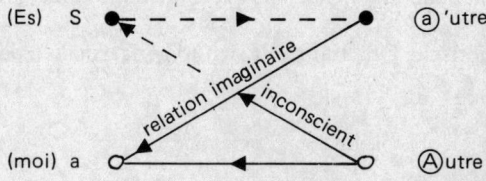

137 Ausführliche Darstellungen finden sich in dem Aufsatz ‹Le séminaire sur ‚La Lettre volée'› (LACAN, 1957 a, in: 1966, S. 11–61, dt. 1972) sowie in dem Aufsatz über die mögliche Behandlung der Psychose (LACAN, 1959, in: 1966, S. 531–583).

115

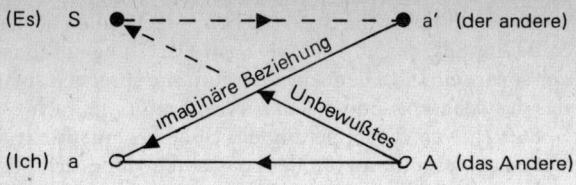

(nach Lacan, 1966, S. 53, vgl. auch S. 548 und 904)

Wir erkennen zunächst die imaginäre Beziehung der Phase des Spiegels, die duale Beziehung des Ich-Selbst zu seiner Projektion, a a', wobei zwischen dem eigenen Spiegelbild und dem Bild des anderen kein Unterschied besteht. Diese imaginäre Beziehung trennt S von A, d. h. das sprechende Subjekt (ein durch das FREUDsche Es ergänztes Subjekt, also das Subjekt des psychoanalytischen Prozesses) von dem ‹großen Anderen› (le grand Autre), dem Gesetz des Symbolischen, unter das die Rede das Subjekt stellt und das als Rede das Subjekt bestimmt (détermination signifiante), was sich in A abspielt, ist strukturiert wie eine Rede: das Unbewußte ist die Rede des Anderen.[138]

Das Unbewußte erfordert also eine vierteilige Struktur des Subjekts; die imaginäre Beziehung bringt eine Verdoppelung der Einheiten mit sich: a, S und a', A.[139]

2.6.4. Exkurs: Vergleich des L-Schemas mit dem «semiotischen Quadrat» von A. J. Greimas

LACANS Schema der intersubjektiven Dialektik mit seinen zwei mal zwei Einheiten weist eine erstaunliche formale Ähnlichkeit mit dem semiotischen Quadrat auf, einem Modell der elementaren Struktur der Bedeutung, das der Linguist und Semiotiker GREIMAS zusammen mit seinen Schülern entwickelt hat.[140]

Das semiotische Quadrat stellt sich folgendermaßen dar:

---

138 «l'inconscient, c'est le discours de l'Autre», so lautet die häufig wiederkehrende Definition des Unbewußten (LACAN, in: 1966, S. 379, passim).

139 «Une structure quadripartite est depuis l'inconscient toujours exigible dans la construction d'une ordonnance subjective» (LACAN, 1963, in: 1966, S. 774).

140 Auf diese Ähnlichkeit wurden wir aufmerksam gemacht durch den Vortrag von M. DERYCKE auf dem Semantik-Symposium in Urbino vom 5. bis 10. Juli 1971 (DERYCKE, 1971).

116

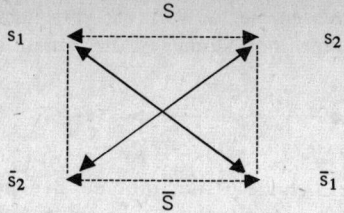

Relation zwischen konträren Gegensätzen
Relation zwischen kontradiktorischen Gegensätzen
Relation der Implikation

(Vgl. Greimas, Rastier, 1968 in: Greimas, 1970. S. 135—155;
das Schema befindet sich auf S. 137)

Das semiotische Zusammenspiel verschiedener Gegensätze mag, der Einfachheit halber, an einem sprachlichen Beispiel erläutert werden:

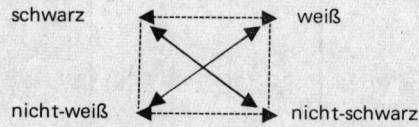

‹schwarz› und ‹nicht-schwarz› sowie ‹weiß› und ‹nicht-weiß› bilden kontradiktorische Gegensätze; ‹schwarz› und ‹weiß› sowie ‹nicht-weiß› und ‹nicht-schwarz› bilden konträre Gegensätze. Zwischen ‹schwarz› und ‹nicht-weiß› sowie zwischen ‹weiß› und ‹nicht-schwarz› besteht eine Relation der Implikation, über deren Gerichtetheit ($s_1 \rightarrow \bar{s}_2$ oder $\bar{s}_2 \rightarrow s_1$) noch keine Einigung besteht; wir werden diese Relation hier nicht weiter berücksichtigen, zumal sich im L-Schema keine vergleichbare Relation findet. Die Tatsache, daß wir uns bei unserem sprachlichen Beispiel mit Wortfügungen wie ‹nicht-weiß› behelfen müssen, macht deutlich, daß es sich bei diesem Modell um formallogische Beziehungen handelt, die erst auf einer anderen Ebene mit sprachlichen Inhalten gefüllt werden können; es könnte z. B. eine Sprache geben, in der für ‹nicht-weiß› ein eigenes Wort zur Verfügung stände.

Dieses semiotische Modell ist eine Erweiterung desjenigen Modells, das GREIMAS schon in seiner ‹Sémantique structurale› (GREIMAS, 1966, dt. 1971) vorgelegt hatte: Bedeutung setzt eine Relation voraus, und diese Relation ist entweder eine Konjunktion oder eine Disjunktion; damit zwei Einheiten verglichen werden können, müssen sie, obwohl sie verschieden sind, etwas gemeinsam haben. Ihr gemeinsamer Nenner ist die semantische Achse S

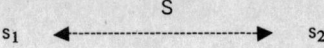

Auf dieser Achse entfaltet sich die Artikulation der Bedeutung; so artikuliert sich die Achse S in die beiden Seme s_1 und s_2, d. h. $S \rightarrow s_1$ vs s_2. Diese semantische Achse S steht nun jedoch auch im Gegensatz zum Fehlen jeglicher Bedeutung, zu $\bar{S}$, das einen kontradiktorischen Gegensatz zu S darstellt. Dieser Tatsache wird im semiotischen Quadrat Rechnung getragen. Es ergibt sich folgendes Schema der Relationen (nach GREIMAS, RASTIER, a. a. O., S. 140):

Konstitutive Relationen	Strukturelle Dimensionen	Semische Strukturen
konträrer Gegensatz	S-Achse (komplex)	$s_1 + s_2$
	$\bar{S}$-Achse (neutral	$\bar{s}_1 + \bar{s}_2$
kontradiktorischer Gegensatz	Schema 1	$s_1 + \bar{s}_1$
	Schema 2	$s_2 + \bar{s}_2$
einfache Implikation	Deixis 1	$s_1 + \bar{s}_2$
	Deixis 2	$s_2 + \bar{s}_1$

Man kann das semiotische Quadrat zum Zwecke mathematischer Manipulation weiter formalisieren, etwa so:

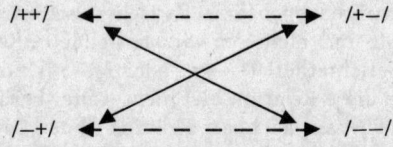

und dann jede dieser Zeichenkombinationen durch das Produkt ihrer Faktoren darstellen. Die Relation des konträren Gegensatzes erscheint dann als Gegensatz zwischen Produkten verschiedener Zeichen ($/ + /$ verhält sich zu $/ + - /$ wie $(+)$ zu $(-)$, denn $(+)$ mal $(+)$ gibt $(+)$, aber $(+)$ mal $(-)$ gibt $(-)$), während die Relation des kontradiktorischen Gegensatzes als eine Relation zwischen gleichen Zeichen $((+)$ und $(+)$; $(-)$ und $(-)$) erscheint, wobei jedoch nur die Produkte gleich sind, nicht jedoch die Faktoren ($/ + + / \longleftrightarrow / - - /$; $/ + - / \longleftrightarrow / - + /$). Auf diese Weise gelangt man dazu,

118

das semiotische Quadrat als eine Zeichenkette zu formulieren, die aus verschiedenen Anordnungen der Plus- und Minuszeichen besteht.

Auch LACAN hat die Struktur seines L-Schemas in der Form einer Kette niedergeschrieben, zunächst als eine Folge von $\alpha\ \beta\ \gamma\ \delta$, dann als Folge zweier Zeichen, nämlich α und γ, geordnet durch zwei Arten von Parenthesen; schließlich, indem er α und γ durch 1 und 0 ersetzte, gelangte er zu folgender, L genannter Kette:

Kette L:

(10...(00...0)0101...0(00...0)...01)11111...(1010...1)111... usw. (Vgl. dazu LACAN, 1957 a, in: 1966, S. 55 ff, dt. S. 255 ff)

Es hat den Anschein (und wir dürfen uns hier auf das Urteil mathematisch versierter Kollegen berufen), daß zwischen der L-Kette und der ‹semiotischen Kette› eine strukturelle Identität besteht. Es ist jedoch schwer, diese Gleichheit inhaltlich zu fassen: Die imaginäre Beziehung $(a - a')$ erscheint charakterisiert durch die Produktzeichen $(+)$ und $(-)$ bzw. die Semartikulationen $(s_1 + s_2)$ und $\bar{s}_1 + \bar{s}_2)$; die imaginäre Beziehung wäre demnach bestimmt durch zwei Arten konträrer Gegensätze, wobei die semische Struktur besagt, daß die beiden Terme s_1 und s_2 bei dieser Relation immer zusammengehen. Das Subjekt, (Es)S, erweist sich als der Ort kontradiktorischer Gegensätze mit der semischen Struktur $(s_1 + \bar{s}_1)$ und $(s_2 + \bar{s}_2)$. Das große Andere (A) schließlich erweist sich nicht als eine Relation, sondern als redundante Struktur, deren semische Artikulation lauten würde $(s_1 + s_1)$ oder $(\bar{s}_1 + \bar{s}_1)$ oder auch $(s_2 + s_2)$ und $(\bar{s}_2 + \bar{s}_2)$; hier werden sozusagen die Einheiten geliefert, und zwar in beliebiger Anzahl, deren Verknüpfung zu Gegensätzen dann die imaginäre Beziehung sowie die Struktur von S ausmacht.

Wenn dieser Vergleich mehr sein soll als ein esoterisches Rechenexempel, dann muß es möglich sein, den wissenschaftlichen Gegenstand sowie die Theorie der Semiotik einerseits und der Psychoanalyse andererseits einem Vergleich zu unterziehen. Dies kann hier nur andeutungsweise versucht werden.

Gegenstand der Semiotik sind die Kulturobjekte (Sprache, Mythos, Kunst, Religion usw.); die Theorie der Semiotik erfaßt die Entstehung kultureller Gebilde auf drei Ebenen (vgl. GREIMAS, RASTIER, a. a. O., S. 135):

1. ‹Tiefenstrukturen› liefern die formallogischen Bedingungen der Entstehung von Sinn überhaupt; auf dieser Ebene operiert das semiotische Quadrat mit seinen konstitutiven Relationen des konträren und des kontradiktorischen Gegensatzes sowie der Implikation. Wir können beispielsweise sagen: auf dieser Ebene wird bestimmt, daß Schwarz und Weiß nicht dasselbe sind.

2. ‹Oberflächenstrukturen› liefern eine ‹semiotische Grammatik› möglicher Kombinationen, möglicher diskursiver Anordnungen der Sinnelemente. Auf dieser Ebene operiert das Aktantenmodell mit Subjekten, Objekten, Helfern, Opponenten usw.[141] Die diskursive Anordnung der von uns als Beispiel gesetzten Konstituenten Schwarz und Weiß könnte etwa sein:

Weiß siegt über Schwarz. Die semiotische Grammatik ist unabhängig vom Ausdruck, der sie ‹manifestieren› wird, d. h. z. B., daß die diskursive Anordnung ‹Weiß siegt über Schwarz› sowohl in einem Bild als auch in einem literarischen Werk als auch in einem einzelnen Satz (und hier wiederum in jeder beliebigen Sprache) hanifest gemacht bzw. ausgedrückt werden kann.

3. ‹Manifestationsstrukturen› liefern die Ausdrucksstrukturen (signifiants), z. B. Farben, Gattungs- und Stilformen, Lexeme und grammatische Regeln. Ihre Auswahl wird bestimmt durch Geschichte und Gesellschaft, wobei gilt, daß immer nur ein Teil dessen manifestiert wird, was in der semiotischen Grammatik strukturell möglich ist.

Versuchen wir nun, Gegenstand und Theorie der Psychoanalyse in analoger Weise darzustellen, so können wir sie als eine Bestimmung des menschlichen Subjekts [142] auf drei verschiedenen Ebenen charakterisieren:

1. Die elementare Struktur des Subjekts ist bestimmt durch eine duale (präödipale) Beziehung *und* durch eine Dreierbeziehung (ödipal); auf dieser Ebene operiert das L-Schema LACANS, dessen Ähnlichkeit mit dem semiotischen Quadrat wir aufgezeigt haben (Ebene der Tiefenstrukturen des Subjekts).

2. Die elementare Struktur des Subjekts ermöglicht komplexe Handlungen und Verhaltensweisen, deren Struktur einer zweiten Ebene angehört. Auf dieser Ebene operiert das Modell der Objektbeziehungen: das Subjekt empfindet Personen, mit denen es umgeht, als gut oder schlecht, es akzeptiert oder verwirft, es internalisiert oder projiziert seine ‹Objekte›; aus den verschiedenen Arten der Objektbeziehungen ergeben sich Klassifizierungen der Verhaltensweisen wie z. B. phobisches, narzißtisches, hysterisches, zwangsneurotisches Verhalten. Den methodischen Zugang zu den Objektbeziehungen des Subjekts bzw. den interpersonellen Strukturen bietet das Konzept der Übertragung und Gegenübertragung. – Diese Ebene, die sozusagen das Bindeglied zwischen der elementaren Struktur und den Manifestationsstrukturen, dem signifiant von LACAN, darstellt, wird von LACAN und seinen Schülern nicht berücksichtigt, die dementsprechend auch der Übertragung und Gegenübertragung eine sehr untergeordnete Rolle zubilligen (vgl. LACAN, 1952, in: 1966, S. 215–226; an anderer Stelle nennt LACAN die Übertragung «de la théorie vulgarisante» (LACAN, 1955, in: 1966, S. 328). Nun ist aber das Konzept von Übertragung und Gegenübertragung kein Hilfsmittel für schlechte Analytiker, sondern ein Kernstück der psychoanalytischen Theorie, und es ist daher nicht möglich, von der elementaren Struktur des Subjekts sofort zur Struktur der chaîne signifi-

---

141 Näheres zum Aktantenmodell findet sich bei GREIMAS (1966, dt. 1971, S. 157 ff).

142 FREUDS Feststellung, daß das Objekt der Psychoanalyse der unbewußte psychische Vorgang ist (1915, G. W. X, S. 270), sei hier implizit gegeben.

120

ante, der Manifestationsstruktur, überzugehen, wie LACAN es tut. Hinzu kommt, daß auf dieser Ebene der signifiant noch gar keine Rolle spielt, denn es ist gleichgültig für die Feststellung einer bestimmten Ausprägung von Objektbeziehung, ob diese sich im Übertragungs-Gegenübertragungskontext sprachlich, durch eine Geste oder eine Handlung manifestiert. Andererseits haben wir es auf dieser Ebene auch nicht mehr mit den elementaren Relationen des L-Schemas zu tun, denn hier gibt es Subjekte, die sprechend und handelnd in Interaktion treten (Ebene der Oberflächenstrukturen des Subjekts).

3. Psychische und somatische Symptome aller Art (Waschzwang, Herzklopfen usw.), vor allem aber die freie, assoziative Rede mit ihren Abbrüchen, Wiederholungen, ihren Versprechern, Metaphern und Metonymien, bilden die Ebene der Manifestation, der chaîne signifiante, deren große Bedeutung wieder entdeckt zu haben das besondere Verdienst von LACAN ist (Ebene der Manifestationsstrukturen des Subjekts).

Wir haben die formale und strukturelle Analogie zwischen der psychoanalytischen Theorie des Subjekts, insbesondere den Vorstellungen von J. LACAN, und der semiotischen Theorie der Kulturobjekte deswegen hervorgehoben, weil durch sie die besondere Beziehung des Subjekts zum Symbolischen, das einerseits von ihm geschaffen wird, dessen Gesetzmäßigkeit es andererseits determiniert, deutlich gemacht werden kann.[143]

2.6.5. Psychoanalyse als Wissenschaft vom Unbewußten: ‹Das Unbewußte ist die Rede des Anderen›

LACAN bestimmt das Unbewußte nicht etwa als verborgenen Sinn dessen, was der Patient sagt: z. B. wenn ein Patient in der Analyse über seine Angst vor

---

143 Wir weisen in diesem Zusammenhang hin auf die von FÜRSTENAU gegebene Charakterisierung der Psychoanalyse als einer Wissenschaft, die durch die Verbindung ihrer Konzepte (z. B. die Ödipalität, die «einen relevanten Zugang zu sehr vielen psychosozialen Phänomenen und Problemen» eröffnet (FÜRSTENAU, 1972, S. 443)) mit dem Medium ihrer Therapie (das ist die psychoanalytische Interaktion als Kommunikationssituation) weittragende Perspektiven ermöglicht: «Mit dieser weitreichenden Bedeutung des Ödipuskomplexes hängt es zusammen, daß sich die Psychoanalyse sehr schnell weit über eine medizinische Theorie hinaus zu einer umfassenden Perspektive auf die menschlich-gesellschaftlich-geschichtliche Welt entwickelt hat. Es gibt nur wenige wissenschaftliche Positionen, die mit der Psychoanalyse hinsichtlich Relevanz und Weite der Perspektive auf die menschliche Welt konkurrieren können. Damit hängt zusammen, daß die Psychoanalyse als Konzeption im Gegensatz zu anderen psychotherapeutischen Richtungen, die nur eine enge Perspektive auf menschliche Phänomene vermitteln, ein Medium (eine Sprache) ist, das menschlich-gesellschaftlich-geschichtliche Ereignisse und Verläufe auf eine bestimmte relevante Weise durchgängig durchsichtig zu machen gestattet. Darin besteht ihre besondere wissenschaftliche Leistung» (FÜRSTENAU, 1972, S. 443 f).

Pferden spricht und der verborgene Sinn dieser Aussage, nämlich die Angst vor seinem Vater, ihm unbewußt ist, sondern für ihn ist das Unbewußte in der Rede des Patienten ein *signifiant*, der gerade aus dieser Rede herausfällt und einen Fremdkörper darstellt, weil er nämlich einer anderen Rede angehört, die durch Verdrängung und Zensur des Bewußtseins bis zur Unkenntlichkeit verändert worden ist, die es jedoch wiederherzustellen gilt, da sie die dem bewußten Subjekt fehlenden Kapitel seiner Geschichte enthält.

«L'inconscient est cette partie du discours concret en tant que transindividuel, qui fait défaut à la disposition du sujet pour rétablir la continuité de son discours conscient» (LACAN, 1956, in: 1966, S. 258).

Das Unbewußte als die Rede des Anderen kommt in der Rede des Patienten zum Ausdruck, und zwar vornehmlich in seinen Traumberichten, den Versprechern, Fehlleistungen und ungewollt witzigen Äußerungen.

«... la condition du sujet S (névrose ou psychose) dépend de ce qui se déroule en l'Autre A. Ce qui s'y déroule est articulé comme un discours (l'inconscient est le discours de l'Autre), dont FREUD a cherché d'abord à définir la syntaxe pour les morceaux qui dans des moments privilégiés, rêves, lapsus, traits d'esprit, nous en parviennent» (LACAN, 1959, in: 1966, S. 549).

Daß LACAN hier an den frühen FREUD anschließt,[144] zeigt sich einmal in der realistischen Auffassung des Unbewußten (signifiant vs verborgener Sinn), zum anderen in seinem Katalog der Bildungen des Unbewußten (formations de l'inconscient). Es sind ganz bestimmte Elemente in der Rede des Patienten, die, scheinbar sinnlos und unwichtig und normalerweise überhört, der «gleichschwebenden Aufmerksamkeit» des Analytikers nicht entgehen, bestimmte Elemente also, an die sich die Einfälle des Patienten knüpfen, durch die die ‹zweite Struktur› der Rede des Patienten, nämlich das Unbewußte, wiedergefunden werden kann. Jener verlorengegangene Text ist, außer in den schon klassischen Bildungen des Unbewußten (Traum, Fehlleistung, Witz) nach LACAN noch in folgenden signifiants niedergeschrieben: im Körper des Patienten mit seinen Symptomen, in seinen Kindheitserinnerungen, in seinem Wortschatz, in legendären und mythischen Zügen seiner Erzählung und in ihren Ungereimtheiten.[145] Die These LACANS lautet nun, daß sich das Unbe-

---

144 In anderen Bereichen, so auf dem Gebiet der Es- und Ich-Psychologie, entfernt sich LACAN von den Konzepten der klassischen Psychoanalyse, insbesondere von den Vorstellungen FREUDS. Wir wollen diesem Sachverhalt jedoch nicht weiter nachgehen.

145 «L'inconscient est ce chapitre de mon histoire qui est marqué par un blanc ou occupé par un mensonge: c'est le chapitre censuré. Mais la vérité peut être retrouvée; le plus souvent déjà elle est écrite ailleurs. A savoir:
— dans les monuments: et ceci est mon corps, c'est-à-dire le noyau hystérique de la névrose où le symptôme hystérique montre la structure d'un langage et déchiffre

wußte wie ein Sprachsystem analysieren läßt. FREUD hatte dem Unbewußten die (primärprozeßhaften) Mechanismen von *Verdichtung* und *Verschiebung* zugeschrieben; an ihre Stelle setzt LACAN die sprachlichen Mechanismen der *Metapher* und *Metonymie*. Von R. JAKOBSON hat er gelernt, daß Metapher und Metonymie als Ausprägungen der beiden fundamentalen Operationen verstanden werden können, auf denen Sprache beruht, nämlich Selektion und Kombination. Die Bildungen des Unbewußten lassen sich also, genau wie die Sprache, auf zwei Mechanismen zurückführen, nämlich die Metapher und die Metonymie.

«La Verdichtung, condensation, c'est la structure de surimposition des signifiants où prend son champ la métaphore, et dont le nom pour condenser en lui-même la Dichtung indique la connaturalité du mécanisme à la poésie, jusqu'au point où il enveloppe la fonction proprement traditionnelle de celle-ci.
La Verschiebung ou déplacement, c'est plus près du terme allemand ce virement de la signification que la métonymie démontre et qui, dès son apparition dans Freud, est présenté comme le moyen de l'inconscient le plus propre à déjouer la censure» (LACAN, 1957 b, in: 1966, S. 511).
«. . . les mécanismes décrits par Freud comme ceux du processus primaire, où l'inconscient trouve son régime, recouvrent exactement les fonctions que cette école (die Prager Schule – d. Verf.) tient pour déterminer les versants les plus radicaux des effets du langage, nommément la métaphore et la métonymie, autrement dit les effets de substitution et de combination du signifiant dans les dimensions respectivement synchronique et diachronique où ils apparaissent dans le discours» (LACAN, 1960 b, in: 1966, S. 799 f).

Gerade durch die beiden Mechanismen der Metapher und Metonymie begründet LACAN, wie wir sahen, die Autonomie des signifiant gegenüber dem signifié, seine Fähigkeit, mehr zu sagen, als er sagt. Dasselbe gilt nun auch für die Bildungen des Unbewußten, wie Träume, Tagträume, Phantasien, Fehlleistungen, Witze, ja auch bestimmte Körpersymptome wie z. B. der Brechreiz der Hysterika, der Waschzwang oder Räusperzwang des Zwangsneurotikers. Auch für sie gilt, daß sie mehr und anderes *bedeuten*, als was sie zunächst zu *sagen* scheinen, und sie bedürfen daher der *Interpretation*. Der Sinn eines Körpersymptoms etwa erschließt sich erst, wenn es als Metapher interpretiert

déchiffre comme une inscription qui, une fois recueillie, peut sans perte grave être détruite;
– dans les documents d'archives aussi: et ce sont les souvenirs de mon enfance, impénétrables aussi bien qu'eux, quand je n'en connais pas la provenance;
– dans l'évolution sémantique: et ceci répond au stock et aux acceptions du vocabulaire qui m'est particulier, comme au style de ma vie et à mon caractère;
– dans les traditions aussi, voire dans les légendes qui sous une forme héroïsée véhiculent mon histoire;
– dans les traces, enfin, qu'en conservent inévitablement les distorsions, nécessitées par le raccord du chapitre adultéré dans les chapitres qui l'encadrent, et dont mon exégèse rétablira le sens» (LACAN, 1956, in: 1966, 259).

werden kann,[146] nämlich als Ersetzung eines signifiant durch einen anderen (Operation der Selektion). So wie der Sinn der Metapher ‹Fuchs = listiger Mensch› verstanden wird aus der Ersetzung des zweiten Terminus durch den ersten auf Grund einer Ähnlichkeit, so bedarf es für das Verständnis des Symptoms als einer Metapher in der Sprache des Unbewußten des verlorengegangenen, verdrängten und durch das Symptom ersetzten ersten Terminus (bei einem hysterischen Brechreiz etwa wäre das der Ekel vor sexuellen Beziehungen, insbesondere Küssen). Im Gegensatz zur Metapher entsteht der Sinn bei der Metonymie durch die Vermittlung einer ganzen Reihe von signifiants, die in einem linearen bzw. kontextuellen Zusammenhang stehen; die Metonymie «ein Glas trinken» beruht auf dem Kontiguitätsverhältnis zwischen ‹Glas› und ‹Inhalt des Glases›. Eine Metonymie in der Sprache des Unbewußten ist für Lacan der Triebwunsch (désir) (z. B. als Erfüllung im Traum).[147] Ein Wunsch ist immer mit anderen verknüpft, die Erfüllung des einen eröffnet einen anderen, und verstanden werden alle diese Wünsche erst, wenn es gelingt, sie auf jenen ersten Wunsch der frühen Kindheit zurückzuführen. Für diesen ersten Wunsch nämlich, der verdrängt werden mußte, werden immer neue Wünsche gefunden, es entsteht eine Kette von Wünschen, die sich als Verknüpfung von signifiants auf der Grundlage des Kontiguitätsverhältnisses analysieren lassen.

Von diesen beiden Bestimmungen abgesehen – Bestimmung des Wunsches als Metonymie und des Symptoms als Metapher –, läßt Lacan die Mechanismen von Metapher (Verdichtung) und Metonymie (Verschiebung) in den einzelnen Bildungen des Unbewußten gleichermaßen wirksam sein; es kann also sein, daß ein bestimmter Traum oder ein Witz oder eine Fehlleistung nach dem Mechanismus der Metonymie interpretiert werden muß, während eine andere Fehlleistung, ein anderer Witz und ein anderer Traum nur als Metapher entschlüsselt werden können.

Die Interpretation der Bildungen des Unbewußten bildet für Lacan den Kern des analytischen Prozesses. Der Analytiker soll, wie Freud es verlangte, mit «gleichschwebender Aufmerksamkeit» der Rede des Patienten folgen;

---

146 «Le mécanisme à double détente de la métaphore est celui-là même où se détermine le symptôme au sens analytique. Entre le signifiant énigmatique du trauma sexuel et le terme à quoi il vient se substituer dans une chaîne signifiante actuelle, passe l'étincelle, qui fixe dans un symptôme, – métaphore où la chair ou bien la fonction sont prises comme élément signifiant, – la signification inaccessible au sujet conscient où il peut se résoudre» (Lacan, 1957 b, in: 1966, S. 518).

147 «Et les énigmes que propose le désir à toute ‹philosophie naturelle›, sa frénésie mimant le gouffre de l'infini, la collusion intime où il enveloppe le plaisir de savoir et celui de dominer avec la jouissance, ne tiennent à nul autre déréglement de l'instinct qu'à sa prise dans les rails, – éternellement tendus vers le désir d'autre chose –, de la métonymie. D'où sa fixation ‹perverse› au même point de suspension de la chaîne signifiante où le souvenir-écran s'immobilise, où l'image fascinante du fétiche se statufie» (Lacan, 1957 b, in: 1966, S. 518).

124

nicht die Realität des Erzählten ist wichtig, auch nicht die Chronologie der berichteten Ereignisse; entscheidend sind vielmehr diejenigen Phänomene in der Rede des Patienten, die zunächst gar nicht zu der von ihm erzählten Geschichte zu gehören scheinen, sondern aus ihr herausfallen, wie Träume, Fehlleistungen, Versprecher, Witze, Vergessen von Namen, Zahlen usw. sowie Phänomene, die LACAN «caprices de l'association libre» nennt, das sind z. B. auffällige Wiederholungen und die Verwendung ungewöhnlicher Wörter.

Ein vollständiger Katalog dieser Phänomene jedoch, die er als «psychoanalytische Semantik» bezeichnet, ist im Werk von LACAN an keiner Stelle zu finden. Die Interpretation als Metapher und als Metonymie wird nur bei den wichtigsten Bildungen des Unbewußten vorgelegt; eine Analyse etwa von Wiederholungen oder ungewöhnlichen Wörtern als Metapher bzw. Metonymie gibt LACAN nicht (vgl. 3.3.).

2.6.6. Zusammenfassende Bemerkungen

LACANS Beitrag zum Problem von Sprache und Psychoanalyse liegt zunächst darin, daß er die Bedeutung des Symbolischen, d. h. der formalen Struktur der Sprache, für die Entstehung und Struktur des Subjekts klar herausgestellt hat; es (das Subjekt) ist immer und überall sprachlich vermittelt. Aus dieser Einsicht folgt eine Auflösung des klassischen Subjektbegriffs, an dessen Stelle eine vierteilige Struktur des Subjekts tritt, gegliedert durch die Relationen des Imaginären und des Symbolischen. Der Primat des Symbolischen bewirkt die Entstehung des Unbewußten, das seinerseits die Struktur einer Sprache (allerdings einer unbekannten) aufweist. Aus der Rede des Subjekts sprechen also sein bewußtes Ich und sein Unbewußtes. Der Analytiker hört aus der bewußten Rede die Unstimmigkeiten und Abbrüche heraus und interpretiert ihre unbewußte Bedeutung, damit das Subjekt sie in seine bewußte Rede wieder einfügen kann (vgl. 2.5.).

Indem LACAN in den Mittelpunkt der Psychoanalyse als Wissenschaft das Gesetz des Symbolischen stellt, d. h. die formale Struktur der Sprache und ihre Mechanismen, welche die Struktur des Subjekts ebenso bestimmen wie die Struktur der Gesellschaft, erreicht er zwei Dinge: einmal die Abgrenzung der Psychoanalyse von denjenigen Disziplinen, die sich psychoanalytisches Gedankengut angeeignet haben und in denen die Psychoanalyse zuweilen aufzugehen droht,[148] zum anderen eine Neubegründung der Psychoanalyse als

---

148 Diese Leistung LACANS ist vor allem von ALTHUSSER betont worden. Er charakterisiert die Versuchungen, die Psychoanalyse auf Aspekte verschiedener Wissenschaften zu reduzieren, folgendermaßen: «Die gefährlichsten dieser Versuchungen sind die der Philosophie (die bereitwillig die ganze Psychoanalyse auf die duale Erfahrung der Behandlung reduziert und darin die Themen der phänomenologischen Inter-

Theorie einerseits, Technik und Praxis andererseits. Die Tatsache, daß die Sprache der einzige Gegenstand und das einzige Mittel der psychoanalytischen Technik ist (zwischen Analytiker und Analysand geht nichts anderes vor, als daß sie miteinander reden), wird nun durch die psychoanalytische Theorie gerechtfertigt, die das Subjekt unter den Primat des Symbolischen stellt und sowohl das Bewußte als auch das Unbewußte als formal sprachliche Struktur bestimmt.

---

subjektivität, des Existenz-Entwurfes und allgemeiner des Personalismus ‹verifiziert› findet); ebenso die der Psychologie, die die Mehrzahl der Kategorien der Psychoanalyse als Bestimmungen eines ‹Subjekts›, an dem ihr offensichtlich als Problem gar nichts liegt, mit Beschlag belegt; schließlich die der Soziologie, die der Psychologie zu Hilfe kommt, indem sie dem ‹Realitätsprinzip› einen objektiven Inhalt (die familiären und sozialen Imperative) gibt, die das Subjekt nur noch zu ‹internalisieren› braucht, um mit einem ‹Über-Ich› und entsprechenden Kategorien ausgestattet zu sein. Derart der Psychologie oder der Soziologie unterworfen, bleibt von der Psychoanalyse meist nicht mehr als eine Technik der ‹emotionalen› oder ‹affektiven› Wiederanpassung, eine Umerziehung der ‹Beziehungsfunktion›, was alles mit ihrem wirklichen Gegenstand nichts zu tun hat – was jedoch leider einer starken und, schlimmer noch, einer sehr gezielten Forderung der gegenwärtigen Welt entspricht. Durch diese Entstellung ist die Psychoanalyse ein Konsumartikel der Kultur, d. h. der modernen Ideologie, geworden» (ALTHUSSER, 1964/65, dt. 1970, S. 34f).

126

Sprüche vom Geld

«Die Urbildung des Kapitals ...

... geht nicht so vor sich, daß das Kapital aufhäufte, wie sich das vorgestellt wird, Lebensmittel und Arbeitsinstrumente und Rohstoffe, kurz die vom Boden losgelösten und selbst schon mit menschlicher Arbeit verquickten objektiven Bedingungen der Arbeit ... Sondern seine Urbildung geschieht einfach dadurch, daß der als Geldvermögen existierende Wert durch den historischen Prozeß der Auflösung der alten Produktionsweise befähigt wird, einerseits zu kaufen die objektiven Bedingungen der Arbeit, andererseits die lebendige Arbeit selbst gegen Geld von den freigewordnen Arbeitern einzutauschen. Alle diese Momente sind vorhanden; ihre Scheidung selbst ist ein historischer Prozeß, ein Auflösungsprozeß, und es ist dieser, der das Geld befähigt, sich in Kapital zu verwandeln.»

(Karl Marx, Grundrisse zur Kritik der politischen Ökonomie)

Pfandbrief und Kommunalobligation

**Meistgekaufte deutsche Wertpapiere - hoher
Zinsertrag - schon ab 100 DM bei allen Banken
und Sparkassen**

Verbriefte  Sicherheit

3. DIE BEDEUTUNG DER SPRACHE ALS REDE IM PSYCHOANALYTISCHEN PROZESS

«Wir werden also die Verwendung der Worte in der Psychotherapie nicht gering schätzen und werden zufrieden sein, wenn wir Zuhörer der Worte sein können, die zwischen dem Analytiker und seinem Patienten gewechselt werden.»
(S. FREUD, Vorlesungen zur Einführung in die Psychoanalyse, 1916/1917, G. W. XI, S. 10)

3.1. SPRECHEN UND SCHWEIGEN IM ANALYTISCH–THERAPEUTISCHEN GESPRÄCH

Die psychoanalytische Therapie ist eine ‹talking cure›,[1] eine Behandlung, die auf Sprechen beruht, womit jedoch nicht gesagt ist, daß es eine Behandlung der Sprache des Patienten sei.[2]

Zum Austausch von Rede als dem Grundprinzip der analytischen Technik hat FREUD sich wiederholt geäußert. Wir wollen hier die wichtigsten Stellen anführen, nicht nur, um von hier aus die Bedeutung des Schweigens in der Analyse näher zu bestimmen, sondern als Ausgangspunkt unserer Erörterungen über die Sprache im psychotherapeutischen Geschehen überhaupt.

In den ‹Vorlesungen zur Einführung in die Psychoanalyse› heißt es:

«In der analytischen Behandlung geht nichts anderes vor als ein Austausch von Worten zwischen dem Analysierten und dem Arzt. Der Patient spricht, erzählt von vergangenen Erlebnissen und gegenwärtigen Eindrücken, klagt, bekennt seine Wünsche und Gefühlsregungen. Der Arzt hört zu, sucht die Gedankengänge des Patienten zu dirigieren, mahnt, drängt seine Aufmerksamkeit nach gewissen Richtungen, gibt ihm Aufklärungen und beobachtet die Reaktionen von Verständnis oder von Ablehnung, welche er so beim Kranken hervorruft. Die ungebildeten Angehörigen unserer Kranken – denen nur Sichtbares und Greifbares imponiert, am liebsten Handlungen, wie man sie im Kinotheater sieht – versäumen es auch nie, ihre Zweifel zu äußern, wie man ‹durch bloße Reden etwas gegen die Krankheit ausrichten kann›. Das ist natürlich ebenso kurzsinnig wie inkonsequent gedacht. Es sind ja dieselben Leute, die so sicher wissen, daß sich die Kranken ihre Symptome ‹bloß einbilden›. Worte waren ursprünglich Zauber, und das Wort hat noch heute viel von seiner alten Zauberkraft bewahrt. Durch Worte kann ein Mensch den anderen selig machen oder zur Verzweiflung treiben, durch Worte überträgt der Lehrer sein Wissen auf die Schüler, durch Worte reißt

---

1 ANNA O., die erste Patientin von BREUER und FREUD, «gab dieser neuartigen Behandlung den Namen ‹talking cure› oder bezeichnete sie scherzhaft als ‹chimney sweeping›» (FREUD, 1910 b, G. W. XIII, S. 7).

2 Diese Auffassung wird offensichtlich von LORENZER (1970, S. 102) vertreten, für den die psychoanalytische Aufgabe darin besteht, die neurotische Sprachverschiebung zurechtzurücken bzw. die Privatsprache des Patienten mit der Allgemeinsprache wieder zur Deckung zu bringen. Daher beschreibt LORENZER als «zentralen Vorgang» der Psychoanalyse die «Wiedervereinigung des aufgespaltenen Sprachspiels» (a. a. O., S. 206).

127

der Redner die Versammlung der Zuhörer mit sich fort und bestimmt ihre Urteile und Entscheidungen. Worte rufen Affekte hervor und sind das allgemeine Mittel zur Beeinflussung der Menschen untereinander. Wir werden also die Verwendung der Worte in der Psychotherapie nicht gering schätzen und werden zufrieden sein, wenn wir Zuhörer der Worte sein können, die zwischen dem Analytiker und seinem Patienten gewechselt werden» (1916/17, G. W. XI, S. 9 f).

In ‹Die Frage der Laienanalyse› antwortet FREUD auf die fiktive Frage eines Unparteiischen, was denn der Analytiker mit dem Patienten vornehme:

«Es geht nichts anderes zwischen ihnen vor, als daß sie miteinander reden. Der Analytiker verwendet weder Instrumente, nicht einmal zur Untersuchung, noch verschreibt er Medikamente. Wenn es irgend möglich ist, läßt er den Kranken sogar in seiner Umgebung und in seinen Verhältnissen, während er ihn behandelt. Das ist natürlich keine Bedingung, kann auch nicht immer so durchgeführt werden. Der Analytiker bestellt den Patienten zu einer bestimmten Stunde des Tages, läßt ihn reden, hört ihn an, spricht dann zu ihm und läßt ihn zuhören. Die Miene unseres Unparteiischen zeugt nun von unverkennbarer Erleichterung und Entspannung, verrät aber auch deutlich eine gewisse Geringschätzung. Es ist, als ob er denken würde: Weiter nichts als das? Worte, Worte und wiederum Worte, wie Prinz Hamlet sagt. Es geht ihm gewiß auch die Spottrede Mephistos durch den Sinn, wie bequem sich mit Worten wirtschaften läßt, Verse, die kein Deutscher je vergessen wird. Er sagt auch: ‹Das ist also eine Art von Zauberei, Sie reden und blasen so seine Leiden weg.› Ganz richtig, es wäre Zauberei, wenn es rascher wirken würde. Zum Zauber gehört unbedingt die Schnelligkeit, man möchte sagen: Plötzlichkeit des Erfolges. Aber die analytischen Behandlungen brauchen Monate und selbst Jahre; ein so langsamer Zauber verliert den Charakter des Wunderbaren. Wir wollen übrigens das *Wort* nicht verachten. Es ist doch ein mächtiges Instrument, es ist das Mittel, durch das wir einander unsere Gefühle kundgeben, der Weg, auf den Anderen Einfluß zu nehmen. Worte können unsagbar wohltun und fürchterliche Verletzungen zufügen. Gewiß, zu allem Anfang war die Tat, das Wort kam später, es war unter manchen Verhältnissen ein kultureller Fortschritt, wenn sich die Tat zum Wort ermäßigte. Aber das Wort war doch ursprünglich ein Zauber, ein magischer Akt, und es hat noch viel von seiner alten Kraft bewahrt. Der Unparteiische setzt fort: ‹Nehmen wir an, daß der Patient nicht besser auf das Verständnis der analytischen Behandlung vorbereitet ist als ich, wie wollen Sie ihn an den Zauber des Wortes oder der Rede glauben machen, der ihn von seinen Leiden befreien soll?› Man muß ihm natürlich eine Vorbereitung geben, und es findet sich ein einfacher Weg dazu. Man fordert ihn auf, mit seinem Analytiker ganz aufrichtig zu sein, nichts mit Absicht zurückzuhalten, was ihm in den Sinn kommt, in weiterer Folge sich über alle Abhaltungen hinwegzusetzen, die manche Gedanken oder Erinnerungen von der Mitteilung ausschließen möchten. Jeder Mensch weiß, daß es bei ihm solche Dinge gibt, die er anderen nur sehr ungern mitteilen würde, oder deren Mitteilung er überhaupt für ausgeschlossen hält. Es sind seine ‹Intimitäten›. Er ahnt auch, was einen großen Fortschritt in der psychologischen Selbsterkenntnis bedeutet, daß es andere Dinge gibt, die man sich selbst nicht eingestehen möchte, die man gerne vor sich selbst verbirgt, die man darum kurz abbricht und aus seinem Denken verjagt, wenn sie doch auftauchen. Vielleicht bemerkt er selbst den Ansatz eines sehr merkwürdigen psychologischen Problems in der Situation, daß ein eigener Gedanke vor dem eigenen Selbst geheimgehalten werden soll. Das ist ja, als ob sein Selbst nicht mehr die Einheit wäre, für die er es immer hält, als ob es noch etwas anderes in ihm gäbe, was sich diesem Selbst entgegenstellen kann. Etwas wie ein Gegensatz zwischen dem Selbst und einem Seelenleben im weiteren Sinne mag sich ihm dunkel anzeigen. Wenn er nun die Forderung der Analyse, alles zu sagen, annimmt, wird er leicht der Erwartung zugänglich, daß ein Verkehr und Gedankenaustausch unter so ungewöhnlichen Voraussetzungen auch zu eigenartigen Wirkungen führen könnte» (1926, G. W. XIV, S. 213 ff).

Wenn der Patient gegen die psychoanalytische Grundregel verstößt, indem seine Rede, seine freie Assoziation, ins Stocken gerät, so kommt dem eine besondere Bedeutung zu, nämlich als Ausdruck des Widerstandes gegen die Analyse im allgemeinen und gegen einen bestimmten Einfall im besonderen. FREUD äußert sich dazu in den ‹Vorlesungen zur Einführung in die Psychoanalyse›:

«Wir legen es dem Kranken auf, sich in einen Zustand von ruhiger Selbstbeobachtung ohne Nachdenken zu versetzen und alles mitzuteilen, was er dabei an inneren Wahrnehmungen machen kann: Gefühle, Gedanken, Erinnerungen, in der Reihenfolge, in der sie in ihm auftauchen. Wir warnen ihn dabei ausdrücklich, irgendeinem Motiv nachzugeben, welches eine Auswahl oder Ausschließung unter den Einfällen erzielen möchte, möge es lauten, das ist zu *unangenehm* oder zu *indiskret*, um es zu sagen, oder das ist zu *unwichtig*, es gehört *nicht hierher*, oder das ist *unsinnig*, braucht nicht gesagt zu werden. Wir schärfen ihm ein, immer nur der Oberfläche seines Bewußtseins zu folgen, jede wie immer geartete Kritik gegen das, was er findet, zu unterlassen, und vertrauen ihm an, daß der Erfolg der Behandlung, vor allem aber die Dauer derselben, von der Gewissenhaftigkeit abhängt, mit der er diese technische Grundregel der Analyse befolgt. Wir wissen ja von der Technik der Traumdeutung, daß gerade solche Einfälle, gegen welche sich die aufgezählten Bedenken und Einwendungen erheben, regelmäßig das Material enthalten, welches zur Aufdeckung des Unbewußten hinführt. Durch die Aufstellung dieser technischen Grundregel erreichen wir zunächst, daß sie zum Angriffspunkt des Widerstandes wird. Der Kranke sucht sich ihren Bestimmungen auf jede Art zu entwinden. Bald behauptet er, es fiele ihm nichts ein, bald, es dränge sich ihm so vieles auf, daß er nichts zu erfassen vermöge. Dann merken wir mit mißvergnügtem Erstaunen, daß er bald dieser, bald jener kritischen Einwendung nachgegeben hat; er verrät sich uns nämlich durch die langen Pausen, die er in seinen Reden eintreten läßt. Er gesteht dann zu, das könne er wirklich nicht sagen, er schäme sich, und läßt dieses Motiv gegen sein Versprechen gelten. Oder es sei ihm etwas eingefallen, aber es betreffe eine andere Person als ihn selbst und sei darum von der Mitteilung ausgenommen. Oder, was ihm jetzt eingefallen, sei wirklich zu unwichtig, zu dumm und zu unsinnig; ich könne doch nicht gemeint haben, daß er auf solche Gedanken eingehen solle, und so geht es in unübersehbaren Variationen weiter, wogegen man zu erklären hat, daß alles sagen wirklich alles sagen bedeutet» (1916/17, G. W. XI, S. 297 f).

Wie das Stocken der freien Assoziation, so muß auch das Schweigen unter diesen Bedingungen als Widerstand des Ichs gegen den therapeutischen Prozeß verstanden werden, und wenn das Schweigen lang genug andauert, wird es sogar zu einem Störfaktor der Behandlung, zu einem negativen Phänomen.

Den ersten Versuch, das Schweigen inhaltlich zu bestimmen, unternahm R. FLIESS in seinem 1949 erschienenen Aufsatz ‹Silence and verbalization: A supplement to the theory of the ‚analytic rule'›. Wie schon vor ihm K. ABRAHAM (1924) und E. FREEMAN SHARPE (1940), geht FLIESS von den «erogenen» (erotogenic) Wirkungen der «analytischen Regel», genauer gesagt, des mit ihr verknüpften physikalischen Sprechaktes, aus. Als «Affektventil» wird der Sprechakt, eine «orale Ausfuhr» (FLIESS, 1949, S. 22), im Zusammenhang gesehen mit der Beherrschung anderer Leibesöffnungen, nämlich des Anus und der Urethra. Durch die Verknüpfung des Sprechens mit partialtriebhaften Impulsen gelangt FLIESS zur Unterscheidung eines urethral-erotischen, eines anal-erotischen und eines oral-erotischen regressiven Sprechens, denen er nun, und das ist das Entscheidende, drei entsprechende Typen des Schweigens zuordnet. Die Annahme, daß es verschiedene Arten von Schweigen gebe, mag zunächst erstaunen. Wenn man jedoch das Sprechen etwa als einen Ersatz für die Aktivität des Schließmuskels ansieht, muß das Schweigen folgerichtig der Schließung des Sphinkter gleichgesetzt werden. Für FLIESS ist also das zeitweise Aufhören der Rede unter bestimmten Bedingungen durch ein Zurückhalten der Worte als Ersatz für ein Ausscheidungsprodukt bedingt, und es muß daher möglich sein, eine bestimmte Art des Schweigens als Entsprechung für die Schließung eines bestimmten Schließmuskels zu identifizieren. FLIESS beschreibt drei grundlegende Arten des Schweigens mit Hilfe folgender Merkmale:

a) die Art, wie der Patient die Schweigephase beginnt;
b) die Häufigkeit und Art, wie er die Schweigephase durch Äußerungen unterbricht;
c) das Verhalten, das die Schweigephase begleitet;
d) die Reaktion des Patienten auf die Ermahnung des Analytikers, das Schweigen zu beenden (FLIESS, 1949, S. 23).

FLIESS kann demnach verschiedene Arten partialerotischen Schweigens unterscheiden auf dem Hintergrund partialerotischen Sprechens, das durch das Schweigen lediglich unterbrochen wird. Ausführlich beschreibt er 1. das urethral-erotische Schweigen (das einer Schließung des Harnröhrenschließmuskels entspricht), 2. das anal-erotische Schweigen (das einer Schließung des Afterschließmuskels entspricht) und 3. das oral-erotische Schweigen (das dem oralrezeptiven Wunsch entspringt, mit Worten gefüttert zu werden). Obwohl FLIESS das Schweigen nicht mehr nur rein negativ, als Störfaktor der Analyse, bestimmt, sondern inhaltlich interpretiert, geschieht dies doch auf dem Hintergrund des Sprechens, als dessen defizienter Modus das Schweigen im Grunde immer noch angesehen wird.

Die Untersuchung von FLIESS steht hier stellvertretend für viele andere psychoanalytische Arbeiten, die das Schweigen unter trieb-psychologischen Gesichtspunkten sehen. J. CREMERIUS, der dem Schweigen unter Gesichtspunkten der psychoanalytischen Technik eine ausführliche Untersuchung gewidmet hat, zählt folgende, im Schweigen sich manifestierende Triebimpulse auf:

— oral-rezeptive Impulse: Wunsch, mit Worten wie mit Milch gefüttert zu werden (Analytiker soll sprechen, d. i. füttern);

— anal-retentive Impulse: Zurückhalten der Worte im Mund wie des Kotes im After (Analytiker soll bitten, fordern, streiten; Analytiker soll sich ohnmächtig fühlen);

— passiv-homosexuelle Impulse: Wunsch nach Passivität (Analytiker soll aktiv werden; Worte = eindringender Penis);

— masochistische Impulse: Schmerzlust (Analytiker soll schimpfen, strafen, mit Abbruch der Analyse drohen);

— phallisch-narzißtische Impulse: verdecktes Zeigen; Rivalisieren (Analytiker soll schauen; Analytiker soll Kampf aufnehmen; Schweigeduell);

— onanistische Befriedigung (Analytiker soll sich frustriert fühlen, um Kontakt bitten oder die narzißtischen Phantasien teilen);

— Vergewaltigungswunsch bei Frauen (Analytiker soll das Schweigen brechen: Worte = Penis; Sprechen = Eindringen) (CREMERIUS, 1969, S. 71).

Wie man sieht, gibt es eigentlich keinen Partialtrieb, der sich nicht, zumindest vorübergehend, im Schweigen manifestieren könnte. Allen *triebpsychologischen* Ansätzen ist jedoch gemeinsam, daß das Schweigen als Störung des analytischen Prozesses empfunden wird, die es möglichst schnell und geschickt zu beseitigen gilt. In diesem Punkt stimmt die triebpsychologische Deutung des Schweigens überein mit der Deutung, die FREUD im Rahmen der *Ich-Psychologie* (Strukturkonzept) gegeben hat (Schweigen als Widerstand des Ichs gegen den therapeutischen Prozeß) und die ihrerseits in der Folge von anderen Psychoanalytikern inhaltlich gefüllt worden ist. Das Schweigen gilt als Manifestation der Mechanismen Verdrängung, Isolierung, Negation, Projektion, Regression; es wird als Abwehr bestimmter Triebimpulse angesehen, z. B. als Abwehr oral-erotischer Aktivität, als Abwehr von Fellatio-Wünschen, als Abwehr ödipaler Aktivitäten, oder das Schweigen tritt als eine «Ich-Abwehr gegen inkorrekte, taktlose, schlecht dosierte, zeitlich falsch plazierte Deutungen» auf (CREMERIUS, 1969, S. 72). Im Zuge der ich-psychologischen Untersuchung des Schweigens geraten jedoch auch andere Aspekte in den Blick, die es ermöglicht haben, die Beurteilung des Schweigens als eines Störmoments nach und nach aufzugeben zugunsten einer positiven Beurteilung des Schweigens. So kann beispielsweise, im Sinne der Anpassungslehre H. HARTMANNS (1939) das Schweigen im Dienste der Anpassung gesehen werden, etwa als Bewältigung starker Affekte durch Isolierung oder als Regression auf eine sichere Position, um neue Kräfte für die Lösung eines bestimmten Problems zu gewinnen (vgl. CREMERIUS, 1969, S. 78). Und im Zusammenhang mit dem Konzept der autonomen Ich-Funktionen, verbunden mit der Vorstellung einer «konfliktfreien Ich-Sphäre» (HARTMANN, 1939, in: 1960/61, S. 88), erscheint das Schweigen einmal als Versagen der kognitiven Ich-Funktionen (wie Wahrnehmen, Fühlen, Tasten, Denken und Sprechen), zum anderen als schöpferischer Akt, als kreative Ich-Leistung, durch die der

Patient neue Gedankenverbindungen herstellt. Unter diesen Umständen ist das Schweigen des Patienten kein Störfaktor mehr, den es so schnell wie möglich auszuräumen gilt, sondern es wird in gleicher Weise wie etwa Träume oder bestimmte Assoziationen des Patienten als Gegenstand der analytischen Arbeit angesehen (CREMERIUS, 1969, S. 81). Unter *objektpsychologischen* Gesichtspunkten (Modell der Objektbeziehung) schließlich erscheint das Schweigen des Patienten als sicheres Merkmal für die Regression auf infantile Gefühlsregungen, die von den Worten der Erwachsenensprache nicht mehr erreicht werden können. Der bedeutendste Vertreter dieser Auffassung ist M. BALINT. Das folgende Zitat macht zugleich deutlich, wie sich mit dem Wandel der Beurteilung des Schweigens auch die psychoanalytische Technik geändert hat.

«Nehmen wir einmal an, daß ein Patient eine Weile nichts sagt. Was tut der Analytiker dann? Er kann auf die ganz frühe Technik zurückgreifen, die Freud in den ‹Studien über Hysterie› beschreibt, d. h. den Patienten auffordern und drängen, trotz seiner Widerstände zu sagen, was ihm durch den Kopf geht. Freud pflegte sogar die Hand auf die Stirn des Patienten zu legen, und in den frühen Fallberichten kommen oft Sätze vor wie ‹unter dem Druck meiner Hand› oder ‹sich konzentrierend› sei der Patient dann imstande gewesen zu sprechen. Heutzutage wird diese Methode, glaube ich, nur wenig benutzt, und wenn überhaupt, dann nur im Falle unbedeutender Behinderung.

Oder aber der Analytiker kann versuchen herauszufinden, was der Patient zurückhält, und es an seiner Statt aussprechen, etwa so: ‹Aus dem oder jenem Zeichen scheint es, daß Sie (z. B.) mit Phantasien über mein Privatleben oder mit etwas aus ihrem eigenen Sexualleben sich herumschlagen›, oder dergleichen. Das nennt man ‹Inhaltsdeutung›.

Drittens könnte der Analytiker sich bemühen, alle Beispiele miteinander zu verknüpfen, in denen der Patient schwieg, statt zu assoziieren, und könnte dem Patienten dann die übereinstimmenden Züge aller dieser Gelegenheiten zeigen, z. B.: ‹immer wenn diese oder jene Schwierigkeit auftaucht, weichen Sie davor zurück und verfallen in Schweigen, werden stumm, wie leblos, fühlen gar nichts mehr› usw. Im zweiten Schritt wird er ihm dann zu zeigen versuchen, daß dieser Abwehrmechanismus früher einmal, als er ihn zuerst einsetzte, durchaus sinnvoll war. Als dritten Schritt wird er ihm dann bewußt zu machen suchen, welche Befürchtung oder Angst im Patienten aufgestiegen ist, und wird die gegenwärtige mit irgendeinem ähnlichen Zug in der ursprünglichen Situation verknüpfen; zugleich wird er aber auch auf die wesentlichen Unterschiede zwischen beiden Situationen hinweisen. Dies könnte man Deutung des Abwehrmechanismus oder sogar Übertragungsdeutung nennen.

Es gibt aber noch eine weitere Methode, und diese, meine ich, liefert wichtiges Material für eine Theorie der Objektbeziehungen. Ich möchte sie die ‹Schaffung einer geeigneten Atmosphäre› *für* den Patienten *durch* den Analytiker nennen, in welcher der Patient dann imstande ist, sich zu eröffnen. Wenn man meint, daß das zuviel verlangt sei, will ich es in negativer Form wiederholen: *Vermeidung* der Schaffung einer Atmosphäre, die den Patienten veranlaßt, sich zu verschließen. Wenn es so formuliert wird, ergibt es sich, daß das Schweigen nicht durch die Übertragung des Patienten oder die Gegenübertragung des Analytikers verschuldet ist, sondern durch ein Wechselspiel von Übertragung und Gegenübertragung, d. h. einer Objektbeziehung.

Mit unserer heutigen Terminologie ist es wirklich sehr schwer, die Entwicklung und die subtilen Veränderungen dieser Objektbeziehung zu beschreiben. Unbemerkt gleiten wir wieder in die gewohnten, nur das eine Individuum betreffenden Beziehungen von Triebspannung, Verschiebung, Agieren, Wiederholungszwang, Übertragung verbaler oder präverbaler Affekte usw. des Patienten hinein. Hinsichtlich des Analytikers dagegen sprechen wir von freundlichem Verständnis, korrekter Deutung, Behebung der Angst, Beruhigung, Ich-Stärkung usw. Alle diese Beschreibungen sind innerhalb ihrer Grenzen durchaus korrekt. Aber sie gehen eben nicht über das Individuum hinaus und bleiben durch Vernachlässigung eines wesentlichen Faktors unvollständig, nämlich, daß alle diese Erscheinungen in einer Wechselbeziehung zwischen zwei Individuen und im Rahmen einer ständig sich wandelnden und neu bildenden Objektbeziehung auftreten» (BALINT, 1950, in: 1969, S. 233 ff).

Fassen wir zusammen. Der Versuch, das Schweigen, zunächst nur eine negative Variante des Sprechens, inhaltlich zu bestimmen, hat eine Fülle von Aspekten erbracht: «Das Schweigen in der Analyse kann im Dienste des Widerstandes gebraucht werden, oder es kann Inhalte vertreten. Es kann angstbeladen oder konfliktfrei sein. Das Schweigen kann ein Zeichen von Ich-Regression oder von Ich-Autonomie sein. Es kann vom Es, vom Ich oder Über-Ich ausgehen» (ZELIGS, 1960, S. 408). Zwar sind alle Bestimmungen des Schweigens aus der Interpretation einer bestimmten analytischen Situation mit Hilfe eines bestimmten theoretischen Konzeptes entstanden; da jedoch die analytischen Situationen in ihrer möglichen Vielfalt prinzipiell unendlich sind und daher auch die theoretische Konzeptbildung nie abgeschlossen sein wird, muß es heute als wenig sinnvoll erscheinen, das Schweigen mit einem wie auch immer gearteten Katalog von Merkmalen bestimmen zu wollen. Daß der Patient schweigt, heißt – so banal das auch klingen mag – zunächst einmal nur, daß er nicht spricht. Für sich gesehen, ist eben das Schweigen als ein Nicht-Sprechen ein rettungslos ‹überdeterminiertes› Faktum, das *potentiell* alles bedeuten kann, wohingegen die Rede notwendig Bedeutung setzt, selbst wenn ihr Inhalt sinnlos erscheint.

Eine *aktuelle* Bedeutung kann das Schweigen erst erhalten, wenn es als Teil der gesamten Kommunikationssituation zwischen Analytiker und Patient betrachtet wird, wenn man also die Frage stellt, welche Rolle das Schweigen für den Patienten *und* für den Analytiker im Kontext von Übertragung und Gegenübertragung spielt. Damit erübrigt sich einmal die Frage nach der Bewertung des Schweigens: es ist nicht in sich ein Störfaktor, sondern es kann den analytischen Prozeß sowohl hemmen als auch fördern; zum anderen erübrigt sich die Streitfrage, ob das Schweigen als Triebbefriedigung oder als Widerstand zu deuten sei: es hat seinen Stellenwert in der analytischen Kommunikationssituation und kann nur aus der intersubjektiven Dynamik der Interaktion von Patient und Therapeut begriffen und durch empathische Verstehensvorgänge in seiner jeweiligen Bedeutung bestimmt werden. Somit kommt eigentlich dem Schweigen in der Kommunikationssituation zwischen Patient und Therapeut der Stellenwert einer metakommunikativen Funktion zu, nämlich in der Weise, daß von ihm aus der Anstoß zur Reflexion auf das kommunikative

Geschehen selbst ausgehen kann³ mit dem Ziel, eine gelungene Kommunikation herzustellen.

3.2. ZUR ROLLE AUSSERVERBALER AUSDRUCKSMITTEL IN DER PSYCHOTHERAPEUTISCHEN KOMMUNIKATIONSSITUATION

Die Kommunikation zwischen Arzt und Patient vollzieht sich nicht nur in ihren sprachlichen Äußerungen. Während sie miteinander sprechen, hört einer des andern Stimme: ihr Volumen (laut–leise), ihre Klangfarbe (hoch–tief), ihre Sprechgeschwindigkeit (schnell–langsam) sowie die Art (lang–kurz) und Anzahl ihrer Pausen. Die Untersuchung dieser paralinguistischen Phänomene, besonders mit Hilfe elektro-akustischer Geräte, hat in den letzten Jahren stark zugenommen. Wir verweisen dazu auf den Forschungsbericht von K. R. SCHERER, der die wichtigsten Untersuchungen und ihre Methoden referiert (SCHERER, 1970, S. 6–42), außerdem auf ein Forschungsprojekt der Psychosomatischen Klinik in Gießen über zeitabhängige Variablen des Sprechverhaltens (vgl. JUNKER, ZENZ, 1970).

Die Untersuchung der Bedeutung außersprachlicher Phänomene wie Gesichtsausdruck, Blickkontakt, Gestik und Körperhaltung, für die Kommunikation von Arzt und Patient steht hingegen noch weitgehend in den Anfängen. Einige Aspekte dieser vorwiegend visuellen Kommunikation sollen hier näher erörtert werden.

Die wissenschaftliche Erforschung außerverbaler Kommunikationsmittel steht in engem Zusammenhang mit der ‹Semiotics› genannten Disziplin, welche die menschlichen Zeichensysteme nach dem Vorbild der strukturellen Linguistik untersuchen will. Besonders R. L. BIRDWHISTELL hat für die Untersuchung der am menschlichen Körper wahrnehmbaren Bewegungsabläufe – ‹kinesics› – ein hierarchisches System von deskriptiven Einheiten analog denen des amerikanischen Strukturalismus (strukturelle Linguistik) entworfen (BIRDWHISTELL, 1952). So nennt er z. B. ‹kine› die kleinste Einheit wahr-

---

3 In der Sprechsituation zwischen Arzt und Patient ist dies dann der Fall, wenn die Rede zu Mißverständnissen führt oder zu vage ist, um verstanden zu werden. In der Übertragungs-Gegenübertragungsbeziehung auf der Ebene der ‹Grundstörung› von BALINT z. B. tritt das Gesprochene in einer semantisch überdehnten und vagen Form auf (BALINT, 1961/62, S. 261). Demnach kann eine bestimmte Äußerung in ihrer Bedeutung nicht ohne weiteres verstanden, sondern muß im jeweiligen situativen und empathischen Kontext erst verständlich gemacht werden.

Die metakommunikative Funktion des Schweigens in der psychoanalytischen Situation ist darin begründet, daß das Schweigen, wo immer es auftritt (entweder beim Analytiker oder beim Analysanden), sich auf die Kommunikationssituation bezieht und früher oder später thematisiert und in seiner Bedeutung bestimmt werden muß, da es ja an sich als überdeterminiertes Phänomen keine von vornherein festgelegte Bedeutung hat.

nehmbarer Bewegung, in Analogie zu der linguistischen Einheit des Phons als der kleinsten segmentierbaren Einheit der Rede, ‹kineme› die Klasse von einander substituierbaren ‹kines›, in Analogie zum Phonem; weiterhin unterscheidet er ‹allokine›, ‹kinemorph› usw. Bei diesem der strukturellen Linguistik entlehnten taxonomischen Ansatz bleibt die Frage unberücksichtigt, ob die außerverbalen ‹Zeichen› ihrer Natur nach den sprachlichen Zeichen überhaupt vergleichbar sind. Diese Frage haben P. EKMAN und W. V. FRIESEN aufgegriffen: Sie unterscheiden drei Prinzipien der Kodierung außerverbalen Verhaltens, die sie als ‹arbitrary›, ‹iconic› und ‹intrinsic› bezeichnen (EKMAN, FRIESEN, 1969, S. 60ff).

extrinsic	extrinsic	intrinsic
arbitrary	iconic	

Ähnlichkeit mit sprachlichen Zeichen kommt lediglich arbiträr kodiertem außerverbalen Verhalten zu, wie z. B. das Öffnen und Schließen der erhobenen Hand, das sowohl ‹Begrüßung› als auch ‹Abschied› bedeutet. Ein ikonischer Kode trägt die Anleitung zu seiner Dekodierung in sich selbst, insofern hier das außerverbale Verhalten einen sichtbaren Bezug zu seiner Bedeutung aufweist. Im Gegensatz dazu ist ein «intrinsic code» zwar auch visuell mit seiner Bedeutung verknüpft, aber nicht durch eine Ähnlichkeit ausgezeichnet. Folgendes Beispiel macht den Unterschied zwischen diesen beiden Kodes deutlich: Wenn jemand mit der Hand eine Pistole imitiert und den Finger bewegt, als drücke er ab, so handelt es sich um ein ikonisch kodiertes außerverbales Verhalten. Wenn hingegen jemand tatsächlich eine Pistole in der Hand hat und die gleiche Bewegung ausführt, dann besteht keine Ähnlichkeit zwischen diesem Verhalten und dem, was es bedeutet, sondern dieses Verhalten ist das, was es bedeutet. Auf der Grundlage dieser drei Kodierungsarten gelangen die Autoren zu fünf Kategorien außerverbalen Verhaltens, wobei sich zeigt, daß die ikonische Kodierung vorherrschend ist. Diese fünf Kategorien sind

1. ‹emblemes› (Gesten),
2. ‹illustrators› (Bewegungen, die sich unmittelbar auf verbale Äußerungen beziehen und diese verdeutlichen),
3. ‹affect displays› (emotionaler Gesichtsausdruck),
4. ‹regulators› (sie regulieren den Austausch der Rede, indem sie etwa bedeuten: sprich weiter, mach schneller, laß andere auch mal reden, sag das noch mal),
5. ‹adaptors›: Die Ausführungen zu dieser letzten Kategorie sind für uns besonders aufschlußreich. Es handelt sich um außerverbale Verhaltensweisen, die in der Kindheit erlernt werden, um Bedürfnisse des Körpers zu

erfüllen, körperliche Aktivitäten auszuführen, mit Emotionen fertig zu werden oder prototypische interpersonelle Kontakte herzustellen. Beim Erwachsenen sind oft nur noch Teile des ursprünglich adaptiven Verhaltens als ‹Angewohnheiten› vorhanden, die zumeist nicht bewußt sind und denen normalerweise kein Informationscharakter zukommt. Ein Beispiel ist etwa das Lecken der Lippen mit der Zunge oder auch das Streichen der Lippen mit dem Finger. Es mag im Zusammenhang mit einer Trockenheit des Mundes oder mit dem Säubern von Mund und Lippen nach einer befriedigenden Mahlzeit entstanden sein, kann jedoch beim Erwachsenen unabhängig davon auftreten, wenn er sich besonders zufrieden fühlt durch etwas, was er — in übertragenem Sinne — sich einverleibt hat. Die Interpretation oder Dekodierung dieser Adaptoren ist sehr schwierig, da sie sich im Laufe der Zeit, auch unter dem Einfluß von Verboten der Beziehungspersonen bzw. der Gesellschaft, in bestimmter Weise verändert haben. Wir nehmen an, daß diese Veränderungen auch den Prinzipien von Verschiebung und Verdichtung unterliegen und daß etwa bestimmte Tics — Augenzwinkern, Kopftremor und Schreibkrampf — zu dieser Kategorie außerverbalen Verhaltens zu rechnen sind. Diesen scheinbar sinnlosen Angewohnheiten, die als ‹Körper-Sprache› bekannt sind, kommt in der Psychotherapie eine besondere Bedeutung zu, auf die wir noch näher eingehen wollen.

Zunächst sollen hier die Funktionen umrissen werden, die außerverbale Verhaltensweisen im Kommunikationsprozeß haben können. EKMAN und FRIESEN (1968, S. 180ff) haben, gerade in Hinsicht auf die psychotherapeutische Praxis, fünf Funktionen hervorgehoben, die in etwa den genannten fünf Kategorien außerverbaler Verhaltensweisen zugeordnet werden können.

1. Außerverbales Verhalten hat die Funktion, bestimmte Qualitäten der Beziehung von Arzt und Patient zu signalisieren, in Übereinstimmung, aber auch im Gegensatz zu der durch die verbalen Äußerungen hergestellten Beziehung. Hier werden zumeist Gesten (emblemes), deren Bedeutung durchweg verbalisiert werden kann, wirksam. Wenn z. B. ein Patient sich am Kopf kratzt und dabei die Augenbrauen hebt, so drückt diese Geste unmißverständlich eine gewisse Unsicherheit aus, ganz gleich, ob der Patient diese Unsicherheit auch verbal äußert. Indem der Therapeut solche Gesten wahrnimmt und gegebenenfalls verbalisiert, fördert er die Übertragung des Patienten sowie dessen Bereitschaft, seine Beziehung zum Therapeuten zu verbalisieren.

2. Außerverbales Verhalten hat die Funktion, bestimmte Emotionen auszudrücken und mitzuteilen, und zwar hauptsächlich mit Hilfe der Gesichtsmuskulatur (affect displays). Auch hier kann das außerverbale Verhalten den verbalen Äußerungen entsprechen oder nicht entsprechen, und es ist prinzipiell verbalisierbar. Wenn der Patient erzählt, daß es ihm leid tue, daß er zur letzten Sitzung nicht erschienen sei, sein Gesichtsausdruck jedoch eine gewisse Belustigung ausdrückt, so wird der Therapeut dem Gesichtsausdruck zunächst mehr Bedeutung zumessen, ihn eventuell thematisieren

136

und dem Patienten klarmachen, daß die in der Gesellschaft geltende Konvention, dem verbalen Verhalten größere Bedeutung zuzumessen als dem außerverbalen, in der Therapie nicht unbedingt gilt.

3. Außerverbales Verhalten besitzt eine symbolische Funktion als ‹body language›, wodurch zum Teil unbewußte Einstellungen zum eigenen Körper, zu sich selbst überhaupt, ausgedrückt werden, wie Selbstwertgefühl, Sexualität, Kontaktfähigkeit usw., deren Ursprung in den frühen, vorverbalen und averbalen Interaktionen des Kindes mit seinen Beziehungspersonen gesehen werden kann. Dies ist also der Funktionsbereich der oben als Adaptoren bezeichneten persönlichen Angewohnheiten.

4. Außerverbales Verhalten besitzt eine metakommunikative Funktion, insofern es Hinweise liefert für die Interpretation der verbalen Kommunikation. Dies geschieht unserer Meinung nach vornehmlich durch die Illustratoren (z. B. wenn der Patient während einer Äußerung mit der Hand auf die Couch oder die Armlehne schlägt, zur Hervorhebung des Gesagten) sowie durch Regulatoren (z. B. wenn der Therapeut mit dem Kopf nickt oder laut und vernehmlich gähnt).

5. Schließlich schreiben EKMAN und FRIESEN außerverbalen Ausdrucksmitteln eine Ventilfunktion zu (leakage channel), insofern sie weniger als verbales Verhalten vom Bewußtsein kontrolliert werden. Dies ist im Grunde ein Gesichtspunkt, der für außerverbales Verhalten überhaupt gilt, das ja zum großen Teil aus der normalen Kommunikation ausgeschlossen ist oder zumindest selten thematisiert wird; einen erstaunten Gesichtsausdruck des Kommunikationspartners mag man allenfalls noch thematisieren, sein Gähnen schon weniger, und wohl kaum sein Nasebohren oder Nägelkauen. In der Psychotherapie jedoch haben außerverbale Phänomene, gerade weil die Kommunikationspartner sich ihrer zumeist nicht bewußt sind, eine besondere, ja in bestimmten Situationen sogar eine größere Bedeutung als die verbalen Äußerungen selbst.

Die Untersuchung außerverbaler Kommunikationsphänomene ist inzwischen zu einem eigenen Wissenschaftszweig geworden, der auch in der Psychotherapieforschung immer mehr an Bedeutung gewinnt. Über Probleme der Aufzeichnung, Beschreibung, Katalogisierung und Beurteilung dieser Phänomene sowie über verschiedene Einzeluntersuchungen informiert der Forschungsbericht von K. R. SCHERER (1970, S. 42–69). Wie bei den meisten Sprachuntersuchungen und auch den paralinguistischen Untersuchungen im Bereich der Psychotherapieforschung stehen auch hier immer wieder ‹der Patient und seine außerverbalen Ausdrucksmittel› im Vordergrund und nicht die Kommunikationssituation selbst. So untersucht z. B. G. F. MAHL (1968) das Bewegungsverhalten von Patienten im Erstinterview, indem er es hinter einer Einwegscheibe von einem Beobachter, der das Gespräch nicht mithören kann, beschreiben und kommentieren läßt. Das Ergebnis einer solchen Untersuchung: bestimmte interindividuelle, auch geschlechtsspezifische Unterschiede in der Art und Häufigkeit der einzelnen Bewegungen, die dann in

Beziehung gesetzt werden zu den Konflikten und Symptomen der Patienten – ein solches Ergebnis ist wenig aufschlußreich, wenn es darum geht, die Bedeutung außersprachlicher Verhaltensweisen in der psychoanalytischen Kommunikationssituation selbst zu bestimmen. Dann erscheint nämlich einerseits außersprachliches Verhalten des Patienten vor dem Hintergrund seiner verbalen Äußerungen, zu dem diese unter Umständen in Widerspruch stehen, und andererseits muß das außerverbale Verhalten des Therapeuten berücksichtigt werden, dessen Scharren mit dem Fuß, Hin- und Herrücken auf dem Analytikersessel und deutlich vernehmbares Mitschreiben dem Patienten auf der Couch nicht entgeht.

Dadurch wird deutlich, daß außerverbale Kommunikationsmittel des Patienten und des Therapeuten (genau wie ihre sprachlichen Äußerungen und paralinguistischen Ausdrucksmittel) in der psychoanalytischen Situation nur im Zusammenhang mit der Übertragungs-Gegenübertragungsbeziehung angemessen beurteilt werden können. Hier entwickeln sie auch die oben beschriebene metakommunikative Funktion, streng genommen aber nur dann, wenn sie, ähnlich wie das Schweigen in bestimmten Situationen, sich unmittelbar auf das Kommunikationsgeschehen beziehen und dieses explizit zum Thema machen (vgl. 3.1.). Dies hängt vom jeweiligen Übertragungs-Gegenübertragungskontext ab, aus dem allein die zumeist überdeterminierten außersprachlichen Phänomene angemessen interpretiert und für die Interaktion genutzt werden können. BROCHER (1967, S. 637) weist in diesem Zusammenhang darauf hin, daß ein primär außersprachliches Verhalten (außersprachliches Verhalten ohne verbale Äußerungen) von einem solchen zu trennen ist, bei dem die außersprachlichen Ausdrucksmittel lediglich «begleitende Signalbewegungen eines verbalen Kontextes» sind. Bei dem primär außersprachlichen Verhalten kommt es ja nicht zu einer Verbalisierung, d. h. die Kommunikation zwischen Analytiker und Analysand findet auf einer anderen Ebene als der der sprachlichen Verständigung statt. In der Übertragungs-Gegenübertragungsbeziehung herrschen vom Primärprozeß abgeleitete Kommunikationsformen vor (darunter fallen auch die obengenannten Adaptoren, die FREUDS Symptomhandlungen nahekommen (vgl. FREUD, 1910b, G. W. VIII, S. 37)), die in der psychoanalytischen Interaktion vorwiegend narzißtische Bedürfnisse erfüllen, nämlich eine symbiotische Dualunion aufrechtzuerhalten (vgl. 2.3. und 2.2.2.).

3.3. MERKMALE DER REDE DES PATIENTEN

3.3.1. Die spontanen Redefehler

3.3.1.1. ‹Versprechen› bei Meringer und Freud
Zu den vielfältigen Fehlleistungen, die FREUD in der ‹Psychopathologie des Alltagslebens› (1901, G. W. IV) beschreibt, gehört auch das Sichversprechen.

138

Bei der Behandlung dieser Störung konnte FREUD auf eine sehr sorgfältige Arbeit zurückgreifen, die von R. MERINGER, einem Sprachwissenschaftler, und C. MAYER, einem Psychiater, über ‹Versprechen und Verlesen› im Jahre 1895 veröffentlicht worden war.

MERINGER unterscheidet verschiedene Arten von Versprechen nach folgenden deskriptiven Gesichtspunkten:

A. Vertauschungen in der Reihenfolge der Wörter, Silben und Laute; dies seien die häufigsten Sprechfehler.
Beispiele: «Die Milo von Venus» (MERINGER, MAYER, 1895, S. 14), «‹Ich finde auf einer Worte 3, 4 Seiten› für ‹Seite ... Worte›.» (a. a. O., S. 15), «‹Musikatorisch – deklamatalisch› sagte nach Prof. Weidls Beobachtung eine Schauspielerin für ‹musikalisch – deklamatorisch›, verwechselte also die Silben ‹-alisch› und ‹-torisch›, behielt aber das t von ‹deklamatorisch› auch im Sprechfehler bei.» (S. 18), «Wer wagt es, Rattersmann oder Knipp...» (S. 19), «Eine Sorte von Tacher» für «Torte von Sacher» (a. a. O., S. 20).
Das Schema der Wortvertauschung etwa sieht nach MERINGER so aus (SS = Schwelle des Bewußtseins):

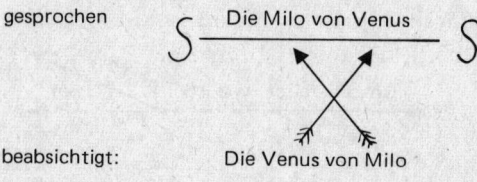

(nach: Meringer, Mayer, a. a. O.. S. 27)

B. Vorklänge oder Anticipationen von Wörtern und Silben oder Lauten.
Beispiele: «Wenn's nicht bald aufregnet zu regnen» für «aufhört zu regnen» (S. 31),
«Es war mir auf der Schwest ... auf der Brust so schwer» (S. 36).

C. Nachklänge, Postpositionen von Wörtern und Silben oder Lauten.
Beispiele: «ich fordere Sie auf, auf das Wohl unseres Chefs aufzustoßen» für «anzustoßen» (S. 46), «Stoß eines Erdbobens» für «... Erdbebens» (S. 48).
Diese drei Kategorien liefern nach MERINGER die «gewöhnlichen» Sprechfehler; diese sind «Umstellungen und Verstellungen. Es läßt sich leider bis jetzt nicht angeben, inwieweit die Anticipationen bloß korrigierte Umstellungen, d. h. Vertauschungen sind» (S. 53).

D. Contaminationen von Sätzen und Wörtern: «Die Contamination besteht darin, daß man aus mehreren Sätzen (oder Teilen von Sätzen) einen macht, aus mehreren Wörtern eines. Die Contamination setzt Aehnlichkeit der Bedeutung oder Form der verschmelzenden Sätze, Redensarten oder Wörter voraus. Für die Verschmelzung der Wörter gilt die Regel, daß der Teil eines Wortes durch einen gleichwertigen Teil eines andern Wortes ersetzt wird. Auch die Vorklänge und Nachklänge schaffen ‹Contaminationen›. Deshalb will ich nur in dem Falle von Contaminationen sprechen, wo sich dem Sprechenden zwei Konstruktionen, Sätze, Wörter (Synonyme, ähnliche) zu gleicher Zeit darbieten und er sie zusammenschweißt, dort aber, wo Teile eines nacheinander zu sprechen beabsichtigten Ganzen sich verschmelzen, von einer Verstellung reden (Anticipation, event. Postposition)» (S. 53 f).

Beispiele: «Er setzt sich auf den Hinterkopf» aus: «Er setzt sich einen Kopf auf» und: «er stellt sich auf die Hinterbeine» (S. 55), «Der Mann hat schon viel hinter sich gemacht», contaminiert aus «hat schon viel gemacht» und «hat viel hinter sich» (S. 55), «Das Wasser verdumpft», contaminiert aus «verdunstet» und «verdampft» (S. 59), «Denn die Sache ist kein Sperz», contaminiert aus «Scherz» und «Spaß» (S. 61), «das allein wäre mir noch nicht aufstößig» für «anstößig» und «auffallend» (S. 61).

MERINGER gibt für die Contaminationen z. B. folgende Schemata an: «Unvorbereitet wie ich mich habe» aus «Unvorbereitet wie ich bin» und «Vorbereitet, wie ich mich habe»:

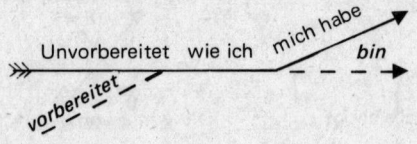

(Meringer, Mayer, a. a. O., S. 66 f)

«Abschnatt» aus «Abschnitt» und «Absatz»:

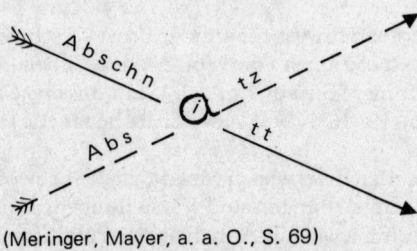

(Meringer, Mayer, a. a. O., S. 69)

E. Substitutionen: «Sprechfehler, welche darin bestehen, daß man ein Wort durch ein ähnliches, aus irgendeinem Grunde dem Bewußtsein mindestens augenblicklich näher liegendes Wort ersetzt» (S. 71).

Beispiele: «Ich gebe die Praeparate in den Briefkasten» statt «in den Brütkasten» (S. 74), «Wes Brot ich eß' des Lob ich trink» (S. 75).

All diese Sprechfehler werden von MERINGER und MAYER durch die Theorie der psychischen Ungleichwertigkeit der Laute erklärt, nach der der Anlaut der Wurzelsilbe, der Wortanlaut sowie der oder die betonten Vokale die höchstwertigen Laute eines Wortes seien, die den Innervationsvorgang minderwertiger Laute abändernd beeinflussen können (a. a. O., S. 159 ff). Für die Erklärung der Substitutionen und Kontaminationen wird außer der Wertigkeit der Sprachlaute auch die Existenz von «schwebenden» oder «vagierenden» Sprachbildern angenommen: «Sie sind, wenn auch unter der Schwelle des Bewußtseins, so doch noch in wirksamer Nähe, können leicht durch eine Ähnlichkeit des zu sprechenden Komplexes herangezogen werden und führen dann eine Entgleisung herbei oder kreuzen den Zug der Wörter» (S. 73).

FREUD kann für die von MERINGER beschriebenen Arten von Sprechfehlern nur eine einzige Ursache entdecken, nämlich den «störenden Einfluß von etwas *außerhalb* der intendierten Rede, und das Störende ist entweder ein einzelner, unbewußt gebliebener Gedanke, der sich durch das Versprechen kundgibt und oft erst durch eingehende Analyse zum Bewußtsein gefördert werden kann, oder es ist ein allgemeineres psychisches Motiv, welches sich gegen die ganze Rede richtet» (1901, G. W. IV, S. 69). FREUD sieht seine Aufgabe darin, die Richtigkeit dieser Annahme durch die Interpretation zahlreicher, von ihm und anderen gesammelter Beispiele zu erhärten. Eine Einteilung der Arten des Versprechens nach deskriptiven Gesichtspunkten ist für ihn daher von sekundärem Interesse. So kommt es, daß er die von ihm selbst gesammelten Beispiele (G. W. IV, S. 70–90) von 1 bis 39 durchnumeriert und formal deskriptive Charakterisierungen wie «Kontamination», «Lautvertauschung», «Wortvertauschung» nur gelegentlich und ohne inneren Zusammenhang mit der Interpretation des Beispiels anbringt. Fast alle der von FREUD besprochenen Beispiele sind, nach der Klassifikation von MERINGER, Substitutionen oder Kontaminationen. Substitutionen sind z. B. die Beispiele Nr. 19: Ein Professor in seiner Antrittsvorlesung: «Ich bin nicht *geneigt* (geeignet), die Verdienste meines sehr geschätzten Vorgängers zu schildern.» und Nr. 20: DR. STEKEL zu einer Dame, bei welcher er Basedowsche Krankheit vermutet: «Sie sind um einen *Kropf* (Kopf) größer als Ihre Schwester.» Um Kontaminationen handelt es sich etwa bei den Beispielen Nr. 12: Lippschaft = Sippschaft + Liebschaft und Nr. 13: begleit-digen = beleidigen + begleiten. Das Beispiel Nr. 12 z. B. lautet: «Ein junger Mann sagt zu seiner Schwester: Mit den D. bin ich jetzt ganz zerfallen, ich grüße sie nicht mehr. Sie antwortet: Überhaupt eine saubere *Lipp*schaft. Sie wollte sagen: *Sipp*schaft, aber sie drängte noch zweierlei in dem Sprechirrtum zusammen, daß ihr Bruder einst selbst mit der Tochter dieser Familie einen Flirt begonnen hatte, und daß es von dieser hieß, sie habe sich in letzter Zeit in eine ernsthafte unerlaubte *Lieb*schaft eingelassen.» Um eine Lautvertauschung handelt es sich bei dem Beispiel Nr. 4: «Ich bin so verschnupft, ich kann nicht durch die *Ase natmen—Nase atmen*», und um eine Wortvertauschung bei dem Beispiel Nr. 33: «Ein jungverheirateter Ehemann,

141

dem seine um ihr mädchenhaftes Aussehen besorgte Frau den häufigen Geschlechtsverkehr nur ungern gestattet, erzählte mir folgende, nachträglich auch ihn und seine Frau höchst belustigende Geschichte: Nach einer Nacht, in welcher er das Abstinenzgebot seiner Frau wieder einmal übertreten hat, rasiert er sich morgens in ihrem gemeinsamen Schlafzimmer und benützt dabei – wie schon öfter aus Bequemlichkeit – die auf dem Nachtkästchen liegende *Puderquaste* seiner noch ruhenden Gattin. Die um ihren Teint äußerst besorgte Dame hatte ihm auch dies schon mehrmals verwiesen und ruft ihm darum geärgert zu: ‹du puderst *mich* ja schon wieder mit *deiner* Quaste!› Durch des Mannes Gelächter auf ihr Versprechen aufmerksam gemacht (sie wollte sagen: du puderst *dich* schon wieder mit *meiner* Quaste), lacht sie schließlich belustigt mit (‹pudern› ist ein jedem Wiener geläufiger Ausdruck für koitieren, die Quaste als phallisches Symbol kaum zweifelhaft).»

Sicherlich ist es kein Zufall, daß FREUDS Beispiele für das Versprechen vorwiegend Substitutionen und Kontaminationen sind, denn diese Formen des Versprechens boten sich am ehesten für einen Vergleich mit der Verdichtungsarbeit an, durch die FREUD in der ‹Traumdeutung› die Entstehung des sogenannten manifesten Trauminhalts aus dem latenten Traumgedanken erklärt hatte: «Irgendeine Ähnlichkeit der Dinge oder der Wortvorstellungen zwischen zwei Elementen des unbewußten Materials wird da zum Anlaß genommen, um ein Drittes, eine Misch- oder Kompromißvorstellung zu schaffen, welche im Trauminhalt ihre beiden Komponenten vertritt, und die infolge dieses Ursprungs so häufig mit widersprechenden Einzelbestimmungen ausgestattet ist. Die Bildung von Substitutionen und Kontaminationen beim Versprechen ist somit ein Beginn jener Verdichtungsarbeit, die wir in eifrigster Tätigkeit am Aufbau des Traumes beteiligt finden» (1901, G. W. IV, S. 66 f). Eine ganz ähnliche Rolle wie die Träume spielt nun das Versprechen auch in der analytischen Technik von FREUD. «Bei dem psychotherapeutischen Verfahren, dessen ich mich zur Auflösung und Beseitigung neurotischer Symptome bediene, ist sehr häufig die Aufgabe gestellt, aus den wie zufällig vorgebrachten Reden und Einfällen des Patienten einen Gedankeninhalt aufzuspüren, der zwar sich zu verbergen bemüht ist, aber doch nicht umhin kann, sich in mannigfaltigster Weise unabsichtlich zu verraten. Dabei leistet oft das Versprechen die wertvollsten Dienste, wie ich an den überzeugendsten und anderseits sonderbarsten Beispielen dartun könnte. Die Patienten sprechen z. B. von ihrer Tante und nennen sie konsequent, ohne das Versprechen zu bemerken, ‹meine Mutter›, oder bezeichnen ihren Mann als ihren ‹Bruder›. Sie machen mich auf diese Weise aufmerksam, daß sie diese Personen miteinander ‹identifiziert›, in eine Reihe gebracht haben, welche für ihr Gefühlsleben die Wiederkehr desselben Typus bedeutet» (a. a. O., S. 89 f).

In den ‹Vorlesungen zur Einführung in die Psychoanalyse› ist FREUD noch einmal auf das Problem der Fehlleistungen und insbesondere des Versprechens eingegangen (1916/17, G. W. XI, S. 18–76) und hat ihren Mechanismus in zum Teil klarerer Weise charakterisiert. So erklärt er z. B. Substitutionen und Kontaminationen, die die häufigsten Versprecher seien, aus dem Zusammentreffen, der *Interferenz* zweier verschiedener Redeabsichten: «die Unterschiede entstehen nur dadurch, daß einmal die eine Absicht die andere völlig ersetzt (substituiert), so bei den Versprechen zum Gegenteil, während sie sich ein andermal damit begnügen muß, sie zu entstellen oder zu modifizieren, so daß Mischbildungen zustande kommen, die an sich mehr oder minder sinnreich erscheinen» (a. a. O., S. 35 f).

Von den beiden gegeneinander wirkenden Intentionen nennt er die eine die gestörte Intention, die andere die störende Intention. «Die gestörten Intentionen geben zu weiteren Fragen keinen Anlaß, aber von den anderen wollen wir wissen, erstens, was sind das für Intentionen, die als Störung anderer auftreten, und zweitens, wie verhalten sich die störenden zu den gestörten?» (a. a. O., S. 56). FREUDS Antwort auf die erste Frage lautet: störende Intentionen sind immer, bewußt oder unbewußt, unterdrückte Intentionen. «Der Sprecher hat sich entschlossen, sie nicht in Rede umzusetzen, und dann passiert ihm das Versprechen, d. h. dann setzt sich die zurückgedrängte Tendenz gegen seinen Willen in eine Äußerung um, indem sie den Ausdruck der von ihm zugelassenen Intention abändert, sich mit ihm vermengt oder sich geradezu an seine Stelle setzt» (a. a. O., S. 60). FREUDS Antwort auf die zweite Frage, nach dem Verhältnis der störenden Intention zur gestörten, lautet: die störende Intention kann entweder in inhaltlicher Beziehung zur gestörten stehen, der sie widerspricht, die sie berichtigt oder ergänzt (‹rückgratlos› statt ‹rückhaltlos›; «es sind da Dinge zum Vorschwein gekommen», gemeint war: es sind da Dinge zum Vorschein gekommen, und zwar waren es Schweinereien), oder die störende Intention hat inhaltlich nichts mit der gestörten zu tun, sondern rührt von einem Gedanken her, «der die betreffende Person kurz vorher beschäftigt hatte, und der nun in solcher Weise nachwirkt, gleichgültig ob er bereits Ausdruck in der Rede gefunden hat oder nicht. Sie ist also wirklich als Nachklang zu bezeichnen, aber nicht notwendig als Nachklang von gesprochenen Worten. Es fehlt auch hier nicht an einem assoziativen Zusammenhang zwischen dem Störenden und dem Gestörten, aber er ist nicht im Inhalt gegeben, sondern künstlich, oft auf sehr gezwungenen Verbindungswegen hergestellt» (a. a. O., S. 57 f).

Die psychoanalytische Forschung hat bis heute der Typologie und Interpretation des Versprechens, wie wir sie bei FREUD vorfinden, nichts Wesentliches hinzugefügt. Selbst LACAN, der ja der Rede des Patienten und ihren Störungen besondere Bedeutung beimißt, als dem ‹signifiant›, durch den das Unbewußte spricht, hat zwar eine Beschreibung in linguistischen Termini angestrebt, den Fehlerkatalog von FREUD jedoch weder erweitert noch in Frage gestellt. Wir erwähnen daher hier lediglich die Arbeiten von L. EIDELBERG (1936, 1944, 1960). FREUD war der Meinung gewesen, daß die gestörten Intentionen, im Gegensatz zu den störenden, keinen Anlaß zu weiteren Fragen gäben. EIDELBERG untersucht nun gerade jene gestörten Intentionen, die, obwohl sie immer bewußt sind, doch nur scheinbar ‹harmlos› sein könnten, da ja nicht jede störende Intention ein Versprechen verursache. EIDELBERG kommt daher zu folgender Definition des Versprechens: Ein Satz oder ein Wort, das ausgesprochen werden sollte, hat nicht nur eine bewußte, sondern auch eine unbewußte Bedeutung, wobei die letztere die Erfüllung eines infantilen Triebwunsches darstellt. Dieser geht vom Es aus, und der unbewußte Teil des Ich baut einen Widerstand auf, um zu verhindern, daß dieser Wunsch erfüllt wird. Dieser Widerstand setzt einen doppelten Prozeß in Gang: «(a) the instinct-fusion which is pressing for a gratification is turned against the self» und «(b) the opposite type of instinct-fusion is mobilized» (EIDELBERG, 1936, S. 470).[4] Von den vier Beispielen, die EIDELBERG zur Stützung seiner These selbst anführt, sind drei Substitutionen («Außenstände» statt «Schulden», «Subordination» statt «Insubordination», «System» statt «Symptom»). Sein viertes Beispiel («Sie dürften . . . Sie haben recht») ist eigentlich gar kein «Versprechen» im Sinne FREUDS, sondern ein «Fehlstart», eine der Redestörungen, die wir im nächsten Kapitel behandeln wollen.

Andere Redestörungen als die des Versprechens werden von FREUD nur beiläufig erwähnt, jedoch werden auch sie auf die gleichen Ursachen zurückgeführt wie die Substitutionen und Kontaminationen. Es gibt, sagt FREUD, «Redestörungen, die nicht mehr als Versprechen beschrieben werden, weil sie nicht das einzelne Wort, sondern Rhythmus und Ausführung der ganzen Rede beeinträchtigen, wie z. B. das Stammeln und Stottern der Verlegenheit. Aber hier wie dort ist es der innere Konflikt, der uns durch die Störung der Rede verraten wird» (1901, G. W. IV, S. 112).

Drei Fragenkomplexe sollen im folgenden untersucht werden:
1. Inwieweit ist heute eine Klassifikation des Versprechens nach linguistischen Gesichtspunkten möglich (Fehlerlinguistik)?
2. Welche anderen Arten von Redestörungen als die von FREUD untersuchten können im analytischen Prozeß eine Rolle spielen (G. MAHLS SDR und das Kategorienschema relevanter Redefehler)?
3. Können tatsächlich alle Redestörungen auf den von FREUD angenommenen ‹inneren Konflikt› als Ursache zurückgeführt werden? Ist vielleicht eine Zuordnung von bestimmten Redefehlern zu verschiedenen Arten von Neurosen möglich?

3.3.1.2. Fehlerlinguistik
In einer der führenden linguistischen Richtungen der letzten zehn Jahre, der Generativen Grammatik, spielt die Betrachtung grammatisch falscher Sätze eine große Rolle. Aus der Gegenüberstellung grammatischer und ungrammatischer Sätze wie z. B.
(a) Hans ärgert seinen Freund

---

4 In späteren Arbeiten hat EIDELBERG das Versprechen unter dem Lust-Unlust-Prinzip untersucht und sich mit dem Problem «of the narcisstic mortification present in slips of the tongue» befaßt (EIDELBERG, 1960, S. 596).

(b) Hans ärgert die Katze
(c) * Hans ärgert den Baum
(d) * Hans ärgert den Marxismus[5]

lassen sich grammatische Regeln ableiten, z. B., wie in diesem Fall, Subkategorisierungsregeln für das Nomen. Die ‹ungrammatischen› Sätze haben demnach hier eine heuristische Funktion. Sie sind in der Regel nur in einschlägigen linguistischen Abhandlungen zu finden, gerade nicht als Fehlleistungen, sondern als bewußte Produktionen eines findigen Linguisten. Es ist auch völlig irrelevant, ob diese ‹ungrammatischen› Sätze jemals von einem Sprecher spontan geäußert werden, denn die Regeln, die es zu finden gilt, beziehen sich ja gerade nicht auf die Verwendung von Sprache, sondern auf eine abstrakte Fähigkeit des Sprechers/Hörers, grammatisch richtige Sätze zu bilden. Die Untersuchung grammatisch falscher Sätze, die in Sprechakten spontan geäußert worden sind, wäre Aufgabe einer *Fehlerlinguistik*.

Eine linguistische Analyse konkreter fehlerhafter Äußerungen muß zunächst einmal von der Tatsache ausgehen, daß zwischen Sprachelementen generell zwei Arten struktureller Beziehungen bestehen, nämlich paradigmatische Beziehungen und syntagmatische Beziehungen.[6] Diese beiden strukturellen Dimensionen der Sprache lassen sich als ein System von Achsen darstellen: Die Achse der Syntagmatik enthält die *Kombinationen* von Sprachelementen z. B. zu Sätzen, die Achse der Paradigmatik enthält die *Oppositionen* von Sprachelementen, d. h. diejenigen Sprachelemente, die sich an einer bestimmten Stelle in der syntagmatischen Abfolge unmittelbar ausschließen und unter denen eine zu wählen ist.

	syntagmatische Achse			
Mein	Freund	war	5 Tage	in Paris
Dein	Mann	blieb	5 Wochen	am Meer
Sein	Bruder	wohnte	5 Monate	,,
,,	Sohn	arbeitete	5 Jahre	,,
,,	Vater	studierte	,,	,,
,,	,,	,,	,,	,,
,,	,,	,,	,,	,,

(paradigmatische Achse)

5 Grammatisch falsche Sätze werden in der Linguistik mit * gekennzeichnet.

6 F. DE SAUSSURE unterschied syntagmatische Beziehungen, die die Elemente in praesentia verbinden, und assoziative Beziehungen, die die Elemente in absentia verbinden. L. HJELMSLEV ersetzte den Terminus ‹assoziativ› durch ‹paradigmatisch›, der sich in der Folge durchgesetzt hat, weil er weniger psychologischem Mißverständnis ausgesetzt ist.

R. JAKOBSON faßt diese beiden Dimensionen der Sprache, indem er sich auf den Sprecher und seine Aktivität der Kodierung bezieht, als Operationen auf und unterscheidet entsprechend eine Operation der *Kombination* und eine Operation der *Selektion*.

«1. Kombination. Jedes Zeichen ist aus konstituierenden Zeichen zusammengesetzt bzw. kommt nur in Kombination mit anderen Zeichen vor. Das heißt, daß jede sprachliche Einheit zugleich als Kontext für einfachere Einheiten dient bzw. ihren eigenen Kontext in einer komplizierteren sprachlichen Einheit findet. Somit vereinigt also jede Gruppe von linguistischen Einheiten diese Einheiten zu einer höheren Einheit: Kombination und Kontextbildung sind zwei Erscheinungsformen derselben Operation.

2. Selektion (Auswahl, Entscheidung). Eine Entscheidung zwischen zwei Möglichkeiten setzt voraus, daß die eine Möglichkeit für eine andere, welche der ersten in einer Hinsicht gleichwertig und in einer anderen Hinsicht ungleichwertig ist, eingesetzt werden kann. Selektion und Substitution sind zwei Erscheinungsformen derselben Operation» (JAKOBSON, 1956, dt. 1960, S. 53).

Entscheidend für unsere Fragestellung ist nun, daß JAKOBSON die beiden grundlegenden Dimensionen der Sprache bzw. Operationen des Sprechers benutzt hat, um die Aphasien linguistisch zu beschreiben und zu klassifizieren. «Es ist klar, daß Sprachstörungen in verschiedenen Graden die Fähigkeit eines Individuums zur Kombination und Selektion sprachlicher Einheiten beeinträchtigen können. Die Frage, welche von diesen beiden Operationen hauptsächlich gestört ist, hat deshalb große Bedeutung für die Beschreibung, Analyse und Klassifizierung der verschiedenen Aphasiearten» (a. a. O., S. 55). Es gäbe demnach zwei Arten von Sprachstörungen: eine Similaritätsstörung und eine Kontiguitätsstörung, «je nachdem, ob die Selektion und Substitution bei relativ gut erhaltener Kombination und Kontextbildungsfähigkeit mehr geschädigt ist, oder ob umgekehrt Kombination und Kontextbildungsfähigkeit bei relativ gut bewahrter Selektion und Substitution den größeren Schaden erlitten hat» (a. a. O., S. 55). So ist bei Aphasikern mit einer Similaritätsstörung die Wortfindung erheblich erschwert: es erscheint z. B. statt des Wortes ‹Messer› das Wort ‹Gabel›, ‹Rauch› statt ‹Pfeife› oder auch einfach ‹Sache›, ‹Ding›, ‹Dingsda› und statt ‹schwarz› die Redewendung ‹was sie für die Toten tun› oder auch einfach ‹tot›; im extremen Fall entstehen bei diesem Aphasietyp Äußerungen, die fast ausschließlich aus kontextbezogenen Sprachelementen wie Pronomina und Konjunktionen bestehen: ‹nu wenn ich, ob das nun doch›. Im Gegensatz dazu ist es einem Aphasiker mit einer Kontiguitätsstörung unmöglich, Sätze zu bilden; die Wortfolge wird chaotisch, die kontextbezogenen Sprachelemente (Pronomina, Präpositionen, Konjunktionen) gehen verloren (Telegrammstil), und im extremen Fall kommt es zu infantilen Ein-Wort-Äußerungen.

Diese erste linguistische Einteilung der Aphasien ist in der Folge von JAKOBSON selbst und anderen spezifiziert worden (vgl. JAKOBSON 1964 und WEIGL,

146

BIERWISCH 1970). Für unser Anliegen, eine linguistische Beschreibung spontaner Redefehler, genügt die Unterscheidung von Kombination und Selektion.

Auch M. BIERWISCH bezieht sich in seinem bahnbrechenden Aufsatz ‹Fehler-Linguistik› (1970) zur Erklärung der von ihm untersuchten Arten spontaner Redefehler auf zwei «Grundmechanismen», die er Selektion und lineare Organisation nennt. Allerdings trifft BIERWISCH diese Unterscheidung nicht, wie JAKOBSON, im Rahmen einer strukturalistischen Sprachtheorie, sondern im theoretischen Rahmen der Generativen Grammatik. Selektion und lineare Organisation sind

«Prozesse, die auf der Grundlage linguistischer Strukturen operieren. Sie ermöglichen die Aktualisierung und Abarbeitung von Strukturen, die auf Grund der interiorisierten grammatischen Regeln erzeugbar sind. Für eine Theorie der Sprachproduktion ergeben sich daraus folgende, mit Vorbehalt zu betrachtende Schlußfolgerungen: Die Produktion einer Äußerung beginnt mit der Selektion oder Ausdifferenzierung einer semantischen Repräsentation aus einem System intentionsgemäßer, lexikalisierbarer semantischer Strukturen. Zu dieser Repräsentation wird eine Derivation erzeugt, die auf Grund der syntaktischen Transformationen und der Selektion phonemischer Kodierungen eine syntaktische Oberflächenstruktur determiniert. Die in diese Derivation eingehenden syntaktischen Formative werden im Verlauf der Ableitung auf Grund ihrer syntaktischen Relationen linear organisiert. Der so erzeugten Oberflächenstruktur wird durch die morphologischen und phonologischen Regeln eine phonetische Repräsentation zugeordnet, die dann die Innervation der Artikulationsorgane steuert» (BIERWISCH, 1970, S. 34 f).

BIERWISCH untersucht drei Typen spontaner Redefehler:
1. *Wortvertauschung* als Störung der linearen Organisation (falsche Anordnung der Elemente eines gegebenen Satzes),
2. *Selektionsfehler* und
3. *Kontamination* als Störungen des Selektionsmechanismus (falsche, ‹satzfremde› Elemente in einem gegebenen Satz).

«Alle drei Arten von Defekten beruhen auf der Verletzung einer jeweils bestimmten grammatischen Regel, jedoch führen Wortvertauschungen gelegentlich und Kontamination notwendig zu grammatisch falschen Sätzen, während das bei Selektionsfehlern nicht der Fall ist. Letztere sind vielmehr Fehler in der Regel nur in bezug auf die intendierte semantische Struktur» (a. a. O., S. 34).

1. *Wortvertauschung* (Reihenfolgestörung)
BIERWISCH diskutiert u. a. folgende, in normalen Sprechsituationen gesammelte Beispiele:
  Erstens dauert nicht jede Stunde vier Proben.
  (Erstens dauert nicht jede Probe vier Stunden.)
  Er hat in Berlin drei Wochen im Tag gearbeitet.
  (Er hat in Berlin drei Tage in der Woche gearbeitet.)

Da müssen noch Einkünfte ausgeholt werden.
(Da müssen noch Auskünfte eingeholt werden.)
Obwohl die Wortvertauschung keine Verletzung einer bestimmten syntaktischen Regel darstellt, ist sie doch durch syntaktische Bedingungen determiniert, da nicht beliebige Wörter vertauscht werden, sondern nur lexikalische Elemente der gleichen Kategorie (Stunde–Probe, ein–aus). Die Bedeutung der Sätze, ihre semantische Struktur, wird durch die Wortvertauschung nicht beeinträchtigt; die Sprecher – und oft genug auch die Zuhörer – bemerken in der Regel die Wortvertauschung gar nicht, sondern korrigieren sie automatisch.

2. *Selektionsfehler*
Ist das das verpachtete Rad?
(Ist das das verpfändete Rad?)
Er untersucht, ob die zwei nun derselbe sind oder zwei andere.
(Er untersucht, ob die zwei nun derselbe sind oder zwei verschiedene.)
Sie wollten das tabu verschieben.
(Sie wollten das partout verschieben.)

«Die Einsetzung von Lexikonelementen zur Verbalisierung einer intendierten, also kognitiv repräsentierten semantischen Struktur, involviert einen Auswahlvorgang, der auf Grund des komplexen Systems der Lexikonregeln – d. h. der Zuordnungen von semantischen zu phonemischen Teilstrukturen – phonemische Repräsentationen aktualisiert. Dieser Auswahlvorgang, durch die gegebene semantische Repräsentation weitgehend, aber nicht voll determiniert, wird bei Selektionsfehlern durch intervenierende Faktoren gestört. Die durch die Störung auftretende Abweichung führt nicht zu arbiträren Defekten, sondern zu einem Ausgleiten entlang der semantischen oder der phonemischen Organisation des lexikalischen Gesamtsystems» (a. a. O., S. 26).

Die Selektionsfehler werden demnach durch semantische und lautliche Beziehungen im Lexikon gesteuert; offensichtlich gehören dabei die intendierte und die tatsächlich erscheinende Einheit, wie schon bei der Wortvertauschung, in der Regel derselben syntaktischen Kategorie an: verpfänden – verpachten, verschiedene – andere.

3. *Kontamination*
Bei der als Kontamination beschriebenen Störung des Selektionsmechanismus gibt es, im Gegensatz zum eigentlichen Selektionsfehler (vgl. 2.), zwei mögliche Korrekturen.
Ich muß meine Liste noch verweitern.
(Ich muß meine Liste noch vergrößern.)
(Ich muß meine Liste noch erweitern.)
Damit ist es uns in der Lage, die Unterschiede zu erklären.
(Damit ist es uns möglich, die Unterschiede zu erklären.)
(Damit sind wir in der Lage, die Unterschiede zu erklären.)
Für mich kommt das ähnlich vor.
(Für mich ist das ähnlich.)

148

(Mir kommt das ähnlich vor.)

Während beim Selektionsfehler statt einer richtigen eine falsche Lexikon-einheit gewählt wurde, werden bei der Kontamination sozusagen zwei richtige Selektionen vorgenommen, die jedoch miteinander kollidieren. Diese Kollision entsteht «bei der Konstituierung einer der ‹Mitteilungsintention› angepaßten semantischen Repräsentation» (a. a. O., S. 32) und manifestiert sich in der syntaktischen Oberflächenstruktur als Kompromiß zwischen den kollidierenden Lexikoneinheiten bzw. Konstruktionen.

Da sich spontane Redefehler ebenso wie aphasische Redestörungen auf zwei grundlegende Mechanismen, nämlich lineare Organisation und Selektion, zurückführen lassen, erscheint folgende Schlußfolgerung als gerechtfertigt: «Die oben diskutierten Typen sprachlicher Fehlleistungen beruhen auf occasionellen Störungen der gleichen Mechanismen, die in verschiedenen Formen der Aphasie auf Grund cerebraler Schäden langfristig gestört sind» (a. a. O., S. 37). BIERWISCH betont, daß mit der Beschreibung der Redefehler als Störungen in der Wirkung zweier genereller Mechanismen noch nichts ausgesagt sei über die Herkunft dieser Störungen. «Was im hier betrachteten Zusammenhang zunächst als bloßer Zufall erscheint, kann auf anderen Ebenen motiviert sein. In die Selektionsfehler können z. B. Ursachen der Art eingehen, die die von Freud beschriebenen Fehlleistungen hervorrufen. Freilich sollte man diesen Aspekt nicht überschätzen. Die meisten der hier diskutierten Beispiele dürften kaum derartige Faktoren enthalten» (a. a. O., S. 35).

Sehen wir uns nun noch einmal FREUDS Beispiele für das Versprechen an, so stellen wir fest, daß wir sie vorwiegend als Störungen des Selektionsmechanismus (Selektionsfehler und Kontaminationen) beschreiben können. ‹Bruder› statt ‹Mann›, ‹Mutter› statt ‹Tante›, ‹geneigt› statt ‹geeignet›, ‹Kropf› statt ‹Kopf› sind klare Selektionsfehler; FREUD nannte sie mit MERINGER Substitutionen. ‹Lippschaft› statt ‹Sippschaft› oder ‹Liebschaft› und ‹begleit-digen› statt ‹beleidigen› oder ‹begleiten› sind Kontaminationen im BIERWISCHschen Sinne, nämlich Störungen des Selektionsmechanismus auf der Ebene der semantischen Repräsentation, und auch FREUD und MERINGER sprachen in diesem Zusammenhang von Kontaminationen. Störungen der linearen Organisation, also Wortvertauschung als Reihenfolgestörung, werden bei FREUD kaum berücksichtigt. Wir konnten das damit begründen, daß FREUD in den Substitutionen und Kontaminationen eine Entsprechung zur Verdichtungsarbeit im Traum sah (vgl. 3.3.1.1.). Wir sind jetzt in der Lage, eine linguistische Begründung dafür zu versuchen, daß für FREUD vorwiegend Störungen des Selektionsmechanismus relevante Fehlleistungen darstellten.

Vergleichen wir dazu das Verhältnis von Mitteilungsabsicht, semantischer Repräsentation und syntaktischer Oberflächenstruktur bei den drei von BIERWISCH erörterten Typen von Redefehlern:
– Bei der Kontamination ist die Überführung der Mitteilungsintention in eine bestimmte semantische Repräsentation gestört; es werden zwei verschiedene semantische Repräsentationen gewählt; in der syntaktischen Ober-

flächenstruktur erscheint als Kompromiß die Kontamination.
- Beim Selektionsfehler wird für die Mitteilungsintention eine falsche, mit ihr nicht übereinstimmende semantische Repräsentation gewählt; in der Oberflächenstruktur erscheint entsprechend eine andere Lexikoneinheit, die jedoch zu der intendierten Einheit eine gewisse, semantische oder lautliche Beziehung hat.
- Bei der Wortvertauschung (Reihenfolgestörung) entspricht die semantische Repräsentation der Mitteilungsabsicht; die Störung bezieht sich auf die der semantischen Repräsentation zuzuordnende syntaktische Oberflächenstruktur.

Wir stellen also fest, daß bei der Störung des Selektionsmechanismus eine Diskrepanz zwischen Mitteilungsabsicht und semantischer Repräsentation besteht. Da die Konstituierung einer semantischen Struktur nicht bewußt geschieht, ist es nicht verwunderlich, daß FREUD gerade Störungen des Selektionsmechanismus als durch das Unbewußte motiviert interpretiert hat.

3.3.1.3. G. Mahls ‹Speech Disturbance Ratio› (SDR)

Es gibt andere Arten von Redestörungen als die, die wir bisher untersucht haben – FREUD selbst nannte z. B. das «Stammeln und Stottern der Verlegenheit». In den Arbeiten von G. MAHL (1956, 1959a u. b, 1961) werden die verschiedensten sprachlichen Fehler, die Patienten in der Psychotherapie unterlaufen, zum erstenmal kategorisiert und untersucht.

Ziel der Untersuchungen MAHLS war es, die wechselnden Angstzustände des Patienten in verschiedenen Phasen einer psychotherapeutischen Sitzung meßbar zu machen, und er stellte die These auf, daß die Rede des Patienten um so gestörter sei, je mehr Angst er empfinde, und daß man daher die Intensität der Angst an der Art und Häufigkeit der Redestörungen gleichsam ablesen könne. Zu diesem Zweck entwickelte MAHL sein SDR, einen Redestörungsindex, der sich aus der Summe der Fehler, dividiert durch die Summe der Wörter, für eine bestimmte Zeitspanne, errechnen läßt. MAHL stellte fest, daß der Index der Redestörung, sein Ansteigen und Abfallen, in fester Beziehung steht zur Intensität der Angst des Patienten, die von einem neutralen Beobachter eingeschätzt wurde. Diese starre Zuordnung von Redestörungen und Angstzuständen ist sicherlich problematisch, und sie ist auch in der Folgezeit nicht bestätigt worden (BOOMER, GOODRICH, 1961). Entscheidend ist für uns, daß MAHL versucht hat, verschiedene Kategorien von Redestörungen zu identifizieren, die man bisher mit allgemeinen Termini wie ‹verworren›, ‹ungeordnet› oder ‹abgehackt› beschrieben hatte. Die Liste von MAHLS Speech Disturbance Categories sei im folgenden angeführt:

KATEGORIE	BEISPIELE
1. «Ah». Wherever the «ah» sound occurs it is scored.	Well . . . ah . . . when I first came home.
2. Sentence Change. A correction in the form or content of the	Well she's . . . already she's lonesome.

150

expression while the word-word progression occurs.

To be scored, these changes must be sensed by the listener as interruptions in the flow of the sentence.

3. Repetition.

The serial, superfluous repetition of one or more words — usually of one or two words.

4. Stutter.

5. Omission.

Parts of words, or rarely entire words, may be omitted. Contractions not counted. Most omissions are of final one or two parts of words and are associated with sentence change and repetition.

6. Sentence Incompletion.

An expression is interrupted, clearly left incomplete, and the communication proceeds without correction.

7. Tongue Slips.

Includes neologisms, the transposition of entire words from their «correct» serial position in sentence, and the substitution of an «unintended» for an intended word.

8. Intruding incoherent sound. A sound which is absolutely incoherent to the listener. It intrudes without itself altering the form of the expression and cannot be clearly conceived of as a stutter, omission, or neologism (though some may be such in reality).

That was . . . it will be two years ago in the fall.

Cause they . . . they get along pretty well together.

He was . . . he was sharing the office.

It sort of well I . . . I . . . leaves a memory.

She mour . . . was in mourning for about two years before.

Then their anni . . . wedding anniversary comes around.

Well I'm sorry I couldn't get here last week so I could . . . ah . . . I was getting a child ready for camp and finishing up swimming lessons.

We spleat the bitches (for «split the beaches»).

He was born in their hou(se) . . . hospital and came to their house.

The reason that I don't . . . didn't seem to feel the love for him (son) that I felt for J . . . (daughter).

If I see a girl now I'd like to take out I just . . . dh . . . ask her.

(Mahal, 1961, S. 93)

Das folgende Kategorienschema ist um einige unserer Meinung nach wichtige Punkte erweitert und der deutschen Sprache angepaßt.

3.3.1.4. Kategorienschema relevanter Redestörungen

Kategorie
1. Stottern (S)
Krampfartige Wiederholung von Silben (innerhalb der Wortgrenze).
2. Wortwiederholung (W)
Überflüssige Wiederholung eines Wor-

Beispiele
— besonders gut war ich in La-la-latein.
— ich will selber stark genug sein, mich mit mir au-au-auseinanderzusetzen.
— ja ich ich weiß nicht wie man das weiter erklären soll.

151

tes (falls der Kontext nicht auf einen emphatischen Gebrauch hinweist).

3. Auslassung (A)
Teile von Wörtern oder ganze Wörter können ausgelassen werden; da das meist am Ende eines Satzes geschieht, besteht ein Zusammenhang dieser Störung mit dem unterbrochenen Satz (US) und dem abgebrochenen Satz (AS).

4. Undefinierbare Laute (UL)
(Die Undefinierbarkeit darf nicht durch außersprachliche Faktoren – Geräusche, Qualität der Bandaufnahme – bedingt sein.)

5. «Eh»-Pause (Eh)

6. Floskeln (F)
Allgemeine Floskeln und Ausdrücke, die von einem bestimmten Patienten stereotyp gebraucht werden.

7. Lapsus Linguae (LL a, b, c)
a) Wortvertauschungen
   (linear)
b) Selektionsfehler

c) Kontaminationen

8. Unterbrochener und wiederaufgenommener Satz (US)
Zwischen beiden Teilen des unterbrochenen Satzes findet man UL, W, F und A.

9. Abgebrochener und neubegonnener Satz (Fehlstart) (AS)

– ich hab nur net genaue genaue Vorstellungen davon.
– weil weil ich weil ich eine viel sensiblere Position bezogen hab.
– mein ... (Vater) schimpft mich immer, wenn ich heimkomme.
– das kann man nicht ganz genau ... (sagen?).
– meine Mutter hatte es mit den Ner ... (Nerven).

– das war immer mein Vater in meinen ikg Gedanken.
– wenn das ooo / wenn die Situation so ist, daß ich ...

– und daß man eh / ganz viel Angst hat.
– jetzt eh wo ich merke, ich kann wieder etwas.
– und in dieser Beziehung / muß ich sagen / also / bin ich
– und das gibt einem anfürsich immer den Mut, würd ich sagen.
– denn das ist ja dann (...) / wie soll ich sagen / sozusagen bedeutungslos für mich.

a) ich habe doch fünf Stundenwochen (Wochenstunden) Analyse, nicht vier.
b) ist es denn so, daß ich den Vater in mir züchtige, nein züchte, will ich sagen.
c) diese Auffassung ist doch seit langem widerholt (überholt, widerlegt) nur davon hängt es an (davon hängt es ab, darauf kommt es an)

– und ich will mal lernen / eh das wollt ich damit sagen / ich will mal lernen / selber mich konzentrieren zu können auf irgendwas.

– und die waren / die haben nur gelacht.
– ich habe verschiedentlich // ich weiß schon, was ich will / in anderen Sachen.
– und ich wußte gar nicht / ich fand die einerseits so süß.

152

3.3.1.5. Redefehler und Neurosen

Schon G. F. MAHL (1961, S. 94) hatte die Vermutung geäußert, daß die relativen Häufigkeitsunterschiede von Sprechfehlern bei verschiedenen Patienten möglicherweise allgemeine Persönlichkeitstypen widerspiegelten. Für
eine solche Zuordnung bieten die Untersuchungen von VERÓN und SLUZKI
(1970) einen ersten Anhaltspunkt.

VERÓN und SLUZKI haben die Redefehler bei drei Typen von Neurosen, der
Hysterie, der Phobie und der Zwangsneurose, statistisch untersucht. Für die
Analyse der Redefehler bedienten sie sich im wesentlichen der Kategorien von
MAHL, die sie lediglich dem Spanischen, der Sprache ihrer Patienten, anpaß-
ten. Zugrunde lagen für jeden Neurosetyp 15 bis 20 Tonbandprotokolle von
etwa 15 Minuten von Patienten, die als typische Vertreter von Hysterie, Phobie und Zwangsneurose angesehen wurden. Aus der Summe der Sprechfehler
im Verhältnis zur Summe der geäußerten Wörter ergab sich folgendes Ergebnis: die häufigsten Störungen finden sich in der Rede des Phobikers, die
wenigsten in der des Zwangsneurotikers, während die Rede des Hysterikers
etwa die Mitte zwischen beiden Werten hält. Obwohl dieses Ergebnis, vor
allem was die Eckwerte betrifft, sehr wohl mit unserer Kenntnis der Neurosen,[7] insbesondere der Phobie und der Zwangsneurose, in Einklang steht, ist
es doch zu allgemein, als daß es neue Einsichten vermitteln könnte. Auf-
schlußreicher ist schon das unterschiedliche Auftreten bestimmter Fehlerar-
ten. So stellen VERÓN und SLUZKI z. B. fest, daß sich undefinierbare Laute (UL)
bei den Hysterikern sehr viel häufiger finden als bei Zwangsneurotikern; daß
‹Lieblingsredensarten› (muletillas; diese Fehlerart umfaßt bei VERÓN und
SLUZKI unsere Kategorien ‹Eh-Pause› und ‹Floskeln›) am häufigsten von
Zwangsneurotikern gebraucht werden, am wenigsten von Hysterikern, wäh-
rend die Phobiker eine mittlere Position einnehmen; daß abgebrochene Sätze
(AS) am häufigsten bei Phobikern zu finden sind und am wenigsten bei
Zwangsneurotikern (VERÓN, SLUZKI, 1970, S. 109–133).

Mit diesem Ergebnis, einer allgemeinen und einer speziellen Häufigkeits-
verteilung der Fehlertypen, ist die statistische Auswertung zunächst einmal

---

7 Wenn wir die neurotischen Erkrankungen als «Affektionen des Ichs» (FREUD,
1938, G. W. XVII, S. 111) auffassen, deren Symptome «entweder Ersatzbefriedigung
irgendeines sexuellen Strebens oder Maßnahmen zu ihrer Verhinderung, in der Regel
Kompromisse von beiden, wie sie nach den für das Unbewußte geltenden Gesetzen zwischen Gegensätzen zustande kommen», sind (a. a. O., S. 112), dann können wir die
Hysterie als Versuch des Ichs ansehen, die Angst vor dem Durchbruch eines vom Über-
Ich verweigerten Triebwunsches zu bewältigen. Dies geschieht durch Verdrängung
der Vorstellungsrepräsentanzen, durch Verdichtung der Triebrepräsentanzen im körperlichen Konversionssymptom und durch Verschiebung der Affektrepräsentanzen.
Bei der *Phobie* ist die Angst das Hauptsymptom; das Ich kann sich vor verbotenen Triebansprüchen lediglich durch Panik und Flucht wie beim Auftreten von äußeren Gefahren
schützen. In der *Zwangsneurose* besteht eine starke Spannung zwischen Es und Über-
Ich, die das Ich durch weitere Abwehrmittel (Symptombildungen) neben der Verdrängung von Affektrepräsentanzen zu beseitigen sucht.

153

am Ende. Neue Gesichtspunkte ergeben sich, wenn man die Fehlertypen nach bestimmten Parametern ordnet. So könnte man z. B. die Fehler einteilen in solche, die die Lautebene betreffen, solche, die die lexikalisch-semantische Ebene betreffen, und schließlich solche, die auf der syntaktischen Ebene wirksam sind. Es ist jedoch fraglich, was eine derartige, mehr die abstrakte Sprachkompetenz als konkrete Redeakte betreffende Einteilung in diesem Zusammenhang leistet. Sinnvoller erscheint eine Einteilung der Redestörungen entsprechend ihrer kommunikativen Relevanz in der Gesprächssituation. Diesen Weg sind VERÓN und SLUZKI gegangen, wenn sie sich auch dabei informationstheoretischer Terminologie bedienten: sie unterscheiden 1. ‹redundante Nachrichten›, 2. Nachrichten, deren semantischer Gehalt a) leicht, b) mittel, c) schwer gestört ist. Wir haben die Ergebnisse von VERÓN und SLUZKI (1970, S. 121 ff) an unserem Material überprüft und im großen und ganzen bestätigt gefunden. Wir beziehen uns daher in der folgenden Darstellung auf unser ‹Kategorienschema relevanter Redestörungen› mit den deutschen Beispielen.

Wir unterscheiden Redestörungen mit Redundanzcharakter, wie z. B. die Wortwiederholung (W), die ‹Eh›-Pause, Floskeln (F), viele Fälle von unterbrochenem und wiederaufgenommenem Satz (US) und Redestörungen, die die semantische Interpretation einer Äußerung erschweren, vor allem der abgebrochene und neubegonnene Satz (AS), die Auslassung (A), undefinierbare Laute (UL), Lapsus Linguae (LL), dann einige Fälle des unterbrochenen und wiederaufgenommenen Satzes (US), schließlich das Stottern (S). Eine vergleichende Analyse redundanter und semantisch relevanter Redestörungen gelangt zu folgendem Ergebnis:
— die Rede des Zwangsneurotikers weist quantitativ und qualitativ die geringsten semantischen Störungen auf, jedoch die meisten Störungen mit Redundanzcharakter;
— die Rede des Phobikers ist stärker semantisch gestört als die des Zwangsneurotikers, und zwar insbesondere durch Auslassungen (A), abgebrochene Sätze (AS) und undefinierbare Laute (UL); die Redundanz ist geringer als beim Zwangsneurotiker und stärker als beim Hysteriker;
— die Rede des Hysterikers ist ebensohäufig semantisch gestört wie die des Phobikers, jedoch, im Unterschied zum Phobiker, mehr durch unterbrochene Sätze (US); sie ist am wenigsten redundant.

Ein klares und eindeutiges Bild ergibt sich für die Zwangsneurose, im Vergleich mit Phobie und Hysterie. Die Rede des Zwangsneurotikers verläuft geradlinig und nahezu ungestört; er kennt keine ‹Fehlstarts› (AS), und wenn er einmal stockt, nimmt er den Faden an derselben Stelle wieder auf (US); die überaus zahlreichen redundanten Redeelemente (Wortwiederholungen und Einschübe wie «wie soll ich mich ausdrücken» (W, F, US)) sind nicht im eigentlichen Sinne ‹Redestörungen›, sondern haben eine Kontrollfunktion, insofern sie es dem Sprecher erlauben, mit Bedacht seine Worte zu wählen, seine Sätze zu bilden und dem Zuhörer den Eindruck größter Wichtigkeit und Genauigkeit zu vermitteln.

154

Die Rede des Phobikers und des Hysterikers läßt sich nicht so eindeutig beschreiben, denn obwohl sich diese beiden Neurosen als Gruppe klar von der Zwangsneurose abheben, erfordert eine Unterscheidung der Rede des Phobikers auf der einen und der des Hysterikers auf der anderen Seite eine differenzierte Interpretation der Ergebnisse. Vor allem erscheint es schwierig, die Rede des Phobikers und die des Hysterikers zu unterscheiden in bezug auf die semantisch relevanten Redestörungen. Während sich beim Hysteriker insgesamt mehr semantische Störungen finden als beim Phobiker, läßt sich für die schweren semantischen Störungen wie Auslassung (A) und abgebrochener Satz (AS) sowie undefinierbare Laute (UL) beim Phobiker eine größere Häufigkeit feststellen. Die Rede des Phobikers bleibt gleichsam immer wieder im Ungewissen stecken, und es ist dem Zuhörer meist nicht möglich, den intendierten Sinn der Aussage zu erraten. Die Interpretation des Phänomens der Redundanz ergänzt dieses Bild. Sie ist sehr ausgeprägt, wenn auch geringer als in der Rede des Zwangsneurotikers. Entscheidend ist, daß redundante Sprachelemente beim Phobiker offenbar eine andere Funktion haben als beim Zwangsneurotiker. Phobische Patienten sprechen im allgemeinen mehr und schneller als andere Patienten, und das Schweigen, ihr eigenes und das des Therapeuten, macht ihnen sehr zu schaffen. Es erscheint daher gerechtfertigt, den redundanten Redeelementen des Phobikers nicht, wie denen des Zwangsneurotikers, eine Kontrollfunktion zuzuschreiben, sondern eine Kontaktfunktion oder ‹phatische Funktion›[8]: mit ihnen versichert sich der Sprecher der anhaltenden Aufmerksamkeit seines Zuhörers, damit die Kommunikation nicht abreiße (sozusagen ein ständiges «Hören Sie mir auch zu?!»).

Die hysterische Rede unterscheidet sich von der phobischen vor allem dadurch, daß sie kaum redundant ist (man mag es als inhaltliche Entsprechung ansehen, daß Hysteriker meist ausgesprochen spannend erzählen). Hinsichtlich der semantischen Redestörungen sind die Unterschiede unserer Meinung nach zu gering, als daß man sie für eine Charakterisierung der phobischen und der hysterischen Rede heranziehen könnte.

Erinnern wir uns, daß FREUD der Meinung war, alle Redestörungen seien, wie das Versprechen, auf einen unbewußten Konflikt als Ursache zurückzuführen, z. B. auch das «Stammeln und Stottern der Verlegenheit». Wir haben in unserer Analyse der Redestörungen bei Neurotikern festgestellt, daß das Phänomen der ‹Störung› sehr unterschiedliche Formen annehmen kann. Die Rede des Zwangsneurotikers ist praktisch nicht gestört, aber hochgradig redundant, die des Phobikers ist stark gestört und stark redundant, die des Hysterikers stark gestört und praktisch nicht redundant. Auch die kommunikative Funktion dieser ‹Störungen› scheint unterschiedlich zu sein: so hat z. B. die Redundanz beim Zwangsneurotiker einen anderen Stellenwert als

---

8 Der Begriff der phatischen Funktion wurde von dem Anthropologen B. MALINOWSKI eingeführt und von R. JAKOBSON (1960, S. 355) in das Kommunikationsmodell einbezogen. Vgl. 3.4.1.2.

beim Phobiker, und auch die Tatsache, daß ein Phobiker keine Fehler macht, ist kommunikativ relevant. Eine Begründung all dieser Phänomene aus einem ‹unbewußten Konflikt› stößt dabei auf erhebliche Schwierigkeiten; man müßte dann unter Umständen die relativ ungestörte Rede des Zwangsneurotikers auf das Fehlen eines unbewußten Konflikts zurückführen. In diesem Zusammenhang mag es aufschlußreich sein, daß gerade die von FREUD erwähnten Redestörungen, denen in unserem Schema die Kategorien Stottern (S) und Lapsus Linguae (LL) entsprechen, für die vergleichende Analyse in keinerlei Weise signifikant sind.

3.3.2. ‹Normfehler› und die Schwierigkeiten bei der Verbalisierung

3.3.2.1. Der Begriff der Verbalisierung
Der psychoanalytische Terminus ‹verbalization› wurde 1949 von R. FLIESS eingeführt. Dieser Begriff vereinigt für ihn zwei Aspekte. In ökonomischer und dynamischer Hinsicht unterscheidet sich die Verbalisierung, als motorische Aktivität, vom Denken, dem gegenüber sie größere Energiebesetzung erfordert und stärker festgelegt ist. In topographischer und struktureller Hinsicht ist die Verbalisierung eine vorbewußte und bewußte Ich-Funktion und, in der Analyse, ein Instrument, mit dem sich das Ich unbewußte Inhalte aneignet.[9] FLIESS (1949, S. 29) spricht in diesem Zusammenhang auch von

9 Die topographische Einteilung der psychischen Tätigkeit in bewußte, vorbewußte und unbewußte seelische Vorgänge geht der strukturellen Gliederung im Sinne einer hierarchischen Anordnung (Ich, Über-Ich, Es) voraus, wenn auch diese Trennung nicht immer strikt vorgenommen werden kann (vgl. FREUD, 1938, G. W. XVII, S. 135; LOCH, 1967 a, S. 25). Für die psychoanalytische Therapie, die nach FREUDS Worten nur dadurch wirkt, «daß sie Unbewußtes in Bewußtes verwandelt», und dies nur, «insoweit sie in die Lage kommt, diese Verwandlung durchzusetzen» (1916/17, G. W. XI, S. 290), gewinnt daher besonders die Frage Bedeutung, wie die unbewußten Prozesse wahrnehmbar und bewußt mitteilbar gemacht werden können. Hierbei spielt gerade die Verbalisierung eine besondere Rolle. FREUD schreibt schon 1895 (S. 444), daß mit Hilfe der Sprachassoziationen «Wortbilder vorbesetzt wie früher die Wahrnehmungs-Abfuhrbilder» werden könnten, somit durch «Sprachabfuhrzeichen» die Denkvorgänge den Wahrnehmungsvorgängen gleichgestellt und ihnen psychische Realität und Gedächtnis ermöglicht werden. In der ‹Traumdeutung› (1900, G. W. II/III, S. 622) heißt es dann: «Um ihnen [den Denkvorgängen – d. Verf.] eine Qualität zu verleihen, werden sie beim Menschen mit den Worterinnerungen assoziiert, deren Qualitätsreste genügen, um die Aufmerksamkeit des Bewußtseins auf sich zu ziehen und von ihm aus dem Denken eine neue mobile Besetzung zuzuwenden.» Durch die Verbalisation (einschließlich der sie begleitenden Denkvorgänge) wird also das Unbewußte ins Vorbewußte oder Bewußte gehoben: «Erst mit der Ausbildung einer abstrakten Denksprache, durch die Verknüpfung der sinnlichen Reste der Wortvorstellungen mit inneren Vorgängen, wurden diese selbst allmählich wahrnehmungsfähig» (1912/13, G. W. IX, S. 81). In seiner Arbeit ‹Das Unbewußte› (1915, G. W. X, S. 300) stellt FREUD den Unter-

einem «vokalen» oder «affektiven» Aspekt und einem «verbalen» oder «ideativen» Aspekt. Vor allem dieser ‹ideative› (topographische) Aspekt der Verbalisierung interessierte FLIESS, und vornehmlich in dieser speziellen Bedeutung hat sich dann der Begriff der Verbalisierung in der psychoanalytischen Terminologie eingebürgert. So beschreibt z. B. CH. BALKÁNYI (1964, S. 64) mit dem Begriff der Verbalisierung die Übergangsphase vom Denken zum Sprechen in folgender Weise:

«A fraction of a second before producing speech, the speaker verbalizes his thought. In the act of speaking the first step is verbalization, the second is speech. In the listener, a reverse process, also in two steps, takes place: the first is the hearing of speech, the second is the de-verbalization of the words. (. . .) Speech and hearing; verbalization and de-verbalization; this is the double level on which dialogue, including that between patient and analyst, evolves.»[10]

Ein erster Hinweis darauf, was die Unterscheidung von Denken, Verbalisieren und Sprechen für die Analyse der Sprache des Patienten leistet, findet sich bei FREUD, obwohl dieser den Begriff ‹Verbalisierung› nicht gebraucht. FREUD schreibt in ‹Das Unbewußte› (1915, G. W. X, S. 300): «Das System Ubw ent-

---

schied zwischen einer bewußten und unbewußten Vorstellung zusammenfassend dar: «Was wir die bewußte Objektvorstellung heißen durften, zerlegt sich uns jetzt in die *Wortvorstellung* und in die *Sachvorstellung*, die in der Besetzung, wenn nicht der direkten Sacherinnerungsbilder, doch entfernterer und von ihnen abgeleiteter Erinnerungsspuren besteht. Mit einem Male glauben wir nun zu wissen, wodurch sich eine bewußte Vorstellung von einer unbewußten unterscheidet. Die beiden sind nicht, wie wir gemeint haben, verschiedene Niederschriften desselben Inhaltes an verschiedenen psychischen Orten, auch nicht verschiedene funktionelle Besetzungszustände an demselben Orte, sondern die bewußte Vorstellung umfaßt die Sachvorstellung plus der zugehörigen Wortvorstellung, die unbewußte ist die Sachvorstellung allein.» Diese Vorstellungen von FREUD, die auf den ersten Blick einer statisch neuroanatomisch gefärbten Auffassung vom Aufbau des psychischen Apparates entstammen, hat LOCH unseres Erachtens entscheidend geklärt und erweitert, indem er die Sachvorstellung als Erinnerungsspur auffaßt und mit denjenigen Ereignissen verbindet, die Befriedigungserlebnisse herbeiführen. Die Sach-(«Objekt»-)Vorstellungen haben nun die Eigenart, «daß sie gleichsam nicht abgeschlossen, nicht abschließbar sind, wohingegen das Wort, das ja später im Zuge des Sprechenlernens diese Erfahrungen vertritt, etwas vergleichsweise Geschlossenes darstellt» (LOCH, 1971 b, S. 886 f; vgl. FREUD, 1891, S. 79).

10 Diese drei Schritte: Denken – Verbalisieren – Sprechen und Hören – De-Verbalisieren – Denken finden sich in ähnlicher Weise in jedem einfachen, statischen Kommunikationsmodell. Die drei Schritte heißen dann etwa Sprecherinformation (SI) – Kodierung (K) – Sprechen (S) und Hören (H) – Dekodierung (DK) – Hörerinformation (HI).

SI – K – S ⌒ H – DK – HI

(Übertragung durch
Schallwellen)

157

hält die Sachbesetzungen der Objekte, die ersten und eigentlichen Objektbesetzungen; das System Vbw entsteht, indem diese Sachvorstellung durch die Verknüpfung mit den ihr entsprechenden Wortvorstellungen überbesetzt wird. Solche Überbesetzungen, können wir vermuten, sind es, welche eine höhere psychische Organisation herbeiführen und die Ablösung des Primärvorganges durch den im Vbw herrschenden Sekundärvorgang ermöglichen. Wir können jetzt auch präziser ausdrücken, was die Verdrängung bei den Übertragungsneurosen der zurückgewiesenen Vorstellung verweigert: Die Übersetzung in Worte, welche mit dem Objekt verknüpft bleiben sollen. Die nicht in Worte gefaßte Vorstellung oder der nicht überbesetzte psychische Akt bleibt dann im Ubw als verdrängt zurück.» Wir gehen sicher nicht fehl, wenn wir die «Übersetzung in Worte» als Verbalisierung bezeichnen; diese wäre demnach dem Vorbewußten zugeordnet, und zwar so, daß den unbewußten, qualitätslosen Denkinhalten durch die Verbalisierung eine wahrnehmbare, vorbewußte bzw. bewußte Qualität verliehen wird. Auf die Problematik dieser Zuordnung, die schon FREUD selbst gesehen hat und die bis heute diskutiert wird, soll hier nicht näher eingegangen werden (vgl. JAPPE, 1971, S. 91 ff). Wir beschränken uns also auf den Aspekt der Verbalisierung, der als ‹Übersetzung in Worte› beschrieben werden kann. Dabei ist der Ausdruck ‹Wort› nicht allzu wörtlich zu nehmen (bezeichnenderweise ist ja auch von ‹Worten› und nicht von ‹Wörtern› die Rede); es geht nicht um die Übersetzung von Denkinhalten in die sprachliche Einheit des Wortes, in dem Sinne, daß sich die Verbalisierung ausschließlich auf die Wortebene bezöge, sondern es geht um die Übersetzung oder Umsetzung der vieldeutigen und ihrer Natur nach individuellen Denkinhalte in sprachliche Inhalte, die innerhalb eines bestimmten einzelsprachlichen Systems vorgegeben und gesellschaftlich bestimmt sind. Ferner geht es nicht um das Aussprechen als solches, um die bloße Tatsache, daß gesprochen wird, sondern unsere Aufmerksamkeit gilt hier insbesondere den Stellen in der Rede des Patienten, bei denen spürbar wird, daß beim Verbalisieren gewisse Schwierigkeiten überwunden werden müssen. Diese Schwierigkeiten erwachsen einerseits aus dem ‹Widerstand›, den das Unbewußte dem Verbalisieren und damit Bewußtmachen bestimmter Sachverhalte (z. B. verdrängte Vorstellungen, Wünsche usw.) entgegensetzt, andererseits spiegeln sie den Aufwand an ‹Arbeit›, der bei der Umsetzung sozusagen privater Gedanken und Gefühle in eine objektive und soziale Realität, nämlich in sprachliche Inhalte, geleistet werden muß.

Welche Folgerungen ergeben sich daraus für die konkrete Analyse der Sprache des Patienten? Eine Äußerung wie z. B. ‹wie soll ich es sagen› erschien uns unter dem Aspekt des spontanen Redeablaufs bzw. seiner Störung als redundante Floskel, ähnlich wie ‹sozusagen›, ‹an und für sich› und andere stereotype Wendungen. Betrachten wir hingegen die Rede des Patienten unter dem Aspekt der Verbalisierung, dann kann uns das ‹wie soll ich es sagen› möglicherweise darauf aufmerksam machen, daß der Patient bei der Verbalisierung seiner Gedanken und Gefühle gerade jetzt auf Schwierigkeiten gestoßen ist. Unter diesem Aspekt geraten nun auch andere sprachliche Phänomene in den Blick, die wir bisher nicht berücksichtigt haben, so z. B. Neologismen, bildhafte Redeweisen und Umschreibungen. Sie sollen im folgenden näher untersucht werden.

3.3.2.2. Neologismen – Verstöße gegen die Sprachnorm

Während in der ‹Fehlerliste› von G. MAHL Neologismen als Untergruppe der Tongue Slips, der Lapsus Linguae, aufgeführt werden, haben wir in unserem Kategorienschema auf eine solche Zuordnung verzichtet. Zwar sind auch die durch Kontamination entstehenden Ausdrücke in gewisser Weise ‹neue Wörter›. Es gibt jedoch einen entscheidenden Unterschied in der Art der Neuheit zwischen Ausdrücken wie ‹eine saubere Lippschaft›, ‹davon hängt es an› und Neubildungen wie ‹die Gefühle durchfurien mich› und ‹mit 13 oder 14 Jahren habe ich mich entkörperlicht›. Wird dort aus zwei intendierten, aber unvereinbaren Wörtern ein drittes, ‹neues› gebildet, dessen Bedeutung nur aus der Kontamination her zu verstehen ist, so wird hier ein neues Wort gebildet, das als solches voll intendiert ist und, obgleich es nicht im Lexikon steht, für den Hörer sofort verständlich ist, da es nach den Regeln der deutschen Sprache gebildet ist und also existieren könnte (etwa analog zu ‹Strom› – ‹durchströmen›: ‹Furie› – ‹durchfurien›); es ist ‹falsch› nur insofern, als es nicht der augenblicklich geltenden Norm des Deutschen entspricht. Wir beziehen uns für die Beurteilung dieser Neubildungen auf die methodische Unterscheidung von System, Norm und subjektivem Redeakt, die von E. COSERIU vorgeschlagen worden ist,[11] und bezeichnen als Neologismen diejenigen sprachlichen Ausdrücke in der Rede des Patienten, die in der Norm einer Sprache inexistent

---

11 «Wir gehen (. . .) von der Voraussetzung aus, daß das Individuum seine Äußerungen zwar erzeugt, aber nicht völlig arbiträr, sondern auf der Grundlage vorausgehender Modelle, die in den neuen Akten enthalten sind und gleichzeitig überwunden werden: Das Individuum realisiert also konkret in seiner Gemeinschaft geläufige Modelle und Strukturen, indem es sie in seinem Sprechen wiedererzeugt. Auf einer ersten Stufe der Formalisierung sind diese Strukturen nun einfach konstant, normal und traditionell innerhalb der Gemeinschaft: sie bilden das, was wir Norm nennen. Auf einer höheren Ebene der Abstraktion dagegen werden, wenn man alles eliminiert hat, was in der Norm beständiges, aber für das Funktionieren der Sprache als Instrument der Kommunikation unwesentliches ‹Begleitwerk› ist, nur jene idealen Strukturen bewahrt, die wesentlich sind und unabdingbare funktionelle Oppositionen bilden, also das, was wir System nennen. Norm und System sind daher weder von uns auf das konkrete Sprechen angewandte Begriffe a priori, noch autonome vom Sprechen losgelöste Realitäten, sondern sich in den individuellen Sprechakten selbst manifestierende – oder besser, von uns dort unterschiedene – Formen. Dabei geht der Weg zu diesen Formen vom konkreten Sprechen aus, schreitet mittels sukzessiver Abstraktionen fort und vergleicht dabei die konkreten Redeakte mit einem früheren Sprechen, das sich mittels eines weiteren Abstraktionsprozesses in einem System von Isoglossen gründet. Das Schema der Beziehungen zwischen Rede (konkretes Sprechen), Norm und System müßte daher folgendes sein:

sind, jedoch in Einklang stehen mit den offenen Möglichkeiten ihres Systems. Sie stellen eine Auflehnung gegen die Norm dar, jedoch eine Auflehnung, die vom System her erlaubt ist, «eine Bestätigung der Freiheit des Ausdrucks des Individuums gegen die Auflagen der gesellschaftlichen und kulturellen Norm, jedoch in völliger Übereinstimmung mit den vom System gebotenen Möglichkeiten» (COSERIU, 1969, in: 1970, S. 211 f).[12]

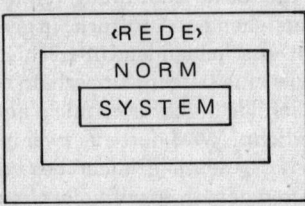

Natürlich vollzieht man bei der Festsetzung des Begriffes ‹Norm› eine doppelte Abstraktion, da man einerseits alles eliminiert, was in den betrachteten Redeakten rein subjektiv und absolute Originalität des Ausdrucks ist, und anderseits eine für eine mehr oder weniger große Gemeinschaft allgemein und ausschließlich gültige Norm abstrahiert: In Wirklichkeit ist die Norm veränderlich, entsprechend den Grenzen der betrachteten Gemeinschaft, und diese Grenzen bilden sich durch Konventionen. Einem einzigen *System* kann daher eine ganze Reihe von *Normen* entsprechen. Darüber hinaus kann zwischen das konkrete Sprechen und die soziale Norm als Zwischenstufe die *individuelle Norm* treten, bei deren Abstraktion nur die noch nie geäußerten und ganz okkasionellen Elemente des Sprechens eliminiert werden, aber all das bewahrt wird, was Wiederholung, konstantes Modell in den Redeakten des betreffenden Individuums ist.

Wenn wir uns nun auf den Standpunkt des Systems stellen, können wir die Norm und das konkrete Sprechen konventionell als verschiedene Stufen der Verwirklichung betrachten, der ‹Realisierungen› des Systems selbst. Unter diesem Aspekt erscheint uns das System als System von Möglichkeiten, von Koordinaten, und diese zeigen die Wege, die den Notwendigkeiten des Ausdrucks oder der Willkür und Laune des einer bestimmten Gemeinschaft angehörenden Sprechers offenstehen oder versperrt sind; es ist eher eine Gesamtheit von Freiheiten als von Auflagen, da es zahllose Realisierungen erlaubt und nur verlangt, daß man die funktionellen Bedingungen des sprachlichen Instruments nicht antastet; man könnte seine Eigenschaft eher beratend als bindend nennen. Was hingegen dem Individuum auferlegt wird, seine Freiheit des Ausdrucks einschränkt und die vom System her gebotenen Möglichkeiten innerhalb der fixierten Grenzen der traditionellen Realisierungen begrenzt, ist die *Norm*: Die Norm kann in der Tat als System der obligatorischen Realisierungen der sozialen und kulturellen ‹Auflagen› betrachtet werden; sie hängt von der Ausdehnung und der Natur der jeweiligen Gemeinschaft ab» (COSERIU, 1969, in: 1970, S. 207 ff).

12 Es geht also hier um Sprachnormen als faktische Verbindlichkeiten und um ihre Veränderung. Es ist klar, daß diese Verbindlichkeiten als internalisierte Verhaltenserwartungen nicht für die gesamte Sprachgemeinschaft identisch sind, sondern 1.

160

Die in dieser Weise verstandenen Neologismen decken sich nicht mit den ‹Wortneubildungen› bzw. ‹Wortmischbildungen› FREUDS, die durchweg auf dem Wege der Kontamination bzw. Verdichtung aus anderen, bereits bestehenden Wörtern entstehen, wie z. B. ‹Autodidasker› aus ‹Autor›, ‹Autodidakt›, ‹Laster› (1900, G. W. II/III, S. 304f), ‹Famillionär› aus ‹familiär› und ‹Millionär› (1905c, G. W. VI, S. 17), ‹Alcoholidays› aus ‹alcohol› und ‹holidays› (a. a. O., S. 21); dennoch gehorchen sie offenbar denselben psychischen Mechanismen, jedoch nicht auf der lexikalischen, sondern vielmehr auf der grammatisch-syntaktischen Ebene.

3.3.2.3. Metaphern und Metonymien

Der Ausdruck «die Gefühle durchfurien mich» hat noch einen anderen Aspekt. Der Patient vergleicht nämlich seine Gefühle mit rasenden Furien und bedient sich demnach einer metaphorischen Ausdrucksweise. Der metaphorische oder bildliche Ausdruck wird gemeinhin als abgekürzter Vergleich erklärt, durch den ein bestimmter sprachlicher Inhalt auf einen fremden, aber doch vergleichbaren Bedeutungszusammenhang übertragen wird. Die Metonymie oder Umbenennung geht über den Vergleich hinaus, indem sie das eigentliche Wort durch ein anderes ersetzt, das zu ihm in gewisser Beziehung steht, die aber nicht bildhafter Art ist. So bedient sich z. B. ein Patient, der von seinen Eltern immer als von seinen ‹Erzeugern› spricht, einer metonymischen Ausdrucksweise. Metaphern und Metonymien sind rhetorische Figuren, sogenannte uneigentliche Redeweisen. Obgleich FREUD ihnen nicht, wie den Versprechern, eine eigene Untersuchung gewidmet hat, finden sich doch genügend Hinweise dafür, daß er ihnen besondere Bedeutung beimaß. So bemerkt er z. B. in der ‹Psychopathologie des Alltagslebens›, am Ende des Kapitels ‹Symptom- und Zufallshandlungen›: «Auch die feinere Determinierung des Gedankenausdruckes in Rede oder Schrift verdiente eine sorgfältige Beachtung. Man glaubt doch im allgemeinen die Wahl zu haben, in welche Worte man seine Gedanken einkleiden oder durch welches Bild man sie verkleiden soll. Nähere Beobachtung zeigt, daß andere Rücksichten über diese Wahl entscheiden, und daß in der Form des Gedankens ein tieferer, oft nicht beabsichtigter Sinn durchschimmert. Die Bilder und Redensarten, deren sich eine Person vorzugsweise bedient, sind für ihre Beurteilung meist nicht gleichgültig, und andere erweisen sich oft als Anspielung auf ein Thema, welches derzeit

---

nach Gruppen (im engeren und weiteren Sinne) und 2. nach der Kodierungsebene (sprachliche Normen in Morphologie und Syntax variieren weniger als etwa in Lexikon und Phonologie) differenziert werden müssen. Wir können aber auf eine solche Differenzierung hier verzichten, da wir es in unserer Redekonstellation (Therapeut – Patient) nahezu ausschließlich mit Standardsprachesprechern zu tun haben. Wir verweisen für die in der Soziolinguistik sehr wichtige Differenzierung des Normbegriffs auf die Arbeiten von STEGER (1971) und VON POLENZ (1972). Vgl. auch 2.4.2.

im Hindergrunde gehalten wird, aber den Sprecher mächtig ergriffen hat. Ich hörte jemand zu einer gewissen Zeit wiederholt in theoretischen Gesprächen die Redensart gebrauchen: ‹Wenn einem plötzlich etwas durch den Kopf schießt›, aber ich wußte, daß er vor kurzem die Nachricht erhalten hatte, seinem Sohn sei die Feldkappe, die er auf dem Kopfe trug, von vorn nach hinten durch ein russisches Projektil durchschossen worden.» (1901, G. W. IV, S. 240f)

Wenn wir nun also den uneigentlichen Redeweisen des Patienten besondere Beachtung schenken, so empfiehlt es sich, bei ihrer Beurteilung eine Unterscheidung zu berücksichtigen, die sowohl Metaphern als auch Metonymien betrifft. Vergleichen wir das Beispiel von FREUD ‹wenn einem plötzlich etwas durch den Kopf schießt› mit der Äußerung unseres Patienten ‹die Gefühle durchfurien mich›, so stellen wir fest, daß es sich hier um eine individuelle, wahrscheinlich sogar einmalige, metaphorische Ausdrucksweise handelt, während dort eine vorgegebene, mehr oder minder geläufige bildhafte Redewendung gebraucht wird. In der Tat gibt es in jeder Sprache eine große Anzahl konventionalisierter Metaphern und Metonymien. Wörter wie ‹Grünschnabel› oder ‹Adamsapfel›, Wendungen wie ‹an die Nieren gehen› und ‹ins Gras beißen›, ‹Köpfchen (statt ‹Verstand›) haben› und ‹Lorbeeren (statt ‹Ruhm›) ernten› sind ‹vorgefertigte› metonymische und metaphorische Ausdrucksweisen. Der Sprecher, der sie in einem bestimmten Redeakt aktualisiert, kann ihren Bildcharakter mehr oder weniger stark empfinden oder sie lediglich als Topoi gebrauchen; ihre Auswahl und Anordnung in einem konkreten Redeakt ist als individuelle Leistung des Sprechers anzusehen und daher in dem von FREUD angedeuteten Sinne aufschlußreich.

Das Studium der in der Sprache institutionalisierten uneigentlichen Redeweisen läßt diese noch unter einem anderen Aspekt als bedeutsam erscheinen. Es fällt nämlich auf, daß uneigentliche Redeweisen insbesondere in solchen Fällen gebildet worden sind, in denen die entsprechenden ‹eigentlichen› Wörter ‹verboten› sind. Gemeint ist das Phänomen des ‹Sprachtabus›: aus Gründen des Glaubens oder Aberglaubens, aus Gründen der Erziehung, der Höflichkeit, des Taktes werden bestimmte Ausdrücke vermieden und durch ‹uneigentliche› ersetzt.[13]

---

13 TROST faßt das Sprachtabu als Hemmung der Sprachrealisierung (parole) auf: «Ein Wort ist tabu, ein anderes tritt an seine Stelle: das Deckwort ist bestimmt, über eine andere Bedeutung denselben Gegenstand zu bezeichnen» (TROST, 1936, S. 290f). Sodann weist er darauf hin, daß die ‹Deckwörter›, die an die Stelle tabuierter Wörter treten, Metaphern oder Metonymien sind. «Die Metonymie, die zur Seite hin entweicht, gegenüber der Metapher, die in eine fremde Sphäre durchbricht, ist als natürliche Form des tabuistischen Deckwortes hingestellt worden. In der Tat ist in gewissen ‹tabuistischen Provinzen› die Rede voll von metonymischen Synekdochen. (...) Doch in anderen ‹tabuistischen Provinzen› ist vielmehr die echte Metapher zu hoher Entfaltung gelangt. Die Metapher herrscht in den kultischen Sondersprachen archaischer Hochkulturen (ein Gefüge grundlegender Metaphern – die jeweils einen

162

«So scheint es uns z. B. zu hart, gerade wenn damit ein Verwandter von uns gemeint ist oder wenn wir in Gegenwart der Angehörigen eines Verstorbenen reden, einfach zu sagen, jemand sei gestorben: wir werden eher sagen, er sei ‹von uns gegangen›, er sei ‹verschieden› oder er sei ‹in die Ewigkeit eingegangen› oder ‹entschlafen›; (. . .). Ebenso vermeidet man aus Anstand die Namen gewisser Körperteile, insbesondere die der Genitalorgane, die Ausdrücke für bestimmte körperliche Vorgänge, besonders die für den Geschlechtsakt, und die Bezeichnungen für sexuelle Verirrungen, wie etwa die der Homosexualität, die alle entweder durch die entsprechenden medizinischen Ausdrücke oder aber in der Umgangssprache durch gemeinhin metaphorische Euphemismen ersetzt werden, die sich im übrigen wieder zu Normalausdrücken und in der Folge zu Vulgarismen entwickeln und wiederum neuen Euphemismen weichen. So gebraucht man etwa zur Bezeichnung der Genitalorgane bildliche Ausdrücke, zumeist Ausdrücke für Früchte, Gemüsearten, Tiere, Musikinstrumente und andere Gegenstände, deren Gestalt in irgendeiner Weise der Form dieser Organe ähnelt; daher ist das sog. Schlafzimmervokabular ein Bereich ständiger metaphorischer Neuschöpfung» (COSERIU, 1956, in: 1970, S. 43 f).

Ohne auf das Phänomen des Sprachtabus hier noch näher einzugehen, wollen wir festhalten, daß uneigentliche Redeweisen des Patienten, sowohl die ‹vorgefertigten› als auch die neu erfundenen, unter dem Aspekt der ‹Ersatzbildung›, als Ersatzausdrücke, in der Analyse bedeutsam werden können. Wir stoßen hier auf das Problem der Sprachsymbolik, der Symbolik überhaupt, jener archaischen Ausdrucksweise des Unbewußten, deren sich Mythos und Märchen ebenso wie Traum und Witz bedienen.[14]

3.3.2.4. Unterschiede in der Verbalisierung

Der Patient in der Analyse befindet sich in einer Ausnahmesituation: er soll sagen, was ihm einfällt. In kaum einer anderen als der analytischen Situation wird eine solche Forderung an ihn gestellt. Zwar scheint es zunächst einfach zu sein, ihr nachzukommen, es zeigt sich jedoch sehr bald, daß sich bei der

---

Mythos umreißen — wird in vielfältigen Wendungen abgewandelt); die Metapher herrscht in den Sondersprachen späterer Männerbünde» (a. a. O., S. 293). Ferner führt TROST pluralische Anredeformen an, die dem Tabu der Person in religiöser oder säkularisierter Hinsicht (Plural des Gottesnamens im jüdischen Monotheismus, das Wir des Allein-Herrschers) gelten: «Die tabuistische Verwendung des Plurals wird als Majestätsplural ausgedeutet; indessen dürfte der Majestätsplural als Tabuplural aufzufassen sein. Der Majestätsplural, ein spätrömischer Orientalismus, dürfte in magischer Scheu vor selbstherrlich-emphatischem Ich verankert sein. Das Ich-Tabu steht den Verboten nahe, seinen eigenen Namen selbst auszusprechen» (a. a. O., S. 294). Vgl. auch die aufschlußreiche Stelle über das Namentabu bei FREUD in seiner Arbeit ‹Totem und Tabu› (1912/13, G. W. IX, S. 71), welches z. T. daher rühre, daß dem «Worte volle Dingbedeutung» zukomme.

14 Wir verweisen in diesem Zusammenhang auf die Arbeiten von LORENZER (1970a u. b), der die psychoanalytischen Konzepte über Entstehung und Funktion des Symbols kritisch gesichtet und zu einer psychoanalytischen Sprachtheorie ausgearbeitet hat. Vgl. dazu die Kritik in 2.5.

Verbalisierung der Einfälle gewisse Schwierigkeiten einstellen, wenn noch nie Gesagtes, vielleicht überhaupt für unsagbar Geltendes in Worte gefaßt werden soll. Diese Schwierigkeiten sind unserer Meinung nach unter zwei Aspekten zu sehen, einmal unter dem Aspekt des Widerstandes, zum anderen unter dem Aspekt der Kodierungsarbeit (vgl. 3.3.2.1.).

Angesichts dieser Schwierigkeiten der Verbalisierung bleibt dem Patienten im Grenzfall nur das Schweigen (vgl. 3.1.). Er kann auch versuchen, seine Schwierigkeiten bei der Verbalisierung dem Therapeuten mitzuteilen, etwa durch außerverbale und paralinguistische Ausdrucksmittel (Stirnrunzeln, Augenkneifen, Achselzucken; plötzliche Änderung des Tonfalls), in einem metakommunikativen Sprechakt («ich finde keine Worte dafür», «es ist furchtbar, innen bebt es und es kommt nur Larifari heraus», «wie soll ich mich ausdrücken») oder durch andere verbale Ausdrucksmittel, wie etwa im folgenden Beispiel.

So berichtet A. HAYMAN von einer 21jährigen Patientin, die zwar nicht schwieg, aber ihre Probleme auch nicht verbalisieren konnte, sondern nur sprach, um dem Analytiker zu zeigen, daß sie nicht verbalisieren konnte. «‹Oh . . . what shall I say?› she whispered, ‹I don't know what to say›; and in the succeeding months her sessions have nearly always started with some variant of this inability to verbalize. She might whisper these words or wail an appeal to me to say something. She might point an imperious finger at me and snap ‹Say!›; or, if tension is high, might emerge from a brooding or swaying silence to howl ‹Help . . .› and ‹Please help me!›» Zeitweise konnte sie zusammenhängend und verständlich berichten, um dann an einer bestimmten Stelle unvermittelt abzubrechen: «Well, it's . . . and then . . . you know what I mean . . .», «Well, that's *that* story», «It doesn't matter», «I don't know». Besonders eindrucksvoll sind die Stellen, an denen sie ihre Gedanken nur noch als «Dinge», «Sachen» verbalisiert: «‹then there are things . . . and things . . . and things . . . and things . . .› Each pronunciation of the indeterminate word has a different inflection and tone, from which it is quite often possible to gauge many of the meanings underlying them. (. . .) . . . these words may express condensations and equally balanced opposing impulses, as for example her jealous wish to spoil her sister's love affair, and her loving and fearful desire to help her. Verbalizing would eliminate all but the one specific idea or feeling contained in the immediate words, and Miss Jones uses this method to convey the intolerable urgency with which she has to present everything all at once as she cannot allow one side to have precedence over the other.» (HAYMAN, 1965, S. 460 f)

Die Verbalisierungsschwierigkeit dieser Patientin ist, nach Meinung von A. HAYMAN, so zu interpretieren, daß es ihr schwerfällt, ihre offensichtlich widerstreitenden Gedankeninhalte in entsprechende sprachliche Inhalte zu übersetzen. Diese nichtverbalisierten Gedankeninhalte müssen nicht unbedingt unbewußt sein. So stellt R. LOEWENSTEIN fest: «In der psychoanalytischen Praxis begegnen wir oft erheblichen Widerständen bei unseren Patienten, gewisse Gedanken und Gefühle, deren sie sich immer genau bewußt waren, zu verbalisieren. Einige, so stellen wir fest, brauchen lange Zeit, bis sie dem Analytiker von einem bewußten Gedanken oder einer Erinnerung berichten, und wenn sie es schließlich tun, empfinden sie zuweilen sehr starken physischen Schmerz. Wir wissen alle, daß dieser Widerstand, Dinge zu berichten, die ganz und gar bewußt sind, im Laufe der analytischen Behandlung von Zeit zu Zeit wieder auftritt. Wir müssen daher schließen, daß eine Schranke nicht nur zwischen dem Unbewußten und dem Vorbewußten, sowie zwischen letzterem und dem Bewußten besteht, sondern auch zwischen bewußten Gedanken oder Gefühlen und ihrer Verbalisierung» (LOEWENSTEIN, 1956, S. 463, übers. v. Verf.).

Bei der Suche nach einem adäquaten sprachlichen Ausdruck kann der Patient, wenn er in seiner Sprache keinen entsprechenden lexikalischen Inhalt vorfindet, das Gemeinte umschreiben, z. B.: «Es ist so eine Leere, eine gespannte Leere, keine Leere, die man füllen kann, sondern eine unter Spannung»; «beim Aufwachen hatte ich Angst, jene hochsitzende, ganz helle Angst, keine Luft mehr zu bekommen, nicht die tiefe Angst im Magen». Er kann auch nach einem bestimmten Wort suchen, das ihm gerade nicht einfällt oder das es vielleicht gar nicht gibt: «Wie sagt man, wenn Lippen rot sind?» Oder er kann einen seinem Ausdrucksbedürfnis entsprechenden neuen Ausdruck bilden, welcher mehr oder weniger stark von der Sprachnorm abweicht und entsprechend mehr oder weniger leicht verständlich ist, oder gar zu einem rein ‹privatsprachlichen› Ausdruck wird: «Mit 13 oder 14 Jahren habe ich mich entkörperlicht»; «mein Bruder hat mich angefremdet»; «der Himmel ist geprangert».[15] Schließlich kann sich der Patient in Bildern ausdrücken, die ihrerseits mehr oder minder geläufig sind, vorgefertigte oder neu erfundene Bilder, Verständnis öffnende Bilder oder hermetische, deren Sinn dem zuhörenden Analytiker oft zunächst verschlossen bleibt: «jetzt ist alles im Eimer»; «es ist Zeit, von innen in mein Amöbenleben ein paar Gräten einzuziehen»; «der Urlaub war bunt in dunklen Farben»; «man gibt auf zu empfinden und zu denken, schließt sich an Bücher wie an eine Steckdose an»; «ich esse Ihre Worte wie Pilze, die ich leichtfertig gepflückt habe, ich esse sie, um dann feststellen zu müssen, daß sie giftig waren»; «Sie sind für mich eine Wolke, die verfliegt».

Die sprachlichen Phänomene, die wir hier angeführt haben, können also ein Anzeichen dafür sein, daß der Patient bei der Verbalisierung seiner Einfälle auf Schwierigkeiten gestoßen ist. Darunter sind auch Phänomene, die wir schon im Zusammenhang der spontanen Redestörungen behandelt hatten. In der Tat kann das Auftreten spontaner Redefehler auch unter dem Aspekt der Verbalisierung bedeutsam sein. Um zu beurteilen, ob es sich bei den Redefehlern des Patienten, wie auch bei seinen Umschreibungen, Neologismen und uneigentlichen Redeweisen, um Verbalisierungsschwierigkeiten handelt, ist

---

15 Auf den ersten Blick gänzlich unverständliche Neologismen finden sich vor allem bei schizophrenen Patienten, bei denen die sprachlichen Neubildungen ja nicht aus dem Kontext der Redesituation entstehen, sondern sich aus ihrer ‹Grundsprache› ableiten, in der lediglich die «Besetzung der Wortvorstellungen der Objekte» bei weitgehend aufgegebenen Objektbesetzungen erhalten ist (vgl. FREUD, 1915, G. W. X, S. 297 u. 300; 1916/17, G. W. XI, S. 169).

es unerläßlich, das ‹Thema› seiner Rede, das ‹Wovon›, den inhaltlichen Kontext, zu berücksichtigen. Erst dann läßt sich auch entscheiden, ob die aufgetretene Verbalisierungsschwierigkeit mehr durch die Schranke zwischen vorbewußten bzw. bewußten individuellen Denkinhalten und sozial festgelegten sprachlichen Inhalten bedingt ist (wie z. B. bei der Patientin von A. HAYMAN) oder aber durch die Schranke, die das Ich vor unbewußten (verdrängten) Regungen schützen soll.

Wir wollen dazu eine metaphorische Redeweise aus dem Material unserer Patientin S. (vgl. 3.4.3.2.3.) untersuchen. Die Patientin hat davon gesprochen, daß sie sich nicht mehr freuen könne, und sich über diesen Zustand beklagt.

Pat.: . . . und jetzt ist es doch sofort, wenn ich mich freuen will, daß ich einfach so 'n Schlag von hinten auf den Kopf krieg / sofort ist das / (Stöhnen)
Ther.: haben Sie das Gefühl, daß ich Sie schlagen würde? / daß ich Ihnen das nicht gönne, wenn Sie sich freuen? / oder wer ist das, der Ihnen den Schlag versetzt? /
Pat.: (haucht:) ich weiß nicht / was das ist, wer das ist // (deutlicher:) nee, Sie sind das nicht / ich weiß n . ., (entschieden:) nee, Sie waren das noch nie, das war immer mein Vater in meinen ikg Gedanken, ich muß es doch sagen / ich weiß niemand andern als daß das immer mein Vater war / (Stöhnen) /

Anschließend spricht sie vom Verhältnis zu ihrem Vater, der ihr als Kind «systematisch die Freude selbst zerstört» habe. Vergegenwärtigen wir uns den Verbalisierungsvorgang: Die Patientin gebraucht einen metaphorischen Ausdruck, der vom Therapeuten wörtlich genommen und hinterfragt wird. Die Aussage der Patientin lautet: ich kann mich nicht freuen, denn ich kriege einen Schlag auf den Kopf; nach dem Urheber dieses Schlages gefragt, findet sie die Antwort: mein Vater, und folgert: also ist er der Grund dafür, daß ich mich nicht freuen kann. Das Bild vom Schlag auf den Hinterkopf, das ja einen möglichen Schläger impliziert, ist gleichsam der Vermittler zwischen dem bewußten Denkinhalt «ich kann mich nicht freuen» und dem zunächst Unbewußten, das über das Wörtlichnehmen und Hinterfragen des Bildes langsam bewußt wird: daß nämlich ihre Unfähigkeit, sich zu freuen, mit ihrer Beziehung zum Vater zusammenhängt.

Um festzustellen, welche Rolle bestimmte Redeelemente eines Patienten im Verbalisierungsprozeß spielen, bedarf es offensichtlich detaillierter Interpretation. Unter diesen Umständen mag es weder möglich noch sinnvoll erscheinen, verschiedene Neurosetypen auf bestimmte Arten der Verbalisierung festlegen zu wollen. Die folgenden Bemerkungen beziehen sich lediglich auf die mehr oder minder starke Verwendung von Neologismen und uneigentlichen Redeweisen, von denen wir allerdings annehmen, daß sie bei der Verbalisierung eine besondere Rolle spielen.

Wie schon bei der Untersuchung der spontanen Redestörungen, so scheint die Rede des Zwangsneurotikers auch hier eindeutig bestimmbar zu sein: Den redundanten Redeelementen des Zwangsneurotikers hatten wir eine Kontrollfunktion zugeschrieben; eigentliche Fehler waren kaum vorhanden. Darüber hinaus finden wir jetzt in der Rede des Zwangsneurotikers keine Neologismen, also keine Verstöße gegen die Sprachnorm, und nur sehr wenig uneigentliche Redeweisen, die durchweg nicht sehr gesucht sind, sondern dem jedermann geläufigen Repertoire angehören. Dies paßt zum psychoanalytischen Bild der Zwangsneurose, nach dem der Gegensatz von Es und Über-Ich sich extrem verschärft hat, so daß das Ich, um Konflikte zu vermeiden, sich neuer Abwehrmechanismen bedienen muß, die aber mit den Forderungen des Über-Ich (Über-Ich = ‹unpersönlich gewordener Vater›) konform gehen (FREUD, 1926, G. W. XIV, S. 158).

Die Rede des Phobikers und die des Hysterikers sind wiederum schwieriger zu charakterisieren. Beim Phobiker hatten wir gravierende Redestörungen vorgefunden sowie eine beträchtliche Redundanz, der wir eine Kontaktfunktion zuschrieben. Neologismen und uneigentliche Redeweisen sind ähnlich selten anzutreffen wie beim Zwangsneurotiker. Unserer Meinung nach zeigen sich die Schwierigkeiten der Verbalisierung beim Phobiker insbesondere an den schweren semantischen Störungen wie undefinierbare Laute (UL), Auslassungen (A) und abgebrochene Sätze (AS). Die Rede des Hysterikers wies ebenfalls starke Störungen auf, war jedoch kaum redundant. Wir finden vereinzelt Neologismen, besonders auffällig ist jedoch der Gebrauch konventioneller uneigentlicher Redeweisen. Die Feststellung FREUDS, daß gängige bildhafte Redewendungen von Hysterikern in ihrer wörtlichen Bedeutung verwendet werden, haben wir in einigen Fällen bestätigt gefunden. FREUD berichtet in den ‹Studien über Hysterie› von einer Patientin, deren Gesichtsneuralgie sich erklärte durch ihren Bericht von Szenen vermeintlicher Kränkungen und Beleidigungen, von denen sie sagte: «Das war mir wie ein Schlag ins Gesicht.»

«Eine ganze Reihe von körperlichen Sensationen, die sonst als organisch vermittelt angesehen werden, hatte bei ihr psychischen Ursprung oder war wenigstens mit einer psychischen Deutung versehen. Eine gewisse Reihe von Erlebnissen war bei ihr von der Empfindung eines Stiches in der Herzgegend begleitet (‹Es hat mir einen Stich ins Herz gegeben.›). Der nagelförmige Kopfschmerz der Hysterie war bei ihr unzweifelhaft als Denkschmerz aufzulösen (‹Es steckt mir etwas im Kopf.›) ; er löste sich auch jedesmal, wenn das betreffende Problem gelöst war. Der Empfindung der hysterischen Aura im Halse ging der Gedanke parallel: Das muß ich herunterschlucken, wenn diese Empfindung bei einer Kränkung auftrat» (FREUD, 1895, G. W. I, S. 249 f).[16]

---

16 FREUD knüpft daran folgende Überlegung, die einmal das hysterische Symptom mit dem sprachlichen Ausdruck verbindet und der Beziehung zwischen beiden nachgeht, zum anderen klarmachen soll, daß zwischen der symbolisch vermittelten und der Organ-Symptom-Sprache der Hysteriker ein unmittelbarer, nämlich biologisch verankerter Zusammenhang besteht: «Indem sie (die Hysterika) den sprachlichen Ausdruck wörtlich nimmt, den ‹Stich ins Herz› oder den ‹Schlag ins Gesicht› bei einer verletzenden Anrede wie eine reale Begebenheit empfindet, übt sie keinen witzigen Mißbrauch, sondern belebt nur die Empfindungen von neuem, denen der

Eine ganz besondere Rolle spielen Neologismen und uneigentliche Redeweisen offensichtlich im Verbalisierungsprozeß des narzißtisch gestörten Patienten:[17] wir finden bei ihm zahlreiche neugebildete Wörter, vor allem aber eine Fülle fast durchweg eigenwilliger, neugeprägter bildlicher Ausdrücke. Der Narzißt ist offenbar geneigt, sich für die Verbalisierung seiner Denkinhalte einen individuell bestimmten sprachlichen Ausdruck zu schaffen (vgl. Material des Patienten K., 3.4.3.2.1.).

3.4. MERKMALE DES DIALOGS ZWISCHEN THERAPEUT UND PATIENT

3.4.1. Die psychoanalytische Situation als Kommunikationssituation
3.4.1.1. Die Redekonstellation[18]
Unter Redekonstellation verstehen wir die in einem bestimmten Kommunikationsakt auftretende Kombination von psychischen und sozial bedingten Verhaltenselementen und von wesentlichen Elementen der äußeren und sozialen Situation. Diese Elemente sind als Merkmalsbündel aufzufassen; mehrere Einzelmerkmale dienen in ihrer Kombination zur Beschreibung bestimmter Redekonstellationen. So kann beispielsweise die Redekonstellation ‹Vortrag›

---

sprachliche Ausdruck seine Berechtigung verdankt. Wie kämen wir denn dazu, von dem Gekränkten zu sagen: ‹es hat ihm einen Stich ins Herz gegeben›, wenn nicht tatsächlich die Kränkung von einer derartig zu deutenden Praekordialempfindung begleitet und an ihr kenntlich wäre? Wie wahrscheinlich ist es nicht, daß die Redensart ‹etwas herunterschlucken›, die man auf unerwiderte Beleidigung anwendet, tatsächlich von den Innervationsempfindungen herrührt, die im Schlunde auftreten, wenn man sich die Rede versagt, sich an der Reaktion auf Beleidigung hindert? All diese Sensationen und Innervationen gehören dem ‹Ausdruck der Gemütsbewegungen› an, der, wie uns Darwin gelehrt hat, aus ursprünglich sinnvollen und zweckmäßigen Leistungen besteht; sie mögen gegenwärtig zumeist so abgeschwächt sein, daß ihr sprachlicher Ausdruck uns als bildliche Übertragung erscheint, allein sehr wahrscheinlich war das alles einmal wörtlich gemeint, und die Hysterie tut recht daran, wenn sie für ihre stärkeren Innervationen den ursprünglichen Wortsinn wiederherstellt. Ja, vielleicht ist es unrecht zu sagen, sie schaffe sich solche Sensationen durch Symbolisierung; sie hat vielleicht den Sprachgebrauch gar nicht zum Vorbilde genommen, sondern schöpft mit ihm aus gemeinsamer Quelle» (FREUD, 1895, G. W. I, S. 250 f).

17 Während bei den neurotisch-narzißtisch gestörten Patienten Neologismen unmittelbar oder wenigstens aus dem Kontext zu verstehen sind, finden sich bei psychotisch-narzißtisch gestörten Patienten (Schizophrenen) Neologismen, deren Bedeutung unverständlich bleibt. SPOERRI (1964, S. 113) hat diese Wortneubildungen «von der spielerischen Abwandlung bis zur ungeklärten Bedeutung eines Wortes» bei Schizophrenen eingehend beschrieben: z. B. «Naherstellung univer Mondo»; «Alle Frau und Glück wird mir verhurmusset, verhaglet, verspielgewinnet, vertubaket, verteufelt, verstimmräget» (a. a. O., S. 121).

18 Zu den Begriffen ‹Redekonstellation› und ‹Textexemplar› sowie zu ihrer Operationalisierung vgl. DEUTRICH (1971).

durch folgende Merkmale charakterisiert werden: von den Teilnehmern an diesem Kommunikationsakt hat nur einer die Sprecherrolle, alle übrigen die Hörerrolle; die Kommunikationssituation ist (in der Regel) öffentlich, d. h. der Sprecher wendet sich an eine Menge unspezifizierter Zuhörer; das Thema, das intentionale Objekt des Kommunikationsaktes, ist im voraus festgelegt, und der Sprecher ist speziell vorbereitet; der Bezug auf die äußere Situation (Raum- und Zeitbezug) ist gering (im Gegensatz etwa zur Redekonstellation ‹Reportage›).

Wir wollen nun versuchen, die Redekonstellation ‹Analyse› bzw. ‹Psychotherapie› zu bestimmen. Die Gewinnung relevanter Merkmale setzt natürlich direkte Beobachtung und Verstehen entsprechender Kommunikationsakte voraus. Zunächst einmal kann die Situation mit ihren äußeren, sozialen und psychischen Elementen untersucht werden. Das situative ‹Set-up› sieht in unserem Falle so aus:

Ort und Umgebung: ein relativ kleiner, möglichst ruhiger Raum, geschlossene Tür; Zeitbezug: der Zeitpunkt ist im voraus festgelegt und die Dauer auf (in der Regel) 50 Minuten begrenzt;[19] Zahl und Abstand der Kommunikationspartner: zwei Kommunikationspartner, der eine sitzend, der andere liegend (Analyse) oder sitzend (Psychotherapie). Die Rollenperformanz (Umsetzung der internalisierten Rollenstruktur in konkretes Rollenverhalten) der Kommunikationspartner ist durch die Rollen von Arzt und Patient gegeben. Aus dem Rollengefüge ergibt sich auch die Motiviertheit der Kommunikationspartner: ihr Gegenstand im weitesten Sinne sind die Person und die Krankheit des Patienten; diese müssen jedoch nicht zugleich explizit das Thema des jeweiligen Kommunikationsaktes sein (2.3.). Schließlich bringen die Kommunikationspartner bestimmte allgemeine und spezielle Dispositionen und Erfahrungen mit (Darstellungsfähigkeit, Gedächtnis, Emotionsfähigkeit, kulturelle Techniken wie Wissen, Sprachgewandtheit, Instrospektionsfähigkeit).

Redekonstellative Merkmale lassen sich nicht nur der Untersuchung außersprachlicher Elemente des Kommunikationsaktes entnehmen. Es gibt nämlich bestimmte sprachliche Akte, die zur Herstellung bestimmter Redekonstellationen dienen, wie z. B. Einladungsformeln und Ansagen. Eine solche ‹Regieanweisung› stellt auch die Erklärung der Grundregel zu Anfang einer Therapie dar; sie dient zur Herstellung der analytischen bzw. psychotherapeutischen Redekonstellation.[20] Diese ist demnach in entscheidender

---

19 Das klassische psychoanalytische ‹Setting› (das Liegen des Patienten auf der Couch, die regelmäßigen Stunden, die ruhige, reizfreie, warme und private Atmosphäre des Behandlungsraumes) begünstigt einerseits, genetisch gesehen, die Regression des Patienten auf frühere Wahrnehmungs- und Erlebnisweisen, hat andererseits zugleich die Funktion, ihm «Sicherheit und ruhiges Wohlbefinden» (BALINT, 1937) in einem «holding environment» (WINNICOTT, 1960, S. 590) zu geben (vgl. auch LOCH, 1971 b, S. 899).

20 «Die Rolle des Patienten wird durch die Grundregel beschrieben, wonach er das

Weise durch folgende Elemente bestimmt: einer der Kommunikationspartner, nämlich der Arzt, gibt eine Regel an, die jedoch nicht für ihn selber gilt, sondern nur für den Patienten: der Patient soll sagen, was immer ihm einfällt, er soll ‹frei assoziieren›.[21]

Versuchen wir nun, aus den angeführten Elementen die wichtigsten Merkmale zur Bestimmung der Redekonstellation ‹Analyse›, ‹Psychotherapie› zu gewinnen.

1. Zwei Kommunikationspartner; zwei Sprecher (wobei natürlich einer der Partner schweigen kann oder auch beide);

2. Öffentlichkeitsgrad: weder ‹öffentlich›, wie beispielsweise ein Reporter-Interview auf der Straße, noch ‹privat›, wie etwa eine Unterhaltung in der Familie, sondern ‹nicht öffentlich›, insofern die Analyse eine vereinbarte Beziehung zum Zwecke der Therapie darstellt;

Recht und die Pflicht hat, alles zu sagen, was ihm in den Sinn kommt. Er gibt, in Worten oder durch sein Schweigen, die Themen des Gesprächs an. Er kann sich über Logik, Vernunft und die Konventionen des Benehmens und der Sprache hinwegsetzen. Er darf seine affektiven Forderungen an den Partner frei aussprechen: Liebe, Vertrauen, Begehren oder Haß, Verachtung und Ablehnung; er darf jeglichen Ort, jede Zeit seines Lebens durchschweifen, darf den Zweck der Beziehung völlig vergessen. Die Rolle des Analytikers ist die des Spiegels; er hat die seelischen Vorgänge im Patienten aufzunehmen und zu reflektieren und dadurch dem Ich des Patienten die Wahrnehmung dieser Vorgänge zu ermöglichen. Damit übernimmt der Analytiker die Aufgabe eines Ergänzungs-Ichs für den Patienten. Der Analytiker spricht nicht spontan, sondern immer nur in Erwiderung auf die wörtlichen oder im Verhalten ausgedrückten Assoziationen des Patienten. Er muß die Themen verfolgen, die der Patient angeschlagen hat» (HEIMANN, 1957/58, S. 408). Vgl. auch FREUD (1912a, G. W. VIII, S. 384), der dem Arzt bei der psychoanalytischen Behandlung folgenden Ratschlag gibt: «Der Arzt soll undurchsichtig für den Analysierten sein und wie eine Spiegelplatte nichts anderes zeigen, als was ihm gezeigt wird.»

In psychoanalytischen Behandlungen von Patienten mit narzißtischen Störungen (Psychosen, Drogenabhängigkeit, Borderline-Strukturen) erfüllt der Analytiker weniger die Funktion eines Ergänzungs-Ichs für den Patienten als vielmehr die Aufgabe, real und greifbar zugegen zu sein und geradezu symbiotisch mit dem Patienten in seinen Ängsten und Spannungen umzugehen (vgl. besonders KOHUT, 1959, 1966, 1969).

21 Die freien Assoziationen des Patienten erfüllen im psychoanalytischen Geschehen keineswegs lediglich kognitive Funktionen, indem sie etwa das Denken als «Probehandeln mit Verschiebung kleinerer Besetzungsquantitäten, unter geringer Verausgabung (Abfuhr) derselben» (FREUD, 1911a, G. W. VIII, S. 233), wodurch Handlungsaufschub erzielt wird, auf die Ebene der Sprache heben, sondern stehen auch in affektiv-emotionaler Hinsicht von Beginn an im Kontext von Übertragung und Gegenübertragung. Auf diese Weise wird, von empathischen Verstehensvorgängen begleitet, die Kommunikation zwischen Analytiker und Analysand in Gang gebracht (vgl. 2.3.). Der erste Aspekt steht im Zusammenhang mit dem Problem der Verbalisierung (vgl. 3.3.2.1.), der zweite berührt die Frage der Verbindung von Sprechen und Handeln (vgl. 2.5.).

3. Raum- und Zeitbezug: Ort und Zeitpunkt sind festgelegt, die Zeitdauer ist auf 50 Minuten begrenzt;
4. Rang der Kommunikationspartner: sie sind weder gleichberechtigt noch einander untergeordnet, sondern der Arzt ist dem Patienten gegenüber ‹privilegiert›, insofern er dem Patienten eine Regel angibt und Deutungen ausspricht;[22]
5. Thema: das Thema ist nicht speziell fixiert, es wird vom Patienten assoziativ gegeben; entsprechend ist der Patient ‹nicht vorbereitet›, während der Arzt zwar nicht als ‹speziell vorbereitet›, jedoch als ‹routiniert›[23] angesehen werden kann auf Grund einer entsprechenden Ausbildung und Erfahrung.

Wir haben damit die Redekonstellation als außersprachliche Seite des Kommunikationsaktes beschrieben. Zu dieser außersprachlichen Seite gehören natürlich auch außerverbale Ausdrucksmittel wie z. B. Mimik, Gesten, bestimmte Kleidung, auf die wir hier nicht näher eingehen wollen.

Wir müssen nun die sprachliche Seite des Kommunikationsaktes untersuchen. Sie kann in zwei Bereiche untergliedert werden:
1. der *Text* als verbale Kette von Sätzen, Satzfragmenten usw.,
2. *paralinguistische* Ausdrucksmittel wie z. B. Intonation, Sprechrhythmus, Pausen.

Für die Untersuchung der sprachlichen Seite des Kommunikationsaktes sind Tondbandaufnahmen erforderlich. Allerdings können die paralinguistischen Ausdrucksmittel[24] nur über das Hören der Tonbandaufnahme untersucht werden, während der im Kommunikationsakt erzeugte Text vornehmlich an der verschrifteten Fassung der Tonbandaufnahme untersucht werden muß.

---

22 Das Privileg des Arztes in der analytischen Situation gegenüber dem Patienten erstreckt sich auch auf die Verstehensvorgänge hinsichtlich der unbewußten Prozesse, von denen FREUD sagt: «Der Arzt ist ihm im Verständnisse um ein Stück voraus» (1909, G. W. VII, S. 354); jedoch geschieht dies in einer Form, in der mit dem analytischen Arrangement gerade auch die ‹Sonderrechte des Arztes› in diesem Arrangement hinterfragt und in Frage gestellt werden können. Die Möglichkeit hierzu ist z. B. dort gegeben, wo der Analytiker seine Deutungen dem Patienten als Hypothesen über bestimmte unbewußte Zusammenhänge vorstellt (LOCH, 1965, S. 38) und nicht den Anspruch erhebt, wie etwa LORENZER (1970 b, S. 40) dies tut, den Patienten durch ein «Mehr an Bewußtseinsumfang» zu verstehen, «und zwar ohne den Einschub einer Hypothese».

23 Der Ausdruck ‹routiniert› soll sich hier nicht allgemein auf das Verhalten des Arztes gegenüber seinem Patienten beziehen, sondern lediglich den Aspekt ‹Thema› der Redekonstellation näher kennzeichnen und dabei deutlich machen, daß hier der Arzt ein durch seine Ausbildung und seine Erfahrung bedingtes Vorverständnis besitzt.

24 Ansätze zu ihrer Untersuchung finden sich in den Arbeiten von MOSES (1954), PITTENGER (1957), ELDRED, PRICE (1958), SCOTT (1958), SASLOW, MATARAZZO (1959), GOLDMAN-EISLER (1967), WODE (1969), JUNKER, ZENZ (1970). Eine ausgezeichnete Übersicht geben MAHL und SCHULZE (1962) sowie SCHERER (1970); vgl. auch 3.2.

3.4.1.2. Der Text

Wir nehmen noch einmal das Beispiel des Vortrags. In einer bestimmten Redekonstellation ‹Vortrag› wird ein bestimmter Text erzeugt. Nun lassen sich viele Redekonstellationen ‹Vortrag› beobachten, die zwar nicht identisch sind, jedoch in ihren Merkmalen so weit übereinstimmen, daß wir sie einem Redekonstellationstyp ‹Vortrag› zuordnen können. Entsprechend können wir die gleichzeitig in jeder Redekonstellation ‹Vortrag› produzierten Texte zu einer Textsorte ‹Vortrag› zusammenfassen. Ebenso dürfen wir annehmen, daß alle in analytischen oder psychotherapeutischen Redekonstellationen bisher produzierten oder noch zu produzierenden Texte eine mehr oder minder einheitliche Textsorte ‹Analyse› bzw. ‹Psychotherapie› bilden.

Die entscheidende Frage ist nun die, unter welchen Gesichtspunkten das auf Tonband aufgenommene und verschriftete Textmaterial linguistisch analysiert werden soll, mit anderen Worten, welche sprachlichen Eigenheiten für diese bestimmte Textsorte bedeutsam sind.

Eine linguistische Analyse kann zunächst einmal drei verschiedene Ebenen betreffen, die lautliche, die lexikalische und die syntaktische. Für die Untersuchung der lautlichen Seite unserer Texte ist seine verschriftete Fassung nicht mehr voll geeignet; hierzu muß, wie für den paralinguistischen Bereich, auf die Tonbandaufzeichnung zurückgegriffen werden. Auf der lexikalischen Ebene kann beispielsweise die relative Häufigkeit von Substantiven, Verben und Adjektiven ermittelt werden, oder man kann eine Art quantitativer Stilistik betreiben, indem man den relativen Anteil ungebräuchlicher Wörter untersucht (als gebräuchlich könnten dabei etwa die im ‹Grunddeutsch› aufgeführten Wörter gelten). Auch die sogenannte Inhaltsanalyse (content analysis) operiert ausschließlich auf der Wortebene: sie ordnet die in einem Text auftretenden lexikalischen Einheiten unter bestimmte Leitbegriffe, wie z. B. Aggressivität, Abhängigkeit, Negation (vgl. etwa LAFFAL, 1965, S. 183–226). Auf der syntaktischen Ebene können z. B. die relative Häufigkeit abhängiger Sätze, die Art der Nebensätze, der Gebrauch von Tempora und Modi und die Wortfolge untersucht werden.

Eine sehr differenzierte Untersuchung von semantisch-syntaktischen Eigenschaften der Rede von Neurotikern haben VERÓN und SLUZKI (1970) vorgelegt. Ausgehend vom Begriffsapparat der «Strukturalen Semantik» von GREIMAS (1966) analysieren sie insbesondere Subjekt-Prädikat-Objekt-Beziehungen und unterscheiden dabei Handlungsträger, Akteure («actores») [25]

---

25 Bei den Akteuren wird weiterhin unterschieden 1. zwischen unpersönlichen und persönlichen Akteuren; 2. zwischen «ego», «alter» und «weder ego noch alter», nämlich a) ein Akteur, der zugleich der Sender der Nachricht ist, und zwar total («ich») oder partiell («mein Kopf») (= Akteur «Ego»), b) ein Akteur, der durch ein dynamisches Prädikat mit einem «Ego»-Akteur verknüpft ist (= Akteur «Alter») – z. B.: ‹Der Psychiater (= «Alter») hat mich («Ego») gefragt›, c) ein Akteur, der weder «Ego» ist, noch durch ein dynamisches Prädikat mit einem «Ego» verknüpft ist (= Ak-

auf der einen Seite und dynamische Prädikate («funciones») sowie statische Prädikate («cualidades») auf der anderen Seite.

Es stellt sich die Frage, welchen Wert die Untersuchung unseres Textmaterials unter rein semantisch-syntaktischen Gesichtspunkten haben kann. In Anbetracht der Tatsache, daß diese Texte in bestimmten Redekonstellationen von zwei Kommunikationspartnern erzeugt worden sind, erscheint es sinnvoll, sie, in der Terminologie der Semiotik von CH. W. MORRIS,[26] nicht nur unter dem semantischen und syntaktischen Aspekt, sondern auch und vor allem unter dem pragmatischen Aspekt zu untersuchen. Wir werden daher bei der Suche nach relevanten Merkmalen für die Analyse unserer Texte dem pragmatischen Gesichtspunkt besondere Aufmerksamkeit schenken, der Tatsache also, daß sprachliche Zeichen hier in einer ganz bestimmten Sprechsituation verwendet worden sind. (Die Einsicht in den Zusammenhang der

---

teur «weder Ego noch Alter») – z. B.: «die Katze ist weggelaufen»; 3. zwischen Akteuren, die Ausgangspunkt («fuente»), und solchen, die Ziel («destino») der Handlung sind, welche das dynamische Prädikat angibt (VERÓN, SLUZKI; 1970, S. 135–174, insbesondere S. 142 f). Wir werden auf diese Unterscheidungen im Zusammenhang mit der Relevanz der Kategorie der Person für die Analyse unseres Textmaterials zurückgreifen (vgl. 3.4.2.1.).

26 Die behavioristische Semiotik untersucht Zeichen, also auch sprachliche Zeichen, unter drei Gesichtspunkten:

1. in bezug auf ihre kombinatorischen Eigenschaften (Syntaktik);

2. in bezug auf die Inhalte (Vorstellungen, Sachverhalte), für die sie stehen oder auf die sie verweisen (Semantik);

3. in bezug auf die Personen, die diese Zeichen in bestimmten Situationen verwenden (Pragmatik).

(MORRIS, 1938, 1946; vgl. auch KLAUS, 1963).

Diese drei Aspekte lassen sich folgendermaßen schematisch darstellen:

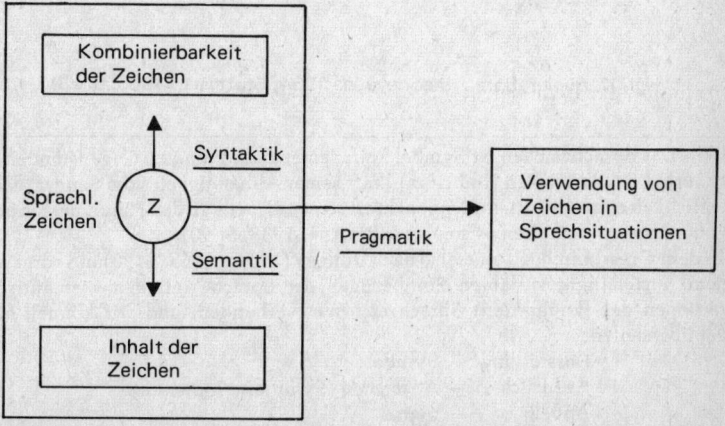

173

sprachlichen und außersprachlichen Seite des Kommunikationsaktes war es ja auch, die uns erlaubt hatte, zusammengehörige Redekonstellationen und Texte anzunehmen.)

Es gilt nun zunächst, die Funktion der sprachlichen Zeichen im Kommunikationsakt näher zu bestimmen. Wir wollen in diesem Zusammenhang drei Modelle anführen, das Organon-Modell von K. BÜHLER, das Kommunikationsmodell von R. JAKOBSON und das Sprachverwendungsmodell von CH. MORRIS.

In seinem Aufsatz ‹Die Axiomatik der Sprachwissenschaft› (1933) und in seinem Hauptwerk ‹Sprachtheorie› (1934) hat BÜHLER, ausgehend von der Grundannahme des Werkzeugcharakters der Sprache, dem sprachlichen Zeichen im Kommunikationsakt drei Funktionen zugeschrieben: Die Funktion des Ausdrucks des jeweiligen Seelenzustandes des Sprechenden (Zeichen = Symptom), die Funktion des Appells an den Hörenden (Zeichen = Signal) und die Funktion der Darstellung von Gegenständen und Sachverhalten (Zeichen = Symbol).[27] Das gegenseitige Verhältnis dieser drei Funktionen stellte BÜHLER folgendermaßen dar:

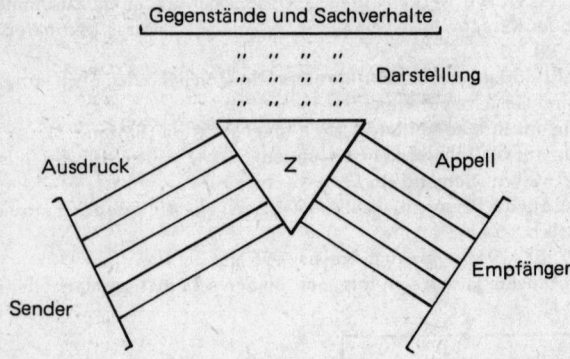

(vgl. K. Bühler, Sprachtheorie, Jena 1934, Stuttgart ²1965, S. 28)

27 «Das Sprachzeichen ist Symbol kraft seiner Zuordnung zu Gegenständen und Sachverhalten, Anzeichen (Indicium) kraft seiner Abhängigkeit vom Sender, dessen Innerlichkeit es ausdrückt, und Signal kraft seines Appells an den Hörer, dessen äußeres oder inneres Verhalten es steuert» (BÜHLER, 1933, S. 90).

In dem Organonmodell sind also nach BÜHLER (1934, ²1965, S. 28) die «drei weitgehend unabhängig variablen Sinnbezüge» der Sprache mit den «semantischen Funktionen des (komplexen) Sprachzeichens» verbunden, und wir können somit gegenüberstellen:

Darstellung — Symbol
Ausdruck — Anzeichen (Symptom, Indicium)
Appell — Signal

174

Vergleichen wir dieses Sprachzeichenmodell mit demjenigen der Semiotik von MORRIS (s. Fußnote 26) so stellen wir fest, daß der pragmatische Aspekt hier in zwei Funktionen aufgegliedert ist, nämlich in die Ausdrucksfunktion und die Appellfunktion.

R. JAKOBSON hat in seinem Aufsatz ‹Linguistics and poetics› (1960, dt. 1971) ein Kommunikationsmodell entworfen, das die Bestimmung der Funktionen der Sprache an diejenigen Faktoren knüpft, welche den Kommunikationsakt konstituieren. Auch bei JAKOBSON finden wir die drei Funktionen von BÜHLER: die *emotive* Funktion, welche die emotionale Einstellung des Senders ausdrückt, die auf den Empfänger gerichtete *konative* Funktion und die auf den außersprachlichen Kontext gerichtete *referentielle* Funktion. Nun ist aber ein Kommunikationsakt nicht dadurch vollständig beschrieben, daß der Sender, die erste Person, zum Empfänger, der zweiten Person, über jemand oder etwas (die ‹dritte Person›) spricht. Es bedarf außerdem eines physischen Kanals und einer psychischen Verbindung, eines Kontaktes also, der nicht selbstverständlich vorhanden ist, sondern zuerst geschaffen, eventuell aufrechterhalten oder unterbrochen werden muß; sprachliche Zeichen haben also im Kommunikationsakt auch eine *phatische* Funktion. Außerdem kann der Sprecher zum Angesprochenen in verschiedener Weise über etwas sprechen, d. h. die von ihm geschickte Nachricht (message) ist nicht identisch mit dem intendierten außersprachlichen Kontext. Der besonderen Einstellung auf die Nachricht als solche entspricht die *poetische* Funktion der Sprache. Schließlich bedarf die Nachricht eines Kodes, der dem Sender und dem Empfänger ganz oder teilweise gemeinsam ist; demnach haben die sprachlichen Zeichen auch eine *metasprachliche* Funktion, die es den Kommunikationspartnern erlaubt, sich des gemeinsamen Kodes zu versichern («Was meinen Sie damit?»). JAKOBSON unterscheidet also im Kommunikationsakt sechs konstitutive Faktoren:

CONTEXT (Kontext)
ADDRESSER ___ MESSAGE (Nachricht) ___ ADDRESSEE
(Sender)   CONTACT (Kontaktmedium)   (Empfänger)
CODE (Kode)

(JAKOBSON, a. a. O., S. 353, dt. S. 147), denen sechs Funktionen der sprachlichen Zeichen entsprechen:

REFERENTIAL (referentiell)
EMOTIVE   POETIC (poetisch)   CONATIVE
(emotiv)   PHATIC (phatisch)   (konativ)
METALINGUAL (metasprachlich)

(JAKOBSON, a. a. O., S. 357, dt. S. 152).

175

Es mag lohnend erscheinen, unsere Texte im Sinne dieses Modells auf ihre Funktionalität hin zu untersuchen. Man könnte dann etwa feststellen, daß in der Textsorte ‹Psychotherapie› die emotive, konative und poetische Funktion insbesondere bei einem der Sprecher, nämlich dem Patienten, wirksam sind, während die phatische und die metasprachliche Funktion stärker in der Rede des Therapeuten zum Tragen kommen. Dies setzt jedoch in hohem Maße schon eine Interpretation der Texte voraus, da es nicht möglich ist, den einzelnen Funktionen bestimmte sprachliche Einheiten eindeutig zuzuordnen: eine im Text erscheinende Äußerung wie z. B. «gestern wollte ich ins Kino gehen» kann sehr verschiedene Funktionen haben; ob wir ihr beispielsweise eine emotive oder eine konative Funktion zuordnen, wird davon abhängen, welchen Stellenwert wir ihr innerhalb der konkreten Sprechsituation zuschreiben, ob wir sie etwa als ganz persönliche Mitteilung eines Patienten auffassen, der bisher nie konkret von sich selbst gesprochen hat, oder als Aufforderung des Patienten an den Therapeuten ansehen, interessiert danach zu fragen, was für einen Film er sich denn habe eigentlich ansehen wollen.[28] Eine Ausnahme bilden allenfalls die phatische und die metasprachliche Funktion, denen oft selbständige Sequenzen wie «hören Sie», «verstehen Sie» oder «was meinen Sie damit», «wie soll ich das verstehen» entsprechen.

Schließlich ist noch das Sprachverwendungsmodell der behavioristischen Pragmatik von MORRIS (1946, insbes. S. 76 ff und S. 95 ff) anzuführen. MORRIS unterscheidet fünf «modes of signifying» aufgrund verschiedener Arten sprachlicher Zeichen, nämlich «identifiors» und «designators», «appraisors», «prescriptors» und «formators». Diesen entsprechen vier Arten der Zeichenverwendung («primary sign usages»): «informative use», «valuative use», «incitive use», «systemic use» (d. i. Herstellung logischer Bezeichnungen mit Hilfe von «formators»). Die Arten der Zeichenverwendung können sich überlagern: eine sprachliche Äußerung kann zunächst als informativ gemeint sein und gleichzeitig auch eine evaluative Funktion haben; MORRIS nennt dies «secondary usages». − Obwohl dieses Modell differenzierter ist als das von JAKOBSON, insofern es verschiedene Ebenen der Funktionalität (primäre Verwendung und sekundäre Verwendung) unterscheidet, erscheint uns auch dieser Begriffsapparat für die Analyse unserer Texte nicht geeignet. Der Zuordnung der sprachlichen Einheiten eines fortlaufenden Textes zu bestimmten «modes of signifying» sowie der Bestimmung der primären und sekundären Funktionen liegt, genau wie der Analyse nach dem JAKOBSON-schen Modell, schon eine Interpretation der Äußerungen zugrunde. Dagegen ist nun zwar prinzipiell nichts einzuwenden; jedoch ist ein solches Verfahren

---

28 Hier zeigt sich im übrigen die Notwendigkeit, das Funktionsmodell der sprachlichen Kommunikation durch ein Sprechhandlungsmodell zu ergänzen, das der Tatsache Rechnung trägt, daß zwischen sprachlichen Äußerungen einerseits und Handlungszusammenhängen andererseits keine eindeutige Zuordnung besteht (vgl. MAAS, 1972 b, S. 230 ff und 3.4.2.3.).

176

bei den hier zu analysierenden Texten problematisch, da die Interpretation der sprachlichen Äußerungen von Analytiker und Analysand ja erst als ‹Tiefenhermeneutik› im Kontext von Übertragung und Gegenübertragung sowie auf dem Hintergrund etwa der Unterscheidung von Primär- und Sekundärprozeß erfolgen soll.

Sehen wir uns die Äußerung «gestern wollte ich ins Kino gehen» noch einmal an. Sie enthält zunächst eindeutige Angaben über den Sprecher der Äußerung selbst («ich») und über die Zeit der Äußerung («gestern» setzt das «jetzt» der Sprechsituation voraus; das gleiche gilt für die Tempusangabe in «wollte»). Zudem wird der modale Aspekt der Äußerung benannt («wollte»). Es gibt offensichtlich sprachliche Ausdrucksmittel, die sich unmittelbar auf die Sprechsituation, in der sie auftreten, beziehen bzw. die dasjenige explizit benennen, was eine Sprechsituation erst ermöglicht, nämlich den Sprecher und den Angesprochenen, den Ort und die Zeit ihrer Rede, die modale und intentionale Beziehung des Sprechers zum Angesprochenen. HABERMAS (1971a, S. 110) nennt die die Sprechsituation hervorbringenden Klassen sprachlicher Ausdrücke «pragmatische» bzw. «dialogkonstituierende Universalien».[29]

Insofern ihr Auftreten in Äußerungen die *Intersubjektivität* als Bedingung möglicher Kommunikation explizit macht, dürfen wir annehmen, daß ihre Untersuchung für den Dialog von Analytiker und Patient besonders aufschlußreich ist, da ja im psychoanalytischen Geschehen die Frage des intersubjektiven Bezugs aufgrund unbewußter Interaktionen im Kontext von Übertragung und Gegenübertragung im Mittelpunkt steht. Wir werden dabei insbesondere die Kategorie der Person und die deiktischen Ausdrücke von Raum und Zeit berücksichtigen, außerdem die performativen und modalen Ausdrucksmittel sowie die Formen der Redeerwähnung.

Die beiden übrigen Aspekte, unter denen wir unsere Texte untersuchen wollen, ‹Sprechhandlung› und ‹Redekommentierung›, lassen sich nicht, wie die ‹pragmatischen Universalien›, an einzelnen sprachlichen Ausdrücken festmachen, sondern betreffen bestimmte, die Interaktion der Gesprächspartner und den Charakter ihres Dialogs kennzeichnende Äußerungen und Folgen

---

29 Im Anschluß an WUNDERLICH (1971, S. 177 f) rechnet er zu ihnen insbesondere
1. Personalpronomina
2. Worte und Wendungen, die zur Redeeröffnung und zur Anrede gebraucht werden; Vokativ, Honorativ
3. deiktische Ausdrücke des Raumes und der Zeit
4. performative Verben; Interrogativ, Imperativ, indirekte Rede
5. intentionale Verben, einige Modaladverbien (HABERMAS, 1971a, S. 109). – R. JAKOBSON (1957) nannte «shifters» diejenigen Ausdrucksmittel, durch die eine Nachricht mit der Situation ‹verkoppelt› wird. «Shifters» sind für ihn die verbalen Kategorien der Person, des Tempus, des Modus und des «Evidential» (indirekte Erzählung, z. B. «er soll schon fortgegangen sein»).

von Äußerungen.

Alle diese Phänomene, die wir als besonders kennzeichnende sprachliche Merkmale der Textsorte ‹Psychoanalyse, Psychotherapie› ansehen wollen, sollen im folgenden näher erläutert werden.

3.4.2. Sprachliche Bedingungen des Dialogs zwischen Analytiker und Patient

3.4.2.1. Personen, Raum und Zeit der Sprechsituation
Vergleichen wir folgende Äußerungen:

«Hund und Katze vertragen sich nicht»

«Gestern war ich im Kino»

Während der Sinn der ersten Äußerung objektsprachlich voll bestimmt werden kann in bezug auf die Gegenstände oder Sachverhalte, über die etwas ausgesagt wird, bedarf es zum Verständnis der zweiten Äußerung eines zusätzlichen Bezuges auf die Sprechsituation. Die Bedeutung von ‹ich› und ‹gestern› ist an die Sprechsituation selbst gebunden: ‹ich› bedeutet ‹der Sprecher der Äußerung, in der dieses ‚ich' vorkommt›. Dieser notwendige Bezug auf die Sprechsituation findet sich auch bei einer ganzen Reihe anderer sprachlicher Elemente, die verschiedenen Wortklassen (Pronomina, Adverbien, adverbiale Bestimmungen) angehören. Sie werden als *deiktische* Ausdrücke oder deiktische Kategorien bezeichnet (LZONS, 1968, dt. 1971, S. 279–285; FILLMORE, 1966, 1972; WUNDERLICH, 1971; vgl. auch BÜHLERS ‹Zeigwörter› (BÜHLER, 1934, S. 102 f)).

a) Personalpronomina

Auf die Tatsache, daß es in der Sprache eigentlich keine drei Personen gibt (1., 2., 3. Person), sondern nur eine Unterscheidung von Person und Nicht-Person, hat in neuerer Zeit besonders E. BENVENISTE (1956 b, 1958, 1959) hingewiesen.[30] ‹Ich› und ‹du› sind Sprecher bzw. Angesprochener der Sprechsituation, während sich die sogenannte dritte Person mit Menschen, Tieren und Dingen aller Art verbindet, die ‹Gegenstand› der zwischen ‹ich› und ‹du› ausgetauschten Rede sind. Während also die Pronomina der 1. und 2. Person notwendig ‹bestimmt›, d. h. durch die Sprechsituation definiert sind, können die Pronomina der 3. Person sowohl ‹bestimmt› als auch ‹unbestimmt› sein: ‹er›, ‹sie›, ‹es› sind bestimmt im Gegensatz zu ‹jemand›, ‹niemand›, ‹nichts›, ‹etwas› usw., die unbestimmt sind.

Gerade die Kategorie der Person macht deutlich, daß die Intersubjektivität in der Sprache begründet ist.

---

30 Diese Einsicht findet sich in ähnlicher Form schon bei W. v. HUMBOLDT: «In dem ‹Er› selbst liegt nun (. . .), außer dem Nicht-‹Ich›, auch ein Nicht-‹Du›, und es ist nicht bloß einem von ihnen, sondern beiden entgegengesetzt» (HUMBOLDT, 1827–29, § 47, zit. n. 1963, S. 202). – Man könnte die Personalpronomina, um eine Bestimmung nach unterscheidenden Merkmalen zu erhalten, mit folgenden Formeln beschreiben: ‹ich› = (+ ego), ‹du› = (– ego, + tu); ‹er, sie, es› = (– ego, – tu).

«Offenbar wird das paradoxe Verhältnis der Intersubjektivität sprachlich mit dem System der Personalpronomina eingeübt (...). Die gegenseitige Reflexivität der Erwartung, in der sich identische Bedeutungen konstituieren, verlangt, daß beide Subjekte eine Erwartung zugleich von ihrer eigenen Position und von der des anderen aus identifizieren und erwarten können. Das wiederum erfordert die gleichzeitige Wahrnehmung von Dialogrollen, die insofern inkompatibel sind, als sich ein sprechendes und handelndes Ich mit seinem Gegenüber als einem anderen Ich nur identifizieren kann, wenn dieses als von ihm verschieden, mit ihm selbst nicht identisch, festgehalten wird. Wann immer zwei Subjekte sich auf der Ebene der Intersubjektivität gegenübertreten, um miteinander zu sprechen oder zu handeln, beherrschen sie diese paradoxe Beziehung. Um das paradoxe Verhältnis der Intersubjektivität eingehen zu können, das allen widerspruchsfreien Kommunikationen zugrunde liegt, bedarf es der Kompetenz eines Sprechers, der die Personalpronomina regelrecht anwenden kann: Er muß ‹Ich› zu sich sagen und einen anderen, der in gleicher Weise ‹Ich› zu sich sagen kann, als Du ansprechen können, wobei sich beide als ‹Wir› gegenüber Außenstehenden, bloß potentiellen Gesprächsteilnehmern (gegenüber ‹ihm› und ‹ihnen›) abgrenzen» (HABERMAS, 1971 b, S. 193).[31]

Nach den Ratschlägen FREUDS für den Psychoanalytiker soll dieser nicht über sich selbst sprechen, sondern sich wie ein Spiegel dem Patienten gegenüber verhalten, d. h., seine Äußerungen sollen sich ausschließlich auf den Patienten und seine Krankheit beziehen.[32] Der Patient dagegen darf alles sagen, was ihm einfällt, wobei jedoch gilt, daß er im Grunde immer über sich und seine Krankheit spricht, ganz gleich, ob er z. B. sich selbst als Sprecher zum Subjekt der Aussage macht («ich möchte jetzt am liebsten

---

31 Unter Kompetenz wird in der Generativen Grammatik (vgl. CHOMSKY, 1965, § 1) die internalisierte Fähigkeit des Sprechers/Hörers verstanden, das Regelsystem einer Sprache in den Bereichen von Phonologie, Syntax und Semantik zu beherrschen und mit ihm ‹grammatische› Sätze zu bilden; die Anwendung dieser Fähigkeit in bestimmten Sprechsituationen wird Performanz genannt. HABERMAS hat eine Erweiterung des Kompetenzbegriffs vorgeschlagen, indem er jener «linguistischen Kompetenz» eine «kommunikative Kompetenz» gegenüberstellt, kraft derer der Sprecher/Hörer aus grammatischen Sätzen mit Hilfe «pragmatischer Universalien» (wie Personalpronomen, deiktische Ausdrücke, performative Verben) Äußerungen bildet, mit denen er in möglichen Sprechsituationen sprachlich kommunizieren kann (1971 a, S. 101 ff).
32 Dazu führt FREUD aus: «Es ist gewiß verlockend für den jungen und eifrigen Psychoanalytiker, daß er viel von der eigenen Individualität einsetze, um den Patienten mit sich fortzureißen und ihn im Schwung über die Schranken seiner engen Persönlichkeit zu erheben. Man sollte meinen, es sei durchaus zulässig, ja zweckmäßig für die Überwindung der beim Kranken bestehenden Widerstände, wenn der Arzt ihm Einblick in die eigenen seelischen Defekte und Konflikte gestattet, ihm durch vertrauliche Mitteilungen aus seinem Leben die Gleichstellung ermöglicht. Ein Vertrauen ist doch das andere wert, und wer Intimität vom anderen fordert, muß ihm doch auch solche bezeugen» (1912 a, G. W. VIII, S. 383 f). Doch gleich darauf warnt FREUD vor einem derartigen Umgang mit dem Patienten: «Allein im psychoanalytischen

schlafen»), einen Teil seiner selbst («mein Magen ist in Aufruhr») oder ein unpersönliches ‹man› («man kriegt dann plötzlich Angst»), oder ob er etwas über den Analytiker aussagt und ihn dabei zugleich als den Angesprochenen in der Redesituation explizit macht («Sie sind wie eine Mauer hinter mir»). Auch Aussagen über Menschen und Dinge, die in der Rede des Patienten in der 3. Person erscheinen, unterliegen diesem Grundsatz. Wir wollen dies jedoch in unserer Untersuchung nicht berücksichtigen, da eine angemessene Analyse dieser Aussagen unseres Erachtens nur im Rahmen eines Aktantenmodells möglich ist; zudem dürfte eine derartige Analyse mehr zur Charakterisierung der Rede des Patienten als zu der des therapeutischen Dialogs dienlich sein. Ansätze zu einer Aktantenanalyse der Rede von Neurotikern, die wir in einer späteren Arbeit fortführen wollen, finden sich bei VERÓN und SLUZKI (1970; vgl. 3.4.1.2.).

b) Raum- und Zeitreferenz

Für K. BÜHLER ist die «Origo», der Koordinatenschnittpunkt des sprachlichen Zeigfeldes, durch die Grundzeigwörter ‹hier›, ‹jetzt›, ‹ich› gegeben, die als «Ortsmarke», «Augenblicksmarke» und «Sendermarke» fungieren (BÜHLER, 1934, S. 102). In der Tat sind ‹hier› und ‹dort› durch einen positiven Bezug auf die Sprechsituation bestimmt und unterscheiden sich nach den Stufen der Entfernung vom Nullpunkt des Sprechers. Das gleiche gilt für Zeitangaben wie ‹jetzt› und ‹dann›, ‹gestern›, ‹heute›, ‹morgen›; ebenso müssen die Tempora in bezug auf die Äußerungszeit eines Satzes verstanden werden, insofern z. B. ‹gestern› mit dem Präteritum und ‹morgen› mit dem Futur verknüpft werden muß (*«gestern werde ich ins Kino gehen»).[33]

Im Gegensatz dazu sind Raum- und Zeitangaben wie ‹nirgends›, ‹überall›, ‹irgendwo› und ‹nie›, ‹immer›, ‹oft›, ‹irgendwann› negativ auf die Sprechsituation bezogen, insofern sie gerade Orte und Zeiten bestimmen, die nicht Ort und Zeit der Sprechsituation sind (vgl. H. GOEPPERT, 1970, S. 14–20). (Keinerlei funktionellen Bezug auf die Sprechsituation, weder positiv noch negativ, haben schließlich die Angaben räumlicher und zeitlicher Relationen durch Präpositionen und Adverbien in einer Äußerung wie «Da sitze ich auf

---

Verkehre läuft manches anders ab, als wir es nach den Voraussetzungen der Bewußtseinspsychologie erwarten dürfen» (a. a. O., S. 384). Und er begründet seine Ablehnung einer den Suggestionsbehandlungen sich annähernden Technik: «Für die Aufdeckung des dem Kranken Unbewußten leistet diese Technik nichts, sie macht ihn nur noch unfähiger, tiefere Widerstände zu überwinden, und sie versagt in schwereren Fällen regelmäßig an der rege gemachten Unersättlichkeit des Kranken, der dann gerne das Verhältnis umkehren möchte und die Analyse des Arztes interessanter findet als die eigene. Auch die Lösung der Übertragung, eine der Hauptaufgaben der Kur, wird durch die intime Einstellung des Arztes erschwert, so daß der etwaige Gewinn zu Anfang schließlich mehr als wettgemacht wird» (a. a. O.).

33 Zu den Kookkurrenzbedingungen der Tempora mit den Zeitadverbien vgl. D. WUNDERLICH, 1970 b.

180

der Brüstung und warte», «Ich sitze oben» und «Er wartet vor der Klinik auf mich», «Er wartet draußen» (vgl. a. a. O., S. 24 ff).)

Bei unserer Auswertung der Textexemplare wollen wir untersuchen, inwieweit Analytiker und Patient sich explizit auf das Hic et Nunc der Sprechsituation beziehen und inwieweit sie sich auf Orte und Zeiten beziehen, die gerade nicht Ort und Zeit ihrer Kommunikationssituation sind.

3.4.2.2. Illokutive Aspekte von Äußerungen

In der Sprechsituation stellt der Sprecher mit seiner Äußerung eine bestimmte Beziehung zum Angesprochenen her. Diese Relation zwischen Sprecher und Hörer muß unterschieden werden von der mit dieser Äußerung verbundenen Aussage, mit der etwas über Referenzobjekte ausgesagt wird. Man kann also einen Sprechakt unter mindestens zwei Gesichtspunkten betrachten, als *propositionalen Akt*, mit dem Aussagen über Referenzobjekte gemacht werden, und als *illokutiven Akt*, mit dem der Sprecher eine bestimmte Relation zum Angesprochenen herstellt.

Dieser zweite Gesichtspunkt ist insbesondere von den angelsächsischen ordinary language Philosophen, vor allem von J. L. AUSTIN (1955) und J. R. SEARLE (1969), untersucht worden, und zwar speziell anhand der sogenannten *performativen Verben*, wie z. B. ‹bestreiten›, ‹versprechen›, ‹raten›, mit deren Hilfe der illokutive Charakter einer Äußerung benannt werden kann.[34] Gegen ein solches Vorgehen kann man einwenden, daß einerseits sicher nicht alle illokutiven Akte mit entsprechenden performativen Verben (die ja auch von Sprache zu Sprache verschieden sind) benannt werden können und man andererseits illokutive Akte ausführen kann, ohne sie gleichzeitig mit einem performativen Verb als solche zu kennzeichnen (vgl.: «ich komme morgen» – «ich verspreche dir, daß ich morgen komme»). Außerdem stehen ja zur Kennzeichnung des illokutiven Charakters der Äußerung etwa auch modale Ausdrücke zur Verfügung, z. B. «ganz bestimmt komme ich morgen».

Wir berücksichtigen bei der Analyse unserer Textexemplare unter dem Gesichtspunkt ihres illokutiven Charakters alle jene Ausdrücke, die die Einstellung des Sprechers zu seiner Äußerung explizit machen. Dazu zählen wir, neben den performativ gebrauchten Verben, auch modale und intentionale Verben, gewisse Modaladverbien sowie «illokutive Indikatoren».[35] Wir fassen sie unter dem Stichwort der Intentionalität zusammen,[36] wobei wir verschiedene Arten und verschiedene Grade der Intentionalität des Sprechers

---

34 Zu den performativen Verben, auf die wir hier nicht weiter eingehen, vgl. LAKOFF, 1970, dt. 1971, S. 23–37; WUNDERLICH, 1972 a.

35 «Illokutive Indikatoren» nennt WUNDERLICH (1972 b, S. 18) diejenigen Partikel und Phrasen, wie ‹bitte›, ‹ja›, ‹bestimmt›, ‹doch›, ‹nicht wahr›, deren Funktion es ist, «einen sonst hinsichtlich seiner kommunikativen Verwendbarkeit vieldeutigen Satz zu vereindeutigen».

36 Zum Begriff der Intentionalität und seiner Bedeutung für die linguistische Pragmatik vgl. LEIST, 1972, insbes. S. 79 ff.

unterscheiden wollen: «ich versichere Ihnen, daß ich morgen komme», «ich denke, daß ich morgen komme», «ich komme morgen bestimmt»; «ich will morgen kommen», «ich hoffe, daß ich morgen kommen kann», «hoffentlich ist es mir möglich, morgen zu kommen». Wir erwarten dabei, gemäß der Verteilung der Rollen im psychoanalytischen Dialog, eine geringere Intentionalität auf seiten des Analytikers und eine mehr oder minder ausgeprägte auf seiten des Patienten.

Eine Typologie der illokutiven Akte muß natürlich noch andere Aspekte berücksichtigen. So unterscheidet z. B. HABERMAS (1971a, S. 111 f) in seinem Systematisierungsvorschlag vier Klassen von Sprechakten:

1. *Kommunikativa*
Sie explizieren den Sinn von Äußerungen qua Äußerungen (z. B. sagen, fragen, antworten, zustimmen, widersprechen, erwähnen).

2. *Konstativa*
Sie explizieren den Sinn von Aussagen qua Aussage (z. B. behaupten, beschreiben, berichten, erklären, deuten; behaupten, versichern, bestreiten, bezweifeln).

3. *Repräsentativa*
Sie explizieren den Sinn des Zumausdruckbringens von Intentionen und Einstellungen des Sprechers (z. B. gestehen, zum Ausdruck bringen; verbergen, verschweigen, verleugnen).

4. *Regulativa*
Sie explizieren den Sinn des Verhältnisses, das Sprecher und Hörer zu Regeln einnehmen, die sie befolgen oder verletzen können (z. B. befehlen, auffordern, bitten, ermahnen, verbieten, sich weigern, sich verpflichten, versprechen, entschuldigen, empfehlen).

Eine solche Gliederung der Sprechakte nach den sie benennenden Verben reicht jedoch für die Bestimmung der Interrelation von Sprecher und Hörer in einem konkreten Kommunikationsakt nicht aus, wie das folgende, für diesen Zweck konstruierte Beispiel zeigen soll. Der Analytiker will einen Patienten, dessen freie Assoziation ins Stocken geraten ist, auffordern, den angefangenen Bericht über ein Kindheitserlebnis fortzusetzen. Er kann nun sagen: «Ich fordere Sie auf, in Ihrem Bericht fortzufahren», eine Äußerung, die wir ohne Schwierigkeiten als regulativen Sprechakt identifizieren könnten. Er kann auch sagen: «Fahren Sie doch bitte in Ihrem Bericht fort!» In diesem Falle wäre der regulative Charakter des Sprechaktes durch die grammatische Form des verwendeten Satztyps gegeben (Aufforderungs- oder Befehlssatz). Aber auch ein Fragesatz wie: «Wollen Sie nicht in Ihrem Bericht fortfahren?» und ein Aussagesatz wie: «Sie sind so still», ja selbst eine Äußerung wie: «Ich habe etwas gegen Ihr Schweigen einzuwenden: Sie erinnern sich doch an unsere Absprache?», die wir wegen des performativen Verbs «einwenden» zu den Sprechakten der ersten Klasse, den Kommunikativa, zählen müssen, kann im gegebenen Kontext eine Aufforderung an den Patienten darstellen, die Verbalisierung wiederaufzunehmen. Letztlich entscheidend für die mit einer

182

sprachlichen Äußerung intendierte Interrelation von Sprecher und Angesprochenem ist offenbar der Handlungszusammenhang, der im Kommunikationsakt mit dieser Äußerung gebunden wird.[37]

3.4.2.3. Sprechhandlungen

Bei dem handlungstheoretischen Ansatz geht es nicht lediglich darum, die illokutive Kraft von Sprechakten an bestimmten sprachlichen Einheiten festzumachen, sondern darum, Sprechen überhaupt als soziales Handeln zu begreifen, und zwar als ein Handeln, das seine Voraussetzungen thematisieren und in Frage stellen kann und das daher den Bedingungen einer Situation nicht unterworfen ist, sondern eine Situation mitbestimmen und verändern kann. Dieser Ansatz, der auf den Handlungsbegriff von G. H. MEAD zurückgreift (MEAD, 1943), wird vor allem von U. MAAS (1971, 1972a) vertreten, der z. B. syntaktische Kategorien als symbolische Verselbständigung von Handlungszusammenhängen analysiert. MAAS unterscheidet insbesondere Sprechhandlungskategorien wie «Entschlußhandlung», «Aufforderungshandlung», «Fragehandlung», «Behauptungshandlung», wobei er nicht von der grammatischen Struktur einer Äußerung oder dem Vorkommen bestimmter performativer Verben ausgeht,[38] sondern von den Handlungszusammenhängen, die mit einer sprachlichen Äußerung gebunden werden (1972b, S. 202–238). Auf diese Weise läßt sich erklären, daß ein und dieselbe sprachliche Äußerung für verschiedene Sprechhandlungen stehen kann bzw. daß dieselbe Sprechhandlung durch verschiedene sprachliche Äußerungen realisiert werden kann. So kann etwa eine Aufforderungshandlung durch einen Aufforderungssatz vollzogen werden: «Mach das Fenster zu!» Aber auch ein Fragesatz wie: «Machst du das Fenster zu?» oder ein Aussagesatz: «Es zieht» können eine Aufforderungshandlung darstellen. Damit aber «Es zieht» einer Aufforderung gleichkommt, muß mit dieser Äußerung ein weiterer Handlungszusammenhang verbunden sein: es muß klar sein, daß es zieht, weil das Fenster auf ist, daß das Ausgesagte («Es zieht») für den Sprecher unangenehm ist und daß schließlich der Angesprochene verpflichtet ist, alles zu tun, um das für den Sprecher Unangenehme abzuändern. Wenn diese Voraussetzungen den Kommunikationspartnern nicht mehr bewußt sind, kann man von einer Verschleierung der Handlungszusammenhänge durch sprachliche Äußerungen

---

37 Auch Äußerungen des Analytikers wie z. B. «Was hat Ihr Schweigen zu bedeuten?», «Und nun schweigen Sie» oder «Ich habe den Eindruck, daß es Ihnen jetzt schwerfällt, mir weiter von Ihrer Kindheit zu berichten» haben, neben ihrer metakommunikativen Funktion, im Zusammenhang mit einem bestimmten Übertragungs-Gegenübertragungskontext des psychoanalytischen Geschehens den Charakter von Aufforderungshandlungen, insofern der Analytiker damit den Patienten auffordert, seine Verbalisierung wiederaufzunehmen.

38 Vgl. die entsprechenden Verben ‹auffordern›, ‹fragen›, ‹behaupten› unter den Sprechaktkategorien 4 (Regulativa), 1 (Kommunikativa) und 2 (Konstativa) von HABERMAS (3.4.2.2.).

sprechen. Auf jeden Fall ist es nicht gleichgültig, mit welcher sprachlichen Äußerung, mit welcher grammatischen Struktur Handlungszusammenhänge gebunden, also symbolisch verselbständigt werden.[39]

Wir werden bei der Auswertung unserer Texte die Unterscheidung der drei Sprechhandlungskategorien Aufforderung, Frage und Behauptung berücksichtigen; dabei gehen wir davon aus, daß die psychoanalytische Redekonstellation, bedingt durch den mit der ‹Grundregel› gegebenen unterschiedlichen Rang der Kommunikationspartner, für den Analytiker zwar keine Fragehandlungen, wohl aber Aufforderungshandlungen (der Analytiker fordert den Patienten auf zu sagen, was ihm einfällt) und Behauptungshandlungen (Deutungen) vorsieht, während vom Patienten erwartet wird, daß er – sofern er der Regel folgt – weder Aufforderungs-, noch Frage-, noch Behauptungshandlungen ausführt. Er soll ja mit dem Analytiker nicht handelnd umgehen, nicht ‹agieren›, sondern seine Einfälle berichten. Wenn er nun doch ‹handelt›, dann kommt seinen Sprechhandlungen besondere Bedeutung zu, insofern der Patient nun einerseits die Kommunikationssituation, in die er sich mit dem Analytiker eingelassen hat, problematisiert und ihre Bedingungen zu verändern sucht (metakommunikativer Aspekt), (z. B.: «warum erzählen Sie eigentlich nie etwas von sich?» oder «Mensch, Herr Therapeut, wollen mal in ne Kneipe gehn und hinter dem Tresen auslabern»); andererseits manifestieren sich mit diesen Sprechhandlungen bestimmte Übertragungen auf den Analytiker (metapsychologischer Aspekt), in denen der Patient ein spezifisches kommunikatives Kontaktangebot wiederholt, das er z. B. in seiner Kindheit seinen Eltern gegenüber gezeigt hat.[40]

3.4.2.4. Redeerwähnung
In jeder Sprechsituation können Äußerungen, die der Sprecher selbst oder andere Personen gemacht haben (oder die sie möglicherweise machen wür-

---

39 Der handlungstheoretische Ansatz der Sprachanalyse ist für die Psychoanalyse besonders interessant. Er wurde von LORENZER (1970a, 1973) für die Bestimmung und Unterscheidung von klischeebestimmtem und symbolvermitteltem Verhalten verwandt, allerdings ohne Berücksichtigung einer entsprechenden Theorie von Sprechhandlungen. Zur Kritik an LORENZER vgl. 2.5.

40 In der Tat können wir hier auch zwei Arten von Deutungsaktionen des Analytikers unterscheiden. Sagt der Analytiker etwa auf die Frage des Patienten, ob er nicht mit ihm in die Kneipe gehe und dort die Analyse fortsetze: «Sie möchten mit mir dorthin gehen, wo es gemütlich ist und eine Atmosphäre herrscht, in der Sie glauben, leichter von sich sprechen zu können. Vielleicht empfinden Sie das Zimmer und mich hier kalt und ungemütlich», so geht er auf den metakommunikativen Aspekt der Sprechhandlung des Patienten ein, indem er nämlich seinerseits die Kommunikationssituation problematisiert. Gibt hingegen der Analytiker dem Patienten auf dieselbe Frage die Antwort: «So wie früher, als Sie mit Ihrem Vater in die Kneipe gehen wollten, wünschen Sie jetzt, daß ich mit Ihnen gehe», dann deutet er in klassischem (metapsychologischem) Sinne die Übertragung.

184

den), verbal gegenwärtig gemacht werden, und zwar entweder durch die direkte oder durch die indirekte Redeerwähnung.

Die indirekte Redeerwähnung unterscheidet sich von der direkten vor allem dadurch, daß alle deiktischen Ausdrücke in bezug auf die Position des zitierenden Sprechers umgeändert werden müssen, daß anstelle eines Indikativs in der ursprünglichen Rede ein Konjunktiv erscheinen kann (aber nicht muß) und daß für die indirekte Wiedergabe von Fragesätzen, Imperativsätzen und Optativsätzen statt des Verbs ‹sagen› Umschreibungen oder charakterisierende verba dicendi gewählt werden müssen. Gerade die Wahl des charakterisierenden Verbs ist für uns aufschlußreich, weil mit ihm der illokutive Akt, den die ursprüngliche Äußerung darstellt, explizit benannt wird. Die direkte Redeerwähnung «Mein Vater sagte: ‹Komm mir ja nicht mit einer 4 nach Hause!›» kann indirekt folgendermaßen formuliert werden: «Mein Vater riet mir, nicht mit einer 4 nach Hause zu kommen» oder «Mein Vater warnte mich davor, mit einer 4 nach Hause zu kommen» oder «Mein Vater drohte mir, ich solle ja nicht mit einer 4 nach Hause kommen». Auf diese Weise vollzieht der indirekt zitierende Sprecher eine intentionale Wertung der zitierten Äußerung. Nicht nur einzelne Äußerungen, sondern auch Dialoge können indirekt zitiert werden durch die Verwendung von Verben wie ‹entgegnen›, ‹erwidern›, ‹antworten›. Eine zusätzliche intentionale Wertung der vorangegangenen Äußerung ist mit der Verwendung von Verben wie ‹zustimmen›, ‹zurückweisen›, ‹zugeben›, ‹abstreiten› gegeben. Wir können nun das eben erwähnte Beispiel («Mein Vater sagte: ‹Komm mir ja nicht mit einer 4 nach Hause!›») weiterführen: «Ich antwortete: ‹Meine Schulnoten gehen dich nichts an.›» Diese Kommentierung der Rede des Vaters könnte in indirekter Redeerwähnung lauten: «Ich antwortete, meine Schulnoten gingen ihn nichts an» oder «Ich wies seine Einmischung in meine Schulangelegenheiten zurück».

Der Kommentar auf die Rede des Vaters könnte auch anders lauten, z. B.: «Daß du mir drohst, beeindruckt mich gar nicht» oder «Das werde ich auch nicht» (nämlich mit einer 4 nach Hause kommen) oder einfach «o. k.».

3.4.2.5. Redekommentierung

Eine Theorie des Kommentierens ist kürzlich von R. POSNER (1972 a und b) vorgelegt worden. Kommentierungen sind Stellungnahmen: zu einer Äußerung wird eine weitere hinzugefügt, die eine bestimmte Information der ersten Äußerung wiederaufnimmt und in einen Wertzusammenhang stellt. Die Äußerung, die kommentiert wird, wird Kommentandumäußerung genannt, die Äußerung, mit der kommentiert wird, Kommentaräußerung. Das beiden Äußerungen Gemeinsame, auf das sich der Kommentar bezieht, wird als Kommentat bezeichnet.

Es gibt rein sprachliche Kommentierungen (z. B.: Analytiker: «Wir müssen die Analyse drei Wochen unterbrechen, weil ich verreise.» – Patient: «Das ist schade.»), rein nichtsprachliche Kommentierungen (z. B.: Analytiker: schweigt – Patient: pfeift eine Melodie vor sich hin) und Mischformen, bei denen die Kommentandumäußerung sprachlich ist und die Kommentaräußerung nichtsprachlich oder umgekehrt (z. B.: Analytiker: «Wir müssen die Analyse drei Wochen unterbrechen, weil ich verreise.» – Patient: verläßt das Zimmer und schlägt beim Hinausgehen die Tür hinter sich zu).

Die verschiedensten sprachlichen und nichtsprachlichen Verhaltensweisen können demnach Kommentierungen ausdrücken. Für die Analyse unserer Texte genügt es, wenn wir die wichtigsten Formen sprachlicher Kommentierung untersuchen.

Besonders aufschlußreich ist für unsere Analyse die Unterscheidung von direktem und indirektem Kommentar (POSNER, 1972a, S. 53). Der *direkte Kommentar* läßt das als relevant gelten, was der Sprecher in der Kommentandumäußerung als relevant herausstellt; beim *indirekten Kommentar* hingegen wählt der Kommentator für seinen Kommentar denjenigen Inhalt aus der Äußerung des Sprechers, den er für relevant hält. Stereotype Formen direkter Kommentierung sind etwa: «so», «was Sie nicht sagen», «das ist gut», «das ist bedauerlich». Dagegen wird durch indirekte Kommentierung eine Verlagerung der Schwerpunkte in der Kommentandumäußerung erreicht. Auf die Äußerung des Analytikers: «Wir müssen die Analyse drei Wochen unterbrechen, weil ich verreise» könnte ein indirekter Kommentar lauten: «Sie verreisen ziemlich oft» oder «Von Unterbrechen kann keine Rede sein, für mich ist nämlich die Analyse zu Ende».

Nach der Art und Weise, wie die Kommunikationspartner ihre jeweiligen Äußerungen gegenseitig kommentieren, lassen sich drei Typen des Dialogs unterscheiden (POSNER, 1972a, S. 5ff):

1. Im *aktiven* Dialog verwenden beide Gesprächspartner indirekte Kommentare; d. h. beide Gesprächspartner bringen in ihren Kommentaren Gesichtspunkte zum Tragen, die in der jeweiligen Kommentandumäußerung nicht kommunikativ relevant sind, d. h. nicht im Vordergrund der Kommentandumäußerung stehen. Diese Form des Dialogs fördert insbesondere emanzipierende Lernprozesse.

2. Im *reaktiven* Dialog gibt einer der Gesprächspartner nur direkte Kommentare, d. h. seine Aufmerksamkeit läuft in den Bahnen, die der Gesprächspartner vorzeichnet; seine Kommentare haben eine im wesentlichen phatische Funktion.

3. Im *direkten* Dialog verwenden beide Gesprächspartner direkte Kommentare, d. h. jeder der Gesprächspartner nimmt auf das jeweilige Kommunikationsinteresse des anderen Rücksicht, und der direkte Kommentar des einen wird Ausgangspunkt für einen neuen direkten Kommentar des anderen.

Der Dialog zwischen Analytiker und Patient ist zunächst angelegt als reaktiver Dialog, bei dem die Äußerungen des Patienten vom Analytiker in mehr oder minder stereotyper Weise direkt kommentiert werden («hm», «ja ja»; «das verstehe ich»).[41] Er kann allerdings die Äußerungen des Patienten auch

---

41 «Der Analytiker spricht nicht spontan, sondern immer nur in Erwiderung auf

indirekt kommentieren, etwa wenn er eine Deutung ausspricht und dabei in der Äußerung des Patienten an etwas anknüpft, was für diesen nicht kommunikativ relevant gewesen ist. Der Patient seinerseits kann Äußerungen des Analytikers (z. B. auch Deutungen) direkt oder indirekt kommentieren, wobei wir bei der direkten Kommentierung noch zwischen positiv und negativ direkten Kommentaren unterscheiden wollen, je nachdem, ob in ihnen eine Zustimmung oder eine Ablehnung mit zum Ausdruck kommt (z. B. «das ist richtig» vs «das finde ich gar nicht»).

3.4.3. Das Material

3.4.3.1. Probleme der Redeaufzeichnung
Um den Dialog zwischen Analytiker bzw. Psychotherapeut und Patient auf die genannten sprachlichen Merkmale (3.4.2.) hin zu untersuchen, haben wir zahlreiche Psychotherapie- und Analysestunden auf Tonband aufgezeichnet. Wir wiesen schon darauf hin, daß dabei die außersprachliche Seite des Kommunikationsaktes nicht fixiert werden kann. Für die linguistische Analyse des Textes bedarf es einer möglichst genauen Transkription der Tonbandaufnahmen. Um die Umschrift lesbar zu machen, haben wir auf die Verwendung eines künstlichen Schriftsystems (phonetische Umschrift mit besonderen diakritischen Zeichen für paralinguistische Phänomene wie Intonation, Sprechgeschwindigkeit, Lautstärke usw.) verzichtet. Die bei der Umschrift durch das konventionelle Schriftsystem unberücksichtigt bleibenden paralinguistischen Phänomene haben wir, soweit sie uns wichtig erschienen, in Form kurzer Charakterisierungen in Klammern eingefügt. Um den fortlaufenden Text nicht willkürlich mit Satzzeichen versehen zu müssen, haben wir mit Hilfe von Schrägstrichen die verschieden langen Sprechpausen, die den Redefluß der Gesprächspartner gliedern, möglichst genau wiedergegeben; die in der Umschrift erscheinenden Kommata entsprechen also keinen Sprechpausen, sondern dienen lediglich der besseren Lesbarkeit. Besonders stark betonte Wörter sind unterstrichen.

Über diese technischen Probleme hinaus gibt es bei der Redeaufzeichnung auch grundsätzliche Probleme. Es ist ein bekanntes Phänomen, daß die Kommunikationspartner in ihrer Spontaneität gehemmt werden, wenn sie wissen, daß ein Tonbandgerät läuft. Dies ist gravierend für den psychotherapeutischen und insbesondere für den psychoanalytischen Dialog. Die klassische Psychoanalyse legt großen Wert darauf, daß der Dialog zwischen Analytiker und Patient keinen Zuhörer hat, und als einen solchen kann man das Tonbandgerät ohne weiteres ansehen; auf jeden Fall wird mit ihm der streng

---

die wörtlichen oder im Verhalten ausgedrückten Assoziationen des Patienten. Er muß die Themen verfolgen, die der Patient angeschlagen hat» (HEIMANN, 1957/58, S. 408).

‹nicht öffentliche› Charakter des therapeutischen Dialogs durchbrochen.

Auf das Dilemma, in dem wir uns hier befinden, ist FREUD in den ‹Vorlesungen zur Einführung in die Psychoanalyse› eingegangen. Er betont dort zunächst, daß der Austausch von Worten zwischen dem Patienten und dem Arzt in der analytischen Behandlung nicht ernst genug genommen werden könne: «Wir werden also die Verwendung der Worte in der Psychotherapie nicht gering schätzen und werden zufrieden sein, wenn wir Zuhörer der Worte sein können, die zwischen dem Analytiker und seinem Patienten gewechselt werden» (1916/17, G. W. XI, S. 10). Doch dann fährt er fort:

«Aber auch das können wir nicht. Das Gespräch, in dem die psychoanalytische Behandlung besteht, verträgt keinen Zuhörer; es läßt sich nicht demonstrieren. Man kann natürlich auch einen Neurastheniker oder Hysteriker in einer psychiatrischen Vorlesung den Lernenden vorstellen. Er erzählt dann von seinen Klagen und Symptomen, aber auch von nichts anderem. Die Mitteilungen, deren die Analyse bedarf, macht er nur unter der Bedingung einer besonderen Gefühlsbindung an den Arzt; er würde verstummen, sobald er einen einzigen, ihm indifferenten Zeugen bemerkte. Denn diese Mitteilungen betreffen das Intimste seines Seelenlebens, alles was er als sozial selbständige Person vor anderen verbergen muß, und im weiteren Sinne alles, was er als einheitliche Persönlichkeit sich selbst nicht eingestehen will. Sie können also eine psychoanalytische Behandlung nicht mit anhören. Sie können nur von ihr hören und werden die Psychoanalyse im strengsten Sinne des Wortes nur vom Hörensagen kennenlernen» (a. a. O., S. 10).

Im Gegensatz zu diesen Ausführungen FREUDS, die einen Zuhörer des psychoanalytischen Geschehens ausschließen, wollen wir seine zu Beginn des Zitates formulierte Aufforderung wörtlich nehmen, nämlich *Zuhörer des Dialogs* zwischen Arzt und Patient zu sein, denn dieser *Dialog* in seinen formalen Eigenschaften (und nicht intime Inhalte der Rede des Patienten) ist ja gerade Gegenstand unserer Untersuchungen. Wir haben den Patienten zu Beginn der Therapie mitgeteilt, daß wir beabsichtigen, die therapeutischen Gespräche mit Hilfe eines Tonbandgerätes aufzuzeichnen, um sie später sprachanalytisch untersuchen zu können. Danach haben wir möglichst kurz und sachlich die Fragen des Patienten beantwortet, die sich etwa auf das Tonbandgerät, das sprachanalytische Vorgehen, auf Probleme der Schweigepflicht usw. bezogen. Ferner wurde ausdrücklich betont, daß die Tonbandaufzeichnungen nicht eine conditio sine qua non der Therapie seien, und schließlich wurde dann der Patient nach seinem Einverständnis gefragt.

Das Tonbandgerät selbst und die Tatsache der Aufzeichnungen des therapeutischen Gespräches sollten also zu Beginn des therapeutischen Arrangements gegenüber dem Patienten als Mittel des Therapeuten deklariert werden, das dieser einsetzt, um das Gespräch möglichst genau festhalten zu können. Besonders wichtig war uns dabei, daß das laufende Tonband in der therapeutischen Sitzung von Anfang an als eine Art Realitätsprinzip der Therapie gelten konnte, genauso wie das Liegen auf der Couch, die analytische Grundregel, die Einrichtung des Behandlungszimmers usw.[42]

Das laufende Tonband, das also in die therapeutische Situation mit eingeschlossen war, hatte im Laufe des analytischen Prozesses je nach Übertragungs- und Gegenübertragungskontext für die Kommunikationspartner (Patient und Arzt) einen unterschiedlichen Stellenwert: Störend war es vor allem dann, wenn eine intime Atmosphäre herrschte und z. B. Gefühle der gegenseitigen Zuneigung durch wenige Worte oder gar mittels Schweigen ausgedrückt wurden.[43] Sodann erfüllte es die Kontrollfunktion der Gesprächsaufzeichnung, die des öfteren während der Therapie thematisiert wurde, und z. B. einmal soweit führte, daß ein Patient sich das Band nach einer Sitzung mit nach Hause nahm, um «endlich die Antworten meines Analytikers in Ruhe auf Herz und Nieren prüfen und untersuchen zu können». Ferner verleitete das Tonband vorwiegend narzißtische Patienten dazu, sich ganz auf ihre Sprache und eine möglichst flüssige und ausgefeilte Rede zu konzentrieren, so daß der Analytiker geradezu den Monolog des Patienten in das Tonband hinein mit verfolgen konnte, daher häufig aus der Kommunikation mit dem Patienten ausgeschlossen war und gleichzeitig das Gefühl hatte, vorübergehend gar nicht mehr als Kommunikationspartner angesehen zu werden. Schließlich erwies sich das Tonband als bevorzugtes Objekt, an das sich die mannigfachen Phantasien des Patienten heften konnten, vor allem soweit sie mit der Sprache zu tun hatten. So erlebte ein Patient das Tonband über mehrere Stunden als ein Instrument, das endlich seine Worte unwiderruflich festhalte. Ein anderer Patient äußerte während der Stunde, daß er das Gefühl habe, daß seine eben gesprochenen Worte vom Tonband verschluckt würden und er Angst habe, keine Worte mehr finden zu können, mit denen er das Tonband füttern müsse.

---

42 Im Unterschied zur anonymen Gültigkeit der Grundregel oder der mehr oder minder vorgegebenen Einrichtung des Behandlungszimmers wurde das Tonband regelmäßig von allen Patienten als zuhörende dritte Person empfunden, die negiert, nicht beachtet oder vergessen werden könnte, jedoch, gemessen am realen therapeutischen Arrangement, immer dann wieder zugegen war, wenn der Patient sich auf sie bezog. Dieser Umstand trat besonders bei Analysen in Erscheinung; die analytische Interaktion spielt sich ja real nur zwischen zwei Menschen ab, auch wenn die Beziehung zwischen Analytiker und Analysand etwa auf der Ebene des ödipalen Konfliktes, also der Übertragungs-Gegenübertragungsebene in der Dreipersonenbeziehung, ausgetragen wird.

43 In der Stille machte sich bisweilen der ungebetene Lauscher an der Wand (das laufende Tonband) dann auch noch durch ein feines Summen des vibrierenden Elektromotors bemerkbar.

3.4.3.2. Sieben verschriftete therapeutische Dialoge

3.4.3.2.1. Dialog K. – T. (K)

PATIENT K.: 25jähriger Jurastudent, Junggeselle, sympathisch, burschikos und bisweilen jungenhaft wirkend. Narzißtische Selbstwertproblematik, die in der Vorgeschichte des Patienten dadurch zum Ausdruck kommt, daß er seine Mutter in der Kindheit abweisend und streng, seinen Vater dagegen warmherzig und geduldig erlebt hat. Nach dem Tode der Mutter (Pat. war 8 Jahre alt) wurde der Vater vom Patienten immer stärker abgelehnt und seine Fürsorglichkeit als Schwäche ausgelegt, die Mutter dagegen erschien nun als idealisierte und vollkommene Frau.

Der Patient begab sich in eine psychoanalytische Behandlung, um die «Machtkämpfe» mit seinem Vater besser durchstehen zu können und um sich selbst kennenzulernen.

Das Tonbandprotokoll entstammt der 262. Analysenstunde.

Der Patient artikuliert relativ gut; Sprechgeschwindigkeit, Tonstärke und Tonhöhe wechseln sehr stark; der Redefluß ist stark durch Ein- und Ausatmen, durch Stöhnen und zum Teil durch lange Pausen gegliedert; die Rede des Patienten macht häufig den Eindruck eines Selbstgesprächs.

K.: ich wollte gestern morgen anrufen / (schweres Atmen) / um meine Note in der Klausur zu erfahren /// das war absolut schrecklich / da daran denke // dann / mein ich // es würde jemand auf mich schießen /// und / dann denk ich nur noch da dran / (Husten) / wie das hier alles schrecklich sein muß // wie ich aus der Analyse kam gestern morgen // da hab ich den Eindruck gehabt /// irgendwo ist das doch /// alles das ist ja doch nicht so wichtig /// das geht alles vorbei / das ist net langfristig // is ja net mehr zu ändern // ich schaff das / ich schaff das / ja dann vergeht ne Stunde // die Stunde vergeht, dann is / ist es wieder alles wie vorher auch / die Stärke und die Kraft, die ich vorhin gespürt hatte für einen Augenblick // das ist als wär's nie dagewesen //// die Hausarbeit habe ich mittlerweile gestoppt // (unverständlich) // und das Schlimme ist, ich ich ich springe von / von / ach ich weiß gar nicht // was ich denken soll, ich denke manchmal denke ich / ach, ist alles im Eimer / dann denke ich wieder, Mensch, wenn das so ist, so ist, so ist, so ist / dann // wenn ich 3 in den Klausuren hätte / Strafrecht ne 3, im öffentlichen Recht ne 3, im / BGB ne 4 und / und im HGB ne 2 /// ha, das wär irgendwo phänomenal // das wär ein riesenhafter Erfolg /// und dann / dann kann ich vielleicht im Mündlichen 3 plus machen / überall // da könnt ich ja noch ne 3 bekommen / so jetzt habe ich was gedacht / jetzt habe ich was gedacht, und jetzt // das glaube ich aber net, natürlich, das glaub ich net, das mach ich mir nur vor // das das // (Seufzen) / (stößt einen scharfen Zischlaut aus) / dies Tonband hindert mich übrigens schon / irgendwie ist das keine Stunde / ich muß mal lernen, daß ich das / daß ich das Ding vollkommen vergesse ///

T.: ja, was bedeutet das für Sie? /

K.: was es bedeutet? /

T.: Sie sollten das vielleicht doch klären /

K.: was bedeutet es? /

T.: hm? /

K.: erstens fühl ich irgendwo so nen Sprechzwang // (mit lauter werdender Stimme) ja es bedeutet genau das was ich gemacht habe mit meiner Hausarbeit // ich habe versucht, ne wunderschöne Hausarbeit zu schreiben, hm // der Sohn hat auch alles so wunderschön hinzukriegen ///// wenn man hinsieht / ist das alles verdammt

190

äußerlich // innen drin ist das net mehr so schön //

T.: und hier haben Sie das Gefühl / das auch besonders gut machen zu müssen // wenn das Tonband läuft // daß Sie gefeilte Sätze sprechen / gute Gedanken folgerichtig / folgerichtige Gedanken äußern /

K.: eh ja /

T.: ich glaube, daß es auch sonst, wenn das Tonband nicht läuft, für Sie sehr wichtig ist / alles in sich ruhend und abgeschlossen zu sagen / daß niemand dran kann // auch ich eigentlich nicht dran / kommen darf /// Ihre Sprache / Ihre Gefühle ///

K.: (leidend) ja /// (Husten) / sehen Sie, ich gebe mich mit Vorläufigem, mit Vorläufigem gebe ich mich ganz schnell zufrieden / wenn es nur, nur halt nach außen hin die Schau bewahrt // wenn dieses Artifice / dieses Gebäude / schön gestrichen ist // innen drin sieht's doch / sieht's doch so chaotisch aus /

T.: was heißt das konkret? / was kommt Ihnen dann in den Sinn? /

K.: das heißt z. B., daß ich, wenn ich in der Hausarbeit // vielleicht hab ich's falsch gemacht / ich weiß es ja net /// (Stöhnen) //// dann denk ich, so drüberweghudeln / nur weiterkommen, nur weiterkommen // den Anschein erwecken, als sei da was / in Wirklichkeit ist das ja gar nichts ///// ich hab das Gefühl, als müßte ich mich wahnsinnig anstrengen //// allein ich selbst, ich selbst bin // bin ja gar net dabei // ich rede hier / jetzt sind Sie wieder dran // ich muß mich erst mal / körperlich vollkommen umstellen //// das erinnert mich an mein Erstinterview // ich wußte ja gar nicht, wie das ablief, ich war ja vollkommen / vollkommen // überrascht // eigentlich hätte ich ja die Fragen alle kennen müssen / aber das war nur so diffus, ich wußt ja gar nicht, ich wußt ja gar nicht / ich wußte ja gar nicht, warum ich / hergekommen bin // ich hatte Probleme, ich hatte Probleme // (unverständlich) // ich hatte das Gefühl, ich hab mal ein Hoch, irgendwo ein Stimmungshoch / ich fühle, das ist n Stimmungshoch, das is ja gar nicht in Wirklichkeit, das ist ja / das ist ja morgen zusammengefallen // in Schutt und Trümmer / was / übrigbleibt / das sind / ist nix, gar nix / (Husten) // fühle mich unglücklich und leer und ausgelaugt und // das habe ich schon immer gesagt, daß das / irgendwann dann reißt mich meine Phantasie raus und / dann reißt mich meine Depression wieder herein // von daher schiebt's halt hin und her // aber das stabile Mittendrin, das / das will einfach net gelingen /

T.: Sie kapseln sich ab und ziehen sich zurück // doch sind Sie sehr bedürftig, jemandem das zu erzählen, z. B. mir // Sie möchten

K.: (unterbricht) ich möchte alles, was ich denke, herausreden // richtig alles rauskriegen // alles wie abgeschnürt // (schweres Atmen) / (unverständlich) / ich / ich bin unheimlich erregt, ich bin hellwach hellwach hellwach / angespannt / jeder Nerv ist angespannt // das ist so als wenn / wenn wie wie so'n / n // n Segelflieger versucht, möglichst lange oben zu bleiben // da brauch ich erst mal ein Katapult, irgendein Ereignis, irgendwas, irgendeine narzißtische Bestätigung muß das immer sein / und dann katapultier ich mich hoch / und dann schwirr ich da oben rum // arrogant // als als wenn ich / als wenn ich niemals unten gewesen wär, als / als / eh / (lachend) als kennt ich das gar net /// nja und dann schaltet's wieder ab / schaltet's wieder ab //// dann denk ich wieder an / mal geistige, begeisch, eh, begeistere ich mich für mein Studium / mal kotzt es mich an / wenn ich mich begeistere, kann ich unheimlich viel lernen / wenn es mich ankotzt, habe ich das alles wieder vergessen // das ist weg /// (Stöhnen) /// in der Beziehung zu meiner Frau ist es // ich / kann's net seinlassen // das ist ein Hin und Her und Hin und Her // ach (Stöhnen) / mal möchte ich ganz alleine sein // mal möchte ich da einfach weg

191

und woandershin und was anders machen / ich könnte mir vorstellen, ich kann mir gut vorstellen, daß ich das mit einer anderen Frau genauso schön machen könnte // das kann ich mir wirklich vorstellen /// irgendwie sind meine Phantasien so unkonkret / so unwirklich / so unglaubhaft // manchmal phantasiere ich // ich möchte irgendwo draußen / auf dem Land / wohnen / ein sehr schönes großes Zimmer haben / das ich selbst eingerichtet habe // ne Dusche und ne kleine Küche / ein schönes großes Bett / Schreibtisch / viele Regale / schönen Teppich, schöne Tapeten, schöne Lampe / ne Stereoanlage / n kleines Fernseher // n Schaukelstuhl / und das wichtigste // ich selbst / fühle mich wohl / ich fühle mich sicher // wenn mir einfällt, daß heute abend jemand kommt, um mich zu besuchen, dann habe ich keine Angst / dann denke ich net, ach, wie wird das / vorbeigehen / dann freue ich mich darauf //// (unverständlich) ///

T.: müssen Sie eine ideale Welt um sich haben, um Kontakt zu anderen Menschen aufnehmen zu können?

K.: (ruhig) nee, nee, nee / dieses Zimmer / das ist meine Welt, das habe ich mir geschaffen / dann weiß ich, daß mir das gefällt / und dann will ich das auch / sehen Sie / daß es da kein Problem gibt / ich will was / ich habe unheimliche Phantasien / nur so abstrakt / ich selbst / glaub ja gar net an die Phantasien (unverständlich) / das glaub ich alles gar nicht, was ich da phantasiere ///// (seufzend) //// eigentlich ist es doch irgendwo eine heile Welt ///// also jetzt denke ich schon wieder daran, daß ich den Kerl anruf und und frag, was ich in der Klausur hab / Menschenskinder // ja, ja // dann fühl ich mich wie erschossen, dann fühl ich mich wie erschossen / als hätt mich jemand umgelegt / umgebracht / erschossen // (Husten) /// ach das ist alles so fürchterlich // den N. / kann ich jetzt schon wieder mal nicht ausstehen /// (Stöhnen) ////// ich rede // es ist eine Inflation an Wörtern /// irgendwo fehlt die Rückkopplung /// ach ja, ich fiebere, ich fiebere ///////

T.: und Sie sind wieder allein //

K.: (haucht) ja //

T.: mit Ihren Phantasien / mit Ihrem Fieber ///

K.: (seufzend) ach ja //////// ich verfluch den Moment, wo ich gesagt hab // ich ruf Sie noch mal an und dann sagen Sie mir's // ich will das alles zusammen wissen / ich will das alles zusammen wissen // (Stöhnen) / irgendwo ist das ja ganz schrecklich / ist das schrecklich, daß ich damit nicht fertig werde / das ist ja nun doch eine Tatsache / ich kann's ja net mehr ändern / irgendwann erfahr ich's und irgendwann muß ich mich damit auseinandersetzen /// warum kann ich's dann net ertragen // warum habe ich das Gefühl, ich ginge zugrunde dadrüber /// gestern, wie wir über diese Situation geredet haben // da hatte ich den Eindruck // ich hab mal wieder Fäden geknüpft // ich hab wieder ein Stück von mir erforscht / an / ans Licht gebracht / und irgendwie hat's mich erleichtert //// 's war keine Rederei, es / hat mich erleichtert // die Nacht hab ich geträumt / verschiedenes sinnloses Zeug /// da ist so ein Tanz / da hab ich Lederhosen an (unverständlich) // dann gehe ich weg, dann gehe ich die Stadt hoch / es sind da so schreckliche Abhänge / außerdem sehe ich ein Grab / ein Grab / da hat jemand / sich / sein Grundstück mit lauter / Riesengräbern / da gemacht // ein Riesengrab // und dann gehe ich mit meinem Bruder geh ich da die Straße hoch / ist da so n Abhang / und da sage ich, Mensch, daß da noch / krieg ich Angst // ich hab vor Höhlen hab ich Angst / Schwindel / es ist kein Schwindel, es ist / Angst, richtige Angst // sag ich Mensch, daß da noch keiner runtergefallen ist / daß da noch keiner runtergefallen ist /// ich nehme das richtig vorweg, wie ich da runterfalle / wie ich ausrutsche, wie ich / wie ich unwahrschein-

192

lich aufpasse, aber ausrutsche // (Stöhnen) /// das habe ich so oft, das habe ich früher gehabt, greifbar habe ich das gehabt / ich stehe vor der Schranke // vorm Blinklicht / vorm Bahnübergang // und ich tret auf die Bremse / ich denk, tritt auf die Bremse // aber ich kann net draufdrücken / ich kann net draufdrücken, das / das Ding fährt, das fährt nur unter den Zug // da hab ich mal einen Film gesehen / da wurde eine Brücke gesprengt, da ging es um Sekunden, und da ist der Reiter, ist da noch drübergeritten // er hat das Pferd angetrieben bis zum Letzten und / da habe ich mir noch vorgestellt, ich bin das, ich bin das, ich kann's gar nicht glauben, daß er das schafft, das Pferd anzutreiben, daß er das / daß das (unverständlich) net stehenbleibt / so wie ich das früher immer geträumt habe, ich / ich renne immer weg von den Verbrechern, die mich verfolgen und umbringen wollen, ich renn weg und / ne wahnsinnige Anstrengung, ne wahnsinnige Anstrengung // ha / ha und ich bleib stehen, ich (schlägt mit der Hand aufs Sofa) / huch, das ist so greifbar in der Phantasie // (Stöhnen) / und so Sachen / so Sachen, da mach ich einen Ringkampf / nen Ringkampf, wer ist der Stärkere // und dann leg ich ihn um, einmal gelingt mir das / und dann beim zweiten Mal laß ich mich hängen, da laß ich mich hängen, da / lieg ich unten und / ich hab gar keinen Willen, meine keine Kraft, keine Kraft //

T.: diese Phantasien, daß Sie mich umlegen könnten / die / hindern Sie auch

K.: (fällt ein) ja, ja

T.: so etwas auszutragen /

K.: ja, die habe ich gehabt / ja klar, ich dachte doch, Sie hätten zu mir gehalten / und dieses / dieses affenartige Wesen da, mich angreifen wollte, hier haben wir gestanden / ja, er stand da, ich stand da / und plötzlich will er mich kriegen // da hab ich Sie, Sie hab ich doch genommen und hab tap tap / hab Sie in in seine Arme geschmissen // und das kann ich ja nur / wo er mich angegriffen hat, das hab ich ja nur aus aus Verteidigung gemacht // ach, was habe ich meinen Alten schon so oft hingemacht / bin ich aufgelebt, bin groß geworden danach /

T.: so und in der Konfrontation hier mit mir / da müssen Sie / sich abkapseln / da haben Sie Angst um Ihre Phantasien, Ihre Wünsche /

K.: (Husten) / das kann einfach nicht sein / ich hab doch immer schon erzählt, ich hab so oft geträumt, daß der Alte / daß der Alte unten in der Garage ist und die schweren Eichenbalken / die fliegen druff / und hauen ihn / hauen ihn kaputt // ha / und eines Nachts / eines Nachts / liege ich da drunter / lieg, bin ich in der Garage / alles zugesperrt, alles dunkel / in jedem Moment müssen die Balken von oben kommen / viel zu schwer, daß ich sie aufhalten könnte // (Stöhnen) /

T.: ja, da müssen wir dann erst mal Schluß machen.

3.4.3.2.2. Dialog L. – T. (L)

PATIENT L.: 23jähriger Jurastudent, der äußerlich sicher und bestimmt auftritt. Narzißtisch-depressive Entwicklungskrise mit Neigung zu psychosomatischen Reaktionsweisen in seelischen Belastungssituationen. Fühlt sich oft schwach, hilflos und unsicher. Der Patient hat zwei erheblich ältere Schwestern, deren harte Auseinandersetzung mit dem streng-korrekten Vater er als kleiner Junge häufig mitbekam. Die Mutter wurde in der Kindheit als fürsorglich und beschützend erlebt, vor allem gegenüber dem beruflich außerordentlich tüchtigen und die schulische Entwicklung des einzigen Sohnes ehrgeizig überwachenden Vater und autoritär auftretenden Lehrern. Nach einer langen Krankheit des Vaters ist die Mutter in der Familie dominierend geworden. Jetzt ergreift der Patient zu Hause meist die Partei des Vaters, erlebt aktiv auftretende Frauen zunehmend als Rivalen und hat Angst, von ihnen überflügelt› und hilflos gemacht zu werden. Der Patient begab sich in eine psychoanalytische Behandlung, um seine körperlichen Beschwerden loszuwerden und um seine Gefühle von Schwäche und Hilflosigkeit meistern zu können.

Der folgende Dialog ist in der 286. Analysenstunde aufgenommen worden.

Der Patient artikuliert sehr unterschiedlich, häufig verwaschen, dann unvermittelt wieder deutlich; er spricht gemächlich, eher langsam als schnell, Tonstärke und Tonhöhe etwa gleichbleibend, keine auffälligen Betonungen; seine Sprechpausen sind nicht besonders lang, ihre Frequenz ist unregelmäßig (das ‹scharfe Ausatmen› in den Pausen rührt vom Ausblasen des Zigarettenrauches her); der Patient begleitet relativ häufig seine Äußerungen durch ein Lachen.

L.: hm //// in der letzten Zeit da / trink ich wieder mehr / schlaf ich weniger // und / das liegt / wohl daran // daß nicht so ganz klar ist, wie sich meine Freundin jetzt mir gegenüber verhalten wird in der nächsten Zeit / ob sie sich von mir distanziert // die Sache beendigt / (Stöhnen) //// das ärgert mich hauptsächlich immer weil weil morgens paßt's mir jetzt nicht, daß ich soviel getrunken hab / und abends / trinke ich gerne und viel ///

T.: das ist deswegen schwierig, weil Sie morgens nicht aus dem Bett kommen /

L.: nicht nur das, sondern auch weil ich weiß ich, dann bin ich (lacht) vormittags wie erschlagen und kann nicht lernen / und und alles mögliche / und ich mein, es muß ja irgend nen Grund haben / wenn nur wegen nicht wegen nicht nur wegen des Trinkens / es geht ja nicht nur ums Trinken, sondern das beinhaltet ja wohl mehr / das ist die Frage halt, was es beinhaltet / und // da kann ich mir eigentlich eben nur das als Grund vorstellen, daß das mit meiner Freundin zusammenhängt / (hüstelt) mit dem Examen wohl kaum / den Gedanken habe ich erst soeben zum erstenmal gehabt / und mit meiner Freundin ich mein // das ist / irgendwie zur Zeit so, daß ich / (mehrmals scharfes Ausatmen) / mit ihren Aggressionen nichts anzufangen weiß / daß sie zum Beispiel eben / der Meinung ist / daß sie nicht mit mir auskommt oder nicht weiß, aus welchen Gründen / sie mich nicht ausstehen kann / und ich stehe dem eigentlich ziemlich hilflos gegenüber / und thh zugleich ist auch des / bei mir das Interesse an meiner Freundin / ja / geringer hauptsächlich das sexuelle Interesse, daß ich also eh versuche, mich zu distanzieren / und Bier trinke / um darunter nicht zu sehr zu leiden, wenn sie sich entweder hm mehr distanziert von mir oder trennt //

T.: (zustimmend) hm, mhm /

L.: wir sind eigentlich abends auch kaum zusammen / höchstens mal kurz he (lachend) he so / aber wie immer wir wir / schlafen ja jede Nacht eigentlich im gleichen Bett / treffen uns dann immer / wenn nirgends mehr n Lokal auf ist, dann treffen wir uns wieder /// traurig traurig // ja s /

T.: wie fühlen Sie sich jetzt? /

L.: / komisch mit so nem Mikrophon / eh / ob's geht / das ist es ja, ich fühl mich gar nicht direkt unglücklich oder oder sehr unzufrieden mit mir // als ich hierherfuhr, da war ich unzufrieden mit mir, da ist ein altes Problem aufgetaucht, und zwar / ich weiß auch nicht, wieso ich dadrauf kam, ach irgendwie, weil ich falsch geschaltet hatte oder so was / jedenfalls / eh / so ne Unsicherheit so / daß ich alles zwar n bißchen kann, aber nicht richtig, das is so ne Sache die hat man ja mir früher immer vorgehalten / weil / ich hab eben

T.: wer hat Ihnen vorgehalten?

L.: meine Schwestern und meine Eltern / es is da war ich immer in drei, vier Sportclubs

194

/ dann hab ich da überall das heißt da so / n bißchen mal gelernt die Regeln und n bißchen spielen /

T.: mhm

L.: und da warn sie also sehr entsetzt darüber, daß ich da also nicht irgend / irgendwo da Hochleistungssport g'trieben hab oder irgendso n Quatsch und / das muß ich also ziemlich verinnerlicht haben / ich mein Hochleistungssport wollte ich nicht treiben damals und will ich ja auch heute nicht / aber irgendwie die Sachen zumindest ganz gut machen daß man also / ganz gut Sport / mit sportlich da auf irgendwelchen Sachen, das ist nur als Beispiel oder in bezug aufs Studium / daß man / da wenigstens einzelne Gebiete ganz gut kann und nicht überall so'n bißchen Ahnung hat / das eh die Sache also diese diese Sache diese Sache hat sich sehr verinnerlicht irgendwie //

T.: und Sie meinen, das müßte ich eigentlich auch sagen jetzt / was die Analyse anbelangt / oder wenn Sie trinken gehen /

L.: he (lacht) richtig trinken müßte (lacht) /

T.: (lacht) ja / oder eben das andere / nämlich daß Sie sich doch / mehr Ihren Problemen stellen sollten / jetzt zum Beispiel /

L.: das gehört doch einfach

T.: Probleme, die Sie mit Ihrer Freundin haben /

L.: das gehört auch vielleicht dazu / ah das ist halt alles nicht sehr wichtig ich meine

T.: es war ja doch so, daß früher / zu Hause / hm das Trinken nie ne Möglichkeit darstellte / seine Probleme zu lösen / denn

L.: nee daß ich das nicht vorgemacht bekommen hab

T.: genau

L.: aber das ich hab ich hab eigentlich zu Hause auch immer ziemlich viel getrunken / oder oder / ach das kann man nicht so sagen, ich trinke ja jetzt auch nicht, ich / besauf mich ja nicht / sondern ich trink halt nur relativ viel / so, daß ich am nächsten Morgen halt nicht so lernen kann und nicht so wach bin / wie ich das gerne möchte /

T.: mhm

L.: und dann, und so das ist ja schon zum Betäuben wenn man so / halt / hauptsächlich abends halt, wenn ich da so rumsitze irgendwo, oder mich unterhalte oder Schach spiele oder irgendwas / nicht unbedingt ich schlaf deswegen nicht besser, eher schlechter / und ich könnte sonst auch schlafen / nur daß ich über halt überhaupt auf die Idee komme, daß ichs / daß ich soviel trinke / also es ist nicht irgendwie so'n echtes Problem (lacht) daß ich mich jetzt dadada besaufe oder so, mir ist das nur aufgefallen, auch daß ich ne ganze Menge rauche, das habe ich vorhin vergessen / und / grade jetzt so seit seit Freitag oder wann ich s letzte Mal hier war / (atmet) ja dem Problem stellen, ich glaub ich stell mich im Prinzip dem Problem schon / das liegt nur halt so, daß ich da gar nicht so sehr viel ändern kann / ich mein das weiß ich aus meiner eigenen Erfahrung, daß / ich mal mit irgend / ner Frau befreundet war und da hatt ich auch immer unheimlich Aggressionen auf die / das s lag halt in dem Fall daran, wie ich die Frau betrachtet habe / so rein als Objekt / und da hab ich halt, da sch s konnt sich verhalten wie sie wollte, irgendwas hat mich halt immer aggressiv gemacht / und / da hätte sie auch versuchen können zu klären und / erklären und weiß der Teufel was alles machen können / das hätte überhaupt nichts geändert / die Aggressionen hatt ich übrigens bei der Frau (lachend) nicht in dem Augenblick, wo ich nicht mehr mit ihr zusammen war / da konnt ich dann also normal mit ihr umgehen und / hab ich sie ja nicht zu irgendwas zu benutzen brauchen /

T.: vielleicht können wir uns aber auch fragen, warum Sie mir das heute erzählen /

195

mit dem Rauchen und mit dem Trinken

L.: ja weil mir s so aufgefallen ist / (lacht) bin heut morgen aufgestanden und hab festgestellt, daß ich gestern sechzig Zigaretten geraucht hab / (bläst Rauch aus) / und das ist so die obere Grenze bei mir / na manchmal rauch ich halt nur zwanzig oder so / und dann fällt mir das positiv (lacht) auf / und das ist mir halt jetzt negativ aufgefallen

T.: ich glaube nicht, daß das der alleinige Grund ist

L.: nee Sie sagten / warum ich das heute erzähle / was ich damit erreichen will ja mir darüber klarzuwerden, warum das so ist / und abzustellen das schäbige Rauchen / weniger trinke / ich sehe eigentlich wenig Möglichkeiten, mich mit meiner Freundin auseinanderzusetzen / das liegt mehr an meiner Freundin als an mir, darüber muß / muß sie sich klarwerden und / eh / mit mir oder allein das eh irgendwie kann ich da nicht nicht nicht irgendwie / sehr viel klären / ich mein das ist auch schon mal rausgekommen, je mehr ich mich bemühe, um so weniger kann sie mich ausstehen / mir ist das meines Erachtens auch so ungefähr klar bei ihr auch / ich weiß net, ob das das alles Einbildung ist, das durchschau ich bei ihr besser als bei mir // (atmet und bläst Rauch) ja ich weiß nicht, warum ich das erzähle / was meinten Sie denn, warum ich das erzähle /

T.: mir schien das auch ein Grund zu sein, daß Sie / (unverständlich) ohne eigentlich davon zu sprechen, daß Sie das sehr betrübt / daß Ihre Freundin sich so zurückzieht von Ihnen / und daß Sie das Biertrinken und das viele Rauchen, das Sie dann auch körperlich / erleben / die Nachwirkung / daß Sie das machen / weil Sie sehr schlecht mit der / Depression umgehen können, die das macht / daß Sie sich von Ihrer Freundin nicht genügend verstanden fühlen, zum Beispiel /

L.: ja das sah ich als selbstverständlich an daß / (lacht) ha / das das sah ich als selbstverständlich an, daß das da drin steckt /

T.: ja ja, aber mir fällt auf, daß Sie eben auch hier darüber nicht sprechen können / mm daß Sie / sich / nicht gut zurechtfinden können / wenn Sie sich selbst so niedergeschlagen und / traurig fühlen /

L.: ja ich / ich mein das laß ich gar nicht erst an mich rankommen /

T.: hm mhm, ja

L.: durch die Analyse bedingt halt / glaube ich, daß ich das / noch allzu gut in Erinnerung hab, wie das vorher war und daß ich das jetzt also auf keinen Fall / auch nicht kurzfristig mich in dieser Situation also fühlen will, daß ich überhaupt / ziemlich hilflos bin und / ich weiß ganz genau, daß es in dem Augenblick, wenn sich meine Freundin von mir trennt, das also enorme Schwierigkeiten für mich gibt / und solang das noch nicht soweit ist und ich also irgendwo zur Hilflosigkeit verdammt bin, weil ich eben da nicht eingreifen kann / und wie ich mir das klargemacht hab / eh / ja daß ich / mal erst also / möglichst nicht zusammenbrechen will / hauptsächlich ist das auch ein Grund, weil meine Freundin das unter anderem / eh / mit erreichen will meines Erachtens / daß sie das braucht /

T.: sie braucht, Sie so schwach zu sehen?

L.: ja ja, das ist meines Erachtens notwendig / für sie / und im andern Fall muß sie sich lösen weil / im andern Fall hat sie meines Erachtens die Angst, daß sie sich fixiert / an mich / ja und dann / das kommt ja bei ihr aus dieser Familiensituation da daß, daß sie sich dann so fühlt dann eh wie ihre Mutter oder so / und /

T.: mir fällt auf, daß Sie sich jetzt eigentlich mehr so / um Ihre Freundin kümmern und sich Gedanken machen, woher denn das kommt, daß Ihre Freundin sich so und so verhält / und auch hier sich nicht mit sich beschäftigen /

196

L.: es fällt mir auch leichter, mich mit ihr zu beschäftigen als mit mir /

T.: hm hm, ja (L.: das ist) aber auch mir gegenüber / wo Sie vorher darauf hinwiesen, daß das eh / eine Erfahrung / ist, die Sie mit der Analyse haben / dieser Umgang mit Ihrer Depression /

L.: (hustet) ja nee, daß ich (lacht) daß ich grade da irgendwie eh / na ja daß ich halt in der Analyse gelernt hab eh / mich meist ganz gut zu fühlen und / möglichst zu verhindern, irgendwie mit Depressionen umzugehen / also das eh das klingt jetzt irgendwie komisch / halt dadurch, daß ich gelernt hab, mich ganz gut zu fühlen / eh / gelernt hab, he / ja den Unterschied zwischen der / halt dem Schlechtfühlen wie früher und dem jetzt Ganzgutfühlen und daß ich also / so mm ja das na ja gut, daß ich s eben nicht gelernt hab, mit Depressionen umzugehen / weil man eben Angst hat, mich in irgendeiner Minute auch nur so depressiv zu fühlen und / eh deswegen lieber zu eh da irgendwelchen betäubenden Sachen greife / und der zweite Grund ist, warum ich's nicht mache, eben weil's meine Freundin meines Erachtens eben erreichen will / oder bewußt nicht aber unbewußt halt / daß das notwendig ist, daß also quasi zwei Gründe /

T.: wie war denn das früher? Sie sagten vorhin, daß Sie eigentlich früher auch / schon getrunken hätten / was war denn / da los, warum haben Sie das damals machen müssen? /

L.: ei ja, ich mein ich hab das ja zu Hause nie vorgemacht bekommen, meine Eltern haben ja / also fast gar nicht getrunken, nee ich hab das früher gemacht, ach das war schick und jung /

T.: hm hm

L.: und das mußte sein eben da, da sind wir eben alle einen saufen gegangen und dann / (lacht) dann ging es eben darum, wer noch zuletzt auf dem Tisch lag und nicht unterm Tisch lag das war / das / ich mein das ist erst, seitdem ich studiere oder auch in der eh och auch nicht seitdem so, daß ich also regelmäßig immer Bier trinke oder Alkohol oder irgend überhaupt was, früher da kam das eben als vor, daß man sich dann abends so zusammen hingesetzt hat, irgendein anderer Typ oder viele, und da haben wir halt / teilweise gesoffen, das war ohne Anlaß und und nicht so also aus irgendwelchen Frustrationen heraus, daß man getrunken hat, sondern / sondern / so / he he (lacht) als Kommunikationsmittel das benutzt / das Bier / oder andere Sachen /

T.: da fühlten Sie sich eigentlich ganz stark auch /

L.: na ja, damals hab ich nicht geraucht / und hab also unheimliche Mengen trinken können / ja eh also insgesamt oder jetzt aufs Biertrinken bezogen? insgesamt kam ich mir auch stark vor / da hab ich ja das auch nicht an mich herankommen lassen / daß ich ja eigentlich eben in den meisten Sachen unfähig war, sondern hab mir eingebildet, was ich doch für ein toller Kerl wäre und was ich da alles prima zu eh hinkriege / und / (unverständlich) / ach ja, ich hab die ganzen Probleme überhaupt nicht an mich rankommen lassen, ich mein damals hab ich das halt rein übern Magen abreagiert /

T.: Sie hatten Magenschmerzen / und lagen dann zu Hause krank im Bett /

L.: nee, wenn ich krank war, lag ich nicht im Bett (lacht) nur sonst, wenn ich nicht zur Schule wollte, das war nie so, daß mich das eh / also während der Schulzeit, daß mich das in irgendeiner Weise / eh / an irgend etwas gehindert hat / da hab ich / weiß ich eh / dann ss / ja dann hab ich mich zwar übergeben müssen und hab mich also nicht sehr gut gefühlt aber / wenn ich krank war also wenn ich das zumindest mit dem Magen so Gastritis oder so das hat mich nie dazu bewogen, ins Bett zu

197

gehen, oder Erkältung / ich weiß das mal, ich wollte, jahrelang war das so da / bin ich immer Samstag Sonntag Schlittschuh laufen gegangen / das hatte so eh da um irgendwelche Mädchen kennenzulernen, weiß ich mit 14 Jahren oder so / da da weiß ich, da bin ich jahrelang kein Wochenende krank gewesen /

T.: hm hm

L.: und da also da bin ich auch dann weggegangen, das war dann auch so ne Zeit wo man in der Woche / mußt ich zu Hause bleiben, da mußt ich zu Hause bleiben und da war also da war ich auch in der Woche im allgemeinen zu Hause, da war ich immer nur wochentags krank / das widerspricht genau dem, was ich vorhin gesagt hab / also ds / ich weiß das auch net genau wie's ist, jedenfalls am Wochenende bin ich erst mal nicht im Bett geblieben, im Bett bin ich nur geblieben wochentags, ob ich da jetzt krank war oder nicht krank war, das weiß ich nicht //

T.: Sie sagten aber vorhin, daß Sie sich da / auch nicht / gestellt hätten dem Problem /

L.: nee das auf keinen Fall /

T: warum sagen Sie das jetzt so / selbstverständlich / und so / ein bißchen auch sich selbst angreifend /

L.: (bläst Rauch) /

T.: denn ich hab so den Eindruck, daß Sie allmählich ein schlechtes Gewissen haben / früher vielleicht / Ihren Eltern gegenüber / die das Trinken nicht sehr schätzten / und heute / mir gegenüber / weil Sie nicht von den Schwierigkeiten / im Umgang mit Ihrer Freundin berichten, sondern mir sagen müssen, daß Sie / zuviel Alkohol / zu sich genommen haben //

L.: tja ich / hm // ich würd sagen, da bin ich aber auch sehr unzufrieden mit mir / und / eh / ich will ja auch nicht mit meiner ja / mit meinen Depressionen so umgehen, daß ich jetzt die Depressionen ausleb, sondern ich will möglichst nicht Depressionen haben / noch Bier trinken, noch nötig haben, Bier zu trinken oder viel zu rauchen / so stell ich mir das vor / müssen ja irgendwelche Idealvorstellungen vorhanden sein // so / Sie sprachen das vorhin mit den Depressionen an, das (lachend) ich hätt das gar nicht in den Mund genommen, das Wort /

T.: warum nicht, wo es Ihnen so klar war und / Sie / zu verstehen gaben, daß das für Sie ja selbstverständlich sei / dieser Zusammenhang, ja? /

L.: ja ja, das ist nur nichts Anstrebenswertes / in der Analyse /

T.: depressiv zu werden /

L.: ja ja / höchstens so nur so ganz kurzfristig damit umzugehen, um sich dann also wesentlich besser zu fühlen / weil ich hab da irgendwel solche mystischen Vorstellungen so, was da alles Positives noch passiert / und genauso halt rückblickend daß das eh das gar nicht so sehr selbstanklagend ist, sondern einfach nüchtern feststellend ist / es war so und so mies halt / ohne daß ich das selber empfunden hab meist, das dann / mal realisiert hab, daß das alles gar nicht so so so / daß ich gar nicht so potent / bin, wie ich mir das vorstellte, da mir das zum erstenmal / eh / eh / eingestand / dann / das war ja auch bedingt durch meine Freundin, das kam ja erst also Jahre später / em daß dann eigentlich / na ja sagen wir mal n Zusammenbruch bei mir kam / ein völliges Daniederliegen / das das / also von dem Augenblick an total hilflos war und mich vorher halt nur durch durch durch so ne son / ja /

T.: na ja und mir fällt auf, daß Sie Ihre Hilflosigkeit, über die Sie heute mit mir sprechen wollen / em im Umgang mit Ihrer Freundin kaschieren hinter / der Hilflosigkeit, die Sie erleben, wenn Sie getrunken haben // Sie kommen hier in die Analyse und berichten mir, daß Sie zuviel rauchen und zuviel trinken / und daß Sie das

198

hilflos macht //

L.: (atmet) ich habe aber am Anfang nicht gesagt, wieso ich trink / weil einfach /

T.: doch Sie haben das gleich im Zusammenhang mit den Schwierigkeiten (L.: ja) in Beziehung zu Ihrer Freundin gebracht

L.: na ja, die Sache ist auch so, daß ich das nicht so jetzt empfinde als solche, daß ich also jetzt / Schwierigkeiten habe, mir große Gedanken mache eh / wieso ich also jetzt nicht mit meiner Freundin umgehen kann, sondern irgendwie hab ich da jetzt mal / die Sache an meine Freundin wieder geschoben, daß ich gesagt hab, also wenn sie Aggressionen auf mich kriegt, in dem Augenblick, wenn ich mich um sie bemühe / he und / nicht also bei ihr / obs in irgendeiner Weise das Problem selber klären kann oder durch ne Behandlung oder mit mir, das heißt dann muß sie an mich herantreten, weil am andern Fall kriegt sie Aggressionen gegen mich / und da wird das also ds gar nicht damit umzugehen oder das / em / ich reagiere halt darauf / und / indem ich trinke / und eben nicht schwach sein will ne ich mein / weiß auch gar nicht, wie man darüber reden kann // also jetzt krieg ich auch keinen Faden mehr hin (lacht) s jetzt stehe ich mich hilf . . .

T.: (unverständlich)

L.: ja ja jetzt stehe ich da unheimlich hilflos gegenüber wieder / und fühl mich dem so ausgeliefert und das was ich ja letzte Woche schon n paarmal gesagt hab, daß ich überhaupt nicht weiß / eh / eh /

T.: hm hm

L.: ja eh (lacht) daß ich so erdrückt werde von Problemen und und / ja das heißt erdrückt werde von, das ist alles Quatsch was ich hier rede / eh / na ja daß ich halt ja ich mein wie eben an der Aussage man das sieht, daß ich halt sehr unsicher bin und und / dib dabei nicht weitergehnd hier halt in der Analyse mit so m Problem umgehen kann, daß ich also hier nicht vertreten kann meine Meinung / zum Beispiel daß ich jetzt unsicher geworden bin / ich wußte ganz genau was ich wollt eihe vorhin / ich wollt eben / keine Depressionen ausleben, sondern / sondern es gar nicht erst dazu kommen lassen und s auch nicht nötig haben zu trinken, und Sie haben wiederum waren so der Meinung, daß ich doch das an mich herankommen lassen sollte und das wollt ich nicht, und jetzt kann ich irgendwie nicht / durchgehend meine Meinung vertreten ja /

T.: wenn Sie sich verunsichert fühlen / (L.: ja ja) bei der Aufforderung / die Sie als Aufforderung erlebt haben, aber / em / die ja im Grunde keine Aufforderung gewesen ist / wie Sie sich verhalten sollen /

L.: na ja implizit liegt das natürlich in den Aussagen drin, oder so habe ich das entnommen Ihren Aussagen / durch die Frage, die Sie gestellt haben / und das wollt ich eben nicht / eigentlich nicht mehr das kann ich richtig verdrehen / ja so ob das jetzt richtig oder falsch ist, was ich da meine / und jetzt weiß ich auch gar nicht mehr, was ich will und soll und / und jetzt bin ich sehr / hilflos ausgeliefert / jetzt kann ich also weder das übernehmen, was Sie meinen / noch mein Feld richtig vertreten / so und jetzt hab ich wieder so das Gefühl, daß ich das halt hier nicht klarmachen konnte und kann / eh / was ich, was ich eigentlich will oder // das was mir eigentlich sonst wenig passiert / außerhalb der Analyse habe ich eigentlich selten das Gefühl, daß ich also so / so n Faden verliere und und / dadurch daß mich irgendwelche Leute verunsichern, also nicht mehr weiß, was ich will / das hatt ich also mehr vor der Analyse gefühlt, da hatt ich das ja überall das Gefühl / daß ich also zu allem total unfähig bin und / überhaupt nirgends / was was reden kann /

T.: mhm ///

199

L.: und das passiert mir eigentlich jetzt mehr in der Analyse, daß ich mich dem so hilflos ausgeliefert fühle, s ich da die Mechanismen nicht durchschaue /

T.: hm hm /

L.: auch meine Reaktionen darauf / s ich dann eben den Faden verliere und / nicht eh klar / machen kann, was für Probleme ich hab oder so / hauptsächlich eben in dem Augenblick, wenn ich der Meinung bin, daß Sie ne andere Meinung haben (lacht) / dann geht's eben da schlechter /

T.: ja ja, und das ist für Sie / em / bedrohlich, wenn Sie das Gefühl haben, ich verlange etwas von Ihnen, was aber gefährlich für Sie ist //

L.: ja ja / auch

T.: Sie müssen sich dann mir / ausgeliefert fühlen / wenn Sie sich hier jetzt depressiv zeigen, sind Sie hilflos, noch hilfloser /

L.: ja das will ich ganz einfach nicht wie'n trotziges Kind /

T.: hm?

L.: das will ich ganz einfach nicht // und / nee das ist nicht nur wenn wenn / s ist egal, das kommt drauf an, wenn Sie irgendwelche Anforderungen an mich stellen und / und ich will das aus irgendwelchen Gründen nicht oder kann das aus irgendwelchen Gründen nicht / und und / vertrete selber ne andere Meinung, dann taucht das also auf, egal was das ist / nicht nur wenn ich also jetzt es darum geht, da irgendwelche Depressionen auszuleben / s ich meine n der / eh / Konstellation scheint sich das auch zum erstenmal heute das Problem zu stellen / weiß es nicht / zumindestens ist es noch nie so ausgesprochen worden / seit von Depressionen die Rede war // sagen wir mal s ist lange nicht mehr geschehen / am Anfang der Analyse schon glaub ich // da hatt ich halt auch Depressionen und heute sind das für mich keine Depressionen damit hat sich's (lacht) / das ich mein / das ist also sehr stark ein Schutz, daß ich versuch mich da sehr stark zu schützen / das is / s mir klar // weil / weil / die Depressionen ausleben das / das paßt nicht in das Konzept hier auch / wie gesagt daß ich das schon gesagt habe, ich hab da die Vermutung / (lacht) daß das eben meiner Freundin genau auch in den Kram paßt, wenn ich jetzt also unheimlich niedergeschlagen bin oder so / daß / sie dann also / ein Erfolgserlebnis sieht und und also, so will ich halt nicht mehr sein / dann will ich mich da lieber von meiner Freundin auch selber trennen als daß ich noch mal das Ganze durchmache wie vor der Analyse // eh daß ich da

T.: das heißt eigentlich, daß das nicht in Ihr Konzept paßt, wie Sie die Probleme lösen möchten /

L.: wie ich die Probleme löse /

T.: Sie sagten, das paßt nicht in das Konzept / jetzt /

L.: ja in meins

T.: hm / hm

L.: ich kann natürlich jetzt auch noch gönnerhaft sagen und gütig, das nützt natürlich auch nichts meiner Freundin was sie da erreicht mit mir / weil ich mein das / da kann sie auch nicht

T.: ich glaube, hier müßten wir uns die Frage stellen / was Sie sich vormachen, um stark zu werden / wenn Sie jetzt trinken /

L.: viel hm /

T.: hm?

L.: viel, viel mach ich mir vor / (T.: lacht) na ja es / es ist klar, daß ich / erzähl mir n halben Tag halt, daß ich daß ich so stark bin und so (lacht) um es auch selber zu glauben, sonst glaub ich's halt nicht selber // ja ja / es ist klar, daß ich mir das vormache,

200

aber ich fühl mich halt noch nicht so stark / daß ich je (lacht) halt das eh / mir selber eingestehen kann / auch gegenüber meiner Freundin, ich mein, ich bin ja gar nicht so stark / bin vielleicht n bißchen stärker als meine Freundin etwa, aber ich mein das kann ich ja natürlich auch nicht eingestehen / besteht die Gefahr, daß sich das also sehr schnell wieder verändert / und und ich mein ich geh auch ziemlich lustig mit allen so in der letzten Zeit um / ich glaub das ist jetzt so n Monat her oder so / da belasten mich halt auch die Probleme nicht so, und dann kann ich sie gleich so abwiegeln, so ne oberflächliche Art, die ich immer abgelehnt hab bei anderen Leuten / und früher auch nicht selber hatte // so bedingt durch das durch die dieses dieses Examen da das komische / und eh durch meine Freundin / fühle ich mich grade halt im letzten Monat überhaupt nicht so sehr stark / ich komm da irgendwie durch und brech nicht halt total zusammen / aber eh damit umgehen da hab ich also fürchterliche Angst davor, daß ich also dann so klatsch zusammenbreche und das will ich nicht / dann würd ich mir das lieber lang genug einreden / Autosuggestion (lacht) / dann daß ich dann also dadurch dann stark bin oder so

T.: hm

L.: ja ich hab das da wie mein Vater halt diese Vorliebe, Probleme nicht zu sehen / und wenn man Angst da hat vor vor irgendwelchen Problemsituationen daß man dann also / sich lieber irgendwas vormacht als / sie auszuleben oder einge zu gestehen, ja er erstmal einzugestehen /

T.: ja / mir ist noch nicht klar, wie Sie hier auch die / Stunde erleben, was das für Sie bedeutet, ob Sie hier sich eigentlich auch sehr vorsehen müssen / daß Sie nicht in eine Situation kommen / eh / in der Sie sich gefährdet fühlen // daß Sie hier auch lieber / eh / sich so ein wenig eh distanziert verhalten möchten / um nicht / sich z eh zu sehr zu exponieren / und jetzt eh angegriffen zu werden /

L.: irgendwo schon wahrscheinlich / heute verstärkt bedingt wahrscheinlich durch das komische Mikrophon / das stellt heute irgendwie für mich ein größeres Problem dar als das letztemal

T.: hm mhm

L.: das kam aber auch dadurch, daß ich hierherkam und eben / eh so ziemlich wenig heut nacht geschlafen hab / weil ich ja ziemlich spät erst ins Bett gegangen bin / und da weiß ich da fällt mir das sowieso schon schwer / zusammenhängend zu reden und so / mit so m Mikrophon da und da muß man ja besonders zusammenhängend reden / und und dadurch entstand dann wahrscheinlich leichter so ne Angst vor dem Ding / und daß ich dadurch halt besonders wenig die Probleme an mich rankommen lasse /

T.: hm hm / ah ja //

L.: ja je schwächer ich mich fühle, um so mehr sch versuche ich natürlich Probleme nicht an mich rankommen zu lassen / je stärker ich mich fühle, um so / um so / oder je stärker ich bin, um so mehr kann ich die Probleme an mich rankommen lassen / und ich glaub daß ich im allgemeinen in der an der in der Analyse halt halt / die Probleme schon an mich herankommen lasse /

T.: und heute das Mikrophon sich grade zwischen uns stellt / und Sie eigentlich mehr in das Mikrophon sagen, daß man die Oberfläche auch nur bemerkt, die Sie da angesprochen haben, als eh es mir zu erzählen /

L.: ja ja / ja es ist vielleicht ein bißchen zuviel oder so ungefähr (lacht) würde ich das schon so nennen / das das / ja ja / stimmt schon / vielleicht halt auch direkt, daß ich mich / eh eh jetzt, ich weiß nicht, ich war ja drei, vier Tage nicht hier / und daß ich da halt zuviel geraucht hab und und und getrunken hab und alles mögliche, daß

ich das Problem auch nicht so schnell an mich rankommen lasse, es kann also auch sein, daß das ohne Mikrophon bedingt wäre / eh ohne Mikrophon genau das gleiche wär, daß ich auch / erst mal das Problem so recht vorsichtig angegangen wäre /
T.: hm / ja dann müssen wir erst mal aufhören.

3.4.3.2.3. Dialog S. – T. (S)
PATIENTIN S.: 36jährige unverheiratete ophthalmologische Assistentin, die nebenher Musikpädagogik und Mathematik studiert. Narzißtisch-hysterische Identitätsproblematik bei vorwiegend psychosomatischen Beschwerden, die sich nach dem Tod des künstlerisch veranlagten Vaters, an dem die Patientin sehr hing, verstärkt haben. Gespannte Beziehung zur Mutter, die von der Patientin, besonders in der Kindheit, als abweisend und gefühlskalt erlebt wurde. Aufgewachsen als einziges Mädchen neben einem älteren und vier jüngeren Brüdern, deren Versorgung weitgehend ihr oblag. Die Patientin begab sich in psychoanalytische Behandlung, nachdem mehrere Versuche, eine stabile Partnerbeziehung zu finden, gescheitert waren.
Das Tonbandprotokoll ist der 462. Analysenstunde entnommen.
Die Patientin S. artikuliert gut, die Sprechgeschwindigkeit ist normal und in etwa gleichbleibend, aber die Intonation wechselt sehr stark, ebenso die Klangfarbe der Stimme (tonlos bis pathetisch, dazu schweres Atmen und Stöhnen); ihre stark gefühlsbetonte Sprechweise erweckt unmittelbar Anteilnahme.

S.: ich setze mich jetzt selber damit auseinander / ich / ich will nich mehr nachgeben ///
T.: was kommt Ihnen jetzt in den Sinn? /
S.: ich hab gedacht, ich will selber stark genug sein, mich mal mit mir au au au auseinanderzusetzen / ich will net immer andere / das das das mich schwächer macht / das is nur im allergrößten Notfall denk ich an Sie / daß Sie mir ja helfen können / aber sobald ich denk ich kann selber, dann will ich das so // ja ich hab viel gedacht noch / ich hab gedacht wie is'n das wenn ne Frau n Kind kriegt / dann muß sie sich doch auch unheimlich konzentrieren in dem Moment / das is doch auch so was / so was Wahnsinniges, das alle ihre körperliche und seelische Kraft erfordert, und ich will mal lernen / eh das wollt ich damit sagen / ich will mal lernen selber mich konzentrieren zu können auf irgendwas / um um mal mit einer Situation mich selber auseinanderzusetzen, wenn das oo / wenn wenn die Situation so ist, daß ich erst denk, ich kann die gar net meistern / ich will es aber selber // warum halt ich mir jetz immer meine Scheide zu? / das möcht ich mal wissen / sprechen wir mal darüber //
T.: was kommt Ihnen jetzt in den Sinn? /
S.: daß ich heut nacht von / von zwei jungen Männern geträumt hab, die mich einfach küssen wollten / und die waren / die haben nur gelacht und haben gedacht / ach, die kannste küssen ja / und da hab ich / gesagt, da könnt ja jeder kommen / hier trollt euch mal, hab ich gesagt /
T.: hm /
S.: und hab gelacht dazu zu denen / ach ganz souverän und hab gedacht, das kommt kommt net jeder in Frage / (Atmen) / s auf einmal ganz neu, daß ich solche Sachen träum / früher hab ich doch immer geträumt, mich würden Männer küssen und und / ich hätt Lust dazu / auf einmal merk ich / ich hab überhaupt keine Lust / (Atmen) // dann hab ich von dem Freund aus der Klinik geträumt / das heißt, ich hab gestern seine Frau mit dem einen kleinen Kind gesehen / und das war auch anders als / als vorher immer / vorher / das / das haben Sie ja auch gesagt, ich würd mich immer vergleichen mit andern Frauen, und diesmal hab ich gedacht, die macht das und ich

mach das, fertig / jeder macht das was er selber will / und und ich hab so völlig mich selber gesehn in der Situation / und jetzt hab ich heut nacht davon geträumt / daß die mit mir gesprochen hätte / und ich war in / mit dem Staubsauger in der Wohnung dieser Frau und hab ihr so geholfen / saubermachen ja / wie ich so immer so mußte / und dann hat sie gefragt, ob ich mal babysitten würd / und da hab ich überhaupt nix gesagt / das wollt ich net machen // war ich ganz souverän und hab gesagt, nee das will ich nicht / net mal gesagt / ich hab gar keine Antwort gegeben / weil ich wußte, ich will das nicht / die sollen selber ihre Babys sitten / mich hat nämlich neulich mal einer in der Klinik gefragt, so ach, wir suchen Babysitter und so / da hab ich überhaupt keine Antwort gegeben / die sollen sich einen kaufen wenn se einen brauchen / ich mach das net / wenn die Kinder haben, sollen sie se selber großziehn / das is net mein Brot / (Atmen) / ich will nix damit zu tun haben //

T.: vielleicht ist das Problem für Sie / daß Sie nicht ein eigenes Kind haben / können /

S.: (zart) ja / (dezidiert) ich hab aber überlegt, ich kann nicht /

T.: vielleicht fühlen Sie sich selbst als ein Kind / so wie früher zu Hause / wo Sie ja doch sehr viel babysitten mußten /

S.: (haucht) ja // ja ich kann das nicht trennen //

T.: jaa //

S.: jaa // gestern haben die Kinder von der Wohnung, wo ich wohn, vor meinem Fenster gespielt und ich wußte gar nicht / (sprudelnd, stark intonierend) ich fand die einerseits so süß / also der kleine Junge / wie der sich bewegt / so mit so tapsigen Bewegungen / das ist so goldig / wie wie / wie der Hund von Ihnen / wie er so klein war / gann / so tapsig is das, so süß, so / goldig / und dann / (mit trauriger, tonloser Stimme) und dann auf einmal krieg ich Wut und denk ach / ich würd nie die Kraft haben, selbst n Kind großzuziehn // dann kommt der Haß und alles // und die Resignation ist dann so stark / dann denk ich ich / ach / besser ich würd bestimmt net heiraten und will gar keinen Mann suchen und allein bleiben und / und / ich würd das doch alles gar net schaffen / wer weiß, was dann alles kommt an Problemen, die ich überhaupt nicht bewältigen kann / so hab ich meine eigenen Probleme und dann muß ich das von einem anderen M Männern alles noch mitlösen / das kann ich doch gar net /// ich hab gestern davon gesprochen, daß meine Mutter meinen Vater an die Wand gequetscht hat, ja // ich hab heut noch einen Haß auf meinen Vater, daß er sich hat an die Wand quetschen lassen /

T.: / hm /

S.: das ist mein ganzer Haß gegen diesen Mann / das ist so was Furchtb

T.: (fällt ein) ja immer die Angst, daß Sie so / wie Ihre Mutter die Männer an die Wand quetschen /

S.: (überzeugt) ja // ich hab überhaupt keine Vorstellung von nem Mann, der auf eigenen Beinen steht / der selber was macht // gucken Sie mal was ich gestern gesagt hab / wenn ich Angst hätt, ich würd einen an die Wand quetschen, da braucht er sich doch nur zu wehren selber /

T.: ich hab das Gefühl, daß Sie sich jetzt (unverständlich) vor mir verteidigen /

S.: ja /

T.: warum?/

S.: weil / weil ich weil ich / eine viel sensiblere Position bezogen hab / als ich glaubte, daß man die / haben soll / als gesunder Mensch, sogenannter gesunder Mensch //

T.: das zu sein spielt für Sie eine große Rolle /

S.: was zu sein? /

T.: ein gesunder Mensch /

S.: o ja // ich hab nur net genaue genaue Vorstellungen davon was das ist / aber die krieg ich schon die Vorstellung // glauben Sie net, daß es daß es eh für mich eh // ein schöner Gedanke ist / mit allem / wenn ich mich mal freuen will, eh, zerstören zu müssen oder / oder nicht Depressionen / bekommen zu müssen / eh / wenn ich mich mal freuen will / das find ich gesund, wenn man sich freuen will, daß man sich auch freuen kann / und daß nicht daß nicht gleichzeitig Depressionen auftreten, mehr wünsch ich mir nicht //

T.: (unverständlich)

S.: was?

T.: daß Sie da / sich nicht freuen konnten /

S.: daß ich mich nicht freuen konnt, meinen Sie? // ach das ist so so merkwürdig / ich hatte früher nie so das Gefühl, daß ich mich nicht freuen konnt, das ist es ja / das ist ja erst in der Analyse aufgetreten / das hab ich Ihnen auch gesagt im Anfang / daß ich mich sehr freuen kann / und da waren keine Depressionen dabei // gleich- zeitig, ja / und da das war in viel größeren Abständen, daß dann wieder Depressio- nen kamen, aber die hab ich als solche nicht erkannt / und jetzt ist es doch sofort, wenn ich mich freuen will, daß ich einfach so'n Schlag von hinten auf den Kopf krieg / sofort ist das / (Stöhnen) /

T.: haben Sie das Gefühl, daß ich Sie schlagen würde? / daß ich Ihnen das nicht gönne, wenn Sie sich freuen? / oder wer ist das, der Ihnen den Schlag versetzt? /

S.: (haucht) ich weiß nicht / was das ist, wer das ist // (deutlicher) nee, Sie sind das nicht / ich weiß n (entschieden) nee, Sie waren das noch nie, das war immer mein Vater in meinen ikg Gedanken, ich muß es doch sagen / ich weiß niemand anderen als daß das immer mein Vater war / (Stöhnen)

T.: dem gegenüber Sie ja auch immer verbergen mußten, wenn Sie sich freuen / sich gefreut haben / früher /

S.: (haucht) ja // ich weiß jetzt nie mehr, w was was Einbildung und was Wirklichkeit ist // aber es scheint doch zu sein, daß ich / daß ich von von klein auf, das war gar nicht nur in der Pubertät so / sondern daß von klein auf ich, eh, das gar nicht zeigen durfte vor meinem Vater, wenn ich mich richtig gefreut hab / und ich hatte immer die Idee, wenn ich mich richtig selber freu, dann entgleit ich ihm /

T.: thm /

S.: daß der mir systematisch die Freude selbst zerstört hat, damit er mich in der Hand hat // ich weiß doch noch, wie ich als kleines Kind in der Schule war / und hab vergessen, mich von ihm zu verabschieden, und wie er dann weinend in die Schule kam, da hat er mir solches Schuldbewußtsein gemacht / ich hatte den Mann verges- sen, ich hab da / in der Schule gelernt und war zufrieden und hab da gespielt und / und dann kommt der an / und und hat mir / das waren immer die Sachen / sobald ich mal los wollt von dem und ihn vergessen hatte, diesen // Menschen da / und da / da kam er wieder an, das das das muß bei dem so so'n Instinkt oder was gewesen sein / das hat er sich in mit Gedanken bestimmt nicht klargemacht, aber das war / wahrscheinlich ne akute Gefahr für ihn, wenn ich mich selber richtig gefreut habe und selber als kleines Mädchen gespielt hab und und ihn vergessen hatte / das war für ihn Gefahr, für diesen Mann /

T.: wie es jetzt für Sie eine Gefahr ist, wenn ein Mann auf Sie zukommt / dann müssen Sie Ihre Scheide zuhalten //

S.: (schnippisch) ja, lassen Sie mich doch / das mach ich doch wie ich will /

T.: hm, das machen Sie auch hier /

S.: (sehr sicher) ja, das mach ich auch hier / wie ich will // wie ich will, mach ich das / und ich laß mir nix mehr einreden, daß ich jetzt alle Männer lieben will, ich laß es mir nicht mehr einreden / das bestimme ich / ob ich will oder nicht / und kein anderer / das ist jetzt ein für allemal vorbei / daß immer ein anderer sagt, du mußt mich doch liebhaben, du mußt mich doch liebhaben / und wenn ich ihn nicht lieb hab // und da halt ich so lange zu, bis der bis der weggeht // mein Körper gehört ganz allein mir und da hat kein anderer immer drüber zu bestimmen und drüber zu faseln und zu lachen und seine Pfoten überall drin drin zu haben // ich hab j ich habe jetzt das Gefühl, daß mein Vater in all meinen Sachen seine Finger drin haben wollt // (Stöhnen) das das s s war schon schon schlimm, bis ich ihm mal beigebracht hatte, daß er nicht meine Briefe zu öffnen hätte / das gab einen Kampf zu Hause / ha bis ich das mal gemerkt hatte / die wollten alles wissen von mir // mit der Zeit bin ich so, daß ich überhaupt keinen Mann mehr haben will, überhaupt nicht / die wollen doch nur an einem rumfummeln überall / (Stöhnen) / was will denn ein Mann, wenn er mit mir schläft, he? /

T.: hm // hm // (unverständlich) das gefällt Ihnen nicht /

S.: ach immer dieses Rabiate, das finde ich so scheußlich //

T.: ich hab das Gefühl, das sagen Sie ein wenig für das Tonband /

S.: das stell ich sowie gleich ab /

T.: hm? /

S.: das stell ich sowieso gleich ab /

T.: ich hab den Eindruck (Telefon klingelt) // daß das für Sie problematisch ist // (nimmt den Hörer ab, spricht drei Sätze, legt auf) //

S.: eigentlich muß ich sehr aufs Klo // (lieb) kann ich mal rausgehn? (steht auf)

3.4.3.2.4. Dialog R. – T. (R)

PATIENTIN R.: 22jährige, unverheiratete Sekretärin, die zu Hause bei ihren Eltern wohnt. Phobische Symptomatik mit angsthysterischen Zügen, Agoraphobie seit dem 14. Lebensjahr. Angstträume, vorwiegend sexuellen Inhalts. Kriecht in der Nacht zu den Eltern ins Bett. Die Mutter hat bisweilen auch Angstträume, die sie der Tochter am Morgen erzählt. Der Vater fungiert einmal als Beschützer, das andere Mal als Bedroher der beiden Frauen. Die Motivation zur psychotherapeutischen Behandlung kam von der Symptomatik, die bei der Patientin mit einem erheblichen Leidensdruck und gesteigertem Krankheitsgefühl einherging.

Die Tonbandaufnahme stellt einen Ausschnitt der 52. Psychotherapiestunde dar.

Die Patientin R. spricht überaus schnell, sie artikuliert sehr ungenau und verschluckt ganze Silben und Wörter; Tonhöhe und Tonstärke wechseln kaum; die Stimme wirkt monoton.

R.: das ist komisch, man denkt immer, man kann nicht mehr, man kann nicht, daß man gar keine Kräfte mehr hat, überhaupt keine mehr / und / nehmen wir an eh zwischen den Stationen von / Limburg und Gießen / und wenn man dann hier ist und eh / dann merkt man, daß es doch immer wieder geht, aber man meint, es ging überhaupt nicht mehr / Schluß oder aus, und es geht überhaupt nicht mehr und / wenn man zu Hause ist, dann hat's doch gegangen, irgendwie / das ist irgendwie / find ich das eh / komisch, denn wenn man mal im Zug sitzt, dann / bekommt man keine Luft, dann meint man, man würde ersticken oder eh // eh / Beklemmungsgefühle und ebbe isch grad aus, ebbe is grad Schluß und eh / man fängt an, wenn einem / Schweiß überall innerlich anfängt zu schwitzen und so weiter und eh / und dann geht es auf dem Heimweg noch mal 'n bißchen so, und wenn man zu Hause ist / und das gibt einem anfürsich immer den Mut, würd ich sagen / wenn man also oft schon eh / erlebt hat / dann denkt man / du bist ja doch wieder zu Hause / also eh /

T.: hm / wem geht es eigentlich so / Ihnen allein oder / auch Ihrer Mutter? //

R.: auch ihr / also / he / eh /

T.: hm //

R.: wie ich mich am Anfang nämlich so eh angestellt habe, da hat sie mir immer gesagt, ich leb ja heute noch und so / aber ich hab das nie wahrhaben wollen, ich glaubte das nicht und eh / eh das war für mich nicht irgendwie / hab ich immer gesagt, du hast das eben dann nicht so wie ich das habe, also /

T.: hm /

R.: das ist dann nicht dasselbe, bei mir ist das anders / und also /

T.: hm /

R.: wie ich das erste Mal, das ist jetzt ein Jahr her, daß ich hierherfahr, wie ich das erste Mal gefahren bin, da hab ich gedacht, das hältst du'n Lebtag nicht durch, da 'n ganzes Jahr also eh / jeden Tag, also ich mußte / wenn ich nach Haus kam, sofort ins Bett und dann hab ich erst mal geschlafen und / wenn ich jetzt nach Hause komm, dann setz ich mein Leben also sozusagen fort wie ich das eh // so auch gewohnt bin oder / dann hab ich mich abends um acht ins Bett gelegt, jetzt geh ich manchmal schon um zehn, elf ins Bett also / das ist irgendwie nicht mehr so eh // ganz so / von Wichtigkeit, also ich, wie soll man das sagen, irgendwie daß das einem / nachts so 'n ganzen Schlaf raubt, daß man unruhig schläft und daß man eh / ganz viel Angst hat, sondern man denkt, geht ja sowieso vorbei /

T.: hm // (lange Pause) // ist das ein Trost für Sie / eigentlich / daß Ihre Mutter / das auch hat / ähnlich / ähnlich wie Sie? /

R.: ja, das ist natürlich / also eh / weil ich mich ja sonst irgendwie eh / ganz aussätzig fühlen würde, sie fühlt sich als normal und nicht als eh / unnahe ... (unverständlich /

T.: wie würden Sie sich fühlen? / was sagten Sie? /

R.: als unnormal würd ich mich fühlen, und sie fühlt sich als normal und /

T.: Sie sagten da etwas Besonderes, eben / dann? /// hm / hm/

R.: (lacht)

T.: Sie würden sich ganz unnormal fühlen? /

R.: ja ja / also // das tu ich ja auch manchmal wenigstens so / ich bin irgendwie /// das auch alles durchhalten / hat sie nicht gedacht, daß das unnormal war, wie ich das dachte, und deswegen eh / und dann //

T.: hm /

R.: hab ich nicht ganz diese große Angst davor / also eh /

T.: hm / hm //

R.: aber das eh, ich find das ist ja so kein Leben und // da braucht man doch anfürsich gar nicht zu leben, wenn man so leben soll wie ich, denn das ist ja dann / jegliche // wie soll ich sagen / sozusagen bedeutungslos für mich / denn vollwertig ist es ja auf keinen Fall und eh / wenn man doch nicht alles richtig empfinden kann, was man möchte / das ist ja sowieso eh / irgendwo komisch / wenn ich da dran denk, daß es irgendwo so immer sein sollte / irgendwie // wenn sie auch den Makel zehnmal gehabt haben, ich möcht das aber nicht so / also /

T.: Sie meinen mich? / wenn ich es ... /

206

R.: <u>nein</u> / meine Mutter meint' ich / wenn sie's vielleicht auch zehnmal so gehabt hat / ich kann mich aber wirklich damit nicht abfinden, das zu haben / also ich finde //

T.: hm // Sie möchten ihn ändern, diesen Zustand /

R.: natürlich // aber manchmal hab ich Angst, ich würde meinen eh / irgendwie meinen (unverständlich) / irgendwie dadurch verlieren, durch diese Behandlung hier, also / ich weiß manchmal nicht, ich seh keine Zusammenhänge mehr zwischen meiner Krankheit, <u>wie</u> ich krank wurde und <u>wie</u> das sich jetzt geändert hatte und / also /

T.: hat es sich geändert? //

R.: ich weiß nicht / manchmal seh ich überhaupt keine Verbindung mehr / zwischen früher oder zwischen heute und eh / überhaupt zwischen dem ganzen Ablauf, wenn ich meinen Ablauf jetzt noch irgendwie zurückverfolgen könnt, wie das früher auch war, also wie das kam, wie das war und was alles war / und das stimmt irgendwie / nicht mehr so richtig, ich eh //

T.: wie hat es früher ausgesehen?

3.4.3.2.5. Dialog Sch. – T. (Sch)

PATIENTIN SCH.: 26jährige verheiratete Krankenschwester, die seit vier Jahren an konversionshysterischen Störungen mit phobischen Zügen leidet und deren Symptomatik (Angstträume, vegetative Beschwerden, Dysmenorrhoe, Frigidität) nach der Geburt des ersten Kindes eingesetzt hat. Die Patientin fühlt sich schwach und nicht in der Lage, Haushalt, Kind und Mann zu versorgen. Sie zieht sich ängstlich und verspannt zurück, wenn die Eltern des Mannes zu Besuch kommen, weil sie deren Vorwürfe erwartet, etwa in der Weise, sie sei keine gute Frau für ihren Mann. Sie sehnt sich danach, wieder bei ihren Eltern zu wohnen, von denen sie als Einzelkind verwöhnt und behütet worden ist. Die Patientin wurde von ihrem Hausarzt zum psychotherapeutischen Erstinterview überwiesen.

Das Tonbandprotokoll ist ein Ausschnitt des 3. psychotherapeutischen Interviews.

Die Patientin artikuliert ungenau und verschluckt ganze Silben und Wörter; sie spricht relativ schnell, aber auffallend abgehackt; die Stimme wirkt monoton, nur zuweilen belebt durch ein Lachen.

T.: vielleicht erzählen Sie doch mal, was besser geworden ist /

Sch.: ja wodurch oder wie meinen Sie /

T.: ja / was überhaupt besser geworden ist / in der Behandlung /

Sch.: tja mein ganzer körperlicher Zustand und / und auch geistig möchte ich sagen so, denn ich hab immer / die Gedanken, die ich hatte so das / das das das Fremde, das ist mir alles so fremd war / ich mein das ist jetzt auch noch aber / net mehr so stark indem / und halt das Körperliche, das ist ja wesentlich besser geworden, das war ja erst // tth // war ganz schlimm //

T.: was denken Sie jetzt? /

Sch.: im Moment hab ich da mal so an // früher so gedacht und alles so //

T.: jetzt erzählen Sie mir darüber /

Sch.: und so hab ich gedacht, ungefähr ein Jahr vorher also / 'n Jahr, nee zwei sind es jetzt schon / zwei Jahre / da da war ich unfähig irgendwie noch zu sitzen oder zu / stehen, da hab ich nur gelegen und // da war ich wirklich (Hüsteln) / furchtbar schlimm / hm das ist ja jetzt alles anders / hach darüber nachdenk / wieder einkaufen gehen kann und // die Angst /// wesentlich besser // es ist auch schon so, wenn die Gedanken mal kommen, so die / das Wellental / das kam auch vorgestern abend, dann / da hab ich mich schon / ungefähr soweit, daß ich dann sage, also das ist Quatsch, das hast du jetzt nur mal so 'n Moment dann / das das geht wieder vorbei, das gibt's ja gar net, daß es so, daß du Gedanken hast, du wohnst jetzt hier und dann / und / dann kam / daß mir ein Gegenstand fremd vorkommt, daß ich den anfassen muß, und dann / dann sage ich jetzt, den faßt du eben nicht an, der steht da und den brauchst du nicht anfassen, dann ist das / gut dann dann läßt es auch nach, nach ner Zeit dann hab ich das ///

T.: was war denn da vorgestern abend? / wo waren Sie da, mit wem waren Sie da zusammen?

Sch.: erst mit meinem Mann zusammen, und es war auch schon sehr spät so abends, da habe ich mich noch geduscht und / da haben wir uns so zusammengesetzt, und da bin ich auch früher ins Bett, mein Mann der wollte noch 'n Krimi gucken / und ich sag, ich geh ins Bett, ich muß morgen früh wieder so früh raus, und ging ins Bett, und wie ich im Bett gelegen hatte, fing das an wieder / die fremden Gedanken, so, daß mir das Zimmer so fremd vorkam wieder // und alles so / die Kleine da wieder so fremd, und da habe ich dann gesagt, das ist doch Quatsch / ach so was denkt man doch net und / also hab mir also so selbst dann zugeredet, daß das ja / Blödsinn ist / was ich da denk, daß ich eigeh ich doch jetzt hier wohne und alles doch schon so lange jetzt, so wohnen, das alles / un ja / dann ging das weg eben /

T.: hm

Sch.: und am Anfang war das so, daß ich mich so reingesteigert hab / da in die Gedanken, daß ich / nen Anfall da drüber gekriegt hab da dann halt so arg /

T.: hm wir // haben ja nun auch sehr viel über Ihre Krankheit geredet /

Sch.: (lacht) ja, deswegen glaube ich nämlich, daß / ja so am Anfang, wenn ich hierherkomm immer so / also bevor ich hierherkomm / morgens // eh / manchmal denk ich es ist davon, daß mir's immer so schlecht ist dann, bevor ich hierherkomm, weil die Gedanken immer alle so / dann mach ich mir nämlich schon Gedanken schon Tage vorher so / auch wenn wir dann hierherfahren, dann / laß ich mir alles noch mal so durch den Kopf gehen so / was mich so beschäftigt hat und /

T.: hm weil / Sie wissen / daß wir hier (Sch.: jaja) über Ihre Krankheit reden wollen

Sch.: ja

T.: warum (Sch.: ja) ist das so stark, daß Sie sich alles noch mal durch den Kopf gehen lassen?

Sch.: ach weiß ich nicht mal, manchmal denk ich, vielleicht hast du irgendwas vergessen oder eh / denk ich, ach was du so vergessen hast, das beschäftigt dich ja nicht so arg /

T.: reden Sie mit mir eigentlich lieber über Ihre Krankheit als mit anderen Leuten? /

Sch.: eh / m / ja als mit anderen Leuten auf jeden Fall, gell (lacht) das kr so in der Familie net, da (unverständlich) gleich, mit denen red ich ja, aber so mit fremden Leuten so / hab ich ja sonst so immer das Gefühl, die verstehen das net und die / wie gesagt, die gucken mich da auch an, als wenn ich nicht so ganz ///

T.: als wenn Sie? /

Sch.: nicht so ganz richtig wäre

T.: hm

Sch.: und das ist ja arg belastend, sehr belastend so was //

T.: haben Sie das Gefühl, daß ich das auch tue?

Sch.: nee, das Gefühl hab ich nicht, ich mein da //

T.: nein? /

Sch.: nee, auf keinen Fall /

T.: warum? /

Sch.: weil ich das Gefühl hab, Sie verstehen das, Sie / eh / wissen was die Krankheit ist und eh / was die anderen net wissen und //

T.: die Krankheit ist ja für Sie etwas Fremdes auch nicht so recht mit Ihnen verbunden / oder gehört das zu Ihnen, wie ein Teil von Ihnen, wie die Nase oder die Finger? /

Sch.: nee, jetzt nicht mehr / aber es hat /

T.: können Sie das ein bißchen schildern, wie das gewesen ist und warum es jetzt nicht mehr ist /

Sch.: jetzt eh wo ich merke, ich kann wieder etwas, ich ich kann körperlich, ich kann wieder meine Arbeit machen und / also ist das anders, dann / dann merke ich richtig, daß ich / auch ohne (lachend) das leben kann im Grunde genommen, am Anfang da war das eh eh jeden Tag 'n Anfall gekriegt hab und konnte net und dann / war halt die Krankheit die gehörte schon fast dazu, also das eh / ging das auch lange, das war ja schon fast zwei Jahre, wo ich überhaupt nichts machen konnte, gell und dann // war das eben / das war eben die Krankheit, die mit dazugehörte und auf die / jeder Rücksicht nahm dann, also jedenfalls in der Familie da // und jetzt wo ich das / wo alles wieder besser geht / da möchte ich sie so schnell wie möglich / hm (lachend) loswerden halt //

T.: hm, das heißt, daß die Krankheit Ihnen jetzt lästig geworden ist /

Sch.: unheimlich sogar / t ///

T.: hm /// und in dem Augenblick, wo Sie das sehen, da / da möchten Sie hier wieder aufhören / das hängt doch auch / noch damit zusammen, oder nicht, wie Sie mit Ihrer Krankheit umgehen /

Sch.: ja, das eh /

T.: wie kommt das? /

Sch.: tja, das weiß ich auch net (unverständlich) /// ich möchte auch mal was sehen eh / wie das alleine geht, so wie ich allein / mit fertig werde oder / ob mir's auch / eh // ob mich das jetzt auch noch so beschäftigt dann / nachts eben, immer daß ich dann / halt schon lang davor eh mit rumphantasier / bevor ich hierhergehe, gell / daß auch das jetzt weggeht, so tja //

T.: hm

Sch.: dadurch weiß ich auch jetzt ziemlich, wie ich mich zu verhalten hab so / eh ungefähr eh wenn irgendwas, wenn ich mich über irgend jemand ärgere oder aufrege oder // th / weiß ich ja auch ungefähr, wie ich mich / zu verhalten hab hm /

T.: können Sie da mal eine / Begebenheit schildern? /

Sch.: ja, z. B. gestern war ich da in K. / wie ich freiwillig dann helfen spülen wollte / der Tante gäh und / eh / meine Schwiegermutter kam dann und sagte, du / kannst das machen, du kannst da helfen / und da hab ich zu ihr gesagt, du kannst also / das hätte ich schon freiwillig gemacht, ich brauch nicht immer daß du / halt immer zu mir sagst, du mußt das jetzt machen, du kannst das machen echtas das is was was mich ganz furchtbar belastet, wenn du das zu mir sagst // na ja / die hat das allerdings net so eh kraß 's wär Spaß gewesen, aber / da hab ich gesagt, das hast du ja schon so oft zu mir gesagt / daß es dann / daß du es so gemeint hast, und dabei eh kriege ich jeden Tag wieder gesagt von dir, daß das // eh // sie mir halt dann jeden eh / Tag vorschreibt, was ich zu machen hab und / so wenn ich es ihr das dann sag

209

/ manchmal hilft's manchmal auch net /

T.: wenn Sie sich dann äußern, meinen Sie /

Sch.: wenn ich mich äußere, ja das hilft es manchmal aber /

T.: manchmal

Sch.: manchmal dann / eh / wenn die Mutti halt zu sehr / eh / also wenn sie mir das dann abstreitet und ich net dagegen ankomm, das ist das, was mich halt noch belastet dann / na //

T.: und dann / dann passiert es, daß Sie einen Anfall bekommen /

Sch.: ja, dann also / kann's mitunter passieren / es is / net immer, aber es is dann / und wenn ich dann so wie gestern dann, daß ich dann, da hatte ich Erfolg direkt, gell, sie war dann ziemlich ruhig drauf, wie ich das gesagt hatte / und da hatte ich also das Gefühl, ich hab / eh gesiegt da tltlh

T.: ach ja

Sch.: und dann ist das für mich abgetan, dann merk ich auch direkt, daß es / frei ist in mir, nur wenn ich dann halt net dagegen ankomm und dann / merk ich auch richtig, wie das so / wie das in mir wühlt irgendwie, daß ich dann noch direkt bös werden möchte, gell und kann / dann net //

T.: warum können Sie dann nicht bös werden?

Sch.: ja dann / hab ich direkt eh so'n Schuldgefühl der Mutti gegenüber, daß ich denk, wie // das kannst du nicht machen, also es ist, sie ist so viel älter als du, und / und sie ist immerhin deine Schwiegermutter, also kannst du nicht (lachend) so alles / so ganz böse, ich habe auch dann das Gefühl, ich werde frech, gell, und das möchte ich grade net also /

T.: ah ja /// ja /

3.4.3.2.6. Dialog H. – T. (H)

PATIENT H.: 29jähriger, unverheirateter Medizinstudent, mit einer homosexuellen narzißtischen Kontakt-Problematik seit dem 10. Lebensjahr und deutlichen zwanghaften Zügen, die sich in übertriebener Sauberkeit und Ordnungsliebe ausdrücken und sich besonders stark ausgebildet haben, nachdem der Patient wegen des Studiums das Elternhaus verlassen hatte. Er ist als Einzelkind aufgewachsen und, wie er sagt, besonders von der Mutter sehr verwöhnt worden. Von den besorgten Eltern war er vor zwei Jahren wegen seiner Homosexualität zu einem Therapeuten geschickt worden. Diese Therapie brach der Patient nach etwa 100 Stunden ab. Er begab sich jedoch erneut, diesmal aus eigenem Antrieb, in psychotherapeutische Behandlung, insbesondere wegen persönlicher Schwierigkeiten im Umgang mit seinen Kommilitonen, außerdem wegen Konzentrationsschwäche und Arbeitshemmungen.

Der folgende Dialog wurde in der 5. Psychotherapiestunde aufgenommen.

Der Patient H. spricht weder schnell noch langsam, er artikuliert sehr gut, Tonhöhe und Klangfarbe seiner Stimme bleiben nahezu unverändert; seine Stimme wirkt hart und erweckt den Eindruck von großer Selbstsicherheit, bisweilen aber auch Überheblichkeit.

H.: ob ich versuchen soll / mir eine Selbstanklage auszustellen, und mir diese für mich erscheinenden Nebensächlichkeiten / die auch auf mich selbst und auch in meiner Rekapitulation keine negativen Eindrücke hinterlassen haben // warum ich Ihnen das eigentlich erzählen soll / denn ob es berechtigt ist oder nicht, weiß ich nicht / ich bin jedenfalls als Patient bei Ihnen und wenn jemand Patient ist, dann hat er meiner Ansicht nach eben das zu sagen, was / woran er leidet als Patient /

und nicht das, was schöner war und was gut war und was alle anderen Menschen auch haben und

T.: (unterbricht) was Sie vielleicht ganz gerne erzählen würden

H.: ich würde es sogar // glaube ich / nicht gerne erzählen, weil es ein gewisses schönes Reservoir für mich ist an Erinnerung, die ich / nicht so gerne beichte

T.: das kann ich verstehen, zumal hier ja auch nicht der richtige Ort ist zum Beichten

H.: ja, es ist doch im großen und ganzen so / daß ich im allgemeinen sehr schlechte Erfahrungen gemacht habe / mit meiner Offenheit //

T.: bei Ihrer vorhergehenden Behandlung? /

H.: nee // ich weiß nicht, ob es dadurch kam / der Bruch kam dadurch zustande, daß der Psychotherapeut mir sagte, ich würde ihn als Seelenschuhputzer benutzen und er wäre sich dafür zu schade, oder irgend so etwas // jedenfalls waren es solche Angriffe, ich wäre ihm einfach zu arrogant und so was / daraufhin habe ich ihm gesagt, daß ich der Meinung bin, daß die Psychoanalyse nicht mehr weiter möglich ist //

T.: und da haben Sie das auch gespürt, daß Sie zu sehr offen waren

H.: ja, das war eigentlich das Enttäuschende für mich / daß ich also überhaupt nicht vorankam / er machte es also nach der / ich weiß nicht, nach der üblichen Tour / er war überhaupt nicht in der Lage, sich auf mich zu konzentrieren // wahrscheinlich auch nicht, weil er völlig überlastet war // ich kann das ja schließlich nicht auf meine Kappe nehmen / und vielleicht auch daraufhin, daß das da schon anfing / und jetzt auch bei meinen Bekanntschaften

T.: haben Sie da dieselben Schwierigkeiten / wie als Patient Ihrem Therapeuten gegenüber?

H.: bei meinen Bekanntschaften?

T.: ja

H.: nee / als Patient kann ich eigentlich nicht sagen / ich nehme an, daß mir auch nicht das Vertrauen und die Offenheit / entgegengebracht wird, die ich eigentlich dem Partner gegenüber eingesetzt habe // ich meine, es war auch jetzt hier so / es ist jetzt wirklich nicht sehr einfach, wenn ich nun jedesmal über diese Probleme mit jedem x-beliebigen sprechen muß //

T.: was verstehen Sie unter Offenheit / meinen Sie da persönliche Dinge / oder / daß Sie über Sexualität reden oder was meinen Sie damit? /

H.: Offenheit im besonderen Bezug auf die Sexualität / das ist ja mein Kernproblem, daß es sich überall darum dreht / ich meine, ich bin ja hier zu Frau Dr. N. gegangen aus eigenem Antrieb / nicht weil ich überwiesen worden wäre oder sonst was //

T.: um so erstaunlicher ist es eigentlich, daß Sie sich gleich als Patient vorkommen // oder heißt das, daß Sie sich sagen, nun hat der Doktor das Problem / er soll mal zusehen / wie er Sie wiederaufrichtet? /

H.: das ist mir auch schon gesagt worden // ich weiß nicht, ob es so klingt / es ist wirklich nicht so gemeint von mir / es ist genau diese Lehre / die habe ich damals von dem Psychoanalytiker auch bekommen /

T.: meinen Sie, daß es Ihnen einfach Schwierigkeiten macht, über die Sie nicht reden können, bis Sie hier / so eine ganz besondere Situation haben mit mir zusammen // und da möchten Sie gar nicht eintreten, um nicht wieder zurückgeworfen zu werden, wie bei Ihren Kommilitonen /

H.: ich kann ja nun nicht mehr zurückgeworfen werden / für mich gibt es ganz klare Grenzen, daß ich entweder einen Ausweg finde aus dieser Situation, was mir persönlich am Sexuellen so zu liegen scheint / daß es entweder diesen anderen Weg gibt für mich oder diesen anderen Weg nicht für mich gibt / ich möchte nicht wieder zurück / ich möchte nicht // den anderen Weg habe ich nun weiß Gott genug ausgelebt //

T.: ich habe das Gefühl, wir reden so richtig abstrakt // daß es so sein könnte und so Ihre Problematik sein könnte / und vielleicht sollten wir doch über Ihre Sexualität reden / vielleicht erzählen Sie einfach, was Ihnen so in den Sinn kommt / was Sie so bewegt / was Ihnen ganz so einfällt //

H.: ich weiß nicht / ich kann nicht immer nur so erzählen / ich habe in der letzten Stunde ja schon ausführlich erzählt / es ist diese große Diskrepanz zwischen meiner verstandesmäßigen Überlegung und meinen Gefühlen // daß ich das nicht / daß ich dann nicht in der Lage bin, das zu koordinieren /// ich bin sogar der Meinung / wenn ich dazu in der Lage wäre, zu koordinieren / daß ich dann sogar die Möglichkeit vielleicht fände / auf die Bahn zu kommen /

T.: können Sie mir z. B. / mir das mal konkret sagen? /

H.: ja ich bin ja nicht soweit, das ist es ja gerade / ich kann mir vorstellen / wenn die Sexualität auch / gefühlsmäßig für mich keine so große Rolle mehr spielen würde, daß dann / die verstandesmäßige Überlegung, daß die deprimierende und ziemlich nutzlose Situation für mich eben dann auch gefühlsmäßig für eine Frau //

T.: wenn es keine Sexualität mehr für Sie ist, und Sie selbst mit der Sexualität nichts mehr zu tun haben / dann könnten Sie sich vorstellen, daß Sie /

H.: (unterbricht) ja, daß diese Beziehung umgekehrt beginnt / auf möglichst geistiger Basis / und daß das Sexuelle dann sekundär dabei hinzukommt / ist das vielleicht ein Weg // aber soweit bin ich eben noch nicht // ja, aber es ist völlig nutzlos / diese Homosexualität vom Verstand her /

T.: Sie betrachten es einmal vom Verstand her und ein anderes Mal vom Gefühl her / das ist doch ein Unterschied, oder nicht? /

H.: das ist es eben bei mir / diese Koordination zu schaffen / das ist eben die Problematik

T.: ja, ja, ich sehe, was Sie meinen /

H.: das Gefühl für einen Mann ist vorhanden, die Erektion ist vorhanden, der Orgasmus ist vorhanden / und nachher läßt es eben für kürzere Zeit einmal nach / es ist immer wieder dasselbe

T.: Sie drückten vorher aus / daß es doch mit Gefühlen zu tun habe // was sind denn das für Gefühle, die Sie haben / wenn Sie mit dem homosexuellen Partner zusammen sind? / ja, Sie erzählen mir, daß Sie Erektionen haben, daß Sie Verkehr haben können / es ist aber sicherlich noch etwas dabei, was mit Ihren Gefühlen zu tun hat / was Sie / mit dem Partner verbindet /

H.: ja das ist es eben nicht / es steht eben in letzter Zeit ausschließlich das Geschlechtliche im Vordergrund //

T.: ja, ja / aber da sind doch wohl auch Phantasien von Ihnen dabei /

H.: im Moment der sexuellen Betätigung // nein /

T.: ich habe das Gefühl, daß da doch etwas fehlt / und Sie vielleicht nicht so gerne bereit sind / das mir zu erzählen ///

H.: es ist meiner Ansicht nach rein der mechanische Sinnesreiz, der mich halt zur Erektion bringen läßt / und auch sonst / es ist irrsinnig ich weiß es / aber ich habe mir halt eingeredet, daß es durch den vielen sexuellen Verkehr / daß das vielleicht eine Möglichkeit wäre / zu Gefühlen zu kommen / es ist Unsinn / denn jedes neue Erlebnis beeindruckt mich / es ist ganz klar / es läßt nach / ganz klar /

T.: hm / ja / ich sehe /

212

H.: aber es ist nicht so // ich weiß genau, daß nach dem eigentlichen Geschlechtsverkehr // es kommt ja auch auf den Partner drauf an, ob er mag oder nicht mag / also insofern ist es völlig witzlos / es ist mir auch verstandesmäßig klar //

T.: Sie sagen / Sie würden es vom Verstand her verwerfen / es sei irrsinnig / Sie verwerfen es aber doch offenbar nicht //

H.: ich schaffe es nicht, mir verstandesmäßig zu sagen / nein / ich tue es nun nicht / warum eigentlich nicht? // das ist doch anomal /

T.: wer sagt, daß das anomal ist? / Ihre Eltern / Ihre Kommilitonen?

H.: ich selbst bin der Meinung, daß das Problem anomal ist / natürlich meine Kommilitonen und meine Eltern sagen das auch / das ist ganz klar // aber es ist jetzt wirklich so, daß ich selbst soweit bin, daß ich mich für unnormal halte / im Gegensatz zu dem früheren / zu dem ersten Therapieversuch //

T.: ich habe es eigentlich / noch nicht so ganz kapiert / ob es Sie nur eigentlich deswegen stört, weil Sie nicht so sehr der Norm entsprechen / oder ob es Sie stört / weil Sie / einen ganz bestimmten Willen haben / und das vermute ich eigentlich // was ist überhaupt das große Problem für Sie? /

H.: doch, daß ich unnormal bin /

T.: es ist ja schwierig für Sie / weil Sie sich nicht so eingliedern können / und weil vor allen Dingen / vielleicht Ihre Freunde und wahrscheinlich Ihre Eltern / immer danach fragen /

H.: ich glaube nicht, daß es nur / daß es das ist / es ist sehr stark der äußere Druck, ganz klar / ich sagte Ihnen ja auch damals schon, daß ich gerade zu Anfang des Jahres durch meine Kommilitonen / durch dieses Gehänseltwerden und so, völlig am Boden war / das hat sich jetzt inzwischen insofern gegeben / weil ich ja praktisch in der Prüfungszeit nicht mehr mit den Kommilitonen zusammen bin, sondern nur mit der Gruppe / und die weiß Bescheid über mich und / na ja / ich werde halt geduldet // insofern ist dieser Druck nicht mehr so sehr groß / aber es ist auch die innere Diskrepanz bei mir, die mir diese Homosexualität als etwas erscheinen läßt, das mich auf keinen Fall weiterbringt / es spielt vielleicht auch eine Rolle, daß ich Angst habe / später / vor dem Alleinsein / daß ich glaube, daß ich doch nie den richtigen Partner finden werde und daß ich Angst habe / eines Tages alleine zu hocken und überhaupt keinen Menschen zu haben, mit dem ich zusammen leben kann / ich seh es auch bei der Gruppe / bei meinen Kommilitonen, die alle verheiratet sind / ich fühle mich sehr wohl in dieser familiären Atmosphäre dieser Kommilitonen /

T.: das war eigentlich etwas, was Sie noch nicht erlebt haben /

H.: nein / weil ja immer das Sexuelle im Vordergrund stand // wenn ich zu meinen Kommilitonen gehe und mich mit ihren Familien oder mit ihren Frauen unterhalte / tritt das Sexuelle ja völlig in den Hintergrund /

T.: ja meinen Sie denn, eine stabile Bindung an jemanden / sei es ein Mann oder eine Frau / könnten Sie nur halten, wenn Sie das Sexuelle / ausklammern? /

H.: ausklammern will ich nicht sagen / ja aber wie ich es mir vorstelle // auf die Norm zurückbringen /

T.: Sie glauben, daß Sie in Ihrer Sexualität überschießen? /

H.: ja, das glaube ich ganz bestimmt / ja / vom Verkehr / aber auch vom Onanieren her /

T.: wie meinen Sie / vom Verkehr her / daß Sie homosexuellen Verkehr haben und /

H.: (unterbricht) nein, durch die Menge des Verkehrs, den ich habe / durch die vielen verschiedenen Leute / mit denen ich Geschlechtsverkehr habe // das ist natürlich

213

völlig anomal //

T.: und Sie haben nicht das Gefühl / daß Sie sich mit einem Partner / verstehen könnten /

H.: nein // das ist meiner Meinung nach ein rein egoistischer Grund / daß ich persönlich einsehe, daß dieses sexuelle Gefühl mir keine Dauerbindung gibt ///

T.: Sie drücken sich eigentlich immer so aus / als sei Ihre überschießende Sexualität das Furchtbarste // und da Sie jetzt gesagt haben, daß Sie nicht lange einen Partner haben / das hat dann mit der Sexualität Ihrer Partner zu tun? /

H.: ich weiß nicht, ich habe mich da immer im Vordergrund gesehen / ich habe mich immer gefragt / warum es nicht gehalten hat und warum es nicht ging / aber ich wollte mir da auch nie was vormachen /

T.: wie meinen Sie / vormachen? /

H.: ja / daß ich da aus irgendwelchen Gründen weiterhin den Freund oder den Liebhaber spiele, obwohl bei mir dabei überhaupt nichts mehr vorhanden ist /

T.: daß Sie nichts mehr empfunden haben /

H.: ich weiß, wenn ich das hier so sage / daß sich das arrogant anhört / aber ich finde, das ist auch ein Punkt des Ehrlichseins / dem anderen gegenüber / daß ich ihm das sage // anstatt ihm was vorzuspielen // jetzt / rückwirkend betrachtet / kann es natürlich auch wieder an meinem Egoismus liegen / auch dieser Gedanke / dem anderen zu sagen, daß ich nichts mehr für ihn empfinde / weil ich selbst auf der Suche nach einem neuen Partner bin / und nicht in der Lage bin, mich dem Partner anzupassen // ich finde, ich habe genug erzählt jetzt ///

T.: Sie haben auch das Gefühl, daß Sie mir arrogant erscheinen /

H.: ja, weil ich davor Angst habe / daß es rein gefühlsmäßig / auch von Ihnen aus eine Barriere zu mir gibt /

T.: ja / das ist Ihre Angst auch hier / und es ist Ihnen auch sonst immer passiert, daß Ihre Offenheit / mißverstanden wird, auch das / das Mitdazugehörenwollen / in einem familiären Kreis //

H.: ja ich meine / das traue ich Ihnen eigentlich nicht so sehr zu / aber ich muß Sie ja auch als Mensch ansehen, das ist ganz klar / daß unter Umständen das Gefühl bei Ihnen aufkommen würde / was ist das eigentlich für ein arroganter hysterischer Kerl, der mit nebensächlichen Problemen zu mir kommt / daß dieser Gedanke bei Ihnen auftauchen könnte, wäre mir verständlich / daß Sie ihn als Arzt natürlich nicht aufkommen lassen oder jedenfalls / nicht allzu wichtig nehmen / das ist mein Vertrauen zu Ihnen /

T.: obwohl es Sie doch sehr kränken würde, wenn ich so dächte / egal, ob ich nun Arzt bin und Sie Patient / wie Sie das vorhin so betont haben / oder nicht?

H.: das ist ein ganz anderer Ausgangspunkt für mich / wenn ich zu Ihnen als Freund käme und Sie mir als Freund sagen würden, du bist ganz schön eingebildet und arrogant, würde mich das bestimmt mehr kränken, als wenn Sie mir das sagen würden als Arzt / dann würde ich sagen, daß er nicht den Abstand dazu hat / es würde mich nicht so sehr persönlich kränken /

T.: das ist ja auch der Schutz / den Sie sich da bauen, wenn Sie sagen / ach / Sie sind ja hier Patient / ich der Arzt / dem kann ich's erzählen und der kann mir helfen /

H.: ja, weil die Basis für mich eine ganz andere ist / wenn ich einen Freund habe / das kann ich ganz kraß sagen / dann erwarte ich auch keine Therapie von ihm / sondern es ist das persönliche Verhältnis was im Vordergrund steht // na ja zu Ihnen komme ich eben als Therapeut / wozu die Analyse gehört / was mir völlig klar ist //.

214

3.4.3.2.7. Dialog W. – T. (W)

PATIENT W.: 33jähriger höherer Angestellter, Junggeselle, mit einer Zwangsneurose, deren Entwicklung nach dem Tod des Vaters während der Pubertät eingesetzt hatte und sich in Symptomen wie Grübeln, Räuspern und einem Augen-Tic ausdrückte. Dem Patienten sind heftige Auseinandersetzungen mit dem Vater wegen unbefriedigender Schulleistungen in Erinnerung. Nach dem Tode des Vaters verließ er das Gymnasium, begann eine Lehre als Kaufmann und versorgte alsbald die Mutter und eine jüngere Schwester. In kürzester Zeit verwirklichte er seine Berufspläne. Die Entwicklung verschiedener weiterer Zwangssymptome, die den Patienten im Beruf behinderten, sowie eine Kontaktproblematik führten dazu, daß sich der Patient in psychoanalytische Behandlung begab.

Der folgende Dialog ist in der 162. Analysenstunde aufgenommen worden.

Der Patient W. spricht ziemlich schnell; stellenweise wird, bedingt durch die hohe Sprechgeschwindigkeit, seine an sich klare Artikulation undeutlich; sehr häufige kurze Sprechpausen, zuweilen auch längere Pausen; die Stimme ist fast gleichbleibend laut und wirkt, trotz gelegentlicher forcierter Betonungen, monoton; auffällig sind Schmatz-, Schluck- und undefinierbare nasale Laute, welche häufig bestimmte Sprechphasen eröffnen.

W.: ja also ich habe jetzt eigentlich meine neue Freundin schon wieder leid / das ist ganz verrückt / mne / erst bin ich / erst bin ich ziemlich wild hinter ihr her gewesen / solange / eh / sie mir nicht sie mir nicht sicher war / und je mehr sie / na sagn wir mal / sich mir zuwendete so mehr wendete ich mich ihr ab / irgendwie eigenartig / das ist mir im Urlaub so klar geworden, ich war / eh / einige Zeit verreist / allein / und eh / da hab ich ein anderes Mädchen getroffen und / eh / wir haben uns ganz nett unterhalten // mn zwischen uns hat sich nix abgespielt, sondern es war / ja so gesprächsweise / und da hat sie mir auf den Kopf zugesagt, daß ich meine Freundin gar nicht liebe / und das stimmt auch / und jetzt bin ich eigentlich / eh / in einer blöden Situation /

T.: und ein wenig unsicher geworden /

W.: ja eigentlich gar nicht unsicher / nun ja also mir ist die Sache schon / absolut klar im Grunde / und da ist es bei mir gerade so, daß ich das so schnell wie möglich wieder aufgeben möchte, so richtig als Last empfinde / ich das schon wieder / genau wie letztes Jahr / das ist eigenartig / ich hab da auch gar kein Bedauern dabei / sondern im Grunde möchte ich nur mich so schnell wie möglich davon trennen, weil / ich das als Ballast empfinde /

T.: hm hm /

W.: das ist irgendwie sehr eigenartig / und das kann ich mir selbst gar nicht ganz genau erklären / denn eh / so den Sommer über / und auch den Herbstanfang / da hab ich mich also wahnsinnig um sie bemüht / und eh / solange ich also keinen vollen Erfolg hatte // war ich da sehr stark hinterher und seitdem ich / also Erfolg / habe oder so was sehe / da ist mir dann schon wieder / eh / dann kehrt sich das genau ins Gegenteil um / vor allen Dingen / eh / habe ich da immer die Angst, die wollen mich heiraten und / all so 'n Käse, so Bindung, da hab ich keine Lust zu //

T.: hm / und jetzt haben Sie Angst und empfinden es unter Umständen auch als Ballast / mir erzählen zu müssen, was Sie / unternommen haben / was Ihnen widerfahren ist mit Ihrer Freundin /

W.: nee / nee / (beinahe protestierend) mir ist ja gar nichts widerfahren / es ist nur eigenartigerweise / ich kann mir das selbst nicht erklären // eh / solange die eben / mir nicht zugetan war und / und sagte ja / Gott / sie hätte aber auch noch andere

Freunde und wollte frei bleiben und so / da war ich dahinterher wie so 'n Verrückter / und eh / da hab ich sogar / eh / im Sommer mir da da so Gedanken drüber gemacht und / weiß der Teufel, wenn sie nicht da war oder im Urlaub war, drüber nachgedacht, was sie wohl jetzt macht oder ob sie jetzt 'n Freund hat und so / also richtig / Eifersucht auf unbekannte Dritte / und eh / und ein bekannter Dritter war da auch bei / eh / den ich sogar kan den ich kannte und von dem ich wußte, wer es war / und eh jetzt wo ich das merke mit einem Mal so an gewissen Kleinigkeiten / km eh / daß das also enger ist, da gefällt mir das nicht mehr und / sehn Sie, hat mir dies Mädchen erst die Augen geöffnet, ich weiß auch gar nicht warum, ich hatte mich in meinem Urlaub / also noch gefreut / auf das Wiedersehn und so / wir hatten uns so / verabredet zu Weihnachten / so halb verbindlich / und ich kam Heiligabend / in der Nacht zurück oder am Abend zurück und eh / ich hatte mich ja erst noch darauf gefreut / und dann gar nicht mehr / oder kaum // und ja und jetzt haben wir uns für Silvester verabredet / und schon längere Zeit / und eh / ich habe eigentlich nicht die geringste Lust /// das ist mir eigentlich / eh erst klargeworden, seitdem mir dies Mädchem im Urlaub das gesagt hat / die hat mir das auf'n Kopf zugesagt, das war ganz interessant // ich hatte die eigentlich / ich hatte die kennengelernt und kn erst kein Interesse für die gehabt / und eh / dann aber doch etwas mehr / und da hatte ich gedacht, ich könnte vielleicht mit der mich 'n bißchen so anfreunden und anbändeln / und auch sexuell mit ihr was erleben / da bin ich aber nicht zum Zuge gekommen / sondern da war sie sehr konservativ und eh / hat mich das auch deutlich wissen lassen, das wollte sie nicht / da haben wir uns aber sehr nett unterhalten, und war trotzdem sehr schön / die hatte auch so Probleme mit ihrem Freund / kn die hat sie mir alle erzählt / und eh / dann hat sie mich um meinen Rat gefragt und na kamen wir auf meine Freundin zu sprechen / (hustet) und da sagte sie mir aber, Sie lieben sie ja gar nicht / ist in der Tat richtig /// jetzt weiß ich mal wieder nicht, was ich machen soll ////

T.: wie fühlen Sie sich hier jetzt /

W.: nja plus minus null // im Moment / oder was meinen Sie jetzt?

T.: hm hm

W.: nja / weder eh also / nicht deprimiert aber auch nicht besonders / in Hochstimmung also so richtig plus minus null //

T.: und im Grunde kommen Sie ja heute, um mir zu sagen, daß es eigentlich wieder nichts geworden ist /

W.: nee / ja das ist ja auch gar nicht mal so schlimm eh / mein Problem ist ja das sexuelle Problem aber / ich kann das ja nicht mit den Mädchen auch nicht aufrechterhalten / nur um zu üben / ich will das ja auch nicht / eh / das kann ich auch irgendwie nicht und das will ich auch nicht / das wäre ja auch irgendwie unfair, nachher machen sie sich da / (schluckt geräuschvoll) Hoffnungen oder / erwartet, daß ich sie heirate und / dann macht sie sich irgendwelche Gedanken daß es nicht / so was möcht ich nicht // ich wollte mit ihr mal / wollte mit der nur 'n Verhältnis haben / Gott man versteht sich gut und / verbringt so Freizeit miteinander und / Urlaub eventuell und / aber nichts mehr // das hatte die auch erst gesagt / im Gegenteil das ging sogar erst von ihr aus, sie wollte sich in keiner Weise binden und so / aber jetzt spür ich so richtig / so Fangarme / war letztes Jahr genauso mit dieser anderen da / und das kann ich nicht haben /

T.: Sie fühlen sich eigentlich eingefangen /

W.: ja also / jajaja (T.: zu sehr) und das mag ich nicht / jetzt möcht ich sogar daß sie noch 'n Freund hätte, 'n andern Freund hätte / das wär mir viel lieber / dann wär ich

216

wahrscheinlich wieder eifersüchtig und dann wär das wieder anders / ich weiß es auch nicht, so was Blödes // ich fühl mich da jetzt irgendwie eingefangen, so //

T.: (leise, langsam, ruhig) die Frau kommt zu nahe an Sie heran /

W.: (scharf) bitte?

T.: (leise, langsam, ruhig) die Frau kommt zu nahe an Sie heran /

W.: ja ich weiß es eben nicht, aber ich merke eben / so aus gewissen Äußerungen, daß sie eben / für mich einiges empfindet und eh / da hab ich genau das gleiche unbehagliche Gefühl, das ich nicht näher definieren kann, wie ich letztes Jahr schon hatte / bei diesem andern Mädchen, die ja auch auf Heiraten und so aus war und zusteuerte und wo ich eben auch Schluß gemacht hatte / und hier auch wieder / mit einem Mal, urplötzlich /

T.: hm

W.: vor meinem Urlaub war es noch sehr schön /

T.: so wie das zu Hause früher mit Ihrer Mutter war, die auch solche Fangarme hatte und Sie so an sich zog /

W.: (leiser und undeutlich) ach das weiß ich gar nicht mehr / das weiß ich gar nicht mehr /

T.: was kommt Ihnen da in den Sinn, wenn Sie / an früher und an ihre Mutter denken /

W.: ich weiß es nicht (unverständlich) / (wieder laut und deutlich) ich mein ich seh da im Moment keine Parallelen / aber ich empfinde da einfach nichts mehr //

T.: wo empfinden Sie nichts mehr

W.: gegenüber diesem Mädchen /// ich weiß auch nicht, ich bin jetzt dauernd am überlegen, was ich da mache / ich mein vollständig klar bin ich mir da auch noch nicht / aber / ich, eh meine das klingt ja / ein bißchen egoistisch / ich hoffte ja durch die und mit der meine / mn eh sexuellen Probleme zu überwinden / aber das kann man ja nur machen wenn auch / wenn dann auch Harmonie besteht und Zuneigung / und eh / das Mädchen dazu auszunutzen, das ist ja unfair, das kann ich / und das will ich auch nicht / und deswegen lautet wohl die logische Konsequenz, Schluß zu machen / davor hab ich aber auch etwas Angst, dann muß ich mir wieder ne Neue suchen, es fällt mir ja sehr schwer ////////

T.: was kommt Ihnen jetzt in den Sinn? /

W.: nja jetzt hab ich eigentlich alles erzählt / jetzt kommt mir nichts mehr in den Sinn // es sei denn, daß ich im Urlaub wieder fürchterlich unter Aggressionen zu leiden hatte / das ist wahrscheinlich irgendein Rückschritt gewesen / mn eh / da war ich nämlich fürchterlich unheimlich wütend
(Telefon läutet, Band wird kurz abgeschaltet)

W.: nja, so Aggressionen gehabt / mn eh gegen Gott und die Welt / und das ist irgendwie doch / versteh das nicht, möchte das irgendwie wegkriegen aber / das ist, das hab ich Ihnen früher schon mal erzählt / wenn Sie sich daran noch entsinnen, da weide ich mich dann richtig dran / und das hing auch daran, daß da nicht alles so klappte wie es sollte / ich hatt da nicht so mn eh / eh nicht so die richtigen Leute gefunden / das war nicht so ganz harmonisch / und eh da hatte ich so 'n bißchen Grund zum Ärgern und das hab ich dann auch weidlich getan //

T.: vielleicht berichten Sie ein wenig von Ihrem Ärger

W.: (schwungvoll) ja, es ging alles um nichts, wissen Sie, ich hatte einen Zimmergenossen eh / das war so 'n Idiot und eh mn 'n primitiver Affe / und eh eh der fiel mir dermaßen auf'n Wecker / da war ich eben wütend und eh / hab mich über den geärgert und dabei aber auch über alles mögliche andere noch / was so grad zum Ärgern sich anbot / das sind so Dinge, die hatt ich halt nun immer, das hab ich Ihnen früher mal erzählt / wie ich mich beim Zähneputzen über meinen Chef ärgere oder über meine Mutter / oder was weiß ich grade was nun grade aktuell ist / und das ist im Urlaub auch wieder sehr stark gewesen /

T.: den Ärger haben Sie dann in sich hineingefressen

W.: mn ja ja ja / ja was soll ich denn damit machen / (hüstelt) /

T.: ja was / könnten Sie damit machen, was kommt Ihnen da in den Sinn /

W.: ja wieso / gibt's denn da so verschiedene Methoden, sich abzureagieren? die boten sich aber nicht an / und da gab's ja keine, ich konnte ja wenigstens meinen Zimmer / kollegen da (schluckt geräuschvoll) anschreien oder so, da hatt ich keine Lust zu / und eh / ich hab mich dann also praktisch da / möglichst entfernt / oder mich seiner Gesellschaft entledigt, soweit das ging //

T.: hm /

W.: und das ist ja immer bei mir / das war zum Teil / war es auch unbegründet, zum Teil waren das auch ganz nette Leute / aber ich werd da immer erst so spät warm / da war das Ganze schon wieder vorbei / das war zum Teil ne ganz nette Clique / wenn ich so im Nachhinein das bedenke / aber / das dauert bei mir ja immer sehr lange und wenn das denn so / bei mir soweit ist, daß ich Kontakte schließen könnte / dann ist das meistens wieder zu Ende von der Zeit her gesehen, das hab ich auch hier wieder erlebt / und so hinterher war es, war ganz nett und hinterher weiß ich eigentlich gar nicht, <u>warum</u> ich mich geärgert habe / ich weiß nur, <u>daß</u> ich's getan habe // da hab ich dann eben Zeit oder / ich weiß nicht / da habe ich ans Geschäft gedacht und weil ich / und da so Rachegefühle entwickelt über meine Leute, über einige, über die ich mich ärgere und / na ja und da meinen Zimmerkollegen und / ja meine Mutter, die war auch mal dran, und ich glaube das waren sie auch alle /

T.: Sie betonten vorher mehrfach, daß Sie mir das schon geschildert haben mit den Aggressionen

W.: (unterbricht) ja früher sehr oft, das hab ich früher ja sehr oft eh na glaub ich drüber mal gesprochen vor ein, zwei Jahren mal / eh / das ist ja ein hervorstechendes Merkmal /

T.: ja, und das könnte ja auch damit zusammenhängen, daß Sie hier irgendwie fühlen, daß Sie sich auch / über mich beklagen müßten, Sie erzählen mir diese Dinge so oft und ich eh

W.: (unterbricht) nee nee, ich habe es eben so gesagt / mn eh ich wollt es nur eben in Erinnerung bringen, um das nicht weiter zu vertiefen / weil das ja bekannte Dinge sind, das sind keine neuen Symptome, alte Erscheinungen, nur in neuer Auflage / die mir aber jetzt wieder sehr bewußt geworden sind, das hab ich lange nicht mehr gehabt / weiß auch nicht, warum / wahrscheinlich, ja Gott der Anlaß war eben, daß ich nie so ganz zufrieden war und diesen Idioten da bei mir hatte / und eh / eh da hab ich mich halt geärgert /

T.: mir fällt das auf, daß Sie gleich abbiegen und / eigentlich nicht was / eh / unter Umständen / für uns auch hier zu verstehen wäre, daß Sie sich / beklagen darüber, daß /

W.: ja das tu ich ja im Moment nicht / weil Thema ist ja / das andere Thema / das ist mir ja viel wichtiger / diese Dinge sind ja wieder vorbei, wissen Sie / und eh / dann ist das schon wieder vergessen / und im Nachhinein aus der Rückschau hab ich ja da / immer noch sehr gute Erinnerungen / sehr positive Erinnerungen, weil das ein interessanter Urlaub war / und eh / dies Ärgern ist einfach ein Wesenszug von mir, daß ich, daß das eh / jetzt wieder so ausgeprägt war, daß ich mich darüber geärgert

218

habe /

T.: na ja, aber so geht das mit der Freundin auch, die Sie jetzt so abgeschoben haben, um sich nicht / mit den Problemen, die sich / in der Beziehung zu ihr ergeben, auseinandersetzen

W.: (unterbricht) welche, was meinen Sie denn für Probleme (T.: zu müssen)

T.: von denen Sie berichtet haben / daß Sie / sich bedrängt fühlen, daß Ihre Freundin zu stark auf Sie zukommt

W.: ja das kann ich ihr ja sagen / das kann man ja in geeigneter Form ihr klarmachen aber / em daß eh da ist einfach tot / ich hab keine also / ich eh / ich fühle da nichts mehr, kein Verlangen, die mehr zu sehen / das ist viel schlimmer / und da sind nicht nur Probleme // ich war ja gestern bei ihr und / aber da war ich ja froh, daß ich wieder weg war /// ich weiß gar nicht ob / man soll sich ja nicht mit Gewalt dazu zwingen irgendwie / ne Freundin gern zu mögen, ich mag die eben einfach nicht, es ist eben einfach nichts da / wahrscheinlich // ich weiß eben, das ist mir eben nicht ganz klar, was da vorliegt /

T.: hm hm, und das nehmen Sie sich gleichzeitig ja sehr übel /

W.: daß mir das nicht klar ist, ja das möchte ich sehr gerne wissen / um danach handeln zu können / da steig ich noch nicht ganz durch / das ist ja eine interessante Erscheinung, daß ich früher oder noch vor kurzem hinter ihr her war wie ein Wilder / und als ich sie hatte, da war's dann aus so ungefähr /// aber wahrscheinlich / was ich suche, das gibt's vielleicht gar nicht / ich sagte ja schon mal, ich suche eine Freundin, die mich nicht heiratet und eh mit der ich gut zusammen leben kann / die mir aber auch nicht zuviel Zeit stiehlt / jetzt geht das hier schon wieder los / eh ich möchte auch beruflich gern noch mich engagieren eh / ich hab so nebenbei noch meine Dinge daß ich ma / Artikel schreiben möchte oder / was weiß ich Vorträge halte / hier seh ich das schon, daß ich jeden Samstag Sonntag da / eh engagiert bin / un eh das paßt mir auch alles nicht ////////

T.: was denken Sie jetzt /

W.: tja // ja ja daß ich ganz gern mal wissen möchte / was da eigentlich los ist / eventuell von Ihnen / daß Sie mir da eventuell mal / 'n Fingerzeig geben / eh um zu ergründen / was da eigentlich los ist /

T.: hm /// wir sind eigentlich in einer ganz ähnlichen Situation / hier / wie Sie sich / auch befinden / mit Ihrer Freundin

W.: inwiefern /

T.: daß Sie hier eigentlich auch engagiert sind und / hier in die Analyse kommen / und eigentlich arbeiten müßten / Artikel schreiben / Vorträge / vorbereiten /

W.: n das versteh ich nicht ganz /

T.: Sie stellten das so vorhin dar / daß Ihre Freundin Sie abhält

W.: ja aber mn kje das ist mir jetzt alles erst bewußt n mn wenn man da so hinterher ist, dann ist das ja egal / dann stört mich das ja nicht aber / jetzt stört mich das / jetzt habn wir ja Silvester was vor und soll ich am liebsten schon Freitag fahren, das paßt mir sowieso nicht / ich komm eben zu nichts mehr und eh / ich möchte auch gern noch / nmj wie ich eben schon sagte meine / Arbeit in gewisser Weise / meine Hobbyarbeit fortsetzen //

T.: hm /

W.: das wär aber alles auch hinzukriegen mit ihr / darüber kann man ja reden /

T.: hm hm

W.: und entweder klappt's, dann kapiert sie das oder sie kapiert's nicht / und dann ist eben aus /

219

T.: hm hm

W.: normale Menschen, die sagen / da kann man sich ja drüber einigen, dann komm ich eben erst Samstagabend und besuche sie /

T.: hm hm

W.: eh / und verwende den Samstag noch für mich, das ist alles kein Problem / das ist also nicht die Ursache /

T.: zum Beispiel /

W.: na ja das weiß ich genau, es geht einfach darum, daß ich dann nichts mehr empfinde, daß ich / also daß eh daß der Ofen aus ist auf deutsch gesagt // (schnupft) /

T.: und das passiert Ihnen gerade dann, wenn / Sie / sich so eingesogen fühlen /

W.: (zustimmend) hmhm

T.: die Frau grade sich Ihnen nähert

W.: ja ja

T.: Sie das Gefühl haben, mit Fangarmen umschlossen zu werden /

W.: ja ja, vielleicht ist das ein bißchen drastisch gesagt aber / so in der Richtung // genauso wie letztes Jahr n da ist es so / die sind / die Dinge gleichen sich aufs Haar / da war's genauso und da / war ich also auch / in einer fürchterlichen Situation und eh / dann hab ich mich also auch davon gelöst / und dann fiel mir tatsächlich, fiel mir 'n richtiger schwerer Stein vom Herzen / so war es eben, hier ist es etwas anders aber / nicht ganz so, aber immerhin / mir ist das ja auch erst so etwa eine Woche klar // (schluckt geräuschvoll) vor meinem Urlaub war noch alles in bester Butter so / da hab ich mich glaub ich auch gefreut so aufs Wiedersehen und auf alles und wie s so was weitergeht / wir haben uns ja auch schon zusammen im Urlaub ange- meldet für für März / das habn wir auch / und das wollte ich erst und da wollte sie nicht / na und da hab ich das schon wieder abgegeben // n da hatt ich / das aufge- geben und schon in'n Wind geschrieben und dacht na ja da mußt du halt alleine fahren / und dann jetzt fing sie vor einigen Wochen damit an / und da haben wir uns angemeldet / und / da seh ich jetzt auch schon 'n echtes Problem drin //

T.: wie Sie sich da wieder raus

W.: (unterbricht) nee (T.: halten) ach raushalten / das kann man ja schon aber / eh / ob ich das nun will oder nicht will, ich bin mir da noch unklar / erst war ich da so hinterher wie 'n Verrückter / und eh / jetzt / wär ich am liebsten / würd ich am lieb- sten das / eh ungeschehen machen / das stornieren /// ich weiß ja auch nicht, was eigentlich los ist / und ob das an mir liegt oder ob das nicht das richtige Mädchen ist, ich weiß es auch nicht ///

T.: ich glaube, von mir möchten Sie's wissen, das hatten Sie vorhin auch ausgedrückt

W.: (unterbricht; dezidiert) nee nee / nee das möchte ich von Ihnen nicht wissen, denn das können Sie mir ja nicht sagen / aber von Ihnen eh möchte ich eigentlich wissen, wie so was kommt / daß man also / bis zu dem Punkt, wo man sie nicht hat oder ich bis zu dem Punkt, wo ich nichts habe / hinter ihr her bin / also tatsächlich bis zur Schlaflosigkeit / und in dem Moment, wo sich das Blatt zu wenden beginnt / daß da mein Interesse absinkt // daß also praktisch die beiderseitigen Gefühle / in einem umgekehrten Verhältnis stehen // je mehr sie z zu mehr neigte, e z zu mir neigte, desto mehr / geh ich zurück / das ist das, was mich interessiert und was was ich nicht kapiere /

T.: hm / obwohl wir hier mit Worten die ganze Zeit darüber reden / nämlich daß Sie sich bedrängt fühlen /

W.: (halb zustimmend, langgezogen) nja /

220

T.: und da zurückweichen / (W.: hm) // aber es hier auch nicht so / eh wahrhaben wollen / (W.: was) und sich sehr kompliziert ausdrücken / und mit mir auch darüber reden wollen / aber es sehr schwer für Sie ist, das noch mal nachzuvollziehen / daß Sie sich hier bedrängt fühlen /

W.: wo bedrängt fühlen? /

T.: wenn / die Frau Sie haben will, Gefühle für Sie zeigt /

W.: ja, dann fühl ich mich bedrängt /

T.: hm hm

W.: da kommen die, das sind die Fangarme

T.: hm hm

W.: und dann denk ich gleich an Heiraten und so was

T.: hm hm //

W.: ja und / da ist mir das eben nicht ganz klar / ich weiß ja selbst nicht genau, ob ich heiraten will aber / eh / wahrscheinlich, wenn die Richtige kommt, würd ich auch heiraten / und deswegen ist es eben nicht die Richtige / und mit ihr würde ich gern ein / ein eh / Verhältnis haben, wie ich das vorhin schilderte / und das geht offenbar nicht ///

T.: warum geht das nicht, konkret /

W.: ja weil sie wohl so was nicht will /

T.: Sie wissen es offenbar nicht genau /

W.: nee / aber ich spüre es //

T.: hier haben Sie auch eine Scheu, das zu klären /

W.: ja das ist ja auch alles unangenehm, irgendwie / irgendwie fühl ich mich sauun-wohl // auf der einen Seite habe ich auch Angst, das wieder zu lösen / weil ich ja hier hoffte / eine / eh / langsame Lösung meiner sexuellen Probleme zu finden / und weil ich ja eben Schwierigkeiten hab, ne neue Freundin zu finden, das ist ja immer bei mir so / schwierig /////

T.: wenn Sie wüßten, daß Sie, wie bei dieser anderen Frau / daß Sie nicht unbedingt / also die Frau, die so konservativ ist

W.: (unterbricht) diese Schweizerin, die ich da kennengelernt habe /

T.: daß Sie nicht / hm / sexuell in Kontakt mit ihr treten müßten

W.: hm

T.: und / wenn Sie das Gefühl hätten, daß eh / Sie / trotzdem angenommen würden

W.: hm

T.: dann ginge es einfacher /

W.: (zweifelnd) ja / ja ich will ja sexuellen Kontakt haben ja und eh / mm das war ja auch mit der Schweizerin so / ich bin ja, die hat mich ja sehr gut durchschaut, die hat ne ganz gute Menschenkenntnis / die hat mir gesagt, Sie sind ja nur gekommen, weil Sie mit mir schlafen wollten / und eh / das stimmte zum Teil auch / wir haben uns kennengelernt im Flugzeug / und eh da da haben wir so geredet / wir haben da so ne Besichtigung gemacht / und eh / dann sagte sie mir / wo sie lebt, in welchem Hotel sie wohnt, in einem andern Hotel / und eh / da haben wir uns ganz nett unter-halten / (lautes Schlucken) erst hatte mich die gar nicht interessiert, und da sagt sie so ob ich sie nicht mal besuchen wollte / ja / sag ich dann / gut wird gemacht / nje / und eh / dann eh war ich aber mir selbst noch nicht so ganz klar, ob ich das auch / warum ich eigentlich ja gesagt hatte und jedenfalls, als ich wieder zu Hause war / n da hab ich dann ne lebhafte sexuelle Phantasie entwickelt und / eh / eh / t da war mir eigentlich völlig klar, daß es / eh daß daß ich mit der irgendwie / eh emne / mn sagen wir mal sexuelle Kontakte haben könnte / und eh dann bin ich

221

da also hingefahren / oder erst (Schmatzen) / ja erst am nächsten Tag / und da hab ich irgendwie den Bus verpaßt und das klappte nicht im allgemeinen / bin ich da hingefahren und eh / da war sie sehr überrascht daß ich noch kam / und freute sich auch / war auch sehr schön und / fing sie an mit ihren Problemen da mit ihrem Freund / und eh / mne / dann kamen wir auch auf meine Freundin und eh / ja jedenfalls dann eh / machte sie mir eben klar, daß sie / mne / mne mit mir eben nur wie sie sagte geistig-seelischen Kontakt haben wollte / nja da hab ich erst noch versucht, aber das ging dann nicht und dann hab ich mich auch ganz / war es aber trotzdem ganz nett und eh / jetzt habe ich aber vergessen, was Sie eigentlich gefragt hatten, die war sehr konservativ / es war ne Schweizerin / die war also noch unberührt, die war 25 Jahre alt und hatte auch mit ihrem Freund noch nicht geschlafen / hatte also so bestimmte Grundsätze / aber es imponierte mir, die war also nicht dumm oder nicht / zurück / sondern die hatte so ganz bestimmte Grundsätze und die / habe ich durchaus respektiert / das fand ich eigentlich gar nicht schlecht /// ja jedenfalls eh die hat mir eigentlich erst die Augen geöffnet / in meiner Sache // obwohl sie eh / sie wollte eigentlich mich sprechen wahrscheinlich / hab ich den Eindruck / weil sie Probleme mit ihrem Freund hatte / und da wollte sie sich / das ist ja auch so ne Ironie des Schicksals, ausgerechnet von mir / beraten lassen und ich hab sie wohl auch ganz gut beraten / und eh / innerlich hab ich dann auch manchmal selbst gelacht / daß ausgerechnet ich so was mache oder daß man ausgerechnet mich fragt / na und / bei der Gelegenheit kamen wir eben auf / so meine persönlichen Dinge und da sagte sie mir / nach wenigen Worten schon auf den Kopf zu, aber Sie lieben sie ja gar nicht // und eh / da ist mir das erst bewußt geworden /
T.: hm / na ja und hier / eh hatten Sie dann auch vergessen jetzt grade / eh auf das zu antworten, was ich gefragt habe / Sie hatten ja zuerst hm gesagt, das sei nicht so / ehm daß Sie lieber einen nicht-sexuellen aber einen gefühlsmäßigen Kontakt hätten, sondern / wollten mir jetzt erzählen, daß Sie sehr wohl sexuelle Interessen haben
W.: so mit dieser mit dieser Bekannten da im Urlaub /
T.: hm
W.: ja ich hatte da sexuelle Interessen, ganz klar / und eh / eh / das, die kamen aber nicht zum Tragen / dann habe ich mich halt geschickt und eh / eh / mh eh eben mit ihr dann mich so ganz nett o sehr nett unterhalten, da hatten wir dann zwei nette Tage verlebt /
T.: ja ja, und wenn eine Frau mehr als sexuelle vielleicht auch, aber / zum anderen auch / (leise) Sie liebt / sie mit Ihnen zusammen sein möchte, dann / fängt es an / schwierig zu werden //
W.: ja ich weiß es nicht, ich weiß ja nicht ob es das ist / sondern ich habe ja nur Angst, daß die mich dann fängt und daß ich dann irgendwie gebunden bin, das möchte ich ja nicht //
T.: und wenn Sie nur mit ihr sexuell zusammen sind und mit ihr schlafen, dann / ist diese Angst ja nicht so stark da /
W.: nee nee eh / ja nur sexuell, das gibt es ja gar nicht, das möcht ich ja gar nicht / es muß ja auch ne Zuneigung dasein, muß ja Sympathie dasein / und soll ja auch, also ich möchte ja durchaus ne geistig-seelische Beziehung haben / nur ich möchte das eben von beiden Seiten aus / unverbindlich verstanden wissen / eh also durchaus ehrlich / eh wenn also sie meinetwegen jetzt jemand findet, den sie lieber mag, dann sagt sie, sagt sie's mir, dann ist die Sache beendet und umgekehrt / aber / hier hab ich so so 'n ungutes Gefühl und da ist dann mit einmal alles tot // daß sie also

222

mehr möchte, obwohl ich das noch nicht weiß aber / trügt bestimmt nicht /// und bei dieser / im Urlaub / da war es eben / auch so / da war ich eben hinterher, weil sie nicht wollte / das war irgendwie der Grund wahrscheinlich / deswegen reizte sie mich um noch um so mehr // mit der werde ich auch weiterhin Kontakt behalten, wir werden uns mal besuchen / eh / da wird sich nie was abspielen / nen die ist auch dazu viel zu konsequent aber / mit der kann man sich sehr gut unterhalten //// und meine Freundin jetzt, die hat auch glaub ich zu wenig Verständnis für meine geschäftlichen Dinge /mn und eh / das merkt man ja alles erst nach gewisser Zeit, ich weiß das ja nicht, sind ja alles nur Ausflüchte aber / die arbeitet da auf der Atomdingsda auf der Kernforschungsanstalt in H. / da wird praktisch nichts getan, die gammeln da rum, wenn ich das so höre / das ist ja keine, die gehn im Grunde keiner regelmäßigen Arbeit nach / und das hab ich ihr auch gesagt / wenn die mal zwei Stunden am Tag konzentriert arbeiten, dann / tun sie so als hätten sie was getan und / die kann das irgendwie wahrscheinlich gar nicht verstehen, daß ich / hart im Job drin bin / hat da auch so kein Interesse für /

T.: das beunruhigt Sie offenbar, Sie fühlen sich ihr / unterlegen / dadurch /

W.: nee nee unterlegen gar nicht aber / ich weiß nicht / das mein ich nicht, ich erwarte Verständnis, ich hab ja auch für sie Verständnis, ich hab mich in alle Dinge / sehr eingefühlt und was weiß ich, ich hab Namen behalten, was man alles so tut / ich weiß nun also wer der Professor ist und was der macht und eh / dann muß man eh kann man ja auch vom anderen Partner erwarten, daß sie sich 'n bißchen einfügt, auch mal nach meinen Dingen fragt, wenn ich mal / 'n Vortrag halte oder so, daß sie fragt wie's gelaufen ist und so, aber das tut sie nicht, da hat sie eben einfach keinen Draht / und eh / das muß man eben tun, mich interessiert ja dieser Käse aus Atom auch nicht / eh aber / das gehört ja eben halt dazu / daß man sich dafür interessiert / und eh gegenseitig

T.: (unterbricht) jetzt wird das eigentlich ein wenig klar, daß Sie sich im Grunde

W.: bitte

T.: jetzt wird das ein wenig klar, daß Sie sich im Grunde / auch enttäuscht zurückziehen, denn / sie hat Sie eigentlich nicht richtig verstanden /

W.: ja wissen Sie, mich ödet das an, so eh / das kommt ja erst nach gewisser Zeit, aber wenn sie von ihren Problemen im / in der KFA erzählt, dann eh / ist das immer dasselbe / und ich / also das klingt jetzt 'n bißchen überheblich, ich würde die in fünf Minuten lösen, da machen die dann Tagesprobleme daraus / weil die einfach nichts zu tun haben, wenn Menschen nicht ausgelastet sind, dann machen sie sich Probleme, ist ja immer so / und eh / ich muß mir jetzt so Mühe geben, mir diesen Mist noch anzuhören / die kleinen Streitereien und und / was so unter den Mitarbeitern dann vorkommt / und eh da macht die denn auch Mordsaktionen draus und sagt, stell dir mal vor und dies und jenes, dabei ist die nicht dumm, die hat Abitur und eh sie ist intelligent / ich habe mal ihren Intelligenzquotienten gemessen / der ist höher als meiner / wir haben da mal so 'n Test gemacht, also das heißt so 'n Seminar hab ich mal besucht / in G. / den hat dieser Professor L. durchgeführt, den kennen Sie ja vom Namen / gewiß und eh / eh eh wir wollten mal einige uns ausbilden lassen um / neue Bewerber oder um Bewerber bei Banken testen zu können, und zwar / in bezug auf den Intelligenzquotienten und und und in bezug auf Neuroseanfälligkeit, da haben wir diese Tests unter seiner Leitung alle an uns selbst ausprobieren müssen, und dann hab ich ihr das mal erzählt, sa sagt sie, ja miß doch mal meinen Intelligenzquotienten und eh / da hab ich das mal durchgeführt / und daher weiß ich also / eh daß die intelligent ist und nicht dumm ist / deswegen

223

/ eh mne / stößt mich das so etwas ab, wenn dieser ganze / Kram da so erzählt wird, das ist dann / so ungeheuer wichtig / da ist also praktisch im Grunde keine Basis da / ich hab mich viel für ihre Dinge interessiert / sie ist ja kunstinteressiert / da habe ich also mit ihr alle möglichen Ausstellungen besucht / war auch selbst mal interessiert weil ich da 'n ziemlicher Banause immer war / und das war ne ganz gute Gelegenheit, da mal 'n bißchen reinzukommen / aber / eh das ist eben immer nur sehr einseitig /

T.: dann war das Ganze doch sehr anstrengend für Sie auch, und Sie ziehen sich in der Tat enttäuscht / zurück jetzt /

W.: wie anst ja wie meinen Sie anstrengend, na ja es war also rein physisch anstrengend / ich hatte ja doch sehr viel zu tun / eh weil ich diese / n / diesen Lehrauftrag da übernommen hatte und eh / ich war praktisch jetzt seit Wochen / jedes Wochenende mit ihr zusammen / insofern ist das schon wahr / aber das ist ja dann, wenn man das gerne macht, ist es ja nicht anstrengend / nur heute ist eben die Frage bei mir, wozu eigentlich / was soll das / und eh / das ist ja das ist wahrscheinlich kein Grund, da haben Sie recht /

T.: ja /

W.: ich habe da also / bitte?

T.: da müssen wir erst mal Schluß machen /.

3.4.4. Auswertung der Textexemplare

3.4.4.1. Dialog K. – T. (K)

3.4.4.1.1. Linguistische Auswertung
– Person

Der Sprecher K. spricht von sich selbst in der 1. Person: «ich», zuweilen verstärkt durch «ich selbst»; einige Male wird ein Gegensatz zwischen «ich» und «ich selbst» hergestellt, z. B. «ich hab das Gefühl, als müßte ich mich wahnsinnig anstrengen //// allein ich selbst, ich selbst bin // bin ja gar net dabei»; einmal spricht K. von sich in der 3. Person: «der Sohn hat auch alles so wunderschön hinzukriegen». – Der Angesprochene T. wird gelegentlich explizit angesprochen: «sehen Sie»; «jetzt sind Sie wieder dran», «ich dachte doch, Sie hätten zu mir gehalten», «da hab ich Sie, Sie hab ich doch genommen und . . . hab Sie in in seine Arme geschmissen». «Wir» («ich» + «Sie») erscheint einmal: «gestern, wie wir über diese Situation geredet haben».

Der Sprecher T. erscheint äußerst selten in der 1. Person: «ich glaube, daß es auch sonst . . . für Sie sehr wichtig ist . . .», «daß niemand dran kann // auch ich eigentlich nicht dran / kommen darf», «doch sind Sie sehr bedürftig, jemandem das zu erzählen, z. B. mir», «diese Phantasien, daß Sie mich umlegen könnten . . .». – Der Angesprochene K. wird eigentlich in jeder Äußerung explizit angesprochen: «was bedeutet das für Sie?», «hier haben Sie das Gefühl», «Sie kapseln sich ab», «müssen Sie eine ideale Welt um sich haben», «und Sie sind wieder allein . . . mit Ihren Phantasien / mit Ihrem Fieber», «daß Sie mich umlegen könnten», «da müssen Sie sich abkapseln». – «Wir» erscheint einmal: «da müssen wir dann erst mal Schluß machen», es hat jedoch weniger die Bedeutung von «ich» + «Sie» als die Bedeutung eines Pluralis majestatis.

Zusammenfassung:

Der Sprecher K. dominiert als «ich»; er kann sogar sein Ich reflektierend verdoppeln («ich» vs «ich selbst») oder in der 3. Person zum Gegenstand einer Aussage machen («der Sohn»). K. bezieht den Angesprochenen T. zuweilen in seine Äußerungen ein, und zwar in engem Zusammenhang mit seinem «ich»: «ich ... Sie», «ich rede hier / jetzt sind Sie wieder dran», oder in phatischer Funktion: «sehen Sie». — Der Sprecher T. tritt kaum als «ich» in Erscheinung, er will nicht als Subjekt seiner Rede in die Interaktion eintreten, sondern eher als unbestimmte 3. Person: «niemand, auch ich nicht», «jemandem, z. B. mir». Der Sprecher T. macht ausschließlich Aussagen über K., der jedesmal explizit angesprochen ist.

— Raum- und Zeitreferenz

Sprecher K.: besonders auffällig ist die situationsbezogene Zeitreferenz, d. h. die zahlreichen Zeitangaben, die sich auf das ⟨jetzt⟩ der Analysestunde beziehen: «ich wollte gestern morgen anrufen», «wie ich aus der Analyse kam gestern morgen», «gestern, wie wir über diese Situation geredet haben», «die Nacht (sc. diese Nacht) hab ich geträumt»; außerdem erscheinen «nie», «niemals», «manchmal», «immer», «schon immer», «immer schon», «so oft», «irgendwann». Als situationsabhängige Raumreferenz erscheint «hier»; außerdem «irgendwo», «weg», «woandershin». (Besonders auffällig ist beim Sprecher K. die situationsunabhängige Raumreferenz, wobei die Gegensatzpaare «oben» — «unten» und «außen» — «innen» wiederholt erscheinen: «äußerlich» — «innen drin», «von außen» — «innen drin», «raus» — «rein»; «oben zu bleiben» — «als wenn ich niemals unten gewesen wär», «da / lieg ich unten», «daß der Alte unten in der Garage ist», «liege ich da drunter», «in jedem Moment müssen die Balken von oben kommen», «daß da noch keiner runtergefallen ist», wobei dem «unten» immer ein negativer Wert zukommt.)

Sprecher T.: als situationsbezogene Raumreferenz erscheint nur «hier»: «und hier haben Sie das Gefühl», «und in der Konfrontation hier mit mir»; als situationsbezogene Zeitreferenz erscheint «sonst»: «ich glaube, daß das auch sonst (sc. nicht nur jetzt) ... für Sie sehr wichtig ist».

Zusammenfassung:

Der Sprecher K. zeigt eine sehr differenzierte Skala von situationsabhängiger Zeitreferenz und situationsunabhängiger Raumreferenz. — Der Sprecher T. gebraucht räumliche und zeitliche Angaben überaus sparsam.

— Intentionalität

Sprecher K.: Den intentionalen Charakter seiner Aussagen bestimmt K. vornehmlich durch «ich fühle», «ich hab das Gefühl» und «ich denke» sowie durch «ich hab den Eindruck gehabt» und «ich glaube nicht»; illokutive Adverbien und Partikel sind selten; die Relation zum Angesprochenen wird kaum explizit. (Das erklärt wohl den Monologcharakter seiner Äußerungen, ungeachtet dessen, daß der Angesprochene T. zuweilen genannt wird.) – Relativ viele Modalverben, und zwar insbesondere «ich kann nicht», «ich kann», «ich könnte» und «ich wollte», «ich will», außerdem «ich möchte», «ich muß», «ich brauche».

Sprecher T.: den intentionalen Charakter seiner Aussagen bestimmt er nur einmal: «ich glaube»; als Modalverben, die sich sämtlich auf den Angesprochenen K. beziehen, finden sich «Sie müssen» und «Sie könnten», «Sie sollten», «Sie möchten».

Zusammenfassung:

Sprecher K. gibt seine eigenen Gefühle und Intentionen sehr differenziert wieder. – Der Sprecher T. hat offenbar keine eigene Intentionalität, sondern macht lediglich Aussagen über die Intentionalität des Angesprochenen K.; dabei steht z. B. «Sie müssen» dem «ich kann nicht» von K. gegenüber.

– Sprechhandlungen

Der Sprecher K. richtet weder Fragen noch Aufforderungen an den Angesprochenen T., er beantwortet jedoch die Fragen des Sprechers T. und kommt seinen Aufforderungen nach.

Vom Sprecher T. gehen sowohl Fragehandlungen als auch Aufforderungshandlungen aus: «ja, was bedeutet das für Sie?», «was heißt das konkret?»; «Sie sollten das vielleicht doch klären»; da sie vom Sprecher K. entsprechend erfüllt werden, kann man sie als «geglückte» Sprechhandlungen bezeichnen.

– Redeerwähnung

Sprecher K.: die Redeerwähnungen betreffen einmal Selbstgespräche («ich» – «ich»), die er direkt zitiert: «dann denke ich net, ach, wie wird das / vorbeigehen», «sag ich Mensch, daß da noch keiner runtergefallen ist», «ich denk, tritt auf die Bremse», zum anderen ein bestimmtes Telefongespräch («ich» – «er»), das er direkt und indirekt zitiert: «ich verfluch den Moment, wo ich gesagt hab // ich ruf Sie noch mal an und dann sagen Sie mir's», «also jetzt denke ich schon wieder daran, daß ich den Kerl anrufe und frag, was ich in der Klausur hab».

Sprecher T.: keine Redeerwähnung.

– Redekommentierung

Der Sprecher K. geht auf jede Äußerung von T. (meist bejahend, selten verneinend) direkt ein, d. h. er läßt das als relevant gelten, was T. als relevant herausstellt.

Der Sprecher T. kommentiert die Äußerungen von K. überwiegend indirekt, d. h. er bezieht sich nicht auf das, was in der Äußerung von K. kommunikativ relevant war, z. B.: K.: «. . . da / lieg ich unten und / ich hab gar keinen Willen, meine keine Kraft, keine Kraft» – T.: «diese Phantasien, daß Sie mich umlegen könnten / die / hindern Sie auch . . . so etwas auszutragen». (Weniger zahlreich (1 : 3) sind die direkten Kommentare, z. B.: K.: «. . . irgendwo fehlt die Rückkopplung /// ach ja, ich fiebere, ich fiebere» – T.: «und Sie sind wieder allein // . . . mit Ihren Phantasien / mit Ihrem Fieber».

226

3.4.4.1.2. Psychoanalytischer Kommentar[44]

Der Patient K. spricht sehr genau und differenziert von sich, seinen Gefühlen, Ängsten und Phantasien. Seine Rede gleicht oft einem Monolog. Der Therapeut ist Zuhörer und zugleich Zuschauer, ohne dem Patienten jedoch wirklich nahe zu kommen. Es besteht zwischen Arzt und Patient eine eigentümliche Distanz. Dabei sucht der Patient Kontakt, Bestätigung und Sicherheit in der therapeutischen Beziehung. Die Art, wie der Patient von sich spricht, ist wohl als Angebot des Patienten an den Therapeuten zu verstehen, sich selbst zu äußern in ähnlicher Weise, wie es der Patient für den Therapeuten tut. Aber auf die Profilierung beispielsweise der Person geht der Therapeut nicht ein; weder äußert er sich zur persönlichen Situation des Patienten, noch profiliert er sich selbst gegenüber dem Patienten. Der Patient wird in seinem Bemühen, sich darzustellen und *dadurch* Kontakt zu bekommen, allein gelassen, weil der

---

44 Wir haben an anderer Stelle schon darauf hingewiesen, daß die Sprachanalyse im psychotherapeutischen Geschehen dort einsetzt, wo die Kommunikation zwischen Arzt und Patient gestört (asymmetrisch) ist (S. u. H. GOEPPERT, 1972, S. 127). Verbunden mit dieser Kommunikationsstörung erkannten wir eine Unklarheit der Übertragungs-Gegenübertragungssituation und gaben dem sprachanalytischen Vorgehen schließlich die Funktion einer zunächst extrakommunikativen und in weiteren Schritten metakommunikativen Reflexion auf die Gesprächssituation, wodurch von hier aus die Möglichkeit zur Strukturierung des therapeutischen Prozesses gegeben war. – In den zu den Dialogprotokollen gegebenen psychoanalytischen Kommentaren wird nicht etwa eine umfassende Darstellung der psychoanalytischen Interaktion angestrebt, sondern soll lediglich, in der Gegenüberstellung von ‹gestörtem› Dialog und unklarer Übertragungs-Gegenübertragungsbeziehung zwischen Arzt und Patient, die Ebene bestimmt werden, auf der unser sprachanalytisches Vorgehen und die metapsychologische Strukturierung ineinandergreifen und, bezogen auf die Kommunikationssituation, in ihrer Entsprechung reflektiert werden können. Ein Beispiel kann dies erläutern: In der linguistischen Auswertung des Dialogs S. – T. (S) (3.4.4.3.1.) wird festgestellt, daß die Patientin Fragen an den Therapeuten stellt, die im Grunde Scheinfragen sind; der Therapeut reagiert z. B. mit einer Behauptung:

S.: was will denn ein Mann, wenn er mit mir schläft, he?

T.: hm // hm // . . . das gefällt Ihnen nicht /

Der psychoanalytische Kommentar (3.4.4.3.2.) hält fest, daß der Therapeut sich bedrängt fühlt durch diese Fragen und in einer Weise reagiert, die den therapeutischen Prozeß nicht fördern kann, da er etwa der Kastrationsdrohung dieser phallischverführerischen Patientin ausweicht. – Eine lediglich auf den Patienten bezogene Beurteilung würde hier nur die Feststellung machen können, daß die Patientin hysterisch zwischen Inzestwunsch und Penisneid schwankt. – Durch die vorliegende Sprachanalyse ist es also möglich geworden, die besondere Ausprägung von Übertragung und Gegenübertragung im Hic et Nunc der Kommunikationssituation am sprachlichen Text (und im Idealfall in der konkreten Redesituation selbst) zu fixieren. Dies stellt unseres Erachtens den Ausgangspunkt zur weiteren Reflexion des psychoanalytischen Geschehens dar, die nun unter Umständen auch in metakommunikativem Sinne für die Redesituation zwischen Analytiker und Analysand genutzt werden kann.

Therapeut gerade über diesen Punkt nicht spricht, sondern lediglich Inhalte der Rede des Patienten zumeist indirekt aufgreift, ohne den Patienten in seiner Beziehung zu ihm (dem Therapeuten) anzusprechen.

Die Distanz in der Beziehung zwischen Arzt und Patient kommt in der unklaren Übertragungs-Gegenübertragungssituation zum Ausdruck: der Therapeut ist ein übermächtiger Vater und Rivale und gleichzeitig die geliebte Person, der man das Intimste erzählt. Zwischen diesen Positionen schwankt auch der Therapeut hin und her, je nach Situationskontext. Aggressionen des Patienten werden dadurch sofort für den Therapeuten entschärft, daß er sie verbalisiert und den Patienten damit konfrontiert.

Zusammenfassend fällt vor allem die starke Asymmetrie der Gesprächssituation in der Dominanz der Rede des Patienten gegenüber der des Therapeuten auf. Als psychoanalytische Arbeitshypothese kann nun gelten, daß der Patient sich rednerisch darstellen muß, um von dem Therapeuten akzeptiert zu werden, dieser sich aber distanziert verhält, da seine therapeutische Identität nicht klar ist (Rivale – liebender Vater) und gleichzeitig auf beiden Seiten Ängste bestehen, in einen zu engen Kontakt mit nachfolgender passiver Hilflosigkeit zu kommen. In der analytischen Stunde hatten wir eigentlich das Gefühl, den Patienten verstanden zu haben und auf ihn eingegangen zu sein, und merkten erst bei der linguistischen Auswertung des Textes, wie stark der Patient allein und allein gelassen reden mußte.

3.4.4.2. Dialog L. - T. (L)

3.4.4.2.1. Linguistische Auswertung
– Person

Der Sprecher L. spricht von sich selbst vorwiegend in der 1. Person: «ich»; «man» erscheint relativ häufig und meint meistens den Sprecher: «das ist ja schon zum Betäuben, wenn man so / halt / hauptsächlich abends halt, wenn ich da so rumsitze irgendwo», «daß ich s eben nicht gelernt hab, mit Depressionen umzugehen / weil man eben Angst hat, mich in irgendeiner Minute auch nur so depressiv zu fühlen», «das war dann auch so ne Zeit, wo man in der Woche / mußt ich zu Hause bleiben», «ja ich hab das da wie mein Vater halt diese Vorliebe, Probleme nicht zu sehen / und wenn man Angst da hat vor ... sich lieber irgendwas vormacht», «mit so m Mikrophon da und da muß man ja besonders zusammenhängend reden»; «daß man (ich + sie) sich dann abends so zusammen hingesetzt hat ... das war ohne Anlaß ..., daß man getrunken hat», «das hat man (sie) mir früher immer vorgehalten». «Wir» meint einmal «die Freundin + ich»: «wir sind eigentlich abends auch kaum zusammen», zum anderen «die anderen + ich»: «da sind wir eben alle einen saufen gegangen», nicht jedoch «Sie + ich». – Der Angesprochene T. wird relativ häufig zum Subjekt der Aussage gemacht, und zwar ausschließlich im Zusammenhang mit illokutiven Verben: «Sie sagten», «was meinten Sie denn», «und Sie haben wiederum so der Meinung, daß», «die Frage, die Sie

228

gestellt haben», «was Sie meinen», «daß Sie ne andere Meinung haben», «wenn Sie irgendwelche Anforderungen an mich stellen».

Der Sprecher T. erscheint relativ häufig in der 1. Person: «Sie meinen, das müßte ich eigentlich auch sagen», «warum Sie mir das heute erzählen», «mir schien das auch ein Grund zu sein», «mir fällt auf» ($3\times$), «auch mir gegenüber», «ich hab so den Eindruck», «weil Sie nicht . . . berichten, sondern mir sagen müssen, daß», «Ihre Hilflosigkeit, über die Sie heute mit mir sprechen wollen», «Sie kommen . . . und berichten mir», «wenn Sie das Gefühl haben, ich verlange etwas von Ihnen», «Sie müssen sich dann mir ausgeliefert fühlen», «mir ist noch nicht klar». – Der Angesprochene L. wird fast immer explizit angesprochen, häufig im Zusammenhang mit illokutiven Verben: «Sie sagten vorhin», «wo Sie vorher darauf hinwiesen». «Wir» meint immer «Sie + ich»: «Vielleicht können wir uns aber auch fragen», «ich glaube, hier müßten wir uns die Frage stellen», «heute das Mikrophon sich grade zwischen uns stellt», «ja dann müssen wir erst mal aufhören».

– Raum- und Zeitreferenz

Sprecher L.: sehr ausgeprägte situationsbezogene Zeitreferenz: «jetzt» ($19\times$), «heute» ($8\times$), «vorhin», «soeben», «vorher», «damals», «früher» ($5\times$); «immer» ($9\times$), «nie», «manchmal», «meist». Situationsbezogene Raumreferenz: «hier» ($5\times$), «als ich hierherfuhr», «daß ich hierherkam».

Sprecher T.: situationsbezogene Raum- und Zeitreferenz mit nahezu dem gleichen Repertoire wie bei L.: «jetzt» ($8\times$), «heute» ($4\times$), «vorhin», «vorher», «früher» ($3\times$), «damals»; «hier» ($6\times$).

– Intentionalität

Sprecher L.: Den illokutiven Charakter seiner Äußerungen bestimmt L. durch Ausdrücke wie «ich mein» ($12\times$), «ich glaub» ($3\times$), «meines Erachtens» ($4\times$), «ich würd sagen», «ich hab so das Gefühl», «ich bin der Meinung», «ich hab da die Vermutung» sowie durch Ausdrücke wie «eigentlich», «hauptsächlich», «wohl kaum», «irgendwie», «vielleicht», «ziemlich», «im Prinzip», «möglichst», «überhaupt». Die Intentionalität ist im ganzen schwach, aber sehr differenziert.

Sprecher T. expliziert den intentionalen Charakter seiner Äußerungen nur gelegentlich durch Ausdrücke wie «ich glaube nicht, daß», «ich hab so den Eindruck, daß», «mir fällt auf, daß».

– Sprechhandlungen

Sprecher L. richtet eine Frage an T., die von diesem auch beantwortet wird: «was meinten Sie denn warum ich das erzähle» – «mir schien das auch ein Grund zu sein, daß Sie . . .». Er antwortet auf die Fragen von T., die er damit jedoch nicht immer sinngemäß beantwortet und erfüllt: T.: «ich glaube, hier müßten wir uns die Frage stellen / was Sie sich vormachen . . .» – L.: «viel hm». Die Frage von T. bezog sich nicht auf eine quantitative, sondern auf eine inhaltliche Bestimmung dessen, was L. sich seiner Meinung nach vormacht.

Vom Sprecher T. gehen relativ viele Fragehandlungen aus; sie sind meistens direkt formuliert: «wie fühlen Sie sich jetzt», «wer hat Ihnen vorgehalten», «wie war das denn früher», zuweilen jedoch auch indirekt formuliert: «vielleicht können wir uns aber auch fragen, warum Sie mir das heute erzählen», «ich glaube, hier müßten wir uns die Frage stellen / was Sie sich vormachen»; T. stellt auch eine Frage, die er selbst beantwortet und die daher keine echte Fragehandlung darstellt: «warum sagen Sie das jetzt so / selbstverständlich / und so / ein bißchen selbstangreifend / ... denn ich hab so den Eindruck, daß Sie allmählich ein schlechtes Gewissen haben».

— Redeerwähnung
Sprecher L.: die (ausnahmslos indirekten) Redeerwähnungen betreffen vornehmlich Äußerungen von L. gegenüber T.: «das was ich ja letzte Woche schon n paarmal gesagt hab, daß ich überhaupt nichts weiß», sowie Äußerungen von T. gegenüber L.: «und Sie haben wiederum, waren so der Meinung, daß ich doch das an mich herankommen lassen sollte».

Sprecher T.: die (ausnahmslos indirekten) Redeerwähnungen betreffen Äußerungen von L. gegenüber T.: «wo Sie vorher darauf hinwiesen, daß», «Sie sagten vorhin, daß Sie eigentlich früher auch schon getrunken hätten», «Sie sagten, daß Sie sich da / auch nicht / gestellt hätten dem Problem», «und Sie zu verstehen gaben, daß das für Sie ja selbstverständlich sei».

— Redekommentierung
Beide Gesprächspartner kommentieren sowohl direkt als auch indirekt, der Sprecher T. etwa doppelt so häufig wie der Sprecher L.

3.4.4.2.2. Psychoanalytischer Kommentar
Der Patient ist unzufrieden mit sich selbst. Er berichtet von seinem Ärger darüber, daß er zuviel trinke und rauche. Im Grunde möchte er alles anders machen, er möchte mehr leisten und ist unglücklich, wenn es ihm nicht gelingt, am Morgen nach durchzechter Nacht zu lernen. Er berichtet viele Details, gibt sich selbst Begründungen für sein Verhalten, beklagt sich zuweilen über sich selbst und verläßt schnell wieder eine bestimmte, gerade angeschnittene Frage. Der Therapeut hingegen kommt nicht so recht an den Patienten heran, seine Fragen und Bemerkungen werden zwar aufgegriffen und machmal auch kommentiert, aber der Patient geht mit ihnen zumeist rationalisierend um.

Das Mikrophon sowie das laufende Tonband werden vom Patienten mehrmals registriert, vor allem dann, wenn er über Gefühle sprechen will oder dazu vom Therapeuten aufgefordert wird. Der Therapeut aber greift das Problem des Tonbands und die Frage, warum es z. B. gerade jetzt störe, nicht auf. Im ganzen sucht der Patient Kontakt und unmittelbares Verständnis bei dem Therapeuten, den er aber gleichzeitig mächtig und bisweilen unnahbar (Vaterbeziehung) erlebt. Darüber hinaus rivalisiert er mit dem Therapeuten, wehrt sich und stellt richtig, was wer von beiden (Therapeut und Patient) und wie in der Analyse gesagt hat; ferner muß er aber auch ausweichen vor dem Angebot des Therapeuten, über die Probleme mit der Freundin und über die

230

Depression zu sprechen (Angst vor homosexuellem Kontaktangebot). Der Patient hat Angst, gegenüber dem Therapeuten schwach und hilflos zu werden, wie jetzt seiner Freundin gegenüber und früher gegenüber dem Vater. Um sich von dem Therapeuten abzugrenzen, muß der Patient sich von vornherein negativ bestimmen; hierin liegt aber gleichzeitig der Wunsch nach einer fürsorglichen, unterstützenden Haltung des Therapeuten, der dem Patienten helfen soll, leistungsfähiger zu werden und keine Depressionen zu bekommen. Der Therapeut verhält sich unterschiedlich. Er versucht, auf den Patienten einzugehen, ist aber offensichtlich durch das passiv-anklammernde und selbstanklagende Verhalten des Patienten irritiert und bisweilen gehemmt. Es gelingt meist nicht, in eine unmittelbare Kommunikation über die überwiegend vom Patienten angeschnittenen Probleme zu kommen, sondern es muß immer wieder geklärt werden, wer was wie gemeint hat. Dieser Umstand erschwert hier das Ingangkommen der Übertragung neurotischer Konflikte, der auf beiden Seiten mehrfach ausgewichen wird.

3.4.4.3. Dialog S. - T. (S)

3.4.4.3.1. Linguistische Auswertung
— Person
Der Sprecher S. spricht von sich selbst als «ich». Der Angesprochene T. wird immer wieder explizit angesprochen: «das is nur im allergrößten Notfall denk ich an Sie / daß Sie mir ja helfen können», «das haben Sie ja auch gesagt», «wie der Hund von Ihnen», «gucken Sie mal was ich gestern gesagt hab», «glauben Sie net», «meinen Sie», «das hab ich Ihnen auch gesagt am Anfang», «Sie sind das nicht ... Sie waren das noch nie», «lassen Sie mich doch». Das einmal erscheinende «wir» betrifft S. und den Angesprochenen T.: «sprechen wir mal darüber».

Der Sprecher T. spricht vorwiegend vom Angesprochenen S., tritt jedoch auch gelegentlich als «ich» in Erscheinung: «ich hab das Gefühl, daß Sie sich jetzt ... vor mir verteidigen», «haben Sie das Gefühl, daß ich Sie schlagen würde».

— Raum- und Zeitreferenz
Sprecher S.: vorwiegend situationsbezogene Zeitreferenz: «jetzt», «heut nacht», «gestern», «neulich», «früher»; «immer», «nie».

Sprecher T.: «jetzt», «früher», «immer»; «hier».

— Intentionalität
Sprecher S.: Die intendierte Relation zum Angesprochenen wird so gut wie nicht explizit gemacht. — Auffallend ist hingegen der Gebrauch von Modalverben, mit denen der Sprecher S. seine eigenen Intentionen (nicht solche, die mit seinen Äußerungen verknüpft und auf den Angesprochenen bezogen sind) ausdrückt, insbesondere «ich will»: «ich will nich mehr nachgeben», «ich will selber stark genug sein», «ich will mal lernen», «ich will das nicht», «ich will nix damit zu tun haben», «ich kann selber», «ich kann nicht», «das kann ich

doch gar net», «ich kann das nicht trennen», «wie ich so immer so mußte», «und dann muß ich das ... alles noch mitlösen», «ich muß es doch sagen»; dabei wird ein Gegensatz hergestellt zwischen «ich will» und «ich kann» einerseits: «ich kann die gar net meistern / ich will es aber selber», «wenn man sich freuen will, daß man sich auch freuen kann» und «ich will» und «ich muß» andererseits: «das bestimme ich / ob ich will oder nicht / und kein anderer / das ist jetzt ein für allemal vorbei / daß immer ein anderer sagt, du mußt mich doch liebhaben».

Sprecher T.: Die Ausdrücke für die intendierte Relation zum Angesprochenen sind relativ selten («ich hab das Gefühl»; «vielleicht»). Die Modalverben beziehen sich hier auf den Angesprochenen S., wobei auffällt, daß lediglich «Sie können» und «Sie müssen» erscheint, nicht jedoch «Sie wollen»: «daß Sie nicht ein eigenes Kind haben / können», «daß Sie da / sich nicht freuen konnten», «wo Sie ja doch sehr viel babysitten mußten», «dem gegenüber Sie ja auch immer verbergen mußten», «dann müssen Sie Ihre Scheide zuhalten» (Kommentar von S.: «das mach ich doch wie ich will»).

— Sprechhandlungen

Der Sprecher S. stellt Fragen an den Angesprochenen T.: «warum halt ich mir jetzt immer meine Scheide zu?», «was will denn ein Mann, wenn er mit mir schläft, he?». Es handelt sich jedoch um Scheinfragen (nicht um Fragehandlungen im eigentlichen Sinn), da der Sprecher S., so dürfen wir annehmen, sie sehr wohl selbst beantworten könnte bzw. nicht ernstlich erwarten kann, daß der Angesprochene T. diese Fragen beantwortet. T. reagiert z. B. mit einer Gegenfrage: «was kommt Ihnen jetzt in den Sinn?» oder mit einer Behauptungshandlung: «das gefällt Ihnen nicht». Auch auf die Aufforderungshandlung: «sprechen wir mal darüber» reagiert T. mit «was kommt Ihnen jetzt in den Sinn?».

Die von T. ausgehenden Fragehandlungen werden von S. beantwortet, z. B.: T.: «wer ist das, der Ihnen den Schlag versetzt?» — S.: «ich weiß nicht / was das ist, wer das ist ... das war immer mein Vater».

— Redeerwähnung

Sprecher S.: die zahlreichen Redeerwähnungen betreffen a) ein Traumgespräch von S. mit zwei jungen Männern, das direkt zitiert wird: «die haben nur gelacht und haben gedacht / ach, die kannste küssen ja / und da hab ich / gesagt, da könnt ja jeder kommen / hier trollt euch mal, hab ich gesagt», b) ein Traumgespräch von S. mit einer Frau, das direkt und indirekt zitiert wird: «und dann hat sie gefragt, ob ich mal babysitten würd ... war ich ganz souverän und hab gesagt, nee das will ich nicht», c) die Äußerung eines Kollegen in der Klinik gegenüber S., die direkt zitiert wird: «mich hat nämlich neulich mal einer in der Klinik gefragt, so ach, wir suchen Babysitter», d) eine Äußerung von «anderen» gegenüber S., die direkt zitiert wird: «daß immer ein anderer sagt, du mußt mich doch liebhaben, du mußt mich doch liebhaben», e) eine Äußerung von T. gegenüber S., die indirekt zitiert wird: «das haben Sie ja auch gesagt, ich würd mich immer vergleichen mit andern Frauen»,

f) Äußerungen von S. gegenüber T., die indirekt zitiert werden: «ich hab gestern davon gesprochen, daß meine Mutter meinen Vater an die Wand gequetscht hat», «was ich gestern gesagt hab / wenn ich Angst hätt, ich würd einen an die Wand quetschen . . .», g) eine Reihe von Selbstgesprächen («ich» — «ich»), die sowohl direkt als auch indirekt zitiert werden: «und diesmal hab ich gedacht, die macht das und ich mach das», «und denk ach / ich würd nie die Kraft haben, selbst n Kind großzuziehen».

Sprecher T.: keine Redeerwähnung.

— Redekommentierung

Der Sprecher S. kommentiert fast ausschließlich direkt und positiv. Der Sprecher T. kommentiert vorwiegend indirekt, aber auch direkt (1 : 2).

3.4.4.3.2. Psychoanalytischer Kommentar

Die Patientin hat dem Therapeuten viel zu sagen und redet ihn als Gegenüber explizit an. Der Therapeut antwortet meist nicht direkt, sondern fragt die Patientin nach ihren Einfällen oder kommentiert mit einem «hm». In der Regel nimmt die Patientin Deutungen des Therapeuten bereitwillig auf und arbeitet damit. Sie sieht im Therapeuten eigentlich einen brüderlichen Partner, der als idealisiertes Hilfs-Ich fungiert und was immer sie sagt, auch richtig versteht, so daß sie ihm gegenüber nicht erst, mit Hilfe illokutiver Ausdrucksmittel, einen Bezug herstellen muß. So akzeptiert sie den Therapeuten, mit dem gemeinsam sie alle ihre Probleme lösen will, gleichzeitig tritt sie verführerisch und bisweilen fordernd auf und treibt den Therapeuten in die Enge.

Die Patientin spricht laufend davon, was sie will, worauf der Therapeut aber kaum eingeht, sondern mit der Patientin darüber redet, was z. B. in der Kindheit von ihr zu Hause getan werden mußte. Aus der Übertragungs-Gegenübertragungssituation wird deutlich, daß die Patientin mit dem Therapeuten über ihre Erfahrungen, Erlebnisse und Phantasien mit Männern und ihrem Vater sprechen möchte und sich dabei an dem Therapeuten und seinen Reaktionen zu orientieren sucht. Die Patientin gibt ausdrücklich zu erkennen, wenn sie sich verstanden fühlt, verwirklicht aber auch eine Reihe von Möglichkeiten, sich aus der Affäre zu ziehen, wenn der Therapeut z. B. zu direkt deutet. Die Interaktion ist weitgehend symmetrisch. Eine Ausnahme bilden die Fragen der Patientin, deren Scheincharakter (Fangfragen) der Therapeut offensichtlich nicht durchschaut. Er fühlt sich daher bedrängt und hilft sich lediglich dadurch, daß er sich auf die Formel «was kommt Ihnen jetzt in den Sinn» zurückzieht, oder indem er mit dem Verweis auf das Tonband die Kommunikationsebene zwischen sich und der Patientin verläßt.

3.4.4.4. Dialog R. – T. (R)

3.4.4.4.1. Linguistische Auswertung
– Person

Der Sprecher R. spricht von sich selbst als «ich» und, beinahe ebensohäufig, als «man»: «und wenn man dann hier ist». – Der Angesprochene T. wird nicht explizit angesprochen.

Der Sprecher T. spricht nicht von sich selbst, sondern vom Angesprochenen R., der immer wieder explizit angesprochen wird: «ist das ein Trost für Sie», «Sie sagten da etwas Besonderes». Besonders aufschlußreich ist in diesem Zusammenhang, daß die einzige Stelle, wo T. als «ich» erscheint, durch ein Mißverständnis bedingt ist: R.: «wenn SIE (sie – Sie) den Makel auch zehnmal gehabt haben» – T.: «Sie meinen mich? / wenn ich es . . .»; R. vermeidet auch hier die direkte Anrede des Angesprochenen T., indem sie sagt: «nein / meine Mutter meint ich».

Zusammenfassung:
Sprecher R.: «ich, man»   /
Sprecher T.:   /   /   «Sie»
– Raum- und Zeitreferenz

Sprecher R.: als situationsbezogene Zeitangaben erscheinen: «jetzt», «heute» und «früher»; außerdem «immer» (sehr häufig), «immer wieder», «oft schon», «manchmal», «nie». Situationsbezogene Raumangaben sind «hier» und «hierher» (im Gegensatz zu «zu Hause» und «nach Hause»).

Sprecher T.: zwei situationsbezogene Zeitangaben: «eben» und «früher».
– Intentionalität

Sprecher R.: Die Intentionalität der Äußerungen wird sehr oft als schwach charakterisiert durch «man denkt», «man merkt», «man meint», «ich finde». – Auffallend viele modale Ausdrücke, insbesondere «irgendwie», «überhaupt», «an und für sich», «sozusagen», die die Aussage einschränken. Modalverben: «ich mußte», «ich möchte nicht», «man möchte», «ich kann nicht», «man kann nicht», «man soll» (z. B.: «wenn man doch nicht alles richtig empfinden kann, was man möchte»).

Sprecher T.: Fast keine explizite Intentionalität; als Modaladverb erscheint «eigentlich». Modalverben beziehen sich auf den Angesprochenen R.: «Sie möchten ihn ändern, diesen Zustand».
– Sprechhandlungen

Sprecher R. stellt weder Fragen, noch macht er Aufforderungen.

Vom Sprecher T. gehen vorwiegend Fragehandlungen aus, die von R. jeweils durch Antworten erfüllt werden.
– Redeerwähnung

Sprecher R.: die relativ häufigen Redeerwähnungen betreffen einmal Selbstgespräche («ich» – «ich»), die direkt zitiert werden, z. B.: «dann denkt man / du bist ja doch wieder zu Hause», «da hab ich gedacht, das hältst du 'n Lebtag

234

nicht durch», zum anderen Gespräche mit der Mutter, die ebenfalls direkt zitiert werden: «da hat sie mir immer gesagt, ich leb ja heute noch», «hab ich immer gesagt, du hast das eben dann nicht so wie ich das habe».

Sprecher T.: keine Redeerwähnung.

– Redekommentierung

Der Sprecher R. geht auf die Äußerungen von T. meist direkt ein.

Der Sprecher T. geht seinerseits auf die Äußerungen von R. meist direkt («hm»), zuweilen auch indirekt ein.

3.4.4.4.2. Psychoanalytischer Kommentar

Die Patientin R. ist stark regrediert. Sie möchte vom Therapeuten wie von einer Mutter verstanden werden, die nicht so sehr danach fragt, ob alles folgerichtig und schlüssig ist, was ihr da vorgetragen wird. So spielten bei dieser Kommunikation zwischen Arzt und Patient das Zuhören, nicht-verbale Eingehen und das nur gelegentliche, aufmunternde Fragen und direkte Kommentieren eine große Rolle, wodurch die Patientin angeregt wird, mehr aus sich herauszugehen und sich dem Therapeuten gegenüber angstfreier zu erleben. Die Patientin spricht von sich selbst oft in der 3. Person («man»), kann den Therapeuten nicht explizit ansprechen und ist sich des Charakters ihrer Äußerungen nicht sicher. Sie lehnt sich an den Therapeuten an, beantwortet willig alle seine Fragen und läßt ihn an ihren Gedanken teilhaben (Selbstgespräche).

Die Übertragung-Gegenübertragung findet hier auf der Ebene der Grundstörung statt. Zwischen Therapeut und Patient besteht eine Sprachverwirrung. Daher zeigt die Sprachanalyse weniger den gestörten Dialog (ein wirklicher Dialog besteht ja auf der Ebene der Grundstörung ohnehin nicht) zwischen Therapeut und Patient als vielmehr einzelne Merkmale der Rede der Patientin, die in einer spezifischen, ihrer phobischen Struktur entsprechenden Weise verändert ist (vgl. 3.3.1.5.). Es wird vom Therapeuten angestrebt, der Patientin die Möglichkeit zu geben, in der Sicherheit des empathisch Verstandenwerdens ihre Ängste auszudrücken.

3.4.4.5. Dialog Sch. – T. (Sch)

3.4.4.5.1. Linguistische Auswertung
– Person

Der Sprecher Sch. spricht von sich selbst als «ich», an mehreren Stellen ist das Personalpronomen ausgelassen bzw. verschluckt: «hach drüber nachdenk / wieder einkaufen gehen kann», «am Anfang da war das eh eh jeden Tag 'n Anfall gekriegt hab und konnte net». – Der Angesprochene T. wird selten explizit angesprochen: «wie meinen Sie», «Sie verstehen das». Das zweimal erscheinende «wir» betrifft Sch. und ihren Mann: «da haben wir uns so zusammengesetzt», «wenn wir dann hierherfahren».

Der Sprecher T. spricht vorwiegend vom Angesprochenen Sch., der jeweils

explizit angesprochen ist; als 1. Person erscheint er jeweils nur im engen Zusammenhang mit dem Angesprochenen: «haben Sie das Gefühl, daß ich das auch tue», «reden Sie mit mir eigentlich lieber über Ihre Krankheit», «jetzt erzählen Sie mir darüber». Das zweimal erscheinende «wir» betrifft T. und den Angesprochenen Sch.: «hm wir // haben ja nun auch sehr viel über Ihre Krankheit geredet», «weil / Sie wissen / daß wir hier ... über Ihre Krankheit reden wollen».
– Raum- und Zeitreferenz
Sprecher Sch.: relativ häufige situationsbezogene Zeitreferenz, vor allem «jetzt», «früher», «gestern», «vorgestern abend»; «immer», «manchmal»; als Raumreferenz «hier» und «hierher».
    Sprecher T.: lediglich «jetzt», «hier».
– Intentionalität
Sprecher Sch.: Der intentionale Charakter der Aussagen wird wiederholt als schwach gekennzeichnet: «möchte ich sagen so», «ich mein», «ich denke», «ich hab das Gefühl». – Zahlreiche Modaladverbien, die die Aussage einschränken, z. B. «ungefähr», «ziemlich», «irgendwie», «im Grunde genommen», «vielleicht». Als Modalverben fallen auf: «den brauchst du nicht anfassen», «ich möchte mal was sehen», «daß ich dann noch direkt bös werden möchte, gell und kann / dann net».
    Sprecher T.: Fast keine explizite Intentionalität. – Als Modaladverbien erscheinen «eigentlich» und «vielleicht». Die Modalverben beziehen sich auf den Angesprochenen Sch. bzw. auf T. und Sch.: «daß wir hier ... über Ihre Krankheit reden wollen», «da möchten Sie hier wieder aufhören», «warum können Sie dann nicht böse werden».
– Sprechhandlungen
T. stellt auffallend viele Fragen, die dann von Sch. beantwortet werden. In diesem Punkt kommt das vorliegende psychotherapeutische Gespräch dem Texttyp «Interview» sehr nahe, bei dem ja der eine Fragen stellt, die der andere beantwortet; zudem haben die Fragen zuweilen inquisitorischen Charakter: «was war denn da vorgestern abend? / wo waren Sie da, mit wem waren Sie da zusammen?», «was denken Sie jetzt?».
    Der Sprecher Sch. beantwortet die an ihn gerichteten Fragen und befolgt auch die gelegentlichen Aufforderungen von T. wie z. B. «jetzt erzählen Sie mir darüber».
– Redeerwähnung
Sprecher Sch.: die häufigen Redeerwähnungen betreffen a) Selbstgespräche, die zumeist direkt zitiert werden: «daß ich dann sage, also das ist Quatsch, das hast du jetzt nur mal so 'n Moment dann / das das geht wieder vorbei, das gibt's ja gar net, daß es so, daß du Gedanken hast, du wohnst jetzt hier», «dann sage ich jetzt, den faßt du eben nicht an, der steht da und den brauchst du nicht anfassen», «manchmal denk ich, vielleicht hast du irgendwas vergessen oder eh / denk ich, ach was du so vergessen hast, das beschäftigt dich ja nicht so arg», «daß ich denk, wie // das kannst du nicht machen, also es ist, sie

236

ist so viel älter als du, und / und sie ist immerhin deine Schwiegermutter, also kannst du nicht», b) eine Äußerung von Sch. gegenüber ihrem Mann, die direkt zitiert wird: «und ich sag, ich geh ins Bett, ich muß morgen früh wieder so früh raus», c) ein Gespräch von Sch. mit ihrer Schwiegermutter, das ebenfalls direkt zitiert wird: «meine Schwiegermutter kam dann und sagte, du / kannst das machen, du kannst da helfen / und da hab ich zu ihr gesagt, du kannst also / das hätte ich schon freiwillig gemacht, ich brauch nicht immer daß du / halt immer zu mir sagst (Redeerwähnung zweiten Grades: frühere Äußerung der Schwiegermutter gegenüber Sch.:) du mußt das jetzt machen, du kannst das machen, echtas das is was / was mich ganz furchtbar belastet, wenn du das zu mir sagst».

Sprecher T.: keine Redeerwähnung.

– Redekommentierung

Der Sprecher Sch. kommentiert kaum, und wenn, dann direkt.

Der Sprecher T. kommentiert indirekt und auch, in etwa ebensohäufig, direkt.

3.4.4.5.2. Psychoanalytischer Kommentar

Die Auswertung macht den Interview-Charakter der Psychotherapiestunde deutlich: der Therapeut fragt, die Patientin antwortet und berichtet, wodurch der Therapeut eine übergeordnete Stellung einnimmt. Die Rede der Patientin zeigt diejenigen Merkmale, die wir für Phobiker und Hysteriker herausgefunden haben (vgl. 3.3.1.5.). Die Asymmetrie des Dialogs entsteht durch das Interview-Arrangement, das hier der Therapeut der Patientin gegenüber inszeniert. Eine Übertragungs-Gegenübertragungsbeziehung auf der Ebene ödipaler Konflikte (Vater–Tochter) kommt im Interview zwar angedeutet zum Ausdruck, jedoch bestehen bisweilen Verständigungsschwierigkeiten wie auf der Ebene der Grundstörung, die aber durch gezielte Fragen sofort umgangen werden.

3.4.4.6. Dialog H. – T. (H)

3.4.4.6.1. Linguistische Auswertung
– Person

Der Sprecher H. spricht von sich selbst als «ich», zuweilen verstärkt durch «ich selbst» und «ich persönlich»; es fällt auf, wie häufig der Sprecher dargestellte Sachverhalte auf sich selbst bezieht durch «bei mir», «für mich», «zu mir» usw. (wodurch der Sprecher seine Subjekt-Position aufgibt und statt dessen Dinge, Sachverhalte usw. zu Subjekten der Aussage macht): «das ist die innere Diskrepanz bei mir, die mir diese Homosexualität als etwas erscheinen läßt, das mich auf keinen Fall weiterbringt», «daß dieses sexuelle Gefühl mir keine Dauerbindung gibt», «es ist wirklich nicht so gemeint von mir», «ja, das war eigentlich das Enttäuschende für mich», «weil es ein gewisses schönes Reservoir für mich ist an Erinnerung», «daß es entweder diesen anderen Weg gibt für mich oder diesen anderen Weg nicht für mich gibt».–Der Angesprochene T. wird relativ häufig explizit angesprochen: «warum ich Ihnen das eigentlich erzählen soll», «ich bin jedenfalls als Patient bei Ihnen», «ich sagte Ihnen ja auch damals schon», «daß es rein gefühlsmäßig auch von Ihnen aus eine Barriere zu mir gibt».

Der Sprecher T. erscheint relativ häufig in der 1. Person: «ja, ja, ich sehe», «das kann ich verstehen», «ich habe es eigentlich / noch nicht so ganz kapiert», «und das vermute ich eigentlich», «ich habe das Gefühl»; «können Sie mir z. B. / mir das mal konkret sagen», «ja, Sie erzählen mir, daß Sie Erektionen haben», «Sie haben auch das Gefühl, daß Sie mir arrogant erscheinen»; außerdem stellt er eine Verbindung zwischen sich und dem Angesprochenen H. her durch «wir» («Sie» + «ich»), «mit mir»: «ich habe das Gefühl, wir reden so richtig abstrakt... und vielleicht sollten wir doch über Ihre Sexualität reden», «so eine ganz besondere Situation haben mit mir zusammen».–Der Angesprochene H. wird nahezu in jeder Äußerung explizit angesprochen.

– Raum- und Zeitreferenz
Sprecher H.: auf Ort und Zeit der Sprechsituation wird vorwiegend mit «hier» und «jetzt» verwiesen, außerdem erscheinen «in letzter Zeit», «in der letzten Stunde», «nie», «immer».

Sprecher T. hat eine ganz ähnliche Skala an Raum- und Zeitreferenz, nämlich vor allem «hier» und «jetzt», sowie «vorher», «sonst», «immer».

– Intentionalität
Sprecher H.: Der relativ starke intentionale Charakter der Äußerungen wird wiederholt betont durch «ich bin der Meinung», «ich selbst bin der Meinung», «meiner Meinung nach», «meiner Ansicht nach», «ich nehme an, daß» neben «ich meine», «ich glaube», «ich finde»; die dominierenden Modaladverbien sind «eigentlich», «jedenfalls», «überhaupt», «natürlich», «vielleicht». Unter den Modalverben dominiert «ich kann nicht»: «ich kann das ja schließlich nicht auf meine Kappe nehmen», «ich kann ja nun nicht mehr zurückgeworfen werden», «ich kann nicht immer nur so erzählen»; «ich möchte nicht wieder zurück», «ich muß Sie ja auch als Mensch ansehen», «warum ich Ihnen das eigentlich erzählen soll».

Sprecher T.: Die den intentionalen Charakter der Aussagen charakterisierenden Verben erscheinen nicht nur im Zusammenhang mit dem Angesprochenen H.: «Sie glauben», «Sie haben auch das Gefühl», «Sie meinen», sondern gelegentlich auch im Zusammenhang mit dem Sprecher selbst: «ich habe das Gefühl, daß da doch etwas fehlt», «ich habe das Gefühl, wir reden so richtig abstrakt»; als Modaladverbien erscheinen «eigentlich», «überhaupt», «vielleicht». Auch Modalverben erscheinen nicht nur in Aussagen über den Angesprochenen H.: «über die Sie nicht reden können», «dann könnten Sie sich vorstellen», «daß Sie Verkehr haben können», «und da möchten Sie gar nicht eintreten», sondern auch in Äußerungen wie «das kann ich verstehen» und «vielleicht sollten wir».

238

– Sprechhandlungen
Der Sprecher H. richtet weder Fragen noch Aufforderungen an T. Vom Sprecher T. gehen sowohl Frage- als auch Aufforderungshandlungen aus; dabei fällt auf, daß H. Fragen häufig verneinend beantwortet: «ja, das ist es eben nicht» oder aber die an ihn gerichteten Sprechhandlungen nicht oder nicht gleich erfüllt, sondern die Aufforderung bzw. die Frage selbst zurückweist: T.: «vielleicht erzählen Sie einfach, was Ihnen so in den Sinn kommt / was Sie so bewegt / was Ihnen ganz so einfällt //» – H.: «ich weiß nicht / ich kann nicht immer nur so erzählen»; T.: «können Sie mir z. B. / mir das mal konkret sagen? /» – H.: «ja ich bin ja nicht soweit, das ist es ja gerade».

– Redeerwähnung
Die Redeerwähnungen des Sprechers H. betreffen a) das Gespräch mit einem früheren Therapeuten, das indirekt zitiert wird: «daß der Psychotherapeut mir sagte, ich würde ihn als Seelenschuhputzer benutzen und er wäre sich dafür zu schade . . . ich wäre ihm einfach zu arrogant . . . daraufhin habe ich ihm gesagt, daß ich der Meinung bin, daß die Psychoanalyse nicht mehr weiter möglich ist», b) eine Äußerung von H. gegenüber T., die indirekt zitiert wird: «ich sagte Ihnen ja auch damals schon, daß ich gerade zu Anfang des Jahres durch meine Kommilitonen / durch dieses Gehänseltwerden und so, völlig am Boden war», c) eine potentielle Äußerung von T. gegenüber H., die direkt zitiert wird: «und Sie mir als Freund sagen würden, du bist ganz schön eingebildet und arrogant», d) ein potentielles Selbstgespräch des Angesprochenen T., das direkt zitiert wird: «daß unter Umständen das Gefühl bei Ihnen aufkommen würde / was ist das eigentlich für ein arroganter hysterischer Kerl, der mit nebensächlichen Problemen zu mir kommt».

Die Redeerwähnungen des Sprechers T. betreffen einmal Äußerungen von H. gegenüber T., die indirekt zitiert werden: «Sie drückten vorher aus / daß es doch mit Gefühlen zu tun habe //», «ja, Sie erzählen mir, daß Sie Erektionen haben, daß Sie Verkehr haben können», zum anderen ein potentielles Selbstgespräch des Angesprochenen H., das sowohl direkt als auch indirekt zitiert wird: «daß Sie sich sagen, nun hat der Doktor das Problem / er soll mal zusehen / wie er Sie wiederaufrichtet», «Sie sagen / ach / Sie sind ja hier Patient / ich der Arzt / dem kann ich's erzählen und der kann mir helfen».

– Redekommentierung
Der Sprecher H. kommentiert direkt (und zwar oft verneinend) und, beinahe ebensohäufig, auch indirekt, z. B.: T.: «und da möchten Sie gar nicht eintreten, um nicht wieder zurückgeworfen zu werden, wie bei Ihren Kommilitonen /» – H.: «ich kann ja nun nicht mehr zurückgeworfen werden».

Der Sprecher T. kommentiert indirekt, und zwar zumeist positiv, und direkt, z. B.: «das kann ich verstehen», «ja, ja, ich sehe, was Sie meinen».

3.4.4.6.2. Psychoanalytischer Kommentar
Patient und Therapeut rivalisieren miteinander um ihre Rolle (Kranker – Arzt). Der formalen Höflichkeit auf seiten des Therapeuten steht eine gewisse

formale Unterwürfigkeit beim Patienten gegenüber, die in der Gesprächssituation aber nicht inhaltlich zum Tragen kommen. Therapeut und Patient reden oft aneinander vorbei, bisweilen kommen bestimmte Fragen des Therapeuten unvermittelt und fordernd und wirken in ihrer Bestimmtheit häufig aggressiv. Der Patient hingegen verneint oder kehrt ins Gegenteil, was der Therapeut gerade äußert, vermutet oder ihm vorschlägt.

Das Aneinandervorbeireden ist uns erst beim Lesen der Stundentexte aufgefallen. Zunächst hatten wir den Eindruck, daß der Patient einfach nicht auf das, was der Therapeut sagt, eingehen will. Die Rede des Patienten erschien umständlich, weitschweifig und überaus redundant (er bringt immer wieder dieselben Argumente; vgl. auch 3.3.1.5.). Dies paßte für uns zu seiner zwanghaften Charakterstruktur. Bei der Auswertung des Textes zeigte sich dann, daß der Therapeut sich dem Patienten gegenüber in komplementärer Entsprechung verhält und beispielsweise nicht versucht, das Rivalisieren zwischen ihm und dem Patienten anzusprechen. Danach bestimmt sich auch die unklare Übertragungs-Gegenübertragungsbeziehung, die auf der Ebene ödipaler Konflikte nur in Ansätzen vorhanden ist.

3.4.4.7. Dialog W. – T. (W)

3.4.4.7.1. Linguistische Auswertung
– Person
Sprecher W. spricht von sich selbst als «ich» und häufig auch als «man»: «wenn man da so hinterher ist, dann ist das ja egal / dann stört mich das ja nicht», «wie so was kommt / daß man also / bis zu dem Punkt, wo man sie nicht hat oder ich bis zu dem Punkt, wo ich nichts habe / hinter ihr her bin», «ach raushalten / das kann man ja schon aber / eh / ob ich das nun will oder nicht will»; außerdem erscheint «man» im Zusammenhang mit Topoi-Argumenten: «man soll sich ja nicht mit Gewalt dazu zwingen irgendwie / ne Freundin gern zu mögen», «das muß man eben tun ... das gehört ja eben halt dazu / daß man sich dafür interessiert», «wenn man das gerne macht, ist es ja nicht anstrengend», «das merkt man ja alles erst nach gewisser Zeit». – Der Angesprochene T. wird relativ häufig als Gesprächspartner explizit gemacht: «sehn Sie», «wissen Sie»; «was meinen Sie denn für Probleme», «im Moment / oder was meinen Sie ⟨jetzt⟩»; «Professor L...., den kennen Sie ja vom Namen / gewiß»; «das hab ich Ihnen früher schon mal erzählt / wenn Sie sich daran noch entsinnen», «jetzt hab ich aber vergessen, was Sie eigentlich gefragt hatten»; «nee das möchte ich von Ihnen nicht wissen, denn das können Sie mir ja nicht sagen / aber von Ihnen eh möchte ich eigentlich wissen, wie so was kommt»; «da haben Sie recht». – Das häufig erscheinende «wir» bezieht sich nicht auf W. und den Angesprochenen T., sondern auf W. und seine Freundin $(sie_1 + ich)$ oder auf W. und die Schweizerin $(sie_2 + ich)$.

Sprecher T. erscheint als 1. Person nur im Zusammenhang mit Aussagen über den Angesprochenen W.: «und im Grunde kommen Sie ja heute, um mir

240

zu sagen», «Sie ... wollten mir jetzt erzählen, daß», «Sie betonten vorher mehrfach, daß Sie mir das schon geschildert haben», «daß Sie hier irgendwie fühlen, daß Sie sich auch / über mich beklagen müßten, Sie erzählen mir diese Dinge so oft und ich eh (W. unterbricht)», «und hier / eh hatten Sie dann auch vergessen ... auf das zu antworten, was ich gefragt habe»; «mir fällt auf, daß Sie», «ich glaube, von mir möchten Sie's wissen». – Der Angesprochene W. wird zumeist explizit angesprochen. «Wir» bezieht sich immer auf T. und den Angesprochenen W. (Sie + ich): «wir sind eigentlich in einer ganz ähnlichen Situation», «obwohl wir hier mit Worten die ganze Zeit darüber reden».

– Raum- und Zeitreferenz

Sprecher W.: die Raum- und Zeitangaben sind relativ selten auf die Sprechsituation bezogen; insbesondere «jetzt» und «hier» beziehen sich sehr oft auf die von W. berichteten Ereignisse und nicht auf die Situation, in der er die Ereignisse T. berichtet: «dies Ärgern ist einfach ein Wesenszug von mir, daß ich, daß das eh / jetzt wieder so ausgeprägt war, daß ich mich darüber geärgert habe» im Gegensatz zu: «jetzt kommt mir nichts mehr in den Sinn»; außerdem erscheinen «eben», «gestern», «vor kurzem», «früher», «immer», «nie».

Sprecher T.: Raum- und Zeitangaben beziehen sich auf die Sprechsituation: «obwohl wir hier mit Worten die ganze Zeit darüber reden», «jetzt wird das ein wenig klar»; außerdem erscheinen «vorher», «vorhin», «heute», «früher».

– Intentionalität

Sprecher W. charakterisiert wiederholt und sehr genau seine Einstellung zu den von ihm gemachten Aussagen, d. h. er kommentiert seine Aussagen selbst. So wird etwa die Aussage «je mehr sich meine Freundin mir zuwendet, desto mehr wende ich mich von ihr ab» mit folgenden Ausdrücken kommentiert: «das ist ganz verrückt», «irgendwie eigenartig», «das ist eigenartig», «irgendwie sehr eigenartig», «und das kann ich mir selbst gar nicht ganz genau erklären», «eigenartigerweise», «ich kann mir das selbst nicht erklären», «mir ist nicht klar». (Diese Häufung quasi synonymer Ausdrücke kann auch unter dem Aspekt der Redundanz betrachtet werden, die ja für die Rede des Zwangsneurotikers charakteristisch ist (vgl. 3.3.1.5.).) Auch die Äußerungen selbst und ihre mögliche Wirkung werden charakterisiert durch metakommunikative Kommentare wie: «das klingt jetzt 'n bißchen überheblich», «das klingt ja ein bißchen egoistisch», «vielleicht ist das ein bißchen drastisch gesagt», «sind ja alles nur Ausflüchte», außerdem durch Ausdrücke wie «ich merke», «ich glaube», «ich mein» und durch «eigentlich», «ziemlich», «wahrscheinlich», «vielleicht», «in gewisser Weise».

Sprecher T. macht den illokutiven Charakter seiner Äußerungen nur gelegentlich explizit durch Ausdrücke wie «mir fällt auf, daß», «ich glaube, daß»; außerdem erscheinen «eigentlich», «vielleicht», «offenbar».

– Sprechhandlungen

Sprecher W.: besonders auffallend ist die Art und Weise, wie W. auf Frage-

bzw. Aufforderungshandlungen von T. reagiert; in den meisten Fällen erfüllt er nämlich diese Sprechhandlungen nicht (oder nicht direkt): a) er stellt Verständnis- oder Zusatzfragen: «bitte?», «wie meinen Sie ‹anstrengend›?», «wo bedrängt fühlen?», «inwiefern?», «welche, was meinen Sie denn für Probleme»; b) er stellt die mit einer Sprechhandlung gemachte Präsupposition oder das Behauptete und Erfragte selbst in Frage: T.: «und jetzt haben Sie Angst und empfinden es unter Umständen als Ballast / mir erzählen zu müssen, was Sie unternommen haben / was Ihnen widerfahren ist mit Ihrer Freundin» — W.: «nee / nee / mir ist ja gar nichts widerfahren»; T.: «den Ärger haben Sie dann in sich hineingefressen» — W.: «mn jajaja / ja was soll ich denn damit machen»; T.: «und wenn Sie nur mit ihr sexuell zusammen sind und mit ihr schlafen, dann / ist diese Angst ja nicht so stark da» — W.: «nee nee eh / ja nur sexuell, das gibt es ja gar nicht, das möcht ich ja gar nicht»; T.: «was kommt Ihnen da in den Sinn, wenn Sie / an früher und an Ihre Mutter denken» — W.: «ich weiß es nicht (dann Zurückweisung der Voraussetzung, auf der die Frage von T. beruht, daß es nämlich einen Zusammenhang gibt zwischen dem Verhältnis von W. zu seiner Freundin und demjenigen zu seiner Mutter) ich seh da im Moment keine Parallele»; T.: «was kommt Ihnen jetzt in den Sinn» — W.: «nja jetzt hab ich eigentlich alles erzählt / jetzt kommt mir nichts mehr in den Sinn // es sei denn . . .».

Sprecher T. macht außer Fragehandlungen und Behauptungshandlungen auch eine Aufforderungshandlung: «vielleicht berichten Sie ein wenig von Ihrem Ärger», die von W. befolgt wird. Auf eine Frage/Aufforderung von W. reagiert T. mit einer Behauptung (Deutung): W.: «daß ich ganz gern mal wissen möchte / was da eigentlich los ist / eventuell von Ihnen / daß Sie mir da eventuell mal / 'n Fingerzeig geben / eh um zu ergründen / was da eigentlich los ist» — T.: «hm /// wir sind eigentlich in einer ganz ähnlichen Situation / hier / wie Sie sich / auch befinden / mit Ihrer Freundin».

— Redeerwähnung

Sprecher W. erwähnt 5 × Äußerungen der ‹Schweizerin›, wobei eine Äußerung 2 × direkt und 1 × indirekt erwähnt wird: «da hat sie mir auf den Kopf zugesagt, daß ich meine Freundin gar nicht liebe», «da sagte sie mir ‹aber Sie lieben sie ja gar nicht›», «da sagte sie mir / nach wenigen Worten schon auf den Kopf zu ‹aber Sie lieben sie ja gar nicht›», «die hat mir gesagt ‹Sie sind ja nur gekommen, weil Sie mit mir schlafen wollen›», «dann eh / machte sie mir eben klar, daß sie / mne / mne mit mir eben nur wie sie sagte geistig-seelischen Kontakt haben wollte»; außerdem werden drei Äußerungen der Freundin gegenüber W. erwähnt, 2 × in direkter und 1 × in indirekter Form; schließlich erwähnt W. Äußerungen gegenüber T., 2 × indirekt und 1 × direkt, sowie ein Selbstgespräch: «na ja, da mußt du halt alleine fahren».

Sprecher T. gibt drei indirekte Redeerwähnungen von Äußerungen, die W. ihm gegenüber gemacht hat: «Sie betonten vorher mehrfach, daß Sie mir das schon geschildert haben mit den Aggressionen».

— Redekommentierung

242

Sprecher W. kommentiert auffallend häufig indirekt oder direkt-negativ, z. B.: T.: «das beunruhigt Sie offenbar, Sie fühlen sich ihr / unterlegen / dadurch» — W.: «nee nee unterlegen gar nicht».

Sprecher T. kommentiert direkt (positiv-direkt) und, etwas weniger häufig, indirekt.

3.4.4.7.2. Psychoanalytischer Kommentar

Der Patient zeigt gegenüber der Analyse, der Person des Therapeuten und sich selbst sowie seinen Gefühlen gegenüber eine starke Ambivalenz. So fragt er auf eine Antwort oder Deutung des Therapeuten regelmäßig zurück, um sich noch einmal zu vergewissern oder um seine Zweifel anzumelden. Einerseits sucht er den Kontakt zu dem Therapeuten und möchte sich ihm, dem er viele Details von Erlebnissen minuziös schildert, anvertrauen, andererseits vermeidet er ständig, Gefühle zu zeigen oder auf Gefühle zu antworten. Der Patient zensiert seine Gedanken, bevor er sie ausspricht, verbessert sich oft während des Redens, wiederholt sich, formuliert das eben Gesagte neu oder anders und ist bemüht, auch in der Rede des Therapeuten immer irgendeinen, meist abstrakt formulierten, Sachverhalt herauszugreifen, mit dem er dann, losgelöst von sich und der Person des Therapeuten, intellektualisierend umgehen kann. Auf den Therapeuten überträgt der Patient einmal seine Situation der Hilflosigkeit einem starken (potenten) Mann (Vater) gegenüber, der mit Frauen gut umzugehen vermag, andererseits kommt in der Übertragung der trotzige Unwillen zum Ausdruck, sich dem Therapeuten näher anzuschließen, verbunden mit dem Machtanspruch, fernab von menschlichen, auch therapeutischen Beziehungen, ehrgeizig, z. B. im Beruf, sich auszuzeichnen. Der Therapeut hingegen wird durch den sich ihm permanent entziehenden Patienten seinerseits ratlos und bisweilen hilflos gemacht.

4. ABSCHLIESSENDE ÜBERLEGUNGEN

Sprache und Psychoanalyse sind in diesem Buch hermeneutisch aufeinander bezogen. Das psychoanalytische Geschehen stellt sich als besondere Redesituation dar, in der den Berichten und freien Einfällen des Patienten Deutungen und Interpretationen des Therapeuten gegenüberstehen. Darüber hinaus entfaltet sich die therapeutische Interaktion zwischen Analytiker und Analysand in einem Kontext von Übertragung und Gegenübertragung, der einerseits durch die Kommunikationssituation selbst, andererseits durch unbewußte Vorgänge in Analysand und Analytiker an Bedeutung gewinnt.

Als Bezugsrahmen des psychoanalytischen Prozesses betrachten wir das Konzept von Übertragung und Gegenübertragung, dem wir die Gliederung der Kommunikationssituation nach pragmalinguistischen Gesichtspunkten gegenüberstellen, einmal, um den psychoanalytischen Dialog hinsichtlich seiner sprachlichen Merkmale zu charakterisieren und im jeweiligen Übertragungs-Gegenübertragungskontext zu beurteilen, zum anderen, um die Ebenen des psychoanalytischen Verstehens mit kommunikativen sowie metakommunikativen Elementen der Redesituation zu verbinden. Dieses auf den psychoanalytischen Prozeß bezogene metapsychologische und pragmalinguistische Vorgehen geht zunächst von der Wahrnehmung, Beobachtung, Gliederung und Klassifikation von Merkmalen der Übertragungssituation sowie des Redeverhaltens aus. Hierbei stellt die vorgeschlagene linguistische Auswertung von therapeutischen Dialogen einen ersten Schritt dar und soll als Ausgangspunkt für weitere Untersuchungen dienen. Da sie in mancher Hinsicht erst durch die Entwicklung der linguistischen Pragmatik in jüngster Zeit möglich geworden ist, wird mit neuen Einsichten und Ergebnissen aus dieser Disziplin auch eine differenziertere Untersuchung therapeutischer Dialoge möglich werden; dies gilt sowohl im Hinblick auf die Definition und Untergliederung einzelner Merkmale, wie z. B. ‹Intentionalität›, als auch im Hinblick auf die Berücksichtigung neuer Merkmale, wie z. B. weitere Arten von Sprechhandlungen oder die Argumentationsstruktur: im Dialog W. – T. (W) (vgl. 3.4.3.2.7.) ist beispielsweise festzustellen, daß Argumentationen immer wieder abgebrochen, also nicht beendet werden; der Sprecher W. argumentiert wiederholt mit in sich schlüssigen, aber unvereinbaren Behauptungen (z. B.: ‹wenn die Richtige kommt, würde ich heiraten und deswegen ist meine Freundin nicht die Richtige› – ‹seit ich gemerkt habe, daß meine Freundin mich heiraten will, empfinde ich nichts mehr für sie›), außerdem verwendet er Topoi-Argumente (z. B.: ‹wenn Menschen nicht ausgelastet sind, dann machen sie sich Probleme›).

Andererseits müßte die Auswertungsprozedur dahingehend verbessert werden, daß genauere Häufigkeitsangaben gemacht werden können. Sodann sollten weitere Querschnitt- sowie auch Längsschnittuntersuchungen von psychoanalytischen Behandlungen durchgeführt werden, um Besonderheiten der Rede signifikant einem bestimmten Neurosetyp zuordnen zu können

244

bzw. um eventuelle Veränderungen des Redeverhaltens von Analytiker und Analysand im Laufe des psychoanalytischen Prozesses festzuhalten.

Ferner wäre es wünschenswert, therapeutische Dialoge anderer Analytiker zum Vergleich heranzuziehen,[1] um den Einfluß des Redeverhaltens eines bestimmten Analytikers auf die psychoanalytische Redesituation einschätzen zu können.

Für eine Untersuchung der «Rede des Neurotikers»[2] erweist sich außerdem die Aktantenstruktur der Rede des Patienten als aufschlußreich: Wer tut was? Was geschieht mit wem? Ist der Sprecher der Handelnde («daß ich Kontakte schließen könnte» – «das mach ich doch wie ich will»), sind es andere Personen («das ist mir auch schon gesagt worden» – «sie mir dann jeden Tag vorschreibt, was ich zu machen habe»), sind es Zustände und Sachverhalte, die auf ihn einwirken («jedes neue Erlebnis beeindruckt mich» – «es ist die große Diskrepanz zwischen meiner verstandesgemäßen Überlegung und meinen Gefühlen»)?

Wir sehen das Ziel einer derartigen Untersuchung des Redeverhaltens verschiedener Neurotiker im analytischen bzw. psychotherapeutischen Arrangement nicht darin, eine Abgrenzung des neurotischen von nicht-neurotischem Redeverhalten zu geben. Ein solches Ziel wäre schon in methodischer Hinsicht kaum zu verwirklichen, weil das Redeverhalten des Neurotikers in einer bestimmten Redekonstellation, nämlich der Psychotherapie/Psychoanalyse nicht auf andere Redekonstellationen übertragen werden kann. So wäre es dann notwendig, das Redeverhalten eben jener Patienten auch in anderen Redekonstellationen, etwa im Gespräch mit einer Freundin oder bei einem Vortrag, zu untersuchen.

Uns geht es daher zunächst einmal nicht darum, ein bestimmtes Redeverhalten als in dieser oder jener Weise neurotisch einzuschätzen. Wenn wir das Redeverhalten von Neurotikern in der therapeutischen Situation untersuchen, so verfolgen wir vielmehr die Absicht zu zeigen, wie sich die vom Neurotiker im Laufe seiner Kindheit erworbene Weise, Sprache in Kommunikationssituationen zu verwenden oder – präziser gesagt – sprachlich zu handeln, in der therapeutischen Situation aktualisiert. Falls sich dabei genau bestimm-

---

1 Hier machten wir einschlägige Erfahrungen mit der im ganzen sicher zu respektierenden traditionellen Einstellung von Analytikern, die sich getreu dem Ratschlag FREUDS zumeist nicht zu einer Tonbandaufnahme oder auch nur einer genauen Niederschrift des psychoanalytischen Dialogs bereit erklären konnten (vgl. FREUD, 1912a, G. W. VIII, S. 379).

2 Beispielsweise zeichnet sich der Zwangsneurotiker offenbar dadurch aus, daß er die Äußerungen des Therapeuten verwirft oder nicht unmittelbar auf sie eingeht (negativ-direkter und indirekter Kommentar) und daß er Sprechhandlungen des Therapeuten sehr gern hinterfragt, ihre Voraussetzungen zergliedert, so daß das eigentlich Erfragte und Behauptete oft genug unberücksichtigt bleibt. Hingegen scheinen der Phobiker und der Hysteriker die Sprechhandlungen des Therapeuten bereitwillig und spontan zu erfüllen und seine Äußerungen direkt und positiv zu kommentieren.

245

bare Unterschiede zwischen verschiedenen Typen von Neurosen erkennen lassen, so liegt die Vermutung nahe, daß etwa derjenige, der eine Disposition zur Zwangsneurose besitzt, in seiner Kindheit mit einer bestimmten Art und Weise, sprachlich zu handeln, umging bzw. konfrontiert worden ist, die sich unterscheidet von derjenigen, mit der etwa ein späterer Phobiker oder Hysteriker konfrontiert wurde. Allerdings sehen wir in der Therapie der Neurotiker nicht eine «Rekonstruktion des durch Verdrängungsprozesse aufgespaltenen Sprachspiels» oder eine Anpassung an die «normale» Kommunikation, sondern wir sehen in der psychoanalytischen Therapie eine besondere Form der Kommunikationssituation, in der Analytiker und Analysand im Kontext von Übertragung und Gegenübertragung in der Art und Weise interagieren, daß ihre Sprechhandlungen auf der Grundlage einer *metakommunikativen Beziehung zum psychoanalytischen Prozeß* hinterfragt werden können.

Die Frage, ob die psychoanalytische Behandlung eine Sprachveränderung im Sinne eines veränderten Redeverhaltens mit sich bringt, die in Beziehung steht zur Strukturveränderung des Ichs, bleibt noch offen.

Wir glauben, daß der vorgeschlagene Ansatz der Sprachanalyse im psychoanalytischen Prozeß zu einer am konkreten Redeverhalten von Analytiker und Analysand ansetzenden extra- und metakommunikativen Reflexion auf die Kommunikationssituation sowie die therapeutische Interaktion im Übertragungs-Gegenübertragungskontext führt und gleichzeitig von hier aus die Möglichkeit gegeben ist, die kommunikativen Voraussetzungen der metapsychologischen Theorie zu prüfen und gegebenenfalls zu erweitern.

ÜBER DIE VERFASSER

SEBASTIAN GOEPPERT: geboren 1942 in Auggen/Baden. Studium der Medizin und Biologie in Tübingen. 1968 medizinisches Staatsexamen und Promotion zum Dr. med. 1968–1970 Assistent in Tübingen und Gießen. 1970–1971 Akademischer Rat am Neuropathologischen Institut der Universität Gießen. Seit 1972 Oberarzt am Psychiatrischen Krankenhaus Gießen. Ausbildung zum Psychoanalytiker am Gießener Institut der Deutschen Psychoanalytischen Vereinigung. Habilitationsschrift: Sprachanalyse im psychotherapeutischen Geschehen.

HERMA CORINNA GOEPPERT-FRANK: geboren 1945 in Werdau/Sachsen. Studium der Germanistik, Romanistik und Allgemeinen Sprachwissenschaft in Tübingen und Paris. 1970 Promotion zum Dr. phil. Seit 1970 Wissenschaftliche Assistentin, seit 1973 Dozentin am Seminar für Didaktik der deutschen Sprache und Literatur im Fachbereich Germanistik der Universität Gießen.

Veröffentlichungen zum Thema Sprache und Psychoanalyse:

Die Bedeutung der Sprachtheorie in der Psychoanalyse, in: Zeitschrift für Psychotherapie und med. Psychologie 22, 1972 / Einige Gedanken zum Deutungsbegriff in der Psychoanalyse unter Berücksichtigung der psychoanalytischen Interaktion als Sprechsituation, in: Zeitschrift für Psychotherapie und med. Psychologie 23, 1973 / Le rôle de la théorie du langage et de l'analyse sémantique en psychanalyse, in: Confinia Psychiatrica 16, 1973.

An dieser Stelle möchten wir Frau ELKE MÖLLER danken, die außerordentlich sachkundig und zuverlässig alle Entwürfe zur Arbeit geschrieben sowie die Reinschrift des Manuskripts besorgt hat.

BIBLIOGRAPHIE

Die Schriften von FREUD *sind zitiert nach:* S. FREUD, *Gesammelte Werke (18 Bände),
Bd. I–XVII London 1940–1952, Bd. XVIII Frankfurt/M 1968. G. W. = Gesammelte
Werke*

ABRAHAM, K., Psychoanalytische Studien zur Charakterbildung. Leipzig 1924

ALBRIGHT, R. W., Differences between the child and the aphasic. Language and
speech 1 (1958), 177–180

ALTHUSSER, L., Freud et Lacan. La Nouvelle Critique, 161/162 (Déc. 1964–Janv.
1965); dt.: Freud und Lacan. Berlin 1970

ARIETI, S., The Intrapsychic Self. New York 1967

ARLOW, J., BRENNER, C., Psychoanalytic concepts and the structural theory. New York
1964

ATKIN, S., Psychoanalytische Betrachtungen über Sprache und Denken. Psyche 26
(1972), 96–125; engl. 1969

AUSTIN, J. L., William James Lectures (1955). How to do Things with Words.
Oxford/Cambridge, Mass. 1962

BALINT, M., Frühe Entwicklungsstufen des Ichs; Primäre Liebe. Imago 23 (1937),
270–288

–, Changing therapeutic aims and techniques in psychoanalysis. Int. J. Psychoanal. 31
(1950), 117–124; dt. in: Die Urformen der Liebe und die Technik der Psychoanalyse. Stuttgart/Bern 1969, S. 222–235

–, New Beginning and the Paranoid and the Depressive Syndromes. Int. J. Psychoanal. 33 (1952), 214–224; dt. in: Die Urformen der Liebe und die Technik der Psychoanalyse. Stuttgart/Bern 1969, S. 243–262

–, The 3 areas of the mind. Int. J. Psychoanal. 39 (1958), 328–340; dt.: Die drei seelischen Bereiche. Psyche 11 (1957/58), 321–344

–, Thrills and Regressions. London 1959; dt.: Angstlust und Regression. Stuttgart
1960 und rororo studium Bd. 21, Reinbek 1972

–, Der regredierte Patient und sein Analytiker. Psyche 15 (1961/62), 253–273

–, Beitrag zum Symposium über die Theorie der Eltern-Kind-Beziehung. In: Die
Urformen der Liebe und die Technik der Psychoanalyse. Stuttgart/Bern 1969, S.
159–161; engl. in: Int. J. Psychoanal. 43 (1962), 251–252

–, The Doctor, his Patient and the Illness. London 1964; dt.: Der Arzt, sein Patient
und die Krankheit. Stuttgart 1965

–, Understanding the Patient. Praxis 28 (1964)

BALKÁNYI, CH., On Verbalization. Int. J. Psychoanal. 45 (1964), 64–73

–, Language, verbalization and superego; some thoughts on the development of the
sense of rules. Int. J. Psychoanal. 49 (1968), 712–718

BATESON, G., JACKSON, D. D., HALEY, J., WEAKLAND, J., Toward a theory of Schizophrenia. Behavioral Science 1 (1956), 251–264; dt.: Auf dem Wege zu einer Schizo-
phrenie-Theorie. In: Blumenberg, H., Habermas, J., Henrich, D., Taubes, J. (ed.),
Schizophrenie und Familie. Frankfurt/M 1969

BENVENISTE, E., Remarques sur la fonction du langage dans la découverte freudienne
(1956a). In: Problèmes de linguistique générale. Paris 1966, S. 75–87

–, La nature des pronoms (1956b). In: Problèmes de linguistique générale. Paris
1966, S. 251–257

–, De la subjectivité dans le langage (1958). In: Problèmes de linguistique générale.

Paris 1966, S. 258–266

–, Les relations de temps dans le verbe français (1959). In: Problèmes de linguistique générale. Paris 1966, S. 237–250

BERNSTEIN, B., Soziokulturelle Determinanten des Lernens. Kölner Zschr. f. Soziologie u. Sozialpsychologie, Sonderheft 4 (1959)

–, A Socio-Linguistic Approach to Socialisation: with some Reference to Educability. In: Gumperz, J. u. Hymes, B. (ed.), Directions in socio-linguistics. New York 1968

–, Aspects of language and learning in the genesis of the social process. J. of Child Psychology and Psychiatry 1961, 313–324; dt. in: Soziale Struktur, Sozialisation und Sprachverhalten. Aufsätze 1958–1970. Schwarze Reihe Nr. 8, Amsterdam 1970, S. 43–61

–, Social Class, Speech Systems, and Psychotherapy. British J. of Sociology 15 (1964), 54–64; dt.: Soziale Schicht, System des Sprachgebrauchs und Psychotherapie. In: Soziale Struktur, Sozialisation und Sprachverhalten. Aufsätze 1958–1970. Schwarze Reihe Nr. 8, Amsterdam 1970, S. 84–98

–, Der Unfug mit der ‹kompensatorischen› Erziehung. In: Lernen und soziale Struktur. Aufsätze 1965–1970. Schwarze Reihe Nr. 9, Amsterdam 1970, S. 34–47

–, Studien zur sprachlichen Sozialisation. Düsseldorf 1972; (engl. 1971)

BEUTIN, W. (ed.), Literatur und Psychoanalyse. Ansätze zu einer psychoanalytischen Textinterpretation. München 1972

BIERWISCH, M., Fehler-Linguistik. In: ASG-Bericht, Nr. 5, Berlin 1970, S. 15–38, und in: Linguistic Inquiry 1 (1970), 397–414

BINSWANGER, L., Einführung in die Probleme der Allgemeinen Psychologie. Heidelberg 1922

–, Erfahren, Verstehen, Deuten in der Psychoanalyse (1926). In: Ausgewählte Vorträge und Aufsätze. Bern 1955, Bd. 2, S. 67–80

BION, W. R., Notes on the theory of schizophrenia. Int. J. Psychoanal. 35 (1954), 113–118

–, The psychoanalytic study of thinking. Int. J. Psychoanal. 43 (1962), 306–310

–, Elements of Psycho-Analysis. London 1963

BIRDWHISTELL, R. L., Introduction to kinesics. Louisville 1952

BITTNER, G., Sprache und affektive Entwicklung. Stuttgart 1969

BOOMER, D. S., GOODRICH, D. W., Speech disturbance and judged anxiety. J. Consult. Psychol. 25 (1961), 160

BOYER, L. B., Freuds Beitrag zur Psychotherapie der Schizophrenie. Psyche 21 (1967), 869–893, aus: Boyer, L. B. u. Giovacchini, P. L., Psychoanalytic Treatment of the Characterological and Schizophrenic Disorders. New York 1967

BROCHER, T., Über averbale Kommunikation. Psyche 21 (1967), 633–653

BÜHLER, K., Die Axiomatik der Sprachwissenschaft. Kantstudien 38 (1933), 19–90

–, Sprachtheorie. Die Darstellungsfunktion der Sprache. Jena 1934, Stuttgart ²1965

CHOMSKY, N., Aspects of the Theory of Syntax. Cambridge, Mass. 1965; dt. Frankfurt/M 1969

COSERIU, E., Die Metaphernschöpfung in der Sprache. In: Coseriu, E., Sprache: Strukturen und Funktionen, 12 Aufsätze zur allg. u. roman. Sprachwissenschaft. Tübingen 1970, S. 15–52; span.: La creación metafórica en el lenguaje. Montevideo 1956

–, L'arbitraire du Signe. Zur Spätgeschichte eines aristotelischen Begriffes. In: Archiv f. n. Sprachen 204 (1967), 81–112

–, System, Norm und ‹Rede›. In: Coseriu, E., Sprache: Strukturen und Funktionen, 12 Aufsätze zur allg. u. roman. Sprachwissenschaft. Tübingen 1970, S. 193–212; ital.:

249

Sistema, norma e ‹parola›. Brescia 1969

—, Thesen zum Thema ‹Sprache und Dichtung›. In: Stempel, W. D. (ed.), Beiträge zur Textlinguistik. München 1971, S. 183–188

CREMERIUS, J., Schweigen als Problem der psychoanalytischen Technik. Jahrbuch der Psychoanalyse, Bern/Stuttgart, Bd. 6 (1969), S. 69–103

DERYCKE, M., Notes pour une théorie de l'engendrement de la signification: Les conditions formelles de la production du sens. Unveröffentlichtes Manuskript vom Semantik-Symposium, Urbino, Juli 1971

DEUTRICH, K. H., Aufnahme und Archivierung gesprochener Hochsprache. In: Texte gesprochener deutscher Standardsprache I. Erarbeitet im Institut für deutsche Sprache, Forschungsstelle Freiburg i. B. München/Düsseldorf 1971, S. 18–32

DILTHEY, W., Ideen über eine beschreibende und zergliedernde Psychologie. In: Ges. Schriften V. Leipzig 1924

DOSUŽKOV, TH., Wortlose Kommunikation bei Hysterie. Dyn. Psychiatrie 1 (1968), 74–81

DREITZEL, H. P., Die gesellschaftlichen Leiden und das Leiden der Gesellschaft. Vorstudien zu einer Pathologie des Rollenverhaltens (Göttinger Abhandlungen zur Soziologie). Stuttgart 1968

EDELHEIT, H., Panel report: Language and the development of the ego. J. Am. Psa. Ass. 16 (1968), 113–122

—, Speech and Psychic structure. The Vocal-Auditory Organization of the Ego. J. Am. Psa. Ass. 17 (1969), 381–412

—, Panel on ‹Language and Psychoanalysis›. Int. J. Psychoanal. 51 (1970), 237–243; dt.: Bericht über die Diskussion zu ‹Sprache und Psychoanalyse›. Psyche 26 (1972), 89–95

EHLICH, K., Thesen zur Sprechakttheorie. In: Wunderlich, D. (ed.), Linguistische Pragmatik. Frankfurt/M 1972, S. 122–126

—, MARTENS, K., Sprechhandlungstheorie und double-bind. In: Wunderlich, D. (ed.), Linguistische Pragmatik. Schwerpunkte Linguistik und Kommunikationswissenschaft. Bd. 12, Frankfurt/M 1972, S. 377–403

—, HOHNHÄUSER, J., MÜLLER, F., WIEHLE, D., Spätkapitalismus — Soziolinguistik — Kompensatorische Spracherziehung. In: Kursbuch 24 (Juni 1971), 33–60

EHRENZWEIG, A., The Hidden Order in Art. A Study in the Psychology of Artistic Imagination. Los Angeles/Berkeley 1967

EIDELBERG, L., A contribution to the study of slips of the tongue. Int. J. Psychoanal. 17 (1936), 462–470

—, A further contribution to the study of slips of the tongue. Int. J. Psychoanal. 25 (1944), 8–13

—, A third contribution to the study of slips of the tongue. Int. J. Psychoanal. 41 (1960), 596–603

EKMAN, P., FRIESEN, W. V., Nonverbal Behavior in Psychotherapy Research. In: Shlien, J. M. (ed.), Research in Psychotherapy, Vol. 3. Washington 1968, S. 179–216

—, —, The Repertoire of Nonverbal Behavior: Categories, Origins, Usage, and Coding. Semiotica 1 (1969), 49–98

ELDRED, S. H., PRICE, D. B., A linguistic Evaluation of Feeling States in Psychotherapy. Psychiatry 21 (1958), 115–121

ERIKSON, E. H., Childhood and Society. New York 1950; dt.: Kindheit und Gesellschaft. Stuttgart 1957

FENICHEL, O., Zur Theorie der psychoanalytischen Technik. Int. Zschr. f. Psychoanalyse 21 (1935), 78–95

–, The Psychoanalytic Theory of Neurosis. New York 1945

FERENCZI, S., Einige passagere Symptome (1913/15). In: Bausteine zur Psychoanalyse I, Leipzig/Wien/Zürich 1927

–, Sprachverwirrung zwischen den Erwachsenen und dem Kind. Vortrag Sept. 1932 in Wiesbaden. In: Bausteine zur Psychoanalyse III, Bern 1939, 511–525

FILLMORE, C. J., Deictic categories in the semantics of ‹come›. Foundations of Language 2 (1966), 219–227

–, Ansätze zu einer Theorie der Deixis. In: Kiefer, F. (ed.), Semantik und generative Grammatik. I, Frankfurt/M 1972, S. 147–174

FLIESS, R., The Metapsychology of the Analyst. Psa. Quart. 11 (1942), 211–227

–, Silence and verbalization: A supplement to the theory of the ‹analytic rule›. Int. J. Psychoanal. 30 (1949), 22–30

FREEMAN-SHARPE, E., Psycho-Physical Problems revealed in Language: An Examination of Metaphor. Int. J. Psychoanal. 21 (1940) und in; Collected Papers on Psychoanalysis. London 1950, 155–169

FREUD, S., Zur Auffassung der Aphasien. Leipzig/Wien 1891

–, Entwurf einer Psychologie (1895). In: Freud, S., Aus den Anfängen der Psychoanalyse. Briefe an W. Fliess, Abhandlungen und Notizen aus den Jahren 1887–1902. London 1950

–, Studien über Hysterie (1895). G. W. I

–, Weitere Bemerkungen über die Abwehr-Neuropsychosen (1896 a). G. W. I

–, Zur Ätiologie der Hysterie (1896 b). G. W. I

–, Wissenschaftliche Arbeiten 1877–1897 (1897). G. W. I

–, Die Traumdeutung (1900). G. W. II/III

–, Zur Psychopathologie des Alltagslebens (1901). G. W. IV

–, Über Psychotherapie (1904). G. W. V

–, Meine Ansichten über die Rolle der Sexualität in der Ätiologie der Neurosen (1905 a). G. W. V

–, Bruchstück einer Hysterie-Analyse (1905 b). G. W. V

–, Der Witz und seine Beziehung zum Unbewußten (1905 c). G. W. VI

–, Der Dichter und das Phantasieren (1908). G. W. VII

–, Analyse der Phobie eines fünfjährigen Knaben (1909). G. W. VII

–, Über den Gegensinn der Urworte (1910 a). G. W. VIII

–, Über Psychoanalyse (1910 b). G. W. VIII

–, Formulierungen über die zwei Prinzipien des psychischen Geschehens (1911 a). G. W. VIII

–, Die zukünftigen Chancen der psychoanalytischen Therapie (1911 b). G. W. VIII

–, Psychoanalytische Bemerkungen über einen autobiographisch beschriebenen Fall von Paranoia (Dementia paranoides) (1911 c). G. W. VIII

–, Ratschläge für den Arzt bei der Psychoanalytischen Behandlung (1912 a). G. W. VIII

–, Zur Dynamik der Übertragung (1912 b). G. W. VIII

–, Totem und Tabu (1912/13). G. W. IX

–, Das Interesse an der Psychoanalyse (1913). G. W. VIII

–, Zur Geschichte der psychoanalytischen Bewegung (1914 a). G. W. X

–, Zur Einführung des Narzißmus (1914 b). G. W. X

–, Erinnern, Wiederholen und Durcharbeiten (1914 c). G. W. X

–, Das Unbewußte (1915). G. W. X

–, Vorlesungen zur Einführung in die Psychoanalyse (1916/17). G. W. XI

–, Trauer und Melancholie (1917). G. W. X

–, Jenseits des Lustprinzips (1920). G. W. XIII

–, Massenpsychologie und Ich-Analyse (1921). G. W. XIII

–, ‹Psychoanalyse› und ‹Libidotheorie› (1923 a). G. W. XIII

–, Das Ich und das Es (1923 b). G. W. XIII

–, Neurose und Psychose (1924). G. W. XIII

–, Zusatz zum XIV. Bande: Einige Nachträge zum Ganzen der Traumdeutung (1925 a). G. W. I

–, ‹Selbstdarstellung› (1925 b). G. W. XIV

–, Notiz über den ‹Wunderblock› (1925 c). G. W. XIV

–, Die Frage der Laienanalyse (1926). G. W. XIV

–, Das Unbehagen in der Kultur (1930). G. W. XIV

–, Neue Folge der Vorlesungen zur Einführung in die Psychoanalyse (1933). G. W. XV

–, Der Mann Moses und die monotheistische Religion (1937). G. W. XVI

–, Abriß der Psychoanalyse (1938). G. W. XVII

–, Briefe 1873–1939. Frankfurt ²1960

FROMM-REICHMANN, F., Some Aspects of Psychoanalytic Psychotherapy with Schizophrenics. In: Brody, E. E. u. Redlich, F. C. (ed.), Psychotherapy with Schizophrenics, A Symposium. New York 1957

FÜRSTENAU, P., Ich-Psychologie und Anpassungsproblem. In: Draeger, K. et al. (ed.), Jahrbuch der Psychoanalyse, Bd. 3 (1964), S. 30–55

–, ‹Sublimierung› in affirmativer und negativ-kritischer Anwendung. Jahrbuch der Psychoanalyse, Bd. 4 (1967), S. 43–62

–, Probleme der vergleichenden Psychotherapieforschung. Psyche 26 (1972), 423–462

Funkkolleg Sprache, Eine Einführung in die mod. Linguistik. Studienbegleitbrief 1 (W. Herrlitz u. F. Hundsnurscher). Tübingen 1971

GABELENTZ, G. VON DER, Die Sprachwissenschaft. Ihre Aufgaben, Methoden und bisherigen Ergebnisse (1891). Leipzig ²1901

GEDO, G. E., Thoughts on Art in the Age of Freud. A Review. J. Am. Psa. Ass., 18 (1970), 219–245

GEISMANN, G., Psychoanalytische Literaturkritik? Archiv f. n. Sprachen, 119 (1968), 321–331

GLOVER, E., The Concept of Dissociation. In: Glover, E., On the Early Development of the mind. Selected Papers on Psycho-Analysis, Vol. 1. New York/London 1956

GOEPPERT, H., Die sprachliche Strukturierung des Raumes. Diss. Tübingen 1970

–, S. u. H., Die Bedeutung der Sprachtheorie in der Psychoanalyse. Zschr. Psychother. 22 (1972), 121–129

–, S. u. H., Le rôle de la théorie du langage et de l'analyse sémantique en psychanalyse. In: Confinia Psychiatrica 16 (1973)

–, S., Einige Gedanken zum Deutungsbegriff in der Psychoanalyse unter Berücksichtigung der psychoanalytischen Interaktion als Sprechsituation. Zschr. Psychother. 23 (1973 (a)), 41–55

–, S., Die Funktion der Sprache in Freuds ‹Zur Auffassung der Aphasien›. (erscheint 1973 (b))

GOLDMAN-EISLER, F., Sequential temporal patterns and cognitive processes in speech.

Acta neurol. belg. 67 (1967), 841–851

GOMBRICH, E. H., Psycho-Analysis and the History of Art. Int. J. Psychoanal. 35 (1954), 401–411

–, Freuds Ästhetik. Literatur und Kritik 19 (1967), 511–528

GREENSON, R. R., The mother tongue and the mother. Int. J. Psychoanal. 31 (1950), 18–23

–, Empathy and its vicissitudes. Int. J. Psychoanal. 41 (1960), 418–424; dt.: Zum Problem der Empathie. Psyche 15 (1961/62), 142–154

–, The working alliance and the transference neurosis. Psychoanal. Quart. 34 (1965), 155–181; dt.: Das Arbeitsbündnis und die Übertragungsneurose. Psyche 20 (1966), 81–103

–, That ‹impossible› profession. J. Am. Psa. Ass. 14 (1966), 9–27

–, The Technique and Practice of Psychoanalysis, Vol. 1. New York 1967; dt.: Technik und Praxis der Psychoanalyse, Bd. 1. Stuttgart 1973

–, WEXLER, M., The non-transference relationship in the psychoanalytic situation. Int. J. Psychoanal. 50 (1969), 27–39; dt.: Die übertragungsfreie Beziehung in der psychoanalytischen Situation. Psyche 25 (1971), 206–230

GREIMAS, A. J., Sémantique Structurale. Paris 1966; dt.: Strukturale Semantik. Braunschweig 1971

–, RASTIER, F., Les jeux des contraintes sémiotiques (1968). In: Greimas, A. J., Du Sens. Essais sémiotiques. Paris 1970

GUTT, A., SALFFNER, R., Sozialisation und Sprache. Didaktische Hinweise zu emanzipatorischer Sprachschulung (Basis Arbeitsergebnisse). Frankfurt ²1972

HABERMAS, J., Erkenntnis und Interesse. Frankfurt/M 1968

–, Der Universalitätsanspruch der Hermeneutik. In: Hermeneutik und Dialektik, Bd. 1. Tübingen 1970, S. 73–103

–, Vorbereitende Bemerkungen zu einer Theorie der kommunikativen Kompetenz. In: Theorie der Gesellschaft oder Sozialtechnologie. Frankfurt/M 1971, S. 101–141 (1971 a)

–, Theorie der Gesellschaft oder Sozialtechnologie? Eine Auseinandersetzung mit Niklas Luhmann. In: Habermas, J., Luhmann, N., Theorie der Gesellschaft oder Sozialtechnologie. Frankfurt/M 1971, S. 142–290 (1971 b)

HARTMANN, H., Verstehen und Erklären. In: Die Grundlagen der Psychoanalyse. Leipzig 1927, S. 36–61, Neuaufl. Stuttgart 1972

–, Ich-Psychologie und Anpassungsproblem (1939). In: Psyche 14 (1960/61), 81–164

–, KRIS, E., LOEWENSTEIN, R. M., Some psychoanalytic comments on ‹culture and personality›. In: Wilbur, G. B., Muensterberger, W., Psychoanalysis and Culture. New York 1951, S. 3–31

HAYMAN, A. Verbalization and identity. Int. J. Psychoanal. 46 (1965), 455–466

HEIMANN, P., On Countertransference. Int. J. Psychoanal. 31 (1950), 81–84

–, Die Dynamik der Übertragungsinterpretationen (1956). Psyche 11 (1957/58), 401–415; engl.: Int. J. Psychoanal. 37 (1956), 303

HJELMSLEV, L., Structural Analysis of Language. Studia Linguistica 1 (1947), 69–78

HOLT, R. R., A critical examination of Freud's concept of bound vs. free cathexis. J. Am. Psa. Ass. 10 (1962), 475–525

–, The primary process. In: Holt, R. R. (ed.), Motives and Thought, Psa. Essays in Honor of David Rapaport. New York 1967

HUMBOLDT, W. VON, Über die Verschiedenheiten des menschlichen Sprachbaues

(1827–1829). In: ‹Werke in 5 Bänden› ed. Flitner, A., und Giel, K., Bd. 3. Stuttgart 1963, S. 144–367

ISAKOWER, O., On the Exceptional Position of the Auditory Sphere. Int. J. Psychoanal. 20 (1939), 340–348

–, Spoken words in Dreams. Psychoanal. Quart. 23 (1954), 1–6

JACKSON, D. D., HALEY, J., Transference revisited. J. Nervous and Mental Disease 137 (1963), 363–371

–, J. H., Notes on the physiology and pathology of the nervous system (1868). Brain 38 (1915), 107–129

–, On affections of speech from disease of the brain (1879). Brain 38 (1915), 107–129

JAKOBSON, R., Kindersprache, Aphasie und allgemeine Lautgesetze. Uppsala 1941 und Frankfurt ²1969

–, Two aspects of language and two types of aphasic disturbances. In: Jakobson, R., und Halle, M., Fundamentals of Language. Den Haag 1956, S. 55–76; dt.: Grundlagen der Sprache. Berlin 1960, S. 47–70

–, Shifters, verbal categories, and the Russian verb. Russian Language Project, Department of Slavic Languages and Literatures, Harvard University, 1957; frz.: Les embrayeurs, les catégories verbales et la verbe russe. In: Jakobson, R., Essais de linguistique générale, Paris 1963, S. 176–196

–, Linguistics and Poetics. In: Sebeok, T. A., Style in Language. New York 1960, S. 350–377; dt.: Linguistik und Poetik. In: Ihwe, J. (ed.), Literaturwissenschaft und Linguistik, Bd. II, 1. Frankfurt/M 1971, S. 142–178

–, Towards a linguistic typology of aphasic impairments. In: Ciba Foundation Symposium: Disorders of Language. London 1964, S. 21–42

JAPPE, G., Über Wort und Sprache in der Psychoanalyse. Frankfurt/M 1971

JASPERS, K., Allgemeine Psychopathologie. Berlin/Heidelberg ⁵1948

JONES, E., Essays in Applied Psycho-Analysis. Vol. 1, London 1951

JUNKER, H. D., Die Reduktion der ästhetischen Struktur – Ein Aspekt der Kunst der Gegenwart. In: Ehmer, K., Visuelle Kommunikation. Beiträge zur Kritik der Bewußtseinsindustrie. Köln 1971, S. 9–58

JUNKER, H., ZENZ, H., Der Einsatz datenspeichernder und -verarbeitender Apparate für die Erforschung psychotherapeutischer Prozesse. Psyche 24 (1970), 692–705

KANZER, M., Verbal and non-verbal aspects of free Association. Psa. Quart. 30 (1961), 327–350

KLAUS, G., Semiotik und Erkenntnistheorie. Berlin 1963

KLEIN, M., Notes on some schizoid Mechanisms. Int. J. Psychoanal. 27 (1946); dt.: Bemerkungen über einige schizoide Mechanismen. In: Klein, M., Das Seelenleben des Kleinkindes. Stuttgart 1962, S. 101–126, und: rororo studium Bd. 6, Reinbek 1972, S. 101–125

KOHUT, H., Introspection, Empathy and Psychoanalysis. J. Am. Psa. Ass. 7 (1959), 459–483; dt.: Introspektion, Empathie und Psychoanalyse. Psyche 25 (1971), 831–855

–, Formen und Umformungen des Narzißmus. Psyche 20 (1966), 561–587; engl.: Forms and Transformations of Narcissm. In: J. Am. Psa. Ass. 14 (1966), 243–272

–, Die psychoanalytische Behandlung narzißtischer Persönlichkeitsstörungen. Psyche 23 (1969), 321–348

KRIS, E., Psychoanalytical Exploration in Art. New York 1952/London 1953

KUNZ, H., Die existentielle Bedeutung der Psychoanalyse in ihrer Konsequenz für deren Kritik. Nervenarzt 3 (1930), 657–668

LACAN, J., Le stade du miroir comme formateur de la fonction du Je (1936). In: Ecrits. Paris 1966, S. 93–100

–, Intervention sur le Transfert (1952). In: Ecrits. Paris 1966, S. 215–226

–, Variantes de la cure-type (1955). In: Ecrits. Paris 1966, S. 323–362

–, Fonction et champ de la parole et du langage en psychanalyse (1956). In: Ecrits. Paris 1966, S. 237–322

–, Le séminaire sur ‹La Lettre volée› (1957 a). In: Ecrits. Paris 1966, S. 11–61; dt.: Vorlesung über E. A. Poes ‹Der gestohlene Brief›. In: Gallas, H., (ed.), Strukturalismus als interpretatives Verfahren. Darmstadt 1972, S. 201–262

–, Instance de la lettre dans l'inconscient ou la raison depuis Freud (1957 b). In: Ecrits. Paris 1966, S. 493–528

–, D'une question préliminaire à tout traitement possible de la psychose (1959). In: Ecrits. Paris 1966, S. 531–583

–, A la mémoire d'Ernest Jones: Sur sa théorie du symbolisme (1960 a). In: Ecrits. Paris 1966, S. 697–717

–, Subversion du sujet et dialectique du désir dans l'inconscient freudien (1960 b). In: Ecrits. Paris 1966, S. 793–827

–, Kant avec Sade (1963). In: Ecrits. Paris 1966, S. 765–790

–, La science et la vérité (1966). In: Ecrits. Paris 1966, S. 855–877

LAFFAL, J., Freud's Theory of Language. Psychoanal. Quart. 33 (1964), 157–175

–, Pathological and normal Language. New York 1965

–, Language, consciousness, and experience. Psychoanal. Quart. 36 (1967), 61–66

LAKOFF, G., Linguistik und natürliche Logik. Frankfurt/M 1971; engl.: Dordrecht 1970

LECLAIRE, S., Psychanalyser, essai sur l'ordre de l'inconscient et la pratique de la lettre. Paris 1968; dt.: Der psychoanalytische Prozeß. Ein Versuch über das Unbewußte und die Praxis des Buchstäblichen. Olten/Freiburg i. B. 1972

LEIST, A., Zur Intentionalität von Sprechhandlungen. In: Wunderlich, D. (ed.), Linguistische Pragmatik. Frankfurt/M 1972, S. 59–98

LENK, H., Zu Wittgensteins Theorie der Sprachspiele. Kantstudien 58 (1967), 458–480

LENNEBERG, E. H. (ed.), New Directions in the Study of Language. Cambridge, Mass. 1964; dt.: Neue Perspektiven in der Erforschung der Sprache. Frankfurt/M 1972

–, Biological foundations of language. New York 1967; dt.: Frankfurt/M 1972

LÉVI-STRAUSS, C., Les structures élémentaires de la parenté. Paris 1949 (a)

–, L'efficacité symbolique (1949 (b)). In: Anthropologie structurale. Paris 1958, S. 205–226; dt.: Die Wirksamkeit der Symbole. In: Strukturale Anthropologie. Frankfurt/M 1967, S. 204–225

LIPPS, TH., Leitfaden der Psychologie. Leipzig ³1909

LOCH, W., Anmerkungen zur Pathogenese und Metapsychologie einer schizophrenen Psychose. Psyche 11 (1961/62), 684–720

–, Regression. Über den Begriff und seine Bedeutung in einer allgemeinen psychoanalytischen Neurosentheorie. Psyche 17 (1963/64), 516–545

–, Voraussetzungen, Mechanismen und Grenzen des psychoanalytischen Prozesses. Bern/Stuttgart 1965

–, Übertragung – Gegenübertragung. Psyche 19 (1965/66 (a)), 1–23

–, Zur Struktur und Therapie schizophrener Psychosen aus psychoanalytischer Perspektive. Psyche 19 (1965/66 (b)), 172–187

–, Über einige allgemeine Strukturmerkmale und Funktionen psychoanalytischer

Deutungen. Psyche 20 (1966 (a)), 377–397

–, Studien zur Dynamik, Genese und Therapie der frühen Objektbeziehungen. Psyche 20 (1966 (b)), 881–903

–, Die Krankheitslehre der Psychoanalyse. Stuttgart 1967 (a)

–, Psychoanalytische Aspekte zur Pathogenese und Struktur depressiv-psychotischer Zustandsbilder. Psyche 21 (1967 (b)), 758–779

–, Identifikation – Introjektion. Psyche 22 (1968), 271–286

–, Determinanten des Ichs. Beiträge David Rapaports zur psychoanalytischen Ich-Theorie. Psyche 25 (1971 (a)), 374–400

–, Gedanken über ‹Gegenstand›, Ziele und Methoden der Psychoanalyse. Psyche 25 (1971 (b)), 881–910

–, Über die Zusammenhänge zwischen Partnerschaft, Struktur und Mythos. Psyche 23 (1969), 481–506. In: Loch, W., Zur Theorie, Technik und Therapie der Psychoanalyse. Frankfurt/M 1972 (a), S. 66–93

–, Sprechstunden-Psychotherapie. Training in Balint-Gruppen. Psychosom. Medizin, Heft 3/4 (1970), 231–244; abgedruckt in: Loch, W., Zur Theorie, Technik und Therapie der Psychoanalyse. Frankfurt/M 1972 (b), S. 283–297

LOEWALD, H. W., On the therapeutic action of psychoanalysis. Int. J. Psychoanal. 41 (1960), 16–33

LOEWENSTEIN, R. M., Some Remarks on the Role of Speech in psycho-analytic technique. Int. J. Psychoanal. 37 (1956), 460–468

LORENZER, A., Kritik des psychoanalytischen Symbolbegriffs. Frankfurt/M 1970 (a)

–, Sprachzerstörung und Rekonstruktion. Vorarbeiten zu einer Metatheorie der Psychoanalyse. Frankfurt/M 1970 (b)

–, Symbol, Interaktion und Praxis. In: Psychoanalyse als Sozialwissenschaft. Frankfurt/M 1971, S. 9–59

–, Über den Gegenstand der Psychoanalyse oder: Sprache und Interaktion. Frankfurt/M 1973

LYONS, J., Einführung in die moderne Linguistik. München 1971; engl.: Cambridge 1968

MAAS, U., Zur Begründung des Aktantenmodells (1971). Unveröffentlichtes Manuskript

–, Sprechen und Handeln – Zum Stand der gegenwärtigen Sprachtheorie. Sprache im technischen Zeitalter 41 (1972 (a)), 1–20

–, Grammatik und Handlungstheorie. In: Maas, U., Wunderlich, D., Pragmatik und sprachliches Handeln. Frankfurt/M 1972 (b), S. 189–276

MACCORMAC, E. R., Ostensive Instances in Language Learning. Foundations of Language 7 (1971), 199–210

MAHL, G. F., Disturbances and silence in patient's speech in psychotherapy. J. of Abnormal and Social Psychology 53 (1956), 1–15

–, Measuring the patient's anxiety during interviews from ‹expressive› aspects of his speech. Transactions of the New York Academy of Sciences, 21 (1959 (a)), 249

–, Exploring emotional states by content analysis. In: Sola Pool, I. (ed.), Trends in Content Analysis. Urbana, Ill. 1959 (b)

–, Measures of two expressive aspects of a patient's speech in two psychotherapeutic interviews. In: Gottschalk, L. A. (ed.), Comparative Psycholinguistic Analysis of two Psychotherapeutic Interviews. New York 1961

–, SCHULZE, G., Psychological research in the extralinguistic area. In: Sebeok, T. et al., Approaches to Semiotics. Transactions of the Indiana University conference on

Paralinguistics and Kinesics. Den Haag/Paris 1964, S. 51–124

–, Gestures and Body Movements in Interviews. In: Shlien, J. M. (ed.), Research in Psychotherapy, Vol. 3. Washington 1968, S. 295–346

MAHLER, M. S., Problems of Infantile Neurosis, a Discussion. Psa. Study Child 9 (1954), 65–66

MALINOWSKI, B., The problem of Meaning in primitive languages. In: Ogden, C. K., and Richards, J. A. (ed.), The Meaning of Meaning. New York/London ⁹1953, S. 296–336

MARCUSE, H., Eros and Civilization. A Philosophical Inquiry into Freud. London 1956; dt.: Eros und Kultur. Ein philosophischer Beitrag zu S. Freud. Stuttgart 1957 (Neuausgabe: Triebstruktur und Gesellschaft. Frankfurt/M 1965)

MARQUARD, O., Die Bedeutung der Theorie des Unbewußten für eine Theorie der Nicht Mehr Schönen Kunst. In: Jauß, H. R., Poetik und Hermeneutik III. Die Nicht Mehr Schönen Künste. München 1968, S. 375–392

MARX, O. M., Aphasia Studies and Language Theory in the 19th Century. Bull. Hist. Med. 40 (1966), 328–349

–, Freud and Aphasia: A Historical Analysis. Am. J. Psychiat. 124 (1967), 815–825

MATT, P. VON, Literaturwissenschaft und Psychoanalyse. Eine Einführung. Freiburg 1972

MEAD, G. H., Mind, Self, and Society. From the standpoint of a social behaviorist, edited and with an introduction by Charles W. Morris. Chicago 1943; dt.: Frankfurt/M 1968

MERINGER, R., MAYER, C., Versprechen und Verlesen. Eine psychologisch-linguistische Studie. Stuttgart 1895

MEYNERT, TH., Der Bau der Großhirnrinde und seine örtlichen Verschiedenheiten, nebst einem pathologisch-anatomischen Corollarium. Leipzig 1868

MICHEL, K. M., Dossier: Auf der Couch (und dahinter). In: Enzensberger, H. M., Michel, K. M. (ed.), Das Elend mit der Psyche. II Psychoanalyse. Kursbuch 29, Berlin 1972

MORRIS, CH. W., Foundations of the theory of signs. Chicago 1938

–, Signs, Language and Behavior. New York 1946

MOSES, P. J., Die Stimme der Neurose. Stuttgart 1956; engl.: New York 1954

MOUNIN, G., Quelques traits du style de Jacques Lacan. Nouvelle Revue Française, janvier 1969, wiederabgedruckt in: Mounin, G., Introduction à la sémiologie. Paris 1970, S. 181–188

NAVRATIL, L., Schizophrenie und Sprache. Zur Psychologie der Dichtung. München 1966

NIEPOLD, W., Sprache und soziale Schicht. Berlin 1970

NOY, P., On the Development of artistic talent. Israel Ann. Psychiat., 4 (1966), 211–218

–, A Theory of Art and Aesthetic Experience. Psychoanal. Rev. 55 (1968), 623–645

–, A revision of the psychoanalytic theory of the primary process. Int. J. Psychoanal. 50 (1969), 155–178

OEVERMANN, U., Schichtenspezifische Formen des Sprachverhaltens und ihr Einfluß auf die kognitiven Prozesse. In: Begabung und Lernen. Gutachten und Studien der Bildungskommission 4. Stuttgart 1969, S. 297–357

OLDEN, CH., On adult Empathy with Children. Psa. Study Child 8 (1953), 111–126

–, Notes on the Development of Empathy. Psa. Study Child 13 (1958), 505–518

PARIN, P., Die Indikation zur Analyse. Psyche 12 (1958/59), 367–387

PIAGET, J., Le langage et la pensée chez l'enfant. Paris 1923

—, Le jugement et le raisonnement chez l'enfant. Paris 1924; dt.: Urteil und Denkprozeß des Kindes. Düsseldorf 1972

—, Comments on Vygotsky's critical remarks concerning ⟨The language and Thought of the child⟩ and ⟨Judgement and Reasoning in the child⟩. Beilage zu: Vygotsky, L. S., Thought and Language. M. I. T. Cambridge, Mass. 1962

PITTENGER, R. E., Linguistic Analysis of Tone of Voice in Communication of Affect. Psychiatric Research Reports 8 (1958), 41–54

POLENZ, P. VON, Sprachnorm, Sprachnormung, Sprachnormenkritik. In: Linguistische Berichte 17 (1972), 76–84

POSNER, R., Theorie des Kommentierens. Eine Grundlagenstudie zur Semantik und Pragmatik. Frankfurt/M 1972 (a)

—, Die Kommentierung — oder: ein Weg von der Satzgrammatik zur Textlinguistik. In: Linguistik und Literaturwissenschaft (Heft 5), 2 (1972 (b)), 9–30

RACKER, H., Meanings and uses of countertransference. Psa. Quart. 26 (1957), 303–357

RAPAPORT, D., On the psychoanalytic theory of thinking. Int. J. Psychoanal. 31 (1950), 161–170

—, Organization and pathology of thought. New York 1951

—, Buchbesprechung: Kris, E., Explor. in Art. New York 1952/London 1953. Int. J. Psychoanal. 35 (1954), 362–364

—, The Structure of Psychoanalytical Theory: A Systematizing Attempt. New York 1960; dt.: Die Struktur der psychoanalytischen Theorie. Stuttgart 1962

RICKERT, H., Die Grenzen der naturwissenschaftlichen Begriffsbildung. Tübingen 1921

RICŒUR, P., Qu'est-ce qu'un texte? Expliquer et comprendre. In: Hermeneutik und Dialektik, Bd. 2. Tübingen 1970, S. 181–200

RIESE, W., Freudian Concepts of Brain Function and Brain Disease. J. Nerv. Ment. Dis. 127 (1958), 287–307

RIFFLET-LEMAIRE, A., Jacques Lacan. Brüssel 1970

ROLAND, A., Imagery and Symbolic Expression. Int. J. Psychoanal. 53 (1972), 531–539

ROSE, G. J., Creative Imagination. Int. J. Psychoanal. 45 (1964), 75–84

ROSEN, V. H., The relevance of ⟨style⟩ to certain aspects of defence and the synthetic function of the ego. Int. J. Psychoanal. 42 (1961), 447–457

—, Disorders of communication in psychoanalysis. J. of Am. Psychoanal. Ass. 15 (1967), 467–490

—, Language and Psychoanalysis. Int. J. Psychoanal. 50 (1969 (a)), 113–116; dt.: Sprache und Psychoanalyse. Psyche 26 (1972), 81–88

—, Sign phenomena and their relationship to unconscious meaning. Int. J. Psychoanal. 50 (1969 (b)), 197–207

RYCROFT, C., The nature and function of the analyst's communication to the patient. Int. J. Psychoanal. 37 (1956), 469–472

SAPIR, E., Language. New York 1921; dt.: Sprache. München 1961

SASLOW, G., MATARAZZO, J. D., A technique for studying changes in interview behavior. In: Rubinstein, E. A., Parloff, M. B. (ed.), Research in Psychotherapy, vol. 1. Washington 1959

DE SAUSSURE, F., Cours de Linguistique Générale. Paris 1916; dt.: Grundfragen der allgemeinen Sprachwissenschaft. Berlin 1967

SCHAFER, R., Generative empathy in the treatment situation. Psychoanal. Quart. 28 (1959), 342–373

SCHERER, K. R., Non-verbale Kommunikation. Hamburg 1970

SCHIWY, G., Der französische Strukturalismus. rde Bd. 310, Reinbek ⁵1971

–, Neue Aspekte des Strukturalismus. München 1971

SCOTT, W. C. M., Noise, Speech and Technique. Int. J. Psychoanal. 39 (1958), 108–111

SEARLE, J. R., Speech Acts. An Essay in the Philosophy of Language. Cambridge 1969; dt.: Sprechakte. Ein sprachphilosophischer Essay. Frankfurt/M 1971

SEARLES, H. F., Die Empfänglichkeit des Schizophrenen für unbewußte Prozesse im Psychotherapeuten. Psyche 12 (1958/59), 321–343

–, Transference Psychosis in the Psychotherapy of Schizophrenia. Int. J. Psychoanal. 44 (1963), 249–281

–, Collected Papers on Schizophrenia and Related Subjects. New York 1965

SHAPIRO, TH., Interpretation and Naming. J. of Am. Psychoanal. Ass. 18 (1970), 399–421

SIMMEL, G., Die Probleme der Geschichtsphilosophie. Leipzig ⁴1921

SPECHT, E. K., Die sprachphilosophischen und ontologischen Grundlagen im Spätwerk Ludwig Wittgensteins. Kantstudien, Ergänzungsheft 84, Köln 1963

SPECTOR, J. J., Freud und die Ästhetik. Psychoanalyse, Literatur und Kunst. München 1973; engl.: The Aesthetics of Freud. New York 1972

SPIEGEL, L. A., The Self, the Sense of Self, and Perception. Psa. Study Child 14 (1959); dt. in: Psyche 15 (1961/62), 211–235

SPITZ, R. A., Übertragung und Gegenübertragung. Psyche 10 (1956/57), 63–81

SPOERRI, TH., Sprachphänomene und Psychose. Basel/New York 1964

STEGER, H., Sprachverhalten, Sprachsystem, Sprachnorm. In: Jb. 1970 der Dt. Akademie f. Sprache u. Dichtung, Heidelberg/Darmstadt 1971, S. 11–32

STENGEL, E., Die Bedeutung von Freuds Aphasiestudie für die Psychoanalyse. Psyche 8 (1954/55), 17–24

–, A Re-evaluation of Freud's Book ‹On Aphasia›. Int. J. Psychoanal. 35 (1954), 85–89

–, Die Wurzeln der Psychoanalyse in der Biologie. In: Freud in der Gegenwart. Frankfurt/M 1957 (a), 85–194

–, Was ist dynamische Psychiatrie? In: Freud in der Gegenwart. Frankfurt/M 1957 (b), S. 195–205

STIERLIN, H., Contrasting Attitudes Toward the Psychoses in Europe and the United States. Psychiatry 21 (1958), 141–147

–, Buchbesprechung: Auerbach, A. (ed.), Schizophrenia. New York 1959; in: Psyche 13 (1959/60), 843–845

–, Aus der Sicht des distanzierten Beobachters. Psyche 13 (1959/60), 742–748

STONE, L., Psychoanalysis and brief Psychotherapy. Psychoanal. Quart. 20 (1951), 215–236

–, The Psychoanalytic Situation. New York 1961

TROST, P., Bemerkungen zum Sprachtabu. Travaux du Cercle linguistique de Prague 6 (1936), 288–294

TRUPHÈME, R., PACHE, D., SUTTER, J. M., Essai d'approche linguistique du langage délirant. Encéphale 57 (1968), 5–40

VERÓN, E., SLUZKI, C. E., Communicación y neurosis. Buenos Aires 1970

–, Ideology and Social Sciences: A communicational Approach. Semiotica 1 (1971), 59–76

259

WAELDER, R., Introduction to the Discussion on Problems of Transference. Int. J. Psychoanal. 37 (1956), 367–368

WATZLAWICK, P., BEAVIN, J. H., JACKSON, D. D., Menschliche Kommunikation. Formen, Störungen, Paradoxien. Bern/Stuttgart 1969; engl. 1967

WEBER, M., Wirtschaft und Gesellschaft. Bd. 1, Tübingen 1921

WEIGL, E., BIERWISCH, M., Neuropsychology and Linguistics: Topics of common research. Found. of Language 6 (1970), 1–18

WEPMAN, G. M., JONES, L. V., Five Aphasias: A Commentary on Aphasia as a regressive linguistic phenomenon. In: Disorders of Communication, ed. von Rioch, D., New York 1964, S. 190–203

WERNICKE, C., Der aphasische Symptomencomplex. Breslau 1874

WHORF, B. L., Language, Thought and Reality. New York u. Cambridge, Mass. 1956; dt.: Sprache, Denken, Wirklichkeit. rde Bd. 174, Reinbek ⁹1972

WINNICOTT, D. W., The Theory of the parent-infant relationship. Int. J. Psychoanal. 41 (1960), 585–595

WITTGENSTEIN, L., Philosophische Untersuchungen Teil I (1945). In: Wittgenstein, L., Schriften. Frankfurt/M 1960

WODE, H., Freiburger Sprachpathologie. Ling. Berichte 4 (1969), 57–59

WUNDERLICH, D., Unterrichten als Dialog. Sprache im techn. Zeitalter 32 (1969), 263–287

–, Die Rolle der Pragmatik in der Linguistik. Der Deutschunterricht 22 (1970), 5–41 [1970 a]

–, Tempus und Zeitreferenz im Deutschen. München 1970 (b)

–, Pragmatik, Sprechsituation, Deixis. Zschr. für Literaturwiss. und Linguistik 1 (1971), 153–190

–, Sprechakte. In: Maas, U., Wunderlich, D., Pragmatik und sprachliches Handeln. Frankfurt/M 1972 (a), S. 116–161

–, Zur Konventionalität von Sprechhandlungen. In: Wunderlich, D. (ed.), Linguistische Pragmatik. Frankfurt/M 1972 (b), S. 11–58

WYGOTSKI, L. S., Denken und Sprechen. Frankfurt 1969

ZEH, W., Sprach-Welt der Organiker und Psychotiker. Fortschr. Neurol. u. Psychiatr. 33 (1965), 443–454

ZELIGS, M. A., The role of silence in transference, and the psycho-analytic process. Int. J. Psychoanal. 41 (1960), 407–412

PERSONEN- UND SACHREGISTER

Personenregister

Abel, K. 39, 41
Abraham, K. 130, 248
Albright, R. W. 72 (Fußn.), 248
Althusser, L. 101, 125 (Fußn.), 126 (Fußn.), 248
Anna O. 127 (Fußn.)
Arieti, S. 66 (Fußn.), 248
Aristoteles 103 (Fußn.)
Arlow, J. 35 (Fußn.), 248
Atkin, S. 35 (Fußn.), 39 (Fußn.), 248
Augustinus 103 (Fußn.)
Austin, J. L. 181, 248

Balint, M. 13 (Fußn.), 56, 63, 66 (Fußn.), 67 f, 70 f, 132 f, 134 (Fußn.), 169 f, 248
Balkányi, Ch. 36, 94 (Fußn.), 157, 248
Barthes, R. 102
Bateson, G. 48, 50, 53, 248
Beavin, J. H. 260
Benveniste, E. 39 ff, 103, 112, 178, 248 f
Bernstein, B. 17 (Fußn.), 81 f, 86 f, 88 (Fußn.), 89, 249
Beutin, W. 111 (Fußn.), 249
Bierwisch, M. 147, 149, 249, 260
Binswanger, L. 56 f, 249
Bion, W. R. 38, 46 (Fußn.), 47 (Fußn.), 249
Birdwhistell, R. C. 134, 249
Bittner, G. 88, 249
Boomer, D. S. 150, 249
Boyer, L. 42 (Fußn.), 249
Brenner, C. 35 (Fußn.), 248
Breuer, J. 14 (Fußn.), 127 (Fußn.)
Broca, P. P. 19 (Fußn.)
Brocher, T. 73 (Fußn.), 138, 249
Bühler, K. 173 f, 178, 180, 249

Cassirer, E. 80 (Fußn.)
Celan, P. 108
Chomsky, N. 179 (Fußn.), 249
Coseriu, E. 103 (Fußn.), 108, 159 f, 163, 249
Cremerius, J. 70 (Fußn.), 130 ff, 250

Darwin, Ch. 168 (Fußn.)
Derycke, M. 116 (Fußn.), 250
Deutrich, K. H. 168 (Fußn.), 250
Deutsch, H. 69 (Fußn.)
Dilthey, W. 56, 60 (Fußn.), 250
Dosužkov, Th. 16 (Fußn.), 250
Dreitzel, H. P. 11 (Fußn.), 250

Edelheit, H. 24 (Fußn.), 26 (Fußn.), 36, 39 (Fußn.), 42 (Fußn.), 250
Ehlich, K. 17 (Fußn.), 43 (Fußn.), 49 f, 54 (Fußn.), 97 (Fußn.), 250
Ehrenzweig, A. 111, 250
Eidelberg, L. 143 f, 250
Ekman, P. 135 ff, 250
Eldred, S. H. 171 (Fußn.), 250
Erikson, E. H. 70, 251

Fenichel, O. 31 (Fußn.), 64, 251
Ferenczi, S. 14, 70 f, 251
Fillmore, C. J. 178, 251
Fliess, R. 63, 130, 156, 251
Foucault, M. 102
Freeman-Sharpe, E. 70 (Fußn.), 130, 251
Freud, S. 15, 19 ff pass.
Friesen, W. V. 135 ff, 250
Fromm-Reichmann, F. 46, 53, 251
Fürstenau, P. 28 (Fußn.), 42 (Fußn.), 56, 58 (Fußn.), 110 (Fußn.), 121 (Fußn.), 251

Gabelentz, G. v. d. 13 (Fußn.), 252
Gedo, G. E. 111, 252
Geismann, G. 111 (Fußn.), 252
Glover, E. 47, 252
Goeppert, H. 59 (Fußn.), 180, 226 (Fußn.), 247, 252
–, S. 13 (Fußn.), 21, 45 (Fußn.), 59 (Fußn.), 61 (Fußn.), 67 (Fußn.), 87 (Fußn.), 226 (Fußn.), 247, 252
Goldman-Eisler, F. 171 (Fußn.), 253
Gombrich, E. H. 111, 253
Goodrich, D. W. 150, 249

Greenson, R. R. 13 (Fußn.), 63 ff, 67 (Fußn.), 70 (Fußn.), 253
Greimas, A. J. 116 ff, 120 (Fußn.), 172, 252
Groddeck, G. W. 64 (Fußn.)
Gutt, A. 17 (Fußn.), 253

Habermas, J. 17 (Fußn.), 28 ff, 58 (Fußn.), 59 (Fußn.), 73 (Fußn.), 90, 93 ff, 177, 179, 181, 183 (Fußn.), 253
Haley, J. 50, 51 (Fußn.), 52, 54, 55 (Fußn.), 248, 254
Hartmann, H. 20 (Fußn.), 57 f, 111, 131, 253
Hayman, A. 164, 166, 253
Hegel, G. W. F. 91 (Fußn.), 110 (Fußn.)
Heidegger, M. 91 (Fußn.)
Heimann, P. 63, 170 (Fußn.), 186 (Fußn.), 253
Hjelmslev, L. 145 (Fußn.), 253
Hohnhäuser, J. 250
Holt, R. R. 26 (Fußn.), 79 (Fußn.), 253
Humboldt, W. v. 178 (Fußn.), 254

Isakower, O. 25 (Fußn.), 26 (Fußn.), 254

Jackson, D. D. 50, 51 (Fußn.), 52, 54, 55 (Fußn.), 248, 254, 260
–, J. H. 20, 72 (Fußn.), 254
Jakobson, R. 45, 72 (Fußn.), 103 ff, 107, 123, 146 f, 155 (Fußn.), 173 ff, 177 (Fußn.), 254
Jappe, G. 14, 25, 35 (Fußn.), 36, 45 (Fußn.), 101 (Fußn.), 158, 254
Jaspers, K. 56 (Fußn.), 254
Jones, E. 111 (Fußn.), 254
–, L. V. 72 (Fußn.), 260
Junker, H. 134, 171 (Fußn.), 254
–, H. D. 112 (Fußn.), 254

Kant, I. 62 (Fußn.)
Kanzer, M. 70 (Fußn.), 254
Klaus, G. 173 (Fußn.), 254
Klein, M. 38, 47 (Fußn.), 254
Kohut, H. 63, 68, 170 (Fußn.), 254
Kris, E. 65, 111, 254
Kunz, H. 19, 28 (Fußn.), 254

Lacan, J. 15, 88 (Fußn.), 90 ff, 93, 98, 100 ff, 112 ff, 119 ff, 143, 255
Laffal, J. 26 (Fußn.), 172, 255
Lakoff, G. 181 (Fußn.), 255
Laplanche, J. 101
Leclaire, S. 101, 255
Leist, A. 181 (Fußn.), 255
Lenk, H. 11 (Fußn.), 255
Lenneberg, E. 21, 255
Lévi-Strauss, C. 102, 114, 255
Lichtheim, L. 23
Lipps, Th. 56, 255
Loch, W. 24 (Fußn.), 38, 45 (Fußn.), 46, 47 (Fußn.), 48 (Fußn.), 56, 62 ff, 66 (Fußn.), 67, 68 (Fußn.), 69 (Fußn.), 72, 74, 79, 82 (Fußn.), 88 (Fußn.), 97 (Fußn.), 156 (Fußn.), 157 (Fußn.), 169 (Fußn.), 171 (Fußn.), 255 f
Locke, J. 62 (Fußn.)
Loewald, H. W. 70 (Fußn.), 256
Loewenstein, R. 70 (Fußn.), 111, 164 f, 256
Lorenzer, A. 16 ff, 30 f, 39 (Fußn.), 41, 58 f, 90 ff, 101 (Fußn.), 127 (Fußn.), 163 (Fußn.), 171 (Fußn.), 183 (Fußn.), 256
Luckmann, Th. 75 (Fußn.)
Lyons, J. 178, 256

Maas, U. 80 (Fußn.), 81, 176 (Fußn.), 183, 256
Maccormac, E. 82 (Fußn.), 256
Mahl, G. F. 137, 144, 150, 152 f, 159, 171 (Fußn.), 256 f
Mahler, M. S. 67, 257
Malinowski, B. 155 (Fußn.), 257
Marcuse, H. 110 (Fußn.), 257
Marquard, O. 110 (Fußn.), 257
Martens, K. 49 f, 54 (Fußn.), 97 (Fußn.), 250
Marx, O. M. 19, 21 (Fußn.), 22 (Fußn.), 57 (Fußn.), 257
Matt, P. v. 111 (Fußn.), 257
Matarazzo, J. D. 171 (Fußn.), 258
Mayer, C. 139, 141, 257
Mead, G. H. 80 (Fußn.), 183, 257
Meringer, R. 138 ff, 149, 257
Meynert, Th. 19 (Fußn.), 23, 25, 257
Michel, K. M. 52 (Fußn.), 257

Morris, Ch. W. 173 f, 176, 257
Moses, P. J. 171 (Fußn.), 257
Mounin, G. 101, 257
Müller, F. 250

Navratil, L. 44, 257
Niepold, W. 82, 86, 88, 257
Noy, P. 54, 66 (Fußn.), 68 (Fußn.), 79, 80 (Fußn.), 111, 257

Oevermann, U. 17 (Fußn.), 82, 88 (Fußn.), 257
Olden, Ch. 67 (Fußn.), 257

Pache, D. 259
Parin, P. 42 (Fußn.), 258
Piaget, J. 76 ff, 258
Pittenger, R. E. 171 (Fußn.), 258
Polenz, P. v. 161 (Fußn.), 258
Pontalis, J.-B. 101
Posner, R. 185 f, 258
Price, D. B. 171 (Fußn.), 250
Priesemann, G. 82 (Fußn.)

Racker, H. 69, 258
Rapaport, D. 36 f, 65 (Fußn.), 88 (Fußn.), 258
Rastier, F. 118 f, 253
Rickert, H. 56, 258
Ricœur, P. 59 (Fußn.), 102, 258
Riese, W. 24 (Fußn.), 258
Rifflet-Lemaire, A. 101, 258
Roland, A. 66 (Fußn.), 258
Rose, G. J. 65 (Fußn.), 258
Rosen, V. H. 15 (Fußn.), 42 (Fußn.), 258
Rycroft, C. 70 (Fußn.), 258

Salffner, R. 17 (Fußn.), 253
Sapir, E. 40 (Fußn.), 42 (Fußn.), 80 (Fußn.), 258
Saslow, G. 171 (Fußn.), 258
de Saussure, F. 13 (Fußn.), 61 (Fußn.), 103 f, 106, 145 (Fußn.), 258
Scott, W. C. M. 171 (Fußn.), 259
Searle, J. R. 181, 259
Searles, H. F. 43 (Fußn.), 47 (Fußn.), 48, 259
Shapiro, Th. 26 (Fußn.), 259

Simmel, G. 56, 259
Sluzki, C. E. 153 f, 172, 173 (Fußn.), 180, 259
Specht, E. K. 11 (Fußn.), 259
Spector, J. J. 111 (Fußn.), 259
Spiegel, L. A. 68, 259
Spitz, R. A. 72 (Fußn.), 73 (Fußn.), 259
Spoerri, Th. 44 (Fußn.), 168 (Fußn.), 259
Sutter, J. M. 259

Schafer, R. 63, 69, 259
Scherer, K. R. 134, 137, 171 (Fußn.), 259
Schiller, F. 113
Schiwy, G. 100 (Fußn.), 103 (Fußn.), 259
Schulze, G. 171 (Fußn.), 257

Steger, H. 161 (Fußn.), 259
Stekel, W. 141
Stengel, E. 19 f, 29 (Fußn.), 57 (Fußn.), 259
Stierlin, H. 14 (Fußn.), 48 (Fußn.), 259
Stone, L. 50 (Fußn.), 51 (Fußn.), 70 (Fußn.), 259

Trost, P. 162 (Fußn.), 163 (Fußn.), 259
Truphème, R. 45 f, 259

Verón, E. 74 (Fußn.), 153 f, 172, 173 (Fußn.), 180, 260

Waelder, R. 31 (Fußn.), 260
Watzlawick, P. 48 (Fußn.), 49 (Fußn.), 50, 52 (Fußn.), 55, 70 (Fußn.), 260
Weakland, J. 248
Weber, M. 56, 260
Weigl, E. 146, 260
Wepman, G. M. 72 (Fußn.), 260
Wernicke, C. 19 (Fußn.), 21 ff, 24 (Fußn.), 25, 260
Wexler, M. 13 (Fußn.), 253
Whorf, B. L. 40 (Fußn.), 80 (Fußn.), 260
Wiehle, D. 250
Winnicott, D. 67 (Fußn.), 169 (Fußn.), 260
Wittgenstein, L. 11 (Fußn.), 260
Wode, H. 171 (Fußn.), 260

Wunderlich, D. 11 (Fußn.), 61 (Fußn.), 70 (Fußn.), 73 (Fußn.), 81 f, 85 f, 177 (Fußn.), 178, 180 (Fußn.), 181 (Fußn.), 260

Wygotski, L. S. 75 ff, 260
Zeh, W. 44 (Fußn.), 260
Zeligs, M. A. 153, 260
Zenz, H. 134, 171 (Fußn.), 254

Sachregister

Abfuhr 14, 31 ff, 35, 64, 79, 130
Abwehr 98
‹äußere› Sprache 76 ff
Agieren 15, 48
Aktantenmodell 173, 180, 245
Algorithmus 105 f
Allgemeinsprache 93 f s. a. Umgangssprache
anaklitisch-diatrophisch 47, 61, 72, 74
Angst und Redestörung 150
Antonyme 104
Aphasie 22 ff, 72 f, 146, 149
Arbeitsbündnis 13, 54
Argumentation 46, 244
Arzt-Patient-Beziehung 12, 29 f, 46, 61
Assoziation, assoziativ 25, 33, 46, 69, 97, 157, 170
Aufmerksamkeit 26, 32 ff, 63, 157
Aufmerksamkeitsbesetzung 37
Ausdruck 103 ff
Außenwelt 43
außersprachlich, außerverbal 50, 53 f, 56, 64, 66, 68, 70, 72 f, 87, 90, 134 bis 138, 164, 171 f, 187

Bedeutung 39, 71, 75, 94, 97, 107 f, 115, 117 f, 144
Beobachter, teilnehmender 65
Besetzung 26, 32–35, 37, 45
Bewußtes, bewußt 45, 62, 79 f, 157 f, 164 f
Bewußtsein 23 f, 32–35, 41

chaîne signifiante 106 f
content analysis 172
Compathie 63 f

Darstellungsfunktion der Sprache 96
Deixis 177 f, 184 s. a. Raum- und Zeitreferenz
Denken 26, 31, 33 ff, 47, 75, 156 f

Denkmodell 37
Denotation 74
Depression 66
Desymbolisierung 31, 58 f, 94, 97 f
Determination 41
Deutung 171, 184
Dialogtypen 186
Dingcharakter der Sprache 15, 44, 46, 163
diskursiv 70, 119 f
double-bind 42, 48–56, 97
Dreipersonenbeziehung 13, 43, 54, 71, 90, 113
Droge ‹Arzt› 56
Dualunion s. a. Zweipersonenbeziehung
dyskommunikativ 54 f

Echolalie 27
egozentrische Sprache 76 ff
Einfühlung 63
elaboriert 81–90
Empathie 12, 54, 56–74, 80, 170, 235
Empfindung 34
Energieverteilung 29, 34
Ersatzbildung 44, 163
Es 34, 43
Evokation 97, 108–110
extrakommunikativ 60, 73, 100, 226

Fehlleistung 138, 149
freies Assoziieren s. a. Assoziation 50 f
Funktion der Sprache 14

Gedanken 38, 75
Gegenbesetzung 37, 64
Gegensatz, kontradiktorisch 39, 48, 117 ff
–, konträr 117 ff
Gegensinn 39 ff
Gegenübertragung 46, 48, 63, 69, 99 s. a. Übertragung

264

generative Grammatik 179
genetischer Gesichtspunkt 37, 79 f
Gespräch 91
Gesprächssituation 30 f, 61, 95
grammatische Kategorien 96
Grundregel, psychoanalytische 51, 63, 128 ff, 169 f, 184, 188
Grundsprache 44, 165
Grundstörung 53, 71 f, 88, 100, 235, 237

halluzinatorische Wunscherfüllung 36 f, 79
Handeln 50
Handlungstheorie 92
Hermeneutik 29, 110 f
–, idealistische 93
–, materialistische 93
hermeneutischer Zirkel 94
Hirnanatomie 22 ff
Hörsphäre und Über-Ich 25 ff
Hysterie 16, 153–156, 167 f, 237, 245 f

iatrogene Grenze der Psychotherapie 46
Ich 37, 43, 64
– -Funktion 38 f
– -Grenze 65
– -Kern 47
– -Psychologie 131
Identifikation, komplementäre 69
–, konkordante 69
–, primäre 47
–, projektive 47
Illokution, illokutiv 49 f, 180 ff, 185, 225, 228, 233, 241
Illusion 56
Imaginäre, das 92, 103, 112–116
Inhalt 103 ff
Inhaltsanalyse 172
Inkorporation 47
innere Sprache 75–81
Intentionalität 177, 181, 185, 225, 229, 231, 234 f, 238, 241, 244
Interaktion 17, 29 ff, 46, 48 ff, 66, 69, 80 f, 133
Interaktionssituation 97
Interpretation 123 f, 166, 176
Interrelation von Sprecher und Angesprochenem 182

Intersubjektivität 17, 29, 31, 73, 93, 112, 177 ff
Intonation 50
Introjektion 63, 69
Introspektion 56, 65, 68 f
Intuition 56, 65

Kategorie der Person s. a. Personalpronomen 111 f
katharische Wirkung des Sprechens 14
Klangbild 21, 24 ff, 33
Klischee 58 f, 98, 100, 183
Kode 81–85
Körpersprache 136 f
Kombination 45, 104, 123 f, 146
Kommunikation 30 f, 42, 47 f, 50, 58, 80, 111, 226
–, analoge 50, 70
–, digitale 50
Kommunikationsebene 55
– -modell 157, 174 f
– -situation 12 f, 29 ff, 42 f, 48, 54, 59 f, 73 f, 80, 99 f, 133 f, 137 f, 180, 184, 226 f, 244 f
kompensatorische Spracherziehung 17, 88
Kompetenz 61, 179
Konnotation 73 f
Kontamination 139, 143, 147 ff, 159 f
Kontext 40, 46, 74, 90, 104 f, 108, 146, 182
Kontiguität 104 f, 146
Kreativität 65, 109 f, 111
Kunst 65, 109 f

langage 13, 41, 61, 91
langue 13, 41, 61
lapsus linguae 152, 156, 159
Lexem 39 f, 46
Lexikon 96
Lokalisation 19 ff, 24, 27
L-Schema 92, 116–121
Lustprinzip 33, 37, 77, 80

Meta-Kommunikation, metakommunikativ 12, 49 f, 54, 56, 60, 73 f, 100, 133, 137 f, 164, 182, 184, 226 f, 241, 244, 246

Metapher 44, 46, 79, 105, 107, 123, 161 bis 163
metapsychologisch 29, 36, 38, 45, 55, 184, 244, 246
Metasprache, metasprachlich 175 f
Metonymie 44, 46, 105, 107, 123, 161 bis 163
Modalität s. a. Intentionalität 181
Motiv 42
Mutter-Kind-Beziehung 67 f
Mythos 39

Narzißmus 68, 79, 168
Neologismus 159 ff, 165–168
Norm 159 ff, 165

Objekt 66–68
– -besetzung 45
– -beziehung 38, 47, 62, 72, 120, 132 f
– -vorstellung 24, 34 f
Ödipalität, ödipal 54, 61, 71, 92, 113 f, 188, 237
ökonomischer Gesichtspunkt 37, 64, 79 f, 156
oknophil 67
Opposition 104
Oralität 47
ordinary language Philosophie 181
Organsprache 44
Organmodell 173 f

paradigmatisch 45, 104, 145
paralinguistisch 50, 53 f, 56, 64 f, 70, 72 f, 87, 90, 134, 164, 171 f, 187
parole 13, 41, 61, 91
Performanz 61, 179
performative Verben 177, 181 ff
Personalpronomen 112, 173, 177–180, 224, 228, 231, 233, 235, 237, 240
phatische Funktion der Sprache 155, 175, 186, 224
philobatisch 67
Phobie 153–156, 167, 235, 237, 245 f
Prädikation, prädikativ 77, 96
präodipal 71, 92
Pragmatik, Pragmalinguistik 173, 244
Primärprozeß 32, 34, 36 f, 39, 44, 53, 66, 68 f, 73, 79, 87–90, 111, 123, 176
Privatsprache 17, 31, 58 f, 94, 99, 165
Probehandeln 35

Projektion 38, 47 f, 63, 69
projektive Identifikation 38, 47 f, 63
Proposition, propositional 49 f, 73, 181
psychischer Apparat 22, 27, 33, 35, 38
Psychoanalyse als Naturwissenschaft 17, 22, 27–29, 57
– als Humanwissenschaft 17, 28 f, 56 ff
psychoanalytische Therapie 42
psychoanalytischer Prozeß 13, 30, 54
psychoanalytisches Arrangement 50 f
Psychoneurosen 42
Psychotherapie der Psychosen 42

Raum- und Zeitreferenz 177 f, 224 f, 229, 231, 233 ff, 237 f, 240 f
Realitätsprinzip 37, 43, 80
Realitätsverlust bei Psychosen 43
Rede 91
– -aufzeichnung 187–189
– -erwähnung 184 f, 226, 229 f, 232, 234, 236, 238 f, 242
– -kommentierung 185 ff, 226, 230, 232, 234, 236, 239, 242, 245
– -konstellation 12, 30, 168–171, 184
– -situation 41, 60 f, 244, 246 s. a. Sprechsituation
Redundanz 154 f, 158, 166 f, 241
Referenz 181
Reflexvorgang 27
Regression 39, 44, 65 f, 72, 131 f
Re-Introjektion 38, 47 f
Relativitätsprinzip, sprachliches 40 f
restringiert 81–90, 245

Sachvorstellung 34 ff, 44 f, 157 f
Sekundärprozeß 32, 34, 36 f, 39, 53, 66, 68 f, 73, 88, 90, 176
Selbst 68
Selbstreflexion 95 f
Selektion 45, 104, 123 f, 146, 149
Selektionsfehler 147 f
Semantik 173 f
Semiotik 119 f, 173 f
semiotisches Quadrat 116–121
Set-up 50 f, 72, 169, 188
shifter 177
Signal 173
signifiant 41, 46, 103–108, 120, 123 f
signifié 41, 103–108, 123 f

Similarität 104 f, 146
Sozialstruktur 82–90
Spaltung (fente, refente) 113 ff
Sprachabfuhrzeichen 33 f
– -analyse 17, 29 ff, 41
– -apparat 19 ff, 23, 34, 44, 72
– -assoziation 33
– -auffassung, symbolistische 80
– –, hermeneutische 80 f
– –, dialektische 80 f
– -entwicklung 22
– -funktion 34
– -modell
– –, neurophysiologisches 22 ff
– –, psychologisches 24 f
– -spiel 11 f, 17, 29 f, 58
– -symbol 93 f, 100
– -system 41
– -veränderung 59
– -vermögen 18, 21, 38, 41, 61
– -verwendungsmodell 176
– -verwirrung 70 f, 235
– -zeichen 107 f
Sprechakt 30, 73, 95, 97, 181 ff
Sprechen und Handeln 15, 31, 46 f, 54, 81, 90–100, 170 f
Sprechhandlung 54, 56, 183 f, 225 f, 229, 232, 234, 236, 238, 242, 245
Sprechhandlungstheorie 49, 54, 97, 176, 183
Sprechsituation s. a. Redesituation 74, 96, 173, 175, 179 f, 184
Subjekt 66–68, 80, 91–93, 114 f, 125, 178 f
Subjektivität 112
Subjekt-Objekt-Dimension der Sprache 96, 98 f
– -Objekt-Relation 67, 69, 79 f
– -Subjekt-Dimension der Sprache 96, 98
Sublimierung 37, 110
Substitution 140, 143, 146, 149
Symbiose, symbiotisch, symbiotische Beziehung 47 f, 65, 67
Symbol 29, 31, 38 f, 41, 58 f, 79, 90 f, 98, 168, 174, 183 f
Symbolik 39, 44, 102, 163
Symbolische, das 92, 102 f, 112–116, 121, 125

Symbollehre 16 f, 39, 41, 98, 100
Sympathie 63 f
Symptom 39, 44, 109 f, 122 ff, 167, 173
Synonymie 46, 104
syntagmatisch 45, 104, 145
Syntaktik 173
syntaktische Kategorien 183
szientistisches Selbstmißverständnis der Psychoanalyse 17, 28 f, 58

schichtenspezifisches Sprachverhalten 81–90
schizophrene Sprachstörung 35, 42–56
Schizophrenie 25, 35, 42–56, 168
– -Traum 44
Schweigen 15, 70, 129–134, 164

stade du miroir 92, 113 f
Stammeln 144
Stottern 144
Strukturalismus 92 f, 101–112, 115
struktureller Gesichtspunkt 37, 79 f, 156 f
Strukturkonzept 131

Tabu 162 f
Tempus 180
Tiefenhermeneutik 29, 176
Topik 20, 35
topisch 44, 64
topographischer Gesichtspunkt 35, 37, 64, 79 f, 156 f
Transfermerkmal 94
Transkription 187
Traum 16, 39, 41, 44
Trauma 48
Traumarbeit 44
Triebpsychologie 130 f

Überbesetzung 26, 34, 37
Über-Ich 36
Übertragung 26, 31, 42, 44 f, 61, 64, 69, 98 f, 109, 136, 179, 184, 230
Übertragung, Aufsplitterung der 47
–, anaklitisch-diatrophische 53, 55
–, neurotische 55, 61, 72, 74
–, psychotische 53, 55
Übertragung-Gegenübertragung 12 f,

29 ff, 33 f, 42, 48, 56, 59, 66, 72, 80 f,
  99, 120 f, 127, 132 f, 170, 176 f,
  188 f, 226 f, 233, 235, 237, 244
Übertragungsanalyse 69
Übertragungsneurosen 42
Umgangssprache 17, 29 f s. a. Allge-
  meinsprache
Unbewußtes, unbewußt 23, 31, 33–35,
  39, 41, 45, 57 f, 62 f, 79 f, 81, 91,
  102 f, 110 f, 114, 121–125, 158, 164 f
Universalien, pragmatische 17, 30, 179
Ur-Identifikation 47

Valeur 103
Verbalisierung, verbalisieren 14, 31 ff,
  36, 61, 70, 136, 156–159, 164–168,
  170, 182
Verdichtung 37, 39, 44 f, 123, 136, 142,
  149, 161
Verdrängung 16, 45, 58 f, 91, 98, 111,
  114, 131
Versprechen 139–144
Versuchs-Identifikation 63 f, 66
Verschiebung 37, 39, 44 f, 123, 136
Verstehen 12 ff, 46, 56–60, 74, 171
Vorbewußtes, vorbewußt 32, 34 ff, 41,
  44 f, 157, 158, 164 f

Wahrheit 93
Wert 103
Widerspruch 49 f
Widerstand 14, 52, 58, 64, 98 f, 144,
  164, 179
Widerstandsanalyse 69
Witz 37, 88
Wort 127 f
– -bild 33, 157
– -erinnerung 35 f
– -neubildung s. a. Neologismen 15,
  161, 165
– -symbol 97
– -vertauschung 147 f
– -vorstellung 24 ff, 34 ff, 44, 157 f,
  165

Zeichen 41, 102 f, 173 f
– -modell 173 f
– -system 41, 102, 104
Zwangsneurose 16, 153–156, 166 f,
  241, 245 f
Zweipersonenbeziehung 13, 38, 43, 47,
  53, 61, 67, 71, 90, 113 s. a. Dual-
  union

studium rororo

Linguistik

rororo studium · Herausgegeben von Ernesto Grassi

Wissenschaftlicher Beirat:
Prof. Dr. phil. Dieter Wunderlich,
Freie Universität Berlin
Prof. Dr. phil. Helmut Schnelle,
Technische Universität Berlin

Sebastian und Herma C. Goeppert (Univers. Gießen)
Sprache und Psychoanalyse [40]

Adam Schaff (Polnische Akademie der Wissenschaften,
Warschau)
Einführung in die Semantik [31 – Aug. 1973]

Helmut Schnelle
Sprachphilosophie und Linguistik
Prinzipien der Sprachanalyse a priori und a posteriori [30]

Dieter Wunderlich (Univers. Berlin)
Grundlagen der Linguistik [17 – Okt. 1973]

Titelvorschau

Gerhard Helbig (Leipzig)
Geschichte der neueren Sprachwissenschaft [48 – Nov. 1973]

Werner Kummer (Berlin)
Textgrammatik
Zur Entwicklung einer linguistischen Texttheorie [51 – Febr.
1974]

studium rororo

Psychoanalyse

Herausgegeben von Ernesto Grassi

Hermann Argelander (Sigmund-Freud-Institut, Frankfurt/Main)
Gruppenprozesse
Wege zur Anwendung der Psychoanalyse in Behandlung, Lehre und Forschung [5]

Melanie Klein
Das Seelenleben des Kleinkindes
und andere Beiträge zur Psychoanalyse [6]

Igor A. Caruso (Univ. Salzburg)
Soziale Aspekte der Psychoanalyse [10]

August Aichhorn
Erziehungsberatung und Erziehungshilfe [13]

Hans Strotzka (Univ. Wien)
Einführung in die Sozialpsychiatrie [14]

Hans G. Preuss (Hg.)
Analytische Gruppenpsychotherapie
Grundlagen und Praxis [20]

Michael Balint
Angstlust und Regression
Beitrag zur psychologischen Typenlehre [21]

David H. Malan (Tavistock-Klinik, London)
Psychoanalytische Kurztherapie
Eine kritische Untersuchung [23]